Prüfe dein Wissen
Rechtsfälle in Frage und Antwort

Fleischer/Wedemann
Handelsrecht
einschließlich Bilanzrecht

Handelsrecht
einschließlich Bilanzrecht

bis zur 8. Auflage bearbeitet von

Dr. Holger Fleischer

Direktor des Max-Planck-Instituts für ausländisches und internationales
Privatrecht, Hamburg
Affiliate Professor an der Bucerius Law School
Dipl.-Kfm., LL. M.

fortgeführt von

Dr. Frauke Wedemann

o. Professorin an der Universität Münster

9., völlig neu bearbeitete Auflage, 2015
des von Dr. Herbert Wiedemann begründeten Werks

C.H.BECK

www.beck.de

ISBN 978 3 406 59332 1

© 2015 Verlag C. H. Beck oHG
Wilhelmstraße 9, 80801 München
Druck und Bindung: Nomos Verlagsgesellschaft mbH & Co. KG
In den Lissen 12, D–76547 Sinzheim

Satz: Druckerei C. H. Beck Nördlingen

Gedruckt auf säurefreiem, alterungsbeständigem Papier
(hergestellt aus chlorfrei gebleichtem Zellstoff)

Vorwort

Die Neuauflage bringt das Buch auf den Stand von Juli 2015. Eingearbeitet ist auch das Bilanzrichtlinie-Umsetzungsgesetz (BilRUG) vom 17.7.2015 (BGBl. I S. 1245).

Das didaktische Konzept weist eine Neuerung auf. Die Fälle sind nun drei verschiedenen Kategorien zugeordnet: Grundwissen [G], Vertiefungswissen [V] sowie Sonderwissen [S]. Das Grundwissen deckt die üblicherweise in der Vorlesung „Handelsrecht" behandelten Lerninhalte ab. Das Vertiefungswissen entspricht dem verbreiterten Kenntnisstand, der von Fortgeschrittenen und Kandidaten juristischer Staatsexamina erwartet werden kann. Das Sonderwissen umfasst erstens Fragestellungen, die den Gegenstand weiterführender Lehrveranstaltungen, zB zum Bilanz- oder Transportrecht, bilden. Prüfungsrelevanz haben diese Fälle in erster Linie für Jurastudierende im Schwerpunktbereich sowie Studierende der Wirtschaftswissenschaften. Zweitens gehören zum Sonderwissen Fragestellungen, die spezielle Aspekte oder Hintergrundwissen betreffen und damit zu einem umfassenden und tiefgehenden Verständnis beitragen, deren Beherrschung in der Prüfung aber in der Regel nicht erwartet werden kann.

Die Kategorisierung kann nur eine Richtschnur bilden. Die Vorgaben von Prüfungsordnungen oder Prüfern können zu Abweichungen führen und sind daher individuell zu beachten.

Für kluge Ratschläge und kritische Textdurchsicht danke ich meinen Mitarbeitern *Marina Adams, Julia Beuing, Daniel Busche, Denis Copei, Annika Flüggen, Jonas Gröning, Tilman Lütke, Philipp Schanze, Dominik Schlepphorst, Christian Stemberg* und *Viktoria Winde.*

Münster, im Juli 2015   *Frauke Wedemann*

Inhaltsverzeichnis

Abkürzungsverzeichnis

aA	anderer Ansicht
Abs.	Absatz
abw.	abweichend
AcP	Archiv für die civilistische Praxis
ADHGB	Allgemeines Deutsches Handelsgesetzbuch von 1861
ADSp	Allgemeine Deutsche Spediteurbedingungen
aE	am Ende
AEUV	Vertrag über die Arbeitsweise der Europäischen Union
aF	alte Fassung
AfA	Absetzung für Abnutzung
AG	Amtsgericht; Aktiengesellschaft
AGB	Allgemeine Geschäftsbedingungen
AktG	Aktiengesetz
Anm.	Anmerkung
AO	Abgabenordnung
ArbGG	Arbeitsgerichtsgesetz
arg.	Argumentum
Art.	Artikel
Aufl.	Auflage
BaFin	Bundesanstalt für Finanzdienstleistungsaufsicht
BAG	Bundesarbeitsgericht
BÄO	Bundesärzteordnung
BayObLG	Bayerisches Oberstes Landesgericht
BayObLGZ	Entscheidungen des Bayerischen Obersten Landesgerichts in Zivilsachen
BB	Betriebsberater
BBK	Buchführung, Bilanzierung, Kostenrechnung – NWB Rechnungswesen
BC	Zeitschrift für Bilanzierung, Rechnungswesen und Controlling
BeckRS	Elektronische Entscheidungsdatenbank in beck-online
BFH	Bundesfinanzhof
BGB	Bürgerliches Gesetzbuch
BGBl.	Bundesgesetzblatt
BGH	Bundesgerichtshof
BGHReport	Schnelldienst zur Zivilrechtsprechung des Bundesgerichtshofs
BGHZ	Entscheidungen des Bundesgerichtshofs in Zivilsachen
BilMoG	Gesetz zur Modernisierung des Bilanzrechts (Bilanzrechtsmodernisierungsgesetz)
BilReG	Gesetz zur Einführung internationaler Rechnungslegungsstandards und zur Sicherung der Qualität der Abschlussprüfung (Bilanzrechtsreformgesetz)

BilRUG	Bilanzrichtlinie-Umsetzungsgesetz
BiRiLiG	Gesetz zur Durchführung der Vierten, Siebenten und Achten Richtlinie des Rates der Europäischen Gemeinschaften zur Koordinierung des Gesellschaftsrechts (Bilanzrichtlinien-Gesetz)
BMJ	Bundesministerium der Justiz
BNotO	Bundesnotarordnung
BPatG	Bundespatentgericht
BRAO	Bundesrechtsanwaltsordnung
BR-Drs.	Bundesrats-Drucksache
BStBl.	Bundessteuerblatt
BTÄO	Bundestierärzteordnung
BT-Drs.	Bundestags-Drucksache
BUrlG	Mindesturlaubsgesetz für Arbeitnehmer (Bundesurlaubsgesetz)
BVerfG	Bundesverfassungsgericht
bzw.	beziehungsweise
CIM	Convention internationale concernant le transport de marchandises par chemins de fer/Einheitliche Rechtsvorschriften für den Vertrag über die internationale Eisenbahnbeförderung von Gütern
CISG	Convention on Contracts for the International Sale of Goods/UN-Übereinkommen über Verträge über den internationalen Warenkauf
CMR	Convention relative au Contrat de transport international de marchandises par route/Übereinkommen über den Beförderungsvertrag im internationalen Straßengüterverkehr
Co	Compagnie
COTIF	Convention relative aux transports internationaux ferroviaires/Übereinkommen über den internationalen Eisenbahnverkehr
CR	Computer und Recht
DB	Der Betrieb
Denkschrift	Entwurf eines Handelsgesetzbuchs nebst Denkschrift, amtliche Ausgabe 1896
ders.	derselbe
DesignG	Gesetz über den rechtlichen Schutz von Design
dh	das heißt
DM	Deutsche Mark
DRSC	Deutsches Rechnungslegungs Standards Committee
DStR	Deutsches Steuerrecht
eG	eingetragene Genossenschaft
EG	Vertrag zur Gründung der Europäischen Gemeinschaft
EGHGB	Einführungsgesetz zum Handelsgesetzbuch
EHUG	Gesetz über elektronische Handelsregister und Genossenschaftsregister sowie das Unternehmensregister

EStG	Einkommensteuergesetz
etc	et cetera
EU	Europäische Union
EuGH	Gerichtshof der Europäischen Gemeinschaften
EUR	Euro
EWIV	Europäische wirtschaftliche Interessenvereinigung
EWIVAG	Gesetz zur Ausführung der EWG-Verordnung über die Europäische wirtschaftliche Interessenvereinigung
f., ff.	folgende, fortfolgende
FamFG	Gesetz über das Verfahren in Familiensachen und in den Angelegenheiten der freiwilligen Gerichtsbarkeit
GAAP	Generally Accepted Accounting Principles
GebrMG	Gebrauchsmustergesetz
gem.	gemäß
GenG	Gesetz betreffend die Erwerbs- und Wirtschaftsgenossenschaften
GewO	Gewerbeordnung
GewStG	Gewerbesteuergesetz
GG	Grundgesetz für die Bundesrepublik Deutschland
ggf.	gegebenenfalls
GmbH	Gesellschaft mit beschränkter Haftung
GmbHG	Gesetz betreffend die Gesellschaften mit beschränkter Haftung
GoB	Grundsätze ordnungsmäßiger Buchführung
GVG	Gerichtsverfassungsgesetz
GWB	Gesetz gegen Wettbewerbsbeschränkungen
HGB	Handelsgesetzbuch
hL	herrschende Lehre
hM	herrschende Meinung
HRefG	Handelsrechtsreformgesetz
HRV	Handelsregisterverordnung
Hs.	Halbsatz
IAS	International Accounting Standards
IASB	International Accounting Standards Board
IATA	International Air Transport Association
idF	in der Fassung
IFRS	International Financial Reporting Standards
IHK	Industrie- und Handelskammer
iHv	in Höhe von
Incoterms	International Commercial Terms
insbes.	insbesondere
InsO	Insolvenzordnung
IntBestG	Gesetz zur Bekämpfung internationaler Bestechung
iS	im Sinne
iSd	im Sinne der/des

iSv	im Sinne von
iVm	in Verbindung mit
JuS	Juristische Schulung
JW	Juristische Wochenschrift
JZ	Juristenzeitung
Kap.	Kapitel
Kfz	Kraftfahrzeug
KG	Kammergericht; Kommanditgesellschaft
KGaA	Kommanditgesellschaft auf Aktien
LG	Landgericht
lit.	littera
LM	Lindenmaier-Möhring, Nachschlagewerk des Bundesgerichtshofs
MarkenG	Markengesetz
MDR	Monatsschrift für Deutsches Recht
Mio.	Million
MittBayNot	Mitteilungen des Bayerischen Notarvereins, der Notarkasse und der Landesnotarkammer Bayern
MüKo	Münchener Kommentar
nF	neue Fassung
NJOZ	Neue Juristische Online-Zeitschrift
NJW	Neue Juristische Wochenschrift
NJW-RR	NJW-Rechtsprechungs-Report Zivilrecht
NZG	Neue Zeitschrift für Gesellschaftsrecht
OHG	offene Handelsgesellschaft
OLG	Oberlandesgericht
PartGG	Gesetz über Partnerschaftsgesellschaften Angehöriger freier Berufe
PatG	Patentgesetz
ppa.	per procura
PublG	Gesetz über die Rechnungslegung von bestimmten Unternehmen und Konzernen (Publizitätsgesetz)
qm.	Quadratmeter
RegE	Regierungsentwurf
RG	Reichsgericht
RGZ	Entscheidungen des Reichsgerichts in Zivilsachen
Rn.	Randnummer
RNotZ	Rheinische Notar-Zeitschrift
ROHGE	Entscheidungen des Reichsoberhandelsgerichts
RPflG	Rechtspflegergesetz
S.	Seite; Satz
s.	siehe

SE	Europäische Gesellschaft (Societas Europaea)
SEC	Securities and Exchange Commission
SE-VO	Verordnung über das Statut der Europäischen Gesellschaft
sog	sogenannt
StBerG	Steuerberatungsgesetz
SteuerStud	Steuer und Studium
StGB	Strafgesetzbuch
str.	streitig
ua	unter anderem
UG	Unternehmergesellschaft
UmwG	Umwandlungsgesetz
UN	United Nations/Vereinte Nationen
UNCITRAL	United Nations Commission on International Trade Law/ Kommission der Vereinten Nationen für internationales Handelsrecht
UNIDROIT	International Institute for the Unification of Private Law/ Internationales Institut für die Vereinheitlichung des Privatrechts
USA	Vereinigte Staaten von Amerika
US-GAAP	United States Generally Accepted Accounting Principles
UStG	Umsatzsteuergesetz
UWG	Gesetz gegen den unlauteren Wettbewerb
Var.	Variante
VerbrKrG	Verbraucherkreditgesetz
vgl.	vergleiche
VO	Verordnung
WA	Warschauer Abkommen zur Vereinheitlichung von Regeln über die Beförderung im internationalen Luftverkehr idF des Protokolls von Den Haag
WM	Wertpapier-Mitteilungen
WP-Handbuch	Wirtschaftsprüfer-Handbuch
WpHG	Gesetz über den Wertpapierhandel
WPO	Gesetz über eine Berufsordnung der Wirtschaftsprüfer
ZahnheilkG	Zahnheilkundegesetz
zB	zum Beispiel
ZBB	Zeitschrift für Bankrecht und Bankwirtschaft
ZGR	Zeitschrift für Unternehmens- und Gesellschaftsrecht
ZHR	Zeitschrift für das gesamte Handels- und Wirtschaftsrecht
ZIP	Zeitschrift für Wirtschaftsrecht
zit.	zitiert
ZPO	Zivilprozessordnung

Literaturverzeichnis

Baetge/Kirsch/Thiele	Bilanzen, 13. Aufl. 2014
Baumbach/Hopt	Handelsgesetzbuch, 36. Aufl. 2014
Beck'scher Bilanz-Kommentar	9. Auflage 2014 (zit. *Bearbeiter* in: BeckBilKo, § ... Rn. ...)
Canaris	Handelsrecht, 24. Aufl. 2006
Ebenroth/Boujong/ Joost/Strohn	Handelsgesetzbuch, Band 1: §§ 1–342e, 3. Aufl. 2014; Band 2: §§ 343–475h, Transportrecht, Bank- und Börsenrecht, 2. Aufl. 2009 (zit. *Bearbeiter* in: EBJS, HGB, § ... Rn. ...)
Erman	Bürgerliches Gesetzbuch, Band 1: §§ 1–758, AGG, 14. Aufl. 2014
Großfeld/ Luttermann	Bilanzrecht, 4. Aufl. 2005
Heyd/Kreher	BilMoG – Das Bilanzmodernisierungsgesetz, 2010
Horschitz/Groß/ Fanck/Kirschbaum ..	Bilanzsteuerrecht und Buchführung, 13. Aufl. 2013
Keidel	FamFG, Gesetz über das Verfahren in Familiensachen und in den Angelegenheiten der freiwilligen Gerichtsbarkeit, 18. Aufl. 2014
Köhler/Bornkamm ..	Gesetz gegen den unlauteren Wettbewerb, 33. Aufl. 2015
Koller/Kindler/Roth/ Morck	Handelsgesetzbuch, 8. Aufl. 2015 (zit. *Bearbeiter* in: KKRM, HGB, § ... Rn. ...)
Krafka/Kühn	Registerrecht, 9. Aufl. 2013
Krag/Mölls	Rechnungslegung, 2. Aufl. 2012
Münchener Kommentar zum Bilanzrecht	Band 2: §§ 238–342e HGB, 2013
Münchener Kommentar zum FamFG	2. Aufl. 2013
Münchener Kommentar zum GmbHG	Band 2: §§ 35–52, 2012
Münchener Kommentar zum Handelsgesetzbuch	Band 1: §§ 1–104a, 3. Aufl. 2010
Münchener Kommentar zur Insolvenzordnung ..	Band 2: §§ 80–216, 3. Aufl. 2013
Oetker	Kommentar zum Handelsgesetzbuch, 4. Aufl. 2015 (zit. *Bearbeiter* in: Oetker, HGB, § ... Rn. ...)

Schmidt .... Handelsrecht, 6. Aufl. 2014

Staub .... Handelsgesetzbuch, Band 1: §§ 1–47b, 5. Aufl. 2009;
Band 2: §§ 48–104, 5. Aufl. 2008

Tipke/Lang .... Steuerrecht, 22. Aufl. 2015

Winnefeld .... Bilanz-Handbuch, 5. Aufl. 2015

Wöhe/Mock .... Die Handels- und Steuerbilanz, 6. Aufl. 2010

A. Grundlagen des Handelsrechts

I. Gegenstand und Geschichte

1. Handelsrecht [G]

Was versteht man unter Handelsrecht?

Handelsrecht ist das **Sonderprivatrecht der Kaufleute.** Es knüpft nach seiner historischen Konzeption und positiv-rechtlichen Ausformung an die Kaufmannseigenschaft an und stellt für diesen Normadressatenkreis Sonderregeln auf.

2. System [G]

Welche systematischen Anknüpfungspunkte für eine Verselbständigung des Handelsrechts sind vorstellbar und wo werden sie in den Handelsgesetzbüchern Europas verwendet?

Es lassen sich zwei verschiedene Grundeinteilungen denken:

a) Das **subjektive System** macht die Geltung handelsrechtlicher Vorschriften von der Kaufmannseigenschaft der Beteiligten abhängig: **Handelsrecht** ist danach **Standesrecht.** Diesem System folgt das deutsche Handelsrecht: Das HGB regelt im Ersten Buch den „Handelsstand", im Vierten Buch die „Handelsgeschäfte" unter Bezugnahme auf den Kaufmannsbegriff (§ 343 HGB). Allerdings wird dieser Ausgangspunkt in § 345 HGB teilweise aufgegeben: Danach genügt es für die Anwendung des Rechts der Handelsgeschäfte grundsätzlich, dass *einer* der Beteiligten Kaufmann ist.

b) Das **objektive System** bildet den Geltungskreis des Handelsrechts nach der Natur des betreffenden Geschäfts aus: **Handelsrecht** ist danach das **Recht der Handelsgeschäfte.** Diese Gesetzesarchitektur liegt dem ständefeindlichen *Code de commerce* von 1807 zugrunde, der in Art. 1 und Art. 632 auf dem Schlüsselbegriff des *„acte de commerce"* aufbaut.

3. Wichtigste Rechtsquelle [G]

Was ist die wichtigste Rechtsquelle des Handelsrechts?

Das **Handelsgesetzbuch (HGB)**, das am 1.1.1900 zeitgleich mit dem BGB in Kraft getreten ist.

4. Vorläufer des HGB [V]

Welches deutsche Gesetzbuch war der Vorläufer des HGB, und nach welchem ausländischen Vorbild wurde es geschaffen?

a) Das HGB greift in weiten Teilen (wenn auch nicht hinsichtlich des subjektiven Systems) auf den Normenbestand des **Allgemeinen Deutschen Handelsgesetzbuchs (ADHGB) von 1861** zurück, das von der Frankfurter Nationalversammlung angenommen und anschließend von den einzelnen deutschen Staaten im Wege der Parallelgesetzgebung in Kraft gesetzt wurde. Einen wesentlichen Beitrag zu seiner einheitlichen Handhabung leistete das 1869 eingerichtete Bundesoberhandelsgericht (ab 1871: Reichsoberhandelsgericht), dessen oft grundlegende Entscheidungen (amtliche Sammlung: ROHGE) bis heute zitiert werden.

b) Ausländisches Vorbild für die deutsche Handelsrechtskodifikation und etwa 40 weitere Handelsgesetzbücher in anderen Staaten war der **französische *Code de commerce* von 1807**, der als Teil des napoleonischen Gesetzgebungswerkes erlassen wurde und etwa im Rheinland bis zur Mitte des 19. Jahrhunderts galt. Er beruhte seinerseits auf Vorläufern, nämlich der von *Ludwig XIV.* erlassenen *Ordonnance sur le commerce de terre* von 1673 *(Code Savary)* und der *Ordonnance sur le commerce par mer* von 1681.

5. Inhalt des HGB [G]

Enthält das HGB ausschließlich handelsrechtliche Regelungen?

Nein. Die Vorschriften des Zweiten Buchs (**§§ 105–236 HGB**) über die offene Handelsgesellschaft, die Kommanditgesellschaft und die stille Gesellschaft gehören systematisch zum **Gesellschaftsrecht**, die Bestimmungen über die Handlungsgehilfen und Handlungslehrlinge (**§§ 59–83 HGB**) zum **Arbeitsrecht**.

6. Handelsrecht außerhalb des HGB [G]

Gibt es auch handelsrechtliche Vorschriften außerhalb des HGB?

Ja. Beispiele bilden die §§ 29 Abs. 2, 38 Abs. 1 ZPO (Vereinbarung über den Erfüllungsort, Gerichtsstandsvereinbarung), § 95 Abs. 1 Nr. 1 GVG (Handelssache) und § 37h WpHG (Schiedsvereinbarungen über Rechtsstreitigkeiten aus Wertpapierdienstleistungen).

7. Charakteristika des Handelsrechts [G]

Welche häufig wiederkehrenden Merkmale werden handelsrechtlichen Normen gewöhnlich zugeschrieben?

Man pflegt vier Charakteristika hervorzuheben (vgl. *Hopt* in: Baumbach/Hopt, HGB, Einleitung vor § 1 Rn. 4 ff.):

a) **Selbstverantwortlichkeit**: Sie zeigt sich bei dem Verzicht auf einzelne Schutzgedanken des allgemeinen Privatrechts, etwa bei der erweiterten Inhalts- und Formfreiheit im Rahmen der §§ 348–350 HGB.

b) **Einfachheit und Schnelligkeit**: Davon zeugen zB die Rügepflicht des § 377 HGB und die Sonderregeln zum kaufmännischen Bestätigungsschreiben.

c) **Verkehrs- und Vertrauensschutz**: Belege bieten der umfassend ausgebildete Publizitätsschutz des Handelsregisters gem. § 15 HGB und der in § 49 HGB zwingend festgelegte Umfang der Prokura.

d) **Praxisnähe und Internationalität**: Sie spiegeln sich in der großen Bedeutung von Handelsbräuchen, der Verbreitung internationaler Klauselwerke und der voranschreitenden Rechtsangleichung im Rahmen der EU wider.

8. Levin Goldschmidt [V]

Die Geschichte des Handelsrechts ist auch eine Geschichte herausragender Handelsrechtler, die dem jungen Fach im 19. Jahrhundert zu wissenschaftlicher Blüte verholfen haben. Unter ihnen nimmt *Levin Goldschmidt* eine Ausnahmestellung ein. Was wissen Sie über sein Leben und Werk?

Levin Goldschmidt (1829–1897) gilt als der größte deutsche Handelsrechtler und **Begründer der modernen Handelsrechtswissenschaft.** Er wirkte zunächst als Professor in Heidelberg, bevor er 1870 als führender Fachkenner an das Bundesoberhandelsgericht (vgl. Frage 4a) berufen wurde. Von dort folgte er 1875 einem Ruf nach Berlin auf den ersten handelsrechtlichen Lehrstuhl in Deutschland (näher *K. Schmidt* in: Heinrichs/Franski/Schmalz/Stolleis, Deutsche Juristen jüdischer Herkunft, 1993, S. 223). *Goldschmidt* verstand das Handelsrecht als ein modernes, in ständiger Fortentwicklung begriffenes *ius gentium*. Mit seiner **genetischen Methode** versuchte er die einzelnen Rechtsinstitute aus ihrer Entwicklungsgeschichte heraus zu erklären und die dabei gewonnenen Einsichten für das Verständnis des geltenden Rechts nutzbar zu machen. Zeugnis davon legt sein weltbekanntes **„Handbuch des Handelsrechts"** ab, das in drei Auflagen erschien, aber unvollendet geblieben ist. Ein großes Verdienst um die Pflege des Handelsrechts hat sich *Goldschmidt* auch durch die Gründung der „Zeitschrift für das gesamte Handelsrecht" (ZHR) erworben.

9. Hermann Staub [V]

Zu den handelsrechtlichen „VIPs" zählt auch *Hermann Staub*. Was verbinden Sie mit seinem Namen?

Hermann Staub (1856–1904) gehörte zu den angesehensten Rechtsanwälten gegen Ende des 19. Jahrhunderts. Wissenschaftlich ist er vor allem durch einen großen Kommentar zum Allgemeinen Deutschen Handelsgesetzbuch in Erscheinung getreten (1. Auflage 1893), der binnen sieben Jahren sieben Auflagen erlebte und mit seiner systematischen Stoffdurchdringung neue Maßstäbe setzte. Noch heute trägt das Werk in der Kombination **„Staub-Großkommentar"** den Namen seines Gründers. Die größten dogmatischen Leistungen *Staubs* liegen in der Entwicklung der

Lehre vom **Scheinkaufmann** (vgl. Frage 70) und in der „Entdeckung" der positiven Vertragsverletzung im Jahre 1902.

II. Fortentwicklung und Neukonzeption

10. Handelsrechtsreform 1998 [G]

Das Handelsrechtsreformgesetz von 1998 hat das HGB grundlegend umgestaltet. Nennen Sie die beiden wichtigsten Neuerungen!

a) Die erste einschneidende Änderung betrifft den **Kaufmannsbegriff**, der in den §§ 1 ff. HGB ein vollständig neues Gesicht erhalten hat.

b) Nicht minder tief greifend ist zweitens die Modernisierung des überkommenen **Firmenrechts**, das in den §§ 17 ff. HGB nunmehr auf dem Grundsatz der namensrechtlichen Gestaltungsfreiheit aufbaut.

11. Reformforderungen der Wissenschaft [G]

Welche weiterreichende Forderung von Teilen der Handelsrechtswissenschaft hat der Reformgesetzgeber nicht aufgegriffen?

Keine Berücksichtigung gefunden hat die Forderung, das Handelsrecht zu einem **Außenprivatrecht der Unternehmen** fortzubilden (dazu *K. Schmidt*, HandelsR, § 2 Rn. 10 ff.; gegen ihn die hM, etwa *Canaris*, HandelsR, § 1 Rn. 23 ff.). Zwar nimmt § 1 Abs. 2 HGB den Begriff des Unternehmens auf, doch bleibt der **Kaufmannsbegriff** der **archimedische Punkt des gesetzlichen Systems**: Die Vorschriften des HGB richten sich nicht an alle Unternehmensträger, sondern nur an Kaufleute (vgl. Begründung RegE HRefG, BT-Drs. 13/8444, S. 22 f.). Unberührt bleibt freilich die Möglichkeit einer Analogie, die allerdings stets einer normbezogenen Einzelbegründung bedarf.

12. Systemwechsel im Ausland [V]

Gab es in unseren Nachbarländern einen Systemwechsel vom Kaufmanns- zum Unternehmerbegriff?

Am 1.1.2007 ist in Österreich das „Bundesgesetz über besondere zivilrechtliche Vorschriften für Unternehmen" **(Unternehmensgesetzbuch – UGB)** in Kraft getreten, welches das österreichische HGB ersetzt (näher zur Entwicklung vom Handels- zum Unternehmensrecht *Krejci* in: ders., Reformkommentar UGB, 2007, Einführung Rn. 1 ff.). An die Stelle des Kaufmannsbegriffs, der als unzeitgemäß eingestuft wurde, ist derjenige des Unternehmers getreten. Unternehmer ist gem. § 1 Abs. 1 UGB, wer ein Unternehmen betreibt. Als Unternehmen gilt nach § 1 Abs. 2 UGB jede auf Dauer angelegte Organisation selbständiger wirtschaftlicher Tätigkeit, mag sie auch nicht auf Gewinnerzielung gerichtet sein. Ausgeklammert bleiben die freien

Berufe. Allerdings kann sich ein freiberuflich Tätiger durch die freiwillige Eintragung den allgemeinen Bestimmungen unterstellen, sofern dem keine berufsrechtlichen Sonderbestimmungen entgegenstehen (§ 4 Abs. 2 UGB).

13. Begriff des Unternehmens im Wirtschaftsrecht [V]

Kennen Sie benachbarte Gebiete des Wirtschaftsrechts, die nicht auf dem Kaufmannsbegriff, sondern auf dem des Unternehmens aufbauen?

Das **Kartellrecht** stellt nahezu ausnahmslos auf den Unternehmensbegriff ab (vgl. §§ 1, 19 ff., 35 ff. GWB, Art. 101, 102, 106 AEUV) und versteht ihn als jedwede selbständige geschäftliche oder wirtschaftliche Tätigkeit (vgl. *Emmerich*, Kartellrecht, 13. Aufl. 2014, § 3 Rn. 24 ff.; § 20 Rn. 4 ff.). Im **Konzernrecht** verwenden die §§ 15 ff. AktG den Unternehmensbegriff und lassen ihm eine zweckbezogene Interpretation angedeihen, die vor allem dem Schutz der Gesellschaftsgläubiger und der Minderheitsaktionäre verpflichtet ist (vgl. *Emmerich/Habersack*, Konzernrecht, 10. Aufl. 2013, § 2 Rn. 5 ff.). Im **Steuerrecht** findet sich der Unternehmensbegriff an hervorgehobener Stelle in § 2 Abs. 1 UStG, wonach Unternehmer ist, wer eine gewerbliche oder berufliche Tätigkeit selbständig ausübt.

14. Begriff des Unternehmers im Bürgerlichen Recht [G]

Spielt der Begriff des Unternehmers auch im Bürgerlichen Recht eine Rolle?

Der Gesetzgeber verwendet ihn in **§ 14 Abs. 1 BGB** als Gegenbegriff zu jenem des Verbrauchers. **Unternehmer** ist danach eine natürliche oder juristische Person oder eine rechtsfähige Personengesellschaft, die bei Abschluss eines Rechtsgeschäfts in Ausübung ihrer gewerblichen oder selbständigen beruflichen Tätigkeit handelt. Diese Definition gilt etwa für den Unternehmerbegriff in den §§ 310, 312 ff., 474, 481, 491 BGB.

15. Weitere Reformen [S]

Welche grundlegenden Reformen hat das Handelsrecht darüber hinaus in jüngerer Zeit erfahren?

Das Transportrechtsreformgesetz von 1998 hat das **Fracht-, Speditions- und Lagerrecht**, die zuvor stark zersplittert waren, in den §§ 407–475h HGB zusammengeführt. Zudem wurde im Jahre 2013 das Seehandelsrecht reformiert. Wesentliche Veränderungen hat das HGB ferner im Dritten Buch durch das Bilanzrechtsmodernisierungsgesetz (BilMoG) aus dem Jahre 2009 sowie das Bilanzrichtlinie-Umsetzungsgesetz (BilRUG) aus dem Jahre 2015 erfahren.

III. Europäisierung und Internationalisierung

16. Einfluss des Unionsrechts [G]

Welchen Einfluss hat das Unionsrecht auf das deutsche Handelsrecht?

Einen außerordentlich großen und ständig wachsenden. Zahlreiche handelsrechtliche Vorschriften gehen auf **unionsrechtliche Rechtsakte** zurück oder werden von ihnen beeinflusst. Dazu gehören ua das Handelsregisterrecht (§§ 8–16 HGB), auf das die Publizitäts-, die Publizitätsreform-, die Transparenz- und die Zweigniederlassungs-Richtlinie sowie die Richtlinie in Bezug auf die Verknüpfung von Zentral-, Handels- und Gesellschaftsregistern einwirken, das Handelsvertreterrecht (§§ 84–92c HGB), das nahezu vollständig durch die Handelsvertreter-Richtlinie überlagert ist, und das Recht der Handelsbücher (§§ 238–342e HGB), bei dessen konkreter Ausgestaltung gleich mehrere EG-Richtlinien Pate standen. Beim gegenwärtigen Stand der Rechtsangleichung in der EU kann man daher bündig von einem **europäischen Handelsrecht** sprechen (vgl. *Grundmann* ZHR 163 (1999), 635).

17. Anwendung und Auslegung angeglichenen Handelsrechts [G]

Was ist bei der Anwendung und Auslegung angeglichenen Handelsrechts zu beachten?

a) Zum einen gilt der **Grundsatz richtlinienkonformer Auslegung** des deutschen Rechts. Danach ist im Zweifel einer der Richtlinie entsprechenden Gesetzesinterpretation der Vorzug zu geben.

b) Zum anderen besteht im Rahmen des **Art. 267 AEUV** in bestimmten Fällen eine **Vorlagepflicht an den EuGH**. Der Gerichtshof entscheidet dann im Vorabentscheidungsverfahren verbindlich über die Auslegung der betreffenden gemeinschaftsrechtlichen Rechtsakte.

18. Internationale Klauselwerke [V]

Erläutern Sie Bedeutung und Arten internationaler Klauselwerke für den Handelsverkehr!

Im internationalen Verkehr besteht seit alters ein Bedarf an genormten Vertragsformeln als einer Art **Weltsprache des Warenhandels**. Dieser Vereinheitlichungsaufgabe haben sich in Vergangenheit und Gegenwart vor allem die *Trade Terms* und die *Incoterms* angenommen.

a) Die *Trade Terms* sind erstmals 1923 und zuletzt 1953 von der Internationalen Handelskammer (ICC) herausgegeben worden. Sie stellen nationale Handelsbräuche zusammen und erläutern sie, ohne sie jedoch inhaltlich zu vereinheitlichen.

b) Die **Incoterms** *(International Commercial Terms)* sind die bekanntesten und verbreitetsten Handelsklauseln und liegen inzwischen in einer Fassung aus dem Jahre 2010 vor. Allerdings gelten sie nicht kraft Gesetzes, sondern nur, wenn die Vertragspartner auf sie Bezug nehmen oder soweit ein Handelsbrauch iSv § 346 HGB besteht. Ihre Domäne ist der internationale Warenhandel; viel verwendete Klauselbeispiele sind FOB *(free on board)* oder CIF *(cost, insurance, freight)*. Siehe näher dazu *Zwilling-Pinna* BB 2010, 2980.

19. Lex mercatoria [V]

Was versteht man unter der sog *lex mercatoria?*

Hinter dem unscharfen Begriff der **lex mercatoria** verbirgt sich die Vorstellung eines **Welthandelsrechts**, das aus den Usancen der beteiligten Verkehrskreise erwächst und auf dem Konsens der Rechtsgemeinschaft beruht. In den Kategorien der Rechtsquellenlehre ist die *lex mercatoria* teils als Gewohnheitsrecht, teils als Handelsbrauch anzusehen. Erste Ansätze zu ihrer Positivierung enthalten die im Jahre 1994 vom UNIDROIT-Institut in Rom herausgegebenen **Principles of International Commercial Contracts** (abgedruckt bei *Basedow*, Europäische Vertragsrechtsvereinheitlichung und deutsches Recht, 2000, S. 251 ff.).

IV. Handelsrecht und Bürgerliches Recht

20. Eigenständige Kodifikation des Handelsrechts im interntionalen Vergleich [S]

In Deutschland ist das Handelsrecht in einer eigenen Kodifikation geregelt. Entspricht das auch dem internationalen Standard?

Nur zum Teil. Eine gesonderte Kodifikation findet sich etwa in Frankreich (*Code de commerce* von 1807) und den Vereinigten Staaten (*Uniform Commercial Code* von 1954). Dagegen hat die Schweiz auf eine derartige Verselbständigung verzichtet (Obligationenrecht von 1881), und Italien hat wie die Niederlande (*Nieuw Burgerlijk Wetboek* von 1976) die ursprüngliche Ausgliederung (*Codice di commercio* von 1883) später wieder rückgängig gemacht (*Codice civile* von 1942).

21. Historische Gründe für die Verselbständigung des Handelsrechts [V]

Welche historischen Gründe bestanden für die Verselbständigung des Handelsrechts im 19. Jahrhundert?

Das **Emanzipationsstreben des Handelsrechts** rührte vor allem daher, dass das überkommene gemeine Recht den Bedürfnissen der frühkapitalistischen Wirtschaftsordnung nicht mehr gerecht wurde. Derem *laissez faire, laissez aller* stellte das Handelsrecht ein *laissez contracter* an die Seite: Mit Einführung der Gewerbefreiheit, Aufwertung der Vertragsfreiheit und Anerkennung der Stellvertretung avancierte es zum **Schrittmacher der modernen Rechtsentwicklung**. Der einflussreiche Rechtslehrer *Levin Goldschmidt* (zu ihm Frage 8) nannte es einen „Jungbrunnen" des Zivilrechts.

22. Sonderrecht auch heute noch legitim? [G]

Gibt es auch heute noch Sachgründe für ein Sonderrecht der selbständigen Gewerbetreibenden?

Durchaus, auch wenn die genuin handelsrechtlichen Materien national wie international zusammenschrumpfen. **Einheitsstiftend** wirken vor allem zwei Gedanken:

a) Zum einen gibt es **sachliche Leitziele** für die Ausgestaltung handelsrechtlicher Normen: Handelsrecht hat seinem Wesen nach stets die Tendenz zur Freiheitlichkeit und Universalität (vgl. Frage 7).

b) Zum anderen bietet das Handelsrecht einen **gemeinsamen Bezugsrahmen** für jene **organisatorischen Regeln**, die sich im kaufmännischen Verkehr als unverzichtbar und evolutorisch stabil erwiesen haben: das Register-, Firmen- und Bilanzrecht.

23. Handelsrecht als Variation bürgerlich-rechtlicher Themen [G]

Inwieweit lässt sich das Handelsrecht als Variation bürgerlich-rechtlicher Themen begreifen und verstehen?

Das HGB knüpft vielfach an bürgerlich-rechtliche Rechtsinstitute an und formt sie – den Bedürfnissen des kaufmännischen Verkehrs entsprechend – weiter aus. Beispiele bilden die (Sonder-)Regeln der handelsrechtlichen Stellvertretung (§§ 48 ff. HGB) und des Handelskaufs (§§ 373 ff. HGB).

V. Einrichtungen mit handelsrechtlicher Bedeutung

24. Kammer für Handelssachen [G]

Erläutern Sie Aufgaben, Bedeutung und Besetzung der Kammer für Handelssachen!

Für die streitige Gerichtsbarkeit in Handelssachen hat der deutsche Gesetzgeber keine eigenen Handelsgerichte (anders in Frankreich: *tribunaux de commerce*), sondern nur **besondere Kammern** für Handelssachen **bei den Landgerichten** geschaffen. Sie sind mit einem Berufsrichter als Vorsitzendem und zwei ehrenamtlichen Richtern aus dem Kreis der eingetragenen Kaufleute besetzt (§ 105 Abs. 1 GVG). Damit sollen Praxisnähe und kaufmännischer Sachverstand in die Rechtsprechung eingebracht werden. Die **Zuständigkeit** der Kammer für Handelssachen ist in den **§§ 94, 95 GVG** näher geregelt.

25. Industrie- und Handelskammer: Aufgaben [V]

Welche Aufgaben nimmt die Industrie- und Handelskammer wahr?

Die **Industrie- und Handelskammer** – der französischen *Chambre de commerce* nachgebildet – hat eine doppelte Aufgabe: Sie ist zum einen ein **berufsständischer Interessenverband** regionaler Art, der die gewerbliche Wirtschaft im Kammerbezirk fördern soll. Zum anderen nimmt sie als **staatliches Hilfsorgan** öffentliche Aufgaben wahr, indem sie auf Ersuchen von Gerichten oder Verwaltungsbehörden Gutachten über Handelsbräuche erstellt oder Auskünfte über Firmenbezeichnungen erteilt.

26. Industrie- und Handelskammer: Organisation [V]

Wie ist die Industrie- und Handelskammer rechtlich organisiert, und wer ist dort Mitglied?

Die Industrie- und Handelskammer ist eine **Körperschaft öffentlichen Rechts**, die dem kontinentaleuropäischen Prinzip der **Zwangsmitgliedschaft** folgt. Mitglied ist daher grundsätzlich jeder, der im Kammerbezirk eine gewerbliche Niederlassung, Betriebsstätte oder Verkaufsstelle unterhält (vgl. zur Verfassungsmäßigkeit BVerwG NJW 1998, 3510). Dies schließt alle Kleingewerbetreibenden ein, nicht hingegen die freien Berufe, Handwerker und Landwirte.

27. Die Internationale Handelskammer [S]

Wissen Sie auch, welche Bedeutung die Internationale Handelskammer hat?

Die **Internationale Handelskammer** (*International Chamber of Commerce*, ICC), die 1919 gegründet wurde und ihren Sitz in Paris hat, nimmt vor allem durch die **Empfehlung einheitlicher Handelsklauseln** (s. dazu Frage 18) Einfluss auf die Handelspraxis. Darüber hinaus genießt der bei ihr angesiedelte **Schiedsgerichtshof** höchste Anerkennung unter den ständigen internationalen Schiedsgerichten.

28. Handelsschiedsgerichtsbarkeit [S]

Was versteht man unter Handelsschiedsgerichtsbarkeit, und welche Rolle spielt sie in der Praxis?

Nach den **§§ 1025 ff. ZPO** können die Parteien vereinbaren, dass statt der ordentlichen Gerichte ein Schiedsgericht entscheidet. Hiervon macht der Handelsverkehr regen Gebrauch, weil **Schiedsgerichte** in aller Regel **schnell** (kein Instanzenzug),

9

diskret (keine Öffentlichkeit) und **sachkundig** (freie Schiedsrichterwahl) entscheiden. Einzelheiten des schiedsrichterlichen Verfahrens entsprechen seit einer Gesetzesreform von 1997 weitgehend dem Modellgesetz der UNCITRAL *(United Nations Commission on International Trade Law)* über die internationale Handelsschiedsgerichtsbarkeit.

B. Handelsstand

I. Kaufleute

29. Arten von Kaufleuten [G]

Welche Arten von Kaufleuten kennt das HGB heute?

Seit der Handelsrechtsreform von 1998 unterscheidet das Gesetz **Kaufleute kraft handelsgewerblicher Tätigkeit** (§ 1 HGB, Istkaufmann), **kraft Eintragung** (§§ 2, 3 und 5 HGB) und **kraft Rechtsform** (§ 6 Abs. 2 HGB, Formkaufmann). Die Kaufleute kraft Eintragung können weiter in Kannkaufleute (§§ 2 und 3 HGB) und Fiktivkaufleute (§ 5 HGB) unterschieden werden. Keine gesetzliche Regelung erfahren hat der sog Scheinkaufmann.

30. Kaufmannstatbestände vor 1998 [S]

a) Wie waren demgegenüber die Kaufmannstatbestände vor dem Reformgesetz von 1998 konzipiert?
b) Woher rührte ihr Reformbedarf?

a) Nach § 1 Abs. 2 HGB aF galten bestimmte Arten von Geschäften *ipso iure* als Handelsgewerbe („**Musskaufmann**"). Alle übrigen Gewerbetreibenden erlangten die Kaufmannseigenschaft gem. § 2 HGB aF nur durch die Eintragung der Firma ins Handelsregister („**Sollkaufmann**"). Sonderregeln galten nach § 4 HGB aF für jene Gewerbetreibenden, deren Unternehmen keinen in kaufmännischer Weise eingerichteten Geschäftsbetrieb erforderte („**Minderkaufmann**").

b) Rechtspolitisch zutiefst unbefriedigend war vor allem, dass sich die Sollkaufleute der Anwendbarkeit des Handelsrechts entziehen konnten, indem sie pflichtwidrig eine Anmeldung ihrer Firma unterließen (vgl. *K. Schmidt*, HandelsR, § 10 Rn. 4 ff.). Weiter erwies sich der Katalog der Grundhandelsgewerbe in § 1 Abs. 2 HGB aF im Hinblick auf den modernen Dienstleistungssektor als hoffnungslos antiquiert. Dazu kamen beträchtliche Abgrenzungsschwierigkeiten zwischen Muss- und Sollkaufmann. Schließlich zog auch die ambivalente Regelung der Minderkaufleute Kritik auf sich.

1. Istkaufmann

a) Gewerbe

31. Gewerbebegriff [G]

Nach § 1 Abs. 1 HGB ist die Kaufmannseigenschaft untrennbar mit dem Gewerbebegriff verknüpft. Was versteht das Handelsrecht unter einem Gewerbe?

Das HGB definiert den **Begriff des Gewerbes** nicht. Eine Übertragung der auf anderen Rechtsgebieten (Gewerbeordnung, Steuerrecht) erarbeiteten Definitionen ist nur mit größter Vorsicht möglich (zum Steuerrecht Frage 42c). Immerhin haben sich fachübergreifend bestimmte **Basismerkmale** herausgebildet. Ein Gewerbe ist danach jede (1) selbständige, (2) entgeltliche, (3) planmäßige, auf Dauer angelegte Tätigkeit, die (4) nach außen als anbietende Tätigkeit am Markt in Erscheinung tritt und (5) nicht zu den freien, wissenschaftlichen oder künstlerischen Berufen gehört. Ob diese Tätigkeit (6) erlaubt bzw. auf den Abschluss klagbarer Geschäfte gerichtet sein und (7) mit Gewinnerzielungsabsicht betrieben werden muss, ist umstritten (s. näher Fragen 34 und 38).

32. Selbständigkeit [G]

Welche Aufgabe erfüllt das Tatbestandsmerkmal der Selbständigkeit im Rahmen des Gewerbebegriffs, und wie wird es definiert?

Das Erfordernis der **Selbständigkeit** soll – selbständige – **Gewerbetreibende von** – unselbständigen – **Arbeitnehmern abgrenzen**. Einen Anhalt hierfür bietet § 84 **Abs. 1 S. 2 HGB**: Selbständig ist danach, wer im Wesentlichen frei seine Tätigkeit gestalten und seine Arbeitszeit bestimmen kann (für Beispiele Fragen 256 und 305). Maßgebend ist dabei die rechtliche im Gegensatz zur wirtschaftlichen Freiheit, die auch bei selbständigen Kaufleuten und Unternehmen vielfach fehlt.

33. Mildtätigkeit [G]

Carina Caritas verschenkt allmonatlich Altkleider an Bedürftige. Betreibt sie ein Gewerbe?

Nur eine **entgeltliche Tätigkeit** begründet ein Gewerbe. Mildtätigkeit folgt eigenen Regeln. Carina Caritas betreibt also kein Gewerbe.

34. Gewinne [G]

Die Stadt Faßberg betreibt die städtischen Wasserwerke als Eigenbetrieb. Nach der Gemeindeordnung dürfen die Wasserwerke höchstens die laufenden Unterhaltungskosten und eine marktübliche Verzinsung des eingesetzten Kapitals erwirtschaften.
a) Handelt es sich bei den Wasserwerken um einen Gewerbebetrieb?
b) Üben die Wasserwerke eine gewerbliche Tätigkeit iSd § 14 BGB aus?

a) Nach Auffassung des **BGH** (vgl. BGH NJW 1968, 639 [640]; vorsichtig abrückend aber BGH NJW 1985, 3063 f.: Deutsche Bundesbahn als Gewerbebetrieb; offen gelassen in BGH NJW 2003, 2742 [2743 f.]; 2006, 2250 [2251]) liegt mangels **Gewinnerzielungsabsicht** selbst dann kein Gewerbebetrieb vor, wenn landesrechtliche Vorschriften oder die Satzung des Betriebs als Jahresgewinn nicht mehr als eine marktübliche Verzinsung des eingesetzten Kapitals erlauben. Danach handelt es sich bei den Wasserwerken um keinen Gewerbebetrieb. Die **hL** stellt demgegenüber nicht auf die Gewinnerzielungsabsicht, sondern darauf ab, ob das Unternehmen **nach betriebswirtschaftlichen Grundsätzen geführt** und am Markt im Wettbewerb mit Privatunternehmen tätig wird (vgl. *Hopt* in: Baumbach/Hopt, HGB, § 1 Rn. 16; auf die Gewinnerzielungsabsicht verzichtend auch OLG Dresden, NJW-RR 2003, 257 [257 f.]). Ganz ähnlich entscheidet das Steuerrecht, das die Betriebe gewerblicher Art von juristischen Personen des öffentlichen Rechts in § 4 Abs. 1 S. 2 KStG von der Absicht, Gewinn zu erzielen, dispensiert. Demnach wäre das Vorliegen eines Gewerbebetriebs zu bejahen.

b) Der Begriff des Gewerbes ist nach ständiger Rechtsprechung **für jedes Gesetz selbständig** nach Inhalt und Zweck der jeweiligen Vorschrift und unabhängig von seinem Verständnis in anderen Rechtsgebieten zu bestimmen (vgl. BGH NJW 1961, 725 [726 f.]; 2000, 1940 [1941]). Für die Unternehmereigenschaft des § 14 BGB verzichtet der BGH **auf das Erfordernis einer Gewinnerzielungsabsicht**, weil sich dafür in den Gesetzesmaterialien kein Hinweis finde und ein weiter personeller Anwendungsbereich den Verbraucherschutz effektuiere (BGH NJW 2006, 2250 [2251]; 2003, 2742 [2744] zum Verbraucherkreditgesetz). Die Wasserwerke üben folglich eine gewerbliche Tätigkeit iSd § 14 BGB aus.

35. Messetätigkeit [G]

Schoeller ist jedes Jahr aufs Neue mit einem Bauchladen als Eisverkäufer auf der Leipziger Frühjahrsmesse unterwegs. Handelt er damit gewerbsmäßig?

Anlass zu genauerer Prüfung gibt hier das Erfordernis einer **planmäßigen, auf Dauer angelegten Tätigkeit**. Insoweit zeigen sich Rechtsprechung und Schrifttum großzügig: Eine ununterbrochene Tätigkeit wird nicht verlangt (vgl. RGZ 130, 233 [235]: Saisonbetrieb eines Weinkommissionärs). Ebenso wenig schadet es, dass die geplante Dauer des Betriebs begrenzt ist, zB bei einem Verkaufsstand während einer sportlichen Großveranstaltung oder einer Ausstellung. Ausgegrenzt werden nur einzelne Veräußerungen, die nicht auf eine Vielzahl von Geschäften gerichtet sind, etwa der Verkauf des jeweiligen Jahreswagens durch Werksangehörige. Gewerbsmäßigkeit ist hier also zu bejahen.

36. ARGE [G]

Die im Handelsregister eingetragenen Bauunternehmer Hoch und Tief schließen sich zu einer Arbeitsgemeinschaft (ARGE) in Form einer Personengesellschaft zusammen, um eine große Messehalle zu errichten. Betreibt die ARGE ein Gewerbe?

Die Frage ist noch nicht abschließend geklärt. Manche Stimmen bezweifeln dies, weil sich die Mitglieder einer ARGE nur zu einem einzigenVorhaben zusammenschließen und es daher an einer auf Dauer angelegten Tätigkeit fehle (OLG Karlsruhe v. 7.3.2006 – 17 U 73/05, Rn. 15 ff.; *K. Schmidt* DB 2003, 703 [704 f.]). Gegenstimmen stellen auf den Umfang des Vorhabens ab und verweisen zudem darauf, dass die ARGE nicht bereits mit Fertigstellung und Abnahme des Bauvorhabens, sondern erst mit Erfüllung der sich aus dem Bauvertrag ergebenden Rechte und Pflichten, insbes. der Gewährleistungspflicht, aufgelöst werde. Daher sei das Vorhaben auf eine gewisse Dauer angelegt (LG Bonn ZIP 2003, 2160: Messehalle mit einem Auftragswert in Höhe von nahezu 1 Mio. EUR). Gewichtiger erscheint der Hinweis auf eine anderenfalls bestehende **Umgehungsgefahr**: Kaufleute sollen sich nicht durch den Zusammenschluss zu einer ARGE den strengeren Regeln des Handelsrechts entziehen können. Daher betreibt eine ARGE ein Gewerbe und ist gesellschaftsrechtlich unter den weiteren Voraussetzungen des § 1 Abs. 2 HGB nicht bloß als BGB-Gesellschaft anzusehen (ebenso OLG Dresden NJW-RR 2003, 257 [258]; OLG Frankfurt NJOZ 2005, 2583 [2584 f.]). Der BGH ist bislang mangels „sicherer Anhaltspunkte" davon ausgegangen, dass die Bau-ARGE in der Regel als GbR zu qualifizieren ist (vgl. BGH NJW Spezial 2009, 173). Dem folgte in einer jüngeren Entscheidung auch das OLG Brandenburg, welches § 377 HGB für die ARGE gleichwohl für (wohl analog) anwendbar hielt (OLG Brandenburg NJW 2012, 2124 [2124 f.]).

37. Börsenspekulant [G]

Dachs spekuliert häufiger an der Börse, indem er Wertpapiere kauft und verkauft. Ist er Kaufmann?

Der Gewerbebegriff verlangt eine **werbende Tätigkeit nach außen**, an der es bei bloßer Vermögensverwaltung fehlt (vgl. BGH NJW 1979, 1650; 2002, 368 [369]). Nach herrschender Auffassung reicht dazu auch eine Tätigkeit an einem „inneren Markt" nicht aus (vgl. KG JW 1928, 238: gemeinnütziger Beamtenverein). Dachs ist folglich kein Kaufmann.

38. Veräußerung von Diebesgut [G]

Hehler Holzer erwirbt und veräußert „gewerbsmäßig" Diebesgut.
a) Ist Holzer Kaufmann?
b) Könnte er seine Firma ins Handelsregister eintragen lassen?
c) Wie ist es, wenn er – inzwischen geläutert – legale Briefmarkenversteigerungen durchführt, ihm aber die Versteigerungserlaubnis iSv § 34b Abs. 1 GewO fehlt?

a) Das ist umstritten. Nach der **Regierungsbegründung zum HRefG** (BT-Drs. 13/8444, 24) liegt bei Ausübung einer **sitten- oder gesetzeswidrigen Tätigkeit** wie der Hehlerei (§ 259 StGB) **kein Gewerbe** vor. Holzer wäre demnach nicht Kaufmann. Die **überwiegende Lehre** hält dem entgegen, dass die öffentlich-rechtliche **Erlaubtheit eines Gewerbes** schon nach § 7 HGB **keine Voraussetzung** für die Anwendung des HGB sei und der Gewerbebegriff die Wirksamkeit der abgeschlossenen Geschäfte nicht voraussetze (vgl. *Canaris*, HandelsR, § 2 Rn. 13).

b) Folgt man der Regierungsbegründung, so fehlt Holzer für eine Eintragung schon die Kaufmannseigenschaft. Aber auch die hL verneint die Eintragungsfähigkeit der Firma eines Gewerbes jedenfalls dann, wenn feststeht, dass es insgesamt sitten- oder gesetzeswidrig ist: Ein solches Gewerbe ist nicht in das Handelsregister einzutragen, sondern zu unterbinden (vgl. *Hopt* in: Baumbach/Hopt, HGB, § 1 Rn. 21).

c) Nach **§ 7 HGB** ist die **öffentlich-rechtliche Zulässigkeit** des Betriebs eines Gewerbes für die Anwendung des HGB und damit auch für die Eintragung in das Handelsregister **ohne Belang** (vgl. BayObLGZ 1978, 44 [46 f.]). Das Fehlen einer Versteigerungserlaubnis hindert daher nicht die Eintragung Holzers ins Handelsregister; ihr Wegfall begründet keine Amtslöschung (§ 395 FamFG).

39. Ehevermittlung [G]

Ehevermittler Ehrlich beantragt die Eintragung in das Handelsregister. Das Registergericht lehnt die Eintragung ab, weil Ehrlich kein Gewerbe betreibe. Zu Recht?

Nach Ansicht der **obergerichtlichen Spruchpraxis** ja (vgl. OLG Frankfurt a. M. NJW 1955, 716; BayObLG NJW 1972, 1327). Danach können **Ehevermittler nicht Kaufleute** werden, weil sie mangels Klagbarkeit ihrer Ansprüche (§ 656 BGB) kein Gewerbe betreiben. Das ist **mit der ganz hL abzulehnen** (vgl. *Hopt* in: Baumbach/Hopt, HGB, § 1 Rn. 21): Der Unklagbarkeit der Entgeltforderungen fehlt ein teleologischer Bezug zu den kaufmännischen Einrichtungen und Pflichten; warum Ehevermittler wegen der bürgerlich-rechtlichen Schwäche des § 656 BGB von den handelsrechtlichen Stellvertretungsregeln oder den Buchführungs- und Bilanzierungspflichten ausgeschlossen sein sollen, ist nicht erfindlich.

40. Ärzte [G]

Angesichts einer Rechnung von 100 EUR „für seine ärztlichen Bemühungen" bemerkt Studienrat Streng mit Augenzwinkern gegenüber seinem Hausarzt Heim, die Ärzte seien heute doch gute Kaufleute. Damit würden die hohen Ideale der akademischen Berufe verraten, bei denen das Gewinnstreben zugunsten der geistigen Tätigkeit zurückzutreten habe. Der erboste Heim verbittet sich diese Vorwürfe und meint, Arzt und Kaufmann seien zwei verschiedene Dinge.
Ist diese Ansicht richtig?

An sich ließe sich auch die ärztliche Tätigkeit unter den Begriff des Gewerbes subsumieren. **Kraft Verkehrsanschauung** und **jahrhundertealter Tradition** werden die sog **freien Berufe** jedoch **nicht** als **Gewerbe** eingestuft. Entsprechend sind Heilverfahren mangels „gewerblicher" Verwertbarkeit vom Patentschutz ausgeschlossen (vgl. BGH NJW 1968, 197 [200 f.]: „Glatzenoperation"). Die früher ernsthaft vertretene Begründung, mit der Wissenschaft sei kein Geld zu verdienen, ist freilich weder empirisch noch normativ richtig. Eher zutreffen dürfte, dass bei einem freiberuflich Tätigen das **höchstpersönliche Erbringen von Leistungen im Vordergrund** steht und in aller Regel ein von seiner Person zu trennendes, verselbständigtes Substrat fehlt, während die Leistungen von Gewerbetreibenden vornehmlich auf einer organisierten Wirtschaftseinheit – dem Einsatz von Produktionsmitteln und fremder Arbeitskraft – beruhen. Betont man diesen Unterschied, so lässt sich die Ausklammerung der freien Berufe aus dem HGB auch heute noch rechtfertigen (dagegen *K. Schmidt*, HandelsR, § 9 Rn. 21). Für Human-, Zahn- und Tierärzte ist dies gesetzlich bestimmt (vgl. die § 1 Abs. 2 BÄO, § 1 Abs. 4 ZahnheilkG, § 1 Abs. 2 BTÄO).

41. Privatklinik [G]

Angenommen, Heim entdeckt wider Erwarten seinen Geschäftssinn und gründet eine Privatklinik für finanzkräftige Patienten. Kommen die handelsrechtlichen Vorschriften jetzt zur Anwendung?

Die **Herausnahme der freien Berufe** aus dem HGB gilt **nur für** ihren jeweiligen **Kernbereich**. Tritt die persönliche Leistung gegenüber dem Einsatz von Produktionsmitteln zurück, wie dies bei Privatkliniken oder Sanatorien der Fall sein kann, ist für eine handelsrechtliche Exklave kein Raum mehr. Bei **gemischten**, teils freiberuflich, teils gewerblich kommerziell geführten **Betrieben** (zB Arztpraxis nebst Kurbetrieb) entscheidet das **Gesamtbild** (vgl. BGH NJW 2011, 3036 [3037]; *Roth* in: KKRM, HGB, § 1 Rn. 15). Die handelsrechtlichen Vorschriften kommen vorliegend also zur Anwendung.

42. Freiberufler

a) Nennen Sie weitere Berufe, die kraft Gesetzes oder Verkehrsanschauung nicht als Gewerbe iSd Handelsrechts bezeichnet werden! [G]
b) Gilt diese Sonderstellung der freien Berufe auch im Wettbewerbs- und Kartellrecht? [S]
c) Wie steht es mit ihrer Behandlung im Steuerrecht? [S]

a) **Freiberufler** sind: Rechtsanwälte (§ 2 Abs. 2 BRAO), Patentanwälte (§ 2 Abs. 2 PatentanwaltsO), Notare (§ 2 S. 3 BNotO), Wirtschaftsprüfer (§ 1 Abs. 2 WPO), Steuerberater (§ 32 Abs. 2 StBerG) und Architekten. Weitere Berufe nennt der – für das HGB allerdings nicht verbindliche – **Katalog des § 1 Abs. 2 PartGG**. **Keine Freiberufler** sind dagegen: Apotheker, Heilpraktiker, Krankengymnasten oder Softwareentwickler (zu letzteren BayObLG NJW-RR 2002, 968 [969], wonach sie aufgrund ihres wettbewerbsorientierten Verhaltens eine gewerbliche Tätigkeit ausüben).

b) Nein. In beiden Bereichen kommt es jeweils nur auf eine **selbständige Teilnahme am wirtschaftlichen Verkehr** an, sodass Freiberufler ohne Weiteres dem **UWG** und dem **GWB** unterliegen (vgl. BGH NJW 1976, 1941 [1942]).

c) Die freiberufliche Tätigkeit erfüllt an sich alle Merkmale der gewerblichen Tätigkeit, wird aber durch § 15 Abs. 2 EStG ausdrücklich aus der Gewerblichkeit ausgeklammert. Stattdessen erzielen **Freiberufler** steuerbare **Einkünfte aus selbständiger Arbeit** (Katalogberufe des **§ 18 Abs. 1 EStG** sind fiskalisch geprägt und für das HGB nicht ausschlaggebend). Sie unterliegen aber **keiner Gewerbesteuerpflicht** (§ 2 GewStG).

b) Handelsgewerbe

43. Definition [G]

Wann ist ein Gewerbe als Handelsgewerbe anzusehen?

Nach **§ 1 Abs. 2 HGB** ist jedes Gewerbe ein Handelsgewerbe, es sei denn, das Unternehmen erfordert nach Art oder Umfang keinen in kaufmännischer Weise eingerichteten Geschäftsbetrieb.

44. In kaufmännischer Weise eingerichteter Geschäftsbetrieb [G]

a) Wodurch zeichnet sich ein in kaufmännischer Weise eingerichteter Geschäftsbetrieb aus?
b) Nach welchen Kriterien beurteilen Sie, ob ein Unternehmen nach Art oder Umfang keinen in kaufmännischer Weise eingerichteten Geschäftsbetrieb erfordert?
c) Wen trifft die Darlegungs- und Beweislast für die (Nicht-)Erforderlichkeit eines kaufmännischen Geschäftsbetriebs?

a) **Kaufmännische Einrichtung** bedeutet vor allem kaufmännische Buchführung und Bilanzierung (§§ 238 ff. HGB), kaufmännische Bezeichnung (Firmenname, §§ 17 ff. HGB) und kaufmännische Ordnung der Vertretung (§§ 48 ff. HGB).

b) In den Blick zu nehmen sind vor allem Art und Umfang der Geschäftstätigkeit. Was die **Art der Geschäftstätigkeit** anbelangt, verdienen die Vielfalt der Erzeugnisse und Leistungen, die Teilnahme am Wechsel- und Kreditverkehr, grenzüberschreitende Geschäftsverbindungen und eine größere Lagerhaltung Beachtung. Über den **Umfang der Geschäftstätigkeit** geben die Beschäftigtenzahl, die Größe und Organisation der Betriebsstätte(n) und das Umsatzvolumen (vgl. aber Frage 47) Auskunft. **Ausschlaggebend** ist letztlich das sich aus Art und Umfang gemeinsam ergebende **Gesamtbild**.

c) Wie sich aus der Gesetzesformulierung („es sei denn") ergibt, spricht eine (widerlegliche) Vermutung für das Vorliegen eines Handelsgewerbes. Das Vorliegen eines **Kleingewerbebetriebs** ist also der **Ausnahmefall**, den derjenige darlegen und beweisen muss, der sich hierauf beruft.

45. Überflüssiger Zierrat [G]

Vollgas betreibt eine gut gehende VW-Reparaturwerkstatt, die – bedingt durch ihre Größe (Beschäftigtenzahl, Umsatz, Lagerhaltung) – kaufmännische Einrichtungen benötigt. Vollgas lehnt dies aber als überflüssigen Zierrat ab. Das Registergericht fordert ihn auf, sich ins Handelsregister eintragen zu lassen. Muss er dem Verlangen des Registergerichts nachkommen?

Nach dem insoweit eindeutigen Wortlaut des § 1 Abs. 2 HGB ist nicht entscheidend, ob der Betrieb **kaufmännische Einrichtungen** besitzt, sondern ob er sie **erfordert**. Dies trifft auf die VW-Werkstatt zu. Vollgas ist daher nach § 1 Abs. 1 HGB Kaufmann und damit nach § 29 HGB zur Handelsregistereintragung verpflichtet. Kommt Vollgas der Aufforderung des Registerrichters nicht nach, so kann er nach § 14 HGB, §§ 388 ff. FamFG zur Erfüllung seiner Anmeldepflicht durch Ordnungsstrafen angehalten werden (s. näher zum Registerzwang Frage 83).

46. Bundeswehrkantine [G]

Brause betreibt eine Bundeswehrkantine, in der Zeitschriften, Süßigkeiten und Getränke verkauft werden. Sein Jahresumsatz beträgt 250.000 EUR. Wächst ihm allein aufgrund der Umsatzerlöse eine Kaufmannseigenschaft nach § 1 HGB zu?

Der Pächter einer Bundeswehrkantine ist nicht schon deshalb Kaufmann, weil er einen vergleichsweise hohen Jahresumsatz erzielt (vgl. OLG Celle NJW 1963, 540). Gegen die Erforderlichkeit kaufmännischer Einrichtungen iSd § 1 Abs. 2 HGB spricht vielmehr, dass sich Brauses Geschäftsbetrieb in denkbar einfachen und durchsichtigen Formen abwickelt: Sein Abnehmerkreis ist auf Truppenangehörige beschränkt, die die Kantinenware bar bezahlen; kaufmännisch geschultes Personal ist ebenso wenig erforderlich wie eine kaufmännische Buchführung; es genügt eine einfache Zettelbuchführung in Gestalt der Lieferscheine und Kassenbons (vgl. auch BGH NJW 2002, 368 [369] zur Unternehmereigenschaft).

47. Optikergeschäft [G]

Brille betreibt ein Optikergeschäft mit einem Jahresumsatz von 85.000 EUR. Er hat etwa 2.000 Kunden und muss mit verschiedenen Krankenkassen abrechnen. Ist er Kaufmann?

Zwar ist Brilles Betrieb nach der Art der erbrachten Leistungen spezialisiert und insoweit überschaubar, und auch der erzielte Jahresumsatz von 85.000 EUR vermag die Kaufmannseigenschaft nicht zu rechtfertigen. Zu berücksichtigen ist aber, dass die Kundenzahl und der komplizierte Abrechnungsmodus mit den Krankenkassen eine Ordnung und Übersicht erfordern, die sich nur mit kaufmännischen Mitteln erreichen lässt. Brille ist daher als Kaufmann zu qualifizieren (vgl. OLG Hamm DB 1969, 386).

c) Betreiben

48. Prokurist, Gesellschafter & Co. [G]

Sind folgende Personen Kaufleute:
a) der Prokurist eines Einzelhandelskaufmanns oder das Vorstandsmitglied einer Aktiengesellschaft?
b) der Gesellschafter einer OHG oder der Komplementär einer KG?
c) ein Kommanditist oder GmbH-Gesellschafter?
d) der Treuhänder eines Einzelhandelsunternehmens?
e) der Insolvenzverwalter?
f) eine Erbengemeinschaft?

In allen Fällen kommt es darauf an, ob die Personen als **„Betreibende"** iSd § 1 **HGB** anzusehen sind. Dies setzt voraus, dass die im Rahmen des Handelsgewerbes abgeschlossenen Geschäfte **für und gegen sie wirken**, also in ihrem Namen abgeschlossen werden. Im Einzelnen:

a) **Prokurist** und **Vorstand** sind rechtsgeschäftliche bzw. organschaftliche Vertreter. Der Prokurist vertritt den Einzelhandelskaufmann und ist für dessen Gewerbebetrieb tätig. Er selbst hingegen betreibt kein Gewerbe und ist **nicht Kaufmann**. Ebenso ist nicht das einzelne Vorstandsmitglied, sondern die Aktiengesellschaft als juristische Person (Form-)Kaufmann (vgl. Frage 65).

b) Nach Auffassung der Rechtsprechung ja (vgl. BGH NJW 1961, 1022 [1022]; 1966, 1960 [1961]). Der BGH betont die Unternehmerstellung der **OHG-Gesellschafter und Komplementäre**, ihr Auftreten als „Prinzipal" im Geschäftsverkehr sowie ihre unbeschränkte persönliche Haftung nach § 128 HGB – und folgert hieraus, dass sie mit Aufnahme des Geschäftsbetriebs **Kaufleute** werden. Die praktischen Auswirkungen dieser im Schrifttum bekämpften Auffassung (kritisch *K. Schmidt* in: MüKoHGB § 1 Rn. 67) sind aber begrenzt, weil die Kaufmannseigenschaft nur für jene Geschäfte gilt, die sie als Gesellschafter und nicht lediglich als Privatleute abschließen. Dies ist nicht anhand der Vermutungsregel des § 344 Abs. 1 HGB, sondern nach § 164 Abs. 1 S. 2, Abs. 2 BGB zu beurteilen (vgl. BGH NJW 1960, 1852 [1853]).

c) Die Kaufmannseigenschaft eines **Kommanditisten** wird heute ganz überwiegend **verneint** (vgl. BGH NJW 1966, 1960 [1962]). Der Kommanditist betreibt kein Handelsgewerbe, weil er nicht Mitunternehmer, sondern typischer Anlagegesellschafter ist. Im Geschäftsverkehr wird er nicht als „Prinzipal" oder Inhaber des Betriebs angesehen. **GmbH-Gesellschafter** sind Mitglieder einer juristisch selbständigen Kapitalgesellschaft und als solche **keine Kaufleute** (vgl. BGH NJW 1996, 2156 [2158]; 2006, 996 [998]; 2006, 830 [839]; ebenso für den Alleingesellschafter-Geschäftsführer: BGH NJW 1993, 1126 [1126]; 1991, 757; für ein Beispiel s. Frage 424).

d) Der **Treuhänder** ist selbst **Kaufmann** (vgl. KG JW 1939, 293; OLG Hamm NJW 1963, 1554 [1555]). Obwohl er im Verhältnis zum Treugeber häufig weisungsgebunden ist, tritt er nach außen als alleiniger Inhaber des Handelsgeschäfts auf. Dass die Betriebsmittel nicht in seinem Eigentum stehen und er nicht für eigene Rechnung handelt, ist demgegenüber ohne Belang.

e) Der **Insolvenzverwalter** führt das Handelsgeschäft des Gemeinschuldners im eigenen Namen kraft Amtes mit Wirkung für und gegen die Insolvenzmasse fort. Er wird dadurch **nicht** selbst **Kaufmann** (vgl. BGH NJW 1987, 1940 [1941]); vielmehr bleibt der Gemeinschuldner während des Insolvenzverfahrens Kaufmann.

f) Da die Erbengemeinschaft **nicht rechtsfähig** ist (vgl. BGH NJW 2002, 3389 [3390]; 2006, 3715 [3716]), wird sie als solche auch nicht Kaufmann (anders aber *K. Schmidt*, HandelsR, § 4 Rn. 26, nach dem der Erbengemeinschaft die Kaufmannseigenschaft unmittelbar zukommt). Vielmehr sind die einzelnen Miterben als gesamthänderische Inhaber des Handelsgeschäfts Kaufleute und so ins Handelsregister einzutragen. Eine Umwandlung des Unternehmens in eine OHG muss dabei nicht erfolgen (BGH NJW 1985, 136 [137]; *Hopt* in: Baumbach/Hopt, HGB, § 1 Rn. 37).

---

49. Minderjährige [G]

a) Der 15-jährige Fritz betreibt einen Computer-Hard- und Softwarehandel. Für die einzelnen Geschäfte holt er jeweils die Zustimmung seiner Eltern ein. Wird Fritz dadurch Kaufmann?
b) Im Februar bestellt Fritz ohne Zustimmung seiner Eltern fünf Computer. Als er vier Wochen nach Lieferung noch nicht gezahlt hat, verlangt der Verkäufer Zahlung des Kaufpreises zuzüglich 5 % Zinsen ab Fälligkeit. Zu Recht?
c) Was können Fritz und seine Eltern tun, damit nicht für jedes einzelne Geschäft eine Genehmigung erteilt werden muss?

---

a) Für das Merkmal des Betreibens kommt es auf die Geschäftsfähigkeit nicht an. Sie ist deshalb auch keine Voraussetzung der **Kaufmannseigenschaft**. Entscheidend ist, dass das Handelsgeschäft **im Namen des Minderjährigen** betrieben wird. Fritz ist also Kaufmann.

b) Diese Frage hängt nicht nur von der in §§ 352, 353 HGB vorausgesetzten Kaufmannseigenschaft des Fritz ab – für die es nicht auf die Geschäftsfähigkeit ankommt –, sondern auch davon, ob der Minderjährige aus den einzelnen Geschäften berechtigt und verpflichtet wird. Dies hängt ausschließlich von den allgemeinen Vorschriften des BGB ab. Wenn die Eltern das Geschäft nicht genehmigen, ist der ganze Kaufvertrag von Anfang an unwirksam und das Zahlungsverlangen erfolgt nicht zu Recht.

c) Gemäß **§ 112 BGB** können die Eltern den Fritz mit Genehmigung des Vormundschaftsgerichts generell zum Betrieb eines Erwerbsgeschäfts ermächtigen. Für Verbindlichkeiten aus diesem Erwerbsgeschäft greift die Haftungsbeschränkung Minderjähriger nach **§ 1629a BGB** ausweislich seines Abs. 2 **nicht** ein.

d) Beginn und Ende der Kaufmannseigenschaft

50. Vorbereitung [G]

Lagerfeld will ein Herrenausstattergeschäft eröffnen. Er mietet einen Laden in der Herzogstraße, beauftragt eine Designerin mit der Innenausstattung und bestellt die ersten Anzüge. Gelten für diese Geschäfte bereits die Vorschriften des HGB?

Das Betreiben des Handelsgewerbes beginnt schon mit den **Vorbereitungsgeschäften** (zB Miete von Geschäftsräumen, Einstellung von Personal, Eröffnung eines Bankkontos oder Abschluss eines Unternehmenskaufvertrags; vgl. BGH NJW 1996, 3217). Die Vorschriften des HGB gelten also bereits.

51. Abwicklung [G]

Weil modebewusste Kunden ausbleiben, entschließt sich Lagerfeld nach wenigen Monaten zum Räumungsverkauf. Ist er dabei noch Kaufmann?

So wie die Vorbereitungsgeschäfte schon dem HGB unterfallen, bleibt die Kaufmannseigenschaft spiegelbildlich auch noch bei den **zur Abwicklung erforderlichen Rechtsgeschäften** erhalten. Sie endet erst mit der vollständigen Einstellung des Betriebs (vgl. BGH NJW 1960, 1664 [1665]: keine Betriebsaufgabe bei nur zeitweiliger Stilllegung einer beschlagnahmten Wäscherei). Lagerfeld handelt also noch als Kaufmann.

52. Ruhen und Insolvenz [G]

Liegt eine Einstellung des Gewerbebetriebs in dem eben erläuterten Sinn vor, wenn:
a) ein Saisonbetrieb, der während der Saison kaufmännischen Charakter hat, außerhalb der Saison zum Ruhen kommt?
b) über das Vermögen eines Einzelkaufmanns das Insolvenzverfahren eröffnet wird?

a) Für die Kaufmannseigenschaft ist grundsätzlich entscheidend, auf welchen *Umfang* ein Betrieb *angelegt* ist. Das bestimmt sich bei einem **Saisonbetrieb** allein nach der Zeit der Saison. Hat der Betrieb währenddessen **kaufmännischen Charakter**, so verliert er ihn nicht außerhalb der Saison, auch wenn er dann eingeschränkt wird oder ganz zum Ruhen kommt (vgl. LG Lübeck BB 1964, 1192 [1193]; AG Wyk auf Föhr BB 1958, 891: Sommerhotel; ähnlich OLG Dresden NJW-RR 2002, 33: neben laufendem umsatzschwachem Vermietungsgeschäft Bereithalten für größere Aufträge).

b) Auch durch Eröffnung des Insolvenzverfahrens erlischt die Kaufmannseigenschaft nicht. Der **Gemeinschuldner bleibt Kaufmann**, wenngleich unter Entziehung der

Verwaltungs- und Verfügungsbefugnis (§ 80 Abs. 1 InsO). Da der Insolvenzverwalter lediglich die auf ihn übergegangenen Verwaltungs- und Verfügungsrechte des Gemeinschuldners ausübt (vgl. bereits Frage 48e), sind die von ihm vorgenommenen Geschäfte in dem Umfang Handelsgeschäfte nach §§ 343 ff. HGB, wie sie es bei einer Vornahme durch den Gemeinschuldner wären.

2. Kleingewerblicher Kannkaufmann

53. Eckkiosk [G]

Klaus Klein verkauft in einem engen Eckkiosk Zeitschriften. Er setzt 4.000 EUR im Monat um und hat keine Angestellten. Klein fragt, ob er Kaufmann sei oder sich zumindest als solcher in das Handelsregister eintragen lassen könne. Student Streb erklärt Klein, er sei nur „Minderkaufmann", sodass nicht alle Vorschriften des Handelsgesetzbuchs für ihn gälten. Eine Eintragung in das Handelsregister sei für Minderkaufleute nicht möglich. Hat Streb Klein korrekt beraten?

Die Auskunft Strebs trifft nur auf Basis der früheren Rechtslage zu. Mit Inkrafttreten des **Handelsrechtsreformgesetzes 1998** wurde der in § 4 HGB aF geregelte „**Minderkaufmann**" abgeschafft. Nach nun geltendem Recht ist Klein entweder Kaufmann oder Nicht-Kaufmann: *Tertium non datur*. Weil sein Gewerbe nach Art oder Umfang keinen in kaufmännischer Weise eingerichteten Geschäftsbetrieb erfordert (s. dazu Frage 44), ist er kein Istkaufmann iSv § 1 Abs. 1 HGB. Er kann sich jedoch nach § 2 HGB freiwillig ins Handelsregister eintragen lassen. Mit der Eintragung wird sein Unternehmen einem Handelsgewerbe iSv § 1 Abs. 2 HGB gleichgestellt; Klein wäre dann Kaufmann.

54. Vor- und Nachteile [G]

Klein bittet nun Sie um Auskunft, welche Vor- und Nachteile eine Handelsregistereintragung mit sich bringt. Würden Sie ihm zu einer Eintragung raten?

Die **Vorteile einer Eintragung** sind für Kleingewerbetreibende **gering**: die Erhöhung des gesetzlichen Zinssatzes auf 5 % durch § 352 HGB, das erweiterte Zurückbehaltungsrecht nach §§ 369 ff. HGB und weitere periphere Vergünstigungen. Dem stehen **schwerwiegende Nachteile** gegenüber: Er verliert nach § 350 HGB den Schutz des Formerfordernisses bei Bürgschaften, Schuldversprechen und Schuldanerkenntnissen, unterliegt der Rügepflicht des § 377 HGB, wird der scharfen registerrechtlichen Haftung nach § 15 HGB unterworfen und hat die Rechnungslegungspflichten der §§ 238 ff. HGB zu erfüllen. Regelmäßig **empfiehlt** es **sich** daher für Kleingewerbetreibende, **von** der **Eintragungsoption des § 2 HGB keinen Gebrauch zu machen**.

55. Konsequenzen und Reaktionsmöglichkeiten [G]

a) Angenommen, Klein hat sich ins Handelsregister eintragen lassen. Welche Wirkungen zeitigt diese Eintragung?
b) Nach einiger Zeit reut Klein seine Entscheidung. Gibt es für ihn eine „Rückfahrkarte"?

a) Mit der konstitutiven Eintragung erlangt Klein den **vollen Kaufmannsstatus** mit allen Rechten und Pflichten.

b) Ja. Gemäß **§ 2 S. 3 HGB** hat er eine **Löschungsoption**, sofern nicht inzwischen die Voraussetzung des § 1 Abs. 2 HGB eingetreten ist. Die Löschung wirkt *ex nunc*, vorher als Kaufmann begründete Rechte und Pflichten bleiben unberührt.

56. Kommissionär [V]

Kommissionär König kauft und verkauft im eigenen Namen, aber für Rechnung der Schönbild-GmbH Kleinkunst. Sein Unternehmen erfordert keinen in kaufmännischer Weise eingerichteten Geschäftsbetrieb und ist auch nicht im Handelsregister eingetragen.
a) Als König eine Rechnung der Schönbild-GmbH nicht sofort begleicht, macht diese ihm gegenüber ohne vorausgehende Mahnung Fälligkeitszinsen geltend. Zu Recht?
b) König verwirkt gegenüber der Schönbild-GmbH eine hohe Vertragsstrafe. Er fragt, ob er die gerichtliche Herabsetzung der Vertragsstrafe nach § 343 BGB beantragen kann.

a) Die Schönbild-GmbH könnte gegen König einen Anspruch auf Zahlung von Fälligkeitszinsen aus § 353 HGB haben. Die Anwendung dieser Norm setzt ein beiderseitiges Handelsgeschäft voraus (s. dazu Frage 405). Die Schönbild-GmbH ist Formkaufmann gem. § 6 Abs. 2 HGB iVm § 13 Abs. 3 GmbHG. Dagegen betreibt König weder ein Handelsgewerbe iSd § 1 Abs. 2 HGB, noch ist er nach § 2 HGB im Handelsregister eingetragen. Er ist folglich Nichtkaufmann. Allerdings ist König **Kommissionär** iSd § 383 Abs. 1 HGB, und auf einen solchen findet § 353 HGB über die **Brückenvorschrift des § 383 Abs. 2 S. 2 HGB** auch dann Anwendung, wenn er kein Kaufmann ist. Der Anspruch aus § 353 HGB ist also gegeben.

b) § 348 HGB schließt die Herabsetzung einer Vertragsstrafe nach § 343 BGB aus, wenn diese von einem Kaufmann im Betriebe seines Handelsgewerbes versprochen wurde. König ist jedoch kein Kaufmann, und § 383 Abs. 2 S. 2 HGB nimmt die §§ 348–350 HGB ausdrücklich von seiner Verweisung aus. König kann somit eine Herabsetzung nach § 343 BGB beantragen.

Beachte: Nach § 383 Abs. 2 S. 1 HGB finden auf Kommissionäre, die keine Kaufleute sind, auch alle Vorschriften über das Kommissionsgeschäft Anwendung. Ähnliche **Verweisungen** enthalten § 84 Abs. 4 HGB für den Handelsvertreter und § 93 Abs. 3 HGB für den Handelsmakler. Durch diese Verweisungen gleicht das HGB den Umstand aus, dass **kleingewerblich tätige Kommissionäre, Handelsvertreter**

und Handelsmakler, die vor der Handelsrechtsreform nach § 1 Abs. 2 Nr. 6 und 7 HGB aF, § 4 HGB aF Minderkaufleute kraft Tätigkeit waren, nach dem neuen § 1 Abs. 2 HGB keine Kaufleute mehr sind.

3. Land- oder forstwirtschaftlicher Kannkaufmann

57. Bauer Bio I [G]

Bauer Bio betreibt ökologische Landwirtschaft. Er baut Obst und Gemüse an und verkauft es in einem kleinen Laden auf seinem Hof an gesundheitsbewusste Kunden. Daneben betreibt Bio eine Brennerei, in der er aus selbst angebauten Brombeeren in großen Mengen „Bios ökologischen Brombeerlikör" herstellt. Schließlich betreibt er auf einem angrenzenden Grundstück eine freie Erdgas-Tankstelle. Bio fragt Sie, ob er Kaufmann ist,
a) als Bauer?
b) als Betreiber des Hofladens?
c) als Betreiber der Brennerei?
d) als Betreiber der Tankstelle?
e) ganz allgemein?

a) § 1 HGB findet nach ausdrücklicher Anweisung des **§ 3 Abs. 1 HGB** auf Betriebe der Land- und Forstwirtschaft keine Anwendung. Landwirtschaft ist die Ausnutzung des Bodens zur Gewinnung und Verwertung pflanzlicher oder tierischer Rohstoffe, wie zB Ackerbau, Obstbau, Weinbau oder Tierzucht unter Ausnutzung des Bodens. Forstwirtschaft ist die Nutzung von Wäldern durch Auf- und Abforsten zum Zwecke der Holzgewinnung (vgl. *Hopt* in: Baumbach/Hopt, HGB, § 3 Rn. 4). Die **landwirtschaftliche Tätigkeit** des Bio fällt unter diese Norm. Bio ist insoweit **kein Kaufmann**, wenn er sich nicht freiwillig im Handelsregister eintragen lässt (§ 3 Abs. 2 HGB iVm § 2 S. 1 HGB).

b) Nach **§ 3 Abs. 3 HGB** gelten entsprechende Grundsätze für ein mit dem Landwirtschaftsbetrieb verbundenes Unternehmen, soweit dieses nur ein Nebengewerbe darstellt. Ein **Nebengewerbe** setzt (1) ein selbständiges Unternehmen voraus, das (2) mit dem land- oder forstwirtschaftlichen Unternehmen organisatorisch verbunden und (3) von diesem abhängig ist sowie (4) von demselben Unternehmer betrieben wird. Bei einer kleinen Verkaufsstelle auf dem Hof fehlt es – ebenso wie beim Marktverkauf eigener Produkte – schon an der Selbständigkeit des Verkaufsgeschäfts. Landbau und Hofverkauf bilden vielmehr zusammen einen **gemischten Betrieb**. Für dessen Einordnung unter § 1 oder § 3 HGB **ist entscheidend**, welche Tätigkeit dem Betrieb das **Gepräge** gibt. Hier steht der Landbau im Vordergrund. Also wird auch der Hofverkauf unmittelbar von § 3 Abs. 1 HGB erfasst und macht Bio nicht zum Kaufmann.

c) Die Brennerei stellt ein im Vergleich zum Landbau selbständiges Unternehmen dar, das aber aufgrund der Verarbeitung der von Bio angebauten Brombeeren eng mit diesem verbunden ist. Bio ist Inhaber beider Betriebe, sodass es sich bei der Brennerei um einen **Nebenbetrieb iSv § 3 Abs. 3 HGB** handelt. Bio ist auch als Betreiber der Brennerei kein Kaufmann kraft Tätigkeit iSv § 1 HGB.

d) Die Tankstelle stellt ein vom landwirtschaftlichen Betrieb des Bio selbständiges Unternehmen dar, dem allerdings die für einen Nebenbetrieb iSd § 3 Abs. 3 HGB vorausgesetzte organisatorische Verbundenheit und Abhängigkeit vom landwirtschaftlichen Betrieb fehlt. Auf die Tankstelle findet daher § 1 HGB Anwendung, dessen Voraussetzungen vorliegen. Als Betreiber der Tankstelle ist Bio folglich Kaufmann iSv § 1 HGB.

e) Anders als die Formkaufleute nach § 6 Abs. 2 HGB ist eine **natürliche Person** niemals als solche **Kaufmann**, sondern **stets nur bezogen auf ein bestimmtes Gewerbe** (vgl. *Hopt* in: Baumbach/Hopt, HGB, § 1 Rn. 29). Daraus folgt, dass Bio in Bezug auf die unter lit. a–c behandelten Gewerbe auch dann nicht Kaufmann ist, wenn er zusätzlich ein davon selbständiges kaufmännisches Gewerbe betreibt. Kaufmann ist Bio im vorliegenden Fall daher nur als Betreiber der Tankstelle.

---

58. Bauer Bio II [G]

Bauer Bio ist verärgert über die schlechte Zahlungsmoral einiger Ladenbetreiber, die seinen Brombeerlikör verkaufen. Er möchte sich die ständigen Mahnungen ersparen und künftig bereits ab Fälligkeit seiner Forderungen nach § 353 HGB Zinsen von den säumigen Abnehmern verlangen. Andererseits möchte er nicht auch als Landwirt Kaufmann werden.
a) Bio fragt, ob er sich nur hinsichtlich der Brennerei als Kaufmann in das Handelsregister eintragen lassen kann.
b) Wie wäre es hinsichtlich des Hofverkaufs?
c) Könnte Bio die einmal eingetragene Brennerei auch wieder aus dem Handelsregister löschen lassen?

---

a) Bei der Brennerei handelt es sich um ein Gewerbe des Bio, das mit dessen landwirtschaftlichem Hauptbetrieb verbunden und von diesem abhängig, aber dennoch gegenüber diesem verselbständigt ist, und damit um einen Nebenbetrieb iSd § 3 Abs. 3 HGB. § 3 Abs. 3 HGB, der § 3 Abs. 2 HGB hinsichtlich eines Nebenbetriebs für entsprechend anwendbar erklärt, eröffnet Bio die Möglichkeit, die Brennerei auch ohne den landwirtschaftlichen Hauptbetrieb im Handelsregister eintragen zu lassen, sofern die Brennerei nach Art oder Umfang einen in kaufmännischer Weise eingerichteten Geschäftsbetrieb erfordert. Macht Bio von dieser gesonderten Eintragungsmöglichkeit Gebrauch, ist er als Betreiber der Brennerei, nicht dagegen als Landwirt Kaufmann. Erfordert die Brennerei nach Art oder Umfang keinen in kaufmännischer Weise eingerichteten Geschäftsbetrieb, ergibt sich die Möglichkeit der (gesonderten) Handelsregistereintragung aus § 2 HGB, da § 2 HGB neben § 3 HGB anwendbar ist und die Brennerei einen selbständigen Gewerbebetrieb darstellt (vgl. *K. Schmidt*, HandelsR, § 10 Rn. 90, 106).

b) Bei dem Hofverkauf handelt es sich nicht um einen – selbständigen – Nebenbetrieb, sondern um einen Teil des landwirtschaftlichen Hauptbetriebs. Eine gesonderte Eintragung des Hofverkaufs in das Handelsregister ist daher nicht möglich. Bio muss sich entscheiden, ob er seinen landwirtschaftlichen Betrieb insgesamt nach § 3 Abs. 2 HGB in das Handelsregister eintragen lassen will oder nicht.

c) Das kommt darauf an, ob die Brennerei nach Art und Umfang einen in kaufmännischer Weise eingerichteten Geschäftsbetrieb erfordert und daher nach § 3

Abs. 2 HGB eingetragen wurde. Solange dies der Fall ist, findet eine Löschung aus dem Handelsregister nur nach allgemeinen Vorschriften statt, kann aber nicht einseitig von Bio herbeigeführt werden (§ 3 Abs. 2 aE HGB). Ist die Brennerei hingegen als Kleingewerbe nach § 2 HGB eingetragen, besteht die Löschungsoption.

---

59. Bauer Bio III [G]

Die Brennerei des Bauern Bio floriert zusehends. Daher baut Bio seine Produktpalette erheblich aus und bietet neben dem Brombeerlikör auch verschiedene Weinbrände und andere Obstliköre an. Dafür muss er etwa 90 % der Rohstoffe von anderen Landwirten hinzukaufen. Der Umsatz der Brennerei übersteigt bald denjenigen des landwirtschaftlichen Betriebs um ein Vielfaches. Bio fragt, ob er jetzt den Vorschriften für Kaufleute unterworfen ist.

Die Annahme eines **Nebenbetriebs iSd § 3 Abs. 3 HGB** setzt voraus, dass dieser von dem land- oder forstwirtschaftlichen Hauptbetrieb abhängig ist. **Dagegen** spricht nicht schon der höhere Umsatz des Nebenbetriebs (vgl. *Hopt* in: Baumbach/ Hopt, HGB, § 3 Rn. 10; ferner BGH WM 1966, 194 [195]: Brauerei), wohl aber der **überwiegende Drittbezug der Vorprodukte**. Demnach ist § 1 HGB anwendbar und Bio auch als Betreiber der Brennerei Istkaufmann, ohne dass es insoweit einer Eintragung in das Handelsregister bedarf. Hinsichtlich seines landwirtschaftlichen Betriebs und des Hofverkaufs bleibt Bio dagegen weiterhin Nichtkaufmann.

4. Fiktivkaufmann

---

60. Grundlagen des § 5 HGB [G]

a) Welchem Zweck dient § 5 HGB?
b) Wann kommt er zum Zuge?
c) Verbleibt für ihn nach der Handelsrechtsreform von 1998 noch ein eigener Anwendungsbereich?

---

a) **§ 5 HGB** steht ganz im Dienste der **Rechtssicherheit**. Er schreibt vor, dass eingetragene Gewerbetreibende unwiderlegbar als Kaufleute gelten und schützt diese Eintragungen damit besonders nachdrücklich gegen jede Anzweifelung.

b) § 5 HGB ist systematisch **hinter den §§ 1–3 HGB angesiedelt** und greift dann ein, wenn sich eine Kaufmannseigenschaft nach diesen Vorschriften nicht begründen lässt.

c) Das ist umstritten. **Einer Lehrmeinung zufolge** hat § 5 HGB seine ursprüngliche Funktion, Streit über das (Nicht-)Erfordernis eines in kaufmännischer Weise eingerichteten Geschäftsbetriebs zu verhindern, vollständig eingebüßt: Der Einwand eines eingetragenen Gewerbetreibenden, er sei in Wirklichkeit Kleingewerbetreibender, werde ihm bereits durch § 2 HGB abgeschnitten (vgl. etwa *K. Schmidt* ZHR 163 (1999) 87 [91 ff.]). Die **Gegenauffassung differenziert**: Nach ihr erfasst § 2 HGB nur jene Fälle, in denen sich ein Kleingewerbetreibender freiwillig ins Handelsregister hat eintragen lassen. § 5 HGB werde dagegen nach wie vor in zwei Fallgestaltungen benötigt: (1) Bei einem nachträglichen Absinken des Gewerbebetriebs auf kleingewerbliches Niveau und (2) bei einem fehlenden, nichtigen oder irrtümlichen Eintragungsantrag nach § 29 HGB (vgl. etwa *Lieb* NJW 1999, 35 [36]; für ein Beispiel s. Frage 62).

61. Fehler des Registergerichts [G]

Der Arzt Anton ist ohne sein Wissen durch einen Fehler des Registergerichts als Kaufmann in das Handelsregister eingetragen worden. Kaufmann Karl Knauser hat sich zur Ruhe gesetzt, aber vergessen, seine Firma aus dem Handelsregister löschen zu lassen. Die B-Bank nimmt beide aus einer Bürgschaft in Anspruch, die sie telefonisch versprochen haben. Zu Recht?

Grundsätzlich setzt ein wirksames Bürgschaftsversprechen nach § 766 BGB die Einhaltung der Schriftform voraus. Hiervon macht § 350 HGB aber für Bürgschaften von Kaufleuten eine Ausnahme:

a) Anton ist Freiberufler und betreibt daher kein Gewerbe iSd § 1 HGB (vgl. Frage 42). Auch **§ 5 HGB** greift hier nicht ein. Die Vorschrift **dispensiert** nach ihrem klaren Wortlaut („das unter der Firma betriebene Gewerbe") **nicht vom Betreiben eines Gewerbes** (vgl. BGH NJW 1960, 1664 [1665 f.]). Dass ein Unternehmen betrieben wird, reicht entgegen einer Mindermeinung (vgl. *K. Schmidt*, HandelsR, § 10 Rn. 30) nicht aus. Antons Bürgschaftsversprechen ist daher nach § 125 S. 1 BGB formnichtig.

b) Auch in Bezug auf Knauser greift § 5 HGB nicht (mehr) ein, weil er kein Gewerbe mehr betreibt. Allerdings kann Knauser der Bank die Geschäftseinstellung und damit das Erlöschen der Kaufmannseigenschaft nach den §§ 15 Abs. 1, 31 Abs. 2 HGB nicht entgegenhalten, soweit die Bank hiervon keine Kenntnis hatte. Er muss daher zahlen.

62. Irrtümlicher Eintragungsantrag [G]

Kleingewerbetreibender Klein, dessen Gewerbe unter die Ausnahmeregelung des § 1 Abs. 2 aE HGB fällt (Frage 53), hat sich in das Handelsregister eintragen lassen, weil er irrig davon ausging, er sei Kaufmann iSd § 1 HGB. Ist er nun Kaufmann? Wenn ja, nach welcher Vorschrift?

Nach dem Wortlaut des § 2 Abs. 1 HGB wird die Qualifikation eines Kleingewerbes iSd § 1 Abs. 2 aE HGB als Handelsgewerbe fingiert, wenn die Firma des Unternehmens in das Handelsregister eingetragen ist. Hier hat Klein seine Firma nach § 29 HGB eintragen lassen. Einer Lehrmeinung zufolge ist er deshalb bereits nach § 2 HGB Kaufmann (vgl. *K. Schmidt* ZHR 163 (1999) 87 [93 ff.]). Die Gegenmeinung weist darauf hin, dass bei dieser Lesart der Anwendungsbereich des § 5 HGB leer zu laufen drohe und dass § 2 Abs. 2 HGB Kleingewerbetreibenden ein Wahlrecht hinsichtlich ihrer Kaufmannseigenschaft einräume. Infolgedessen setze die Annahme einer Kaufmannseigenschaft nach § 2 HGB nicht nur eine register-

rechtliche Erklärung iSd § 29 HGB, sondern eine auf Erlangung der Kaufmannseigenschaft gerichtete Willenserklärung voraus. Gehe ein Kleingewerbetreibender –
wie hier Klein – irrig davon aus, er sei schon Kaufmann nach § 1 HGB, so löse der
Eintragungsantrag nicht die Folge des § 2 HGB aus. Seine Kaufmannseigenschaft
werde aber durch § 5 HGB fingiert (vgl. *Canaris*, HandelsR, § 3 Rn. 49 f.). Klein ist
also Kaufmann, sei es aufgrund § 2 HGB, sei es aufgrund § 5 HGB.

---

63. Wem kommt § 5 HGB zugute? [G]

a) Wirkt § 5 HGB nur zugunsten gutgläubiger Dritter?
b) Kann die Vorschrift auch dem Eingetragenen selbst zugute kommen?
c) Muss sich der jeweils Begünstigte auf die Eintragung berufen?

---

a) Nein. **§ 5 HGB** ist **keine Rechtsscheinnorm**, sondern zielt auf absoluten Verkehrsschutz und objektive Rechtssicherheit (vgl. BGH NJW 1982, 45).

b) Ja. Von Belang ist das etwa, wenn der Eingetragene Fälligkeitszinsen (§ 352
HGB) geltend macht (vgl. allgemein RGZ 50, 154 [158] unter Berufung auf den
Gesetzeswortlaut).

c) Nein. **§ 5 HGB** betrifft die objektive Rechtslage und ist deshalb nach ganz überwiegender, aber nicht unangefochtener Auffassung – bei entsprechendem Vortrag im
Zivilprozess – **von Amts wegen zu berücksichtigen** (vgl. für die hM *Hopt* in:
Baumbach/Hopt, HGB, § 5 Rn. 4). Der scheinbar entgegenstehende Wortlaut
(„geltend machen") ist missverständlich.

---

64. Wann ist § 5 HGB nicht anwendbar? [G]

Ungeachtet seiner Wirkung für und gegen alle ist § 5 HGB in zweierlei
Richtung nicht anwendbar. Wissen Sie, wovon die Rede ist?

---

a) Nach allgemeiner Meinung gilt **§ 5 HGB nicht im öffentlichen Recht**, sodass
die Buchführungspflichten der §§ 238 ff. HGB nicht auf einen zu Unrecht Eingetragenen anwendbar sind. Für Einzelkaufleute hat diese Frage durch die Einführung
des § 241a HGB an Bedeutung verloren (vgl. *K. Schmidt*, HandelsR § 10 Rn. 40).

b) Darüber hinaus will eine verbreitete Auffassung **§ 5 HGB nicht im reinen
Unrechtsverkehr** angewendet wissen, weil die Vorschriften des Handelsrechts
durchweg nur den rechtsgeschäftlichen Verkehr beträfen (vgl. *Canaris*, HandelsR,
§ 3 Rn. 58; offenlassend BGH NJW 1982, 45). Hiergegen wird allerdings einge-
wandt, dass gerade keine Rechtsscheinvorschrift vorliege (vgl. *Hopt* in: Baumbach/
Hopt, HGB, § 5 Rn. 6, sowie Frage 63a).

5. Formkaufmann

65. Grundlagen des § 6 Abs. 2 HGB [G]

a) Erläutern Sie die Funktion des § 6 Abs. 2 HGB im System der Kaufmanns-tatbestände!
b) Welche Gesellschaftsformen genießen den Status eines Formkaufmanns, welchen fehlt die Formkaufmannseigenschaft?
c) Wie fügt sich die Vor-GmbH in diese Zweiteilung ein?

a) **§ 6 Abs. 2 HGB** stellt klar, dass **Vereine** unabhängig vom Betreiben eines Handelsgewerbes allein **kraft ihrer Rechtsform Kaufleute** sind, soweit das Gesetz dies bestimmt. Man spricht bündig von sog Formkaufleuten.

b) **Formkaufleute** sind die GmbH (§ 13 Abs. 3 GmbHG), die AG (§ 3 Abs. 1 AktG), die KGaA (§§ 278 Abs. 3, 3 Abs. 1 AktG), die eG (§ 17 Abs. 2 GenG), die SE (Art. 10 SE-VO) und die deutsche EWIV (§ 1 Hs. 2 EWIVAG). Nicht zu den Formkaufleuten gehören nach hM OHG und KG (*Hopt* in: Baumbach/Hopt, HGB, § 6 Rn. 7; anders aber *K. Schmidt*, HandelsR, § 10 Rn. 20, 112).

c) Die **Vor-GmbH** ist **kein Formkaufmann** iSd § 6 Abs. 2 HGB, da ihr noch die Eintragung ins Handelsregister fehlt (vgl. § 11 Abs. 1 GmbHG). Sie kann aber eine Handelsgesellschaft nach den §§ 1, 105 HGB sein.

66. Wirtschaftsprüfungsgesellschaft [G]

Hakelmacher betreibt eine Wirtschaftsprüfungsgesellschaft in der Rechtsform einer GmbH. Ist die Hakelmacher GmbH Kaufmann?

Die Kaufmannseigenschaft ergibt sich aus § 6 Abs. 2 HGB iVm § 13 Abs. 3 GmbHG. Dem steht nicht entgegen, dass Hakelmacher selbst keine Kaufmanns-eigenschaft erlangen könnte, weil Wirtschaftsprüfer zu den freien Berufen gehören (vgl. Frage 42a). Die Formkaufmannseigenschaft der GmbH hilft auch über dieses Defizit hinweg.

6. Handelsgesellschaften als Kaufleute

67. Zweck des § 6 Abs. 1 HGB [G]

Welchen Normzweck verfolgt § 6 Abs. 1 HGB?

§ 6 Abs. 1 HGB erstreckt das **Kaufmannsrecht des HGB** ohne Weiteres **auf alle Handelsgesellschaften** und erfüllt damit eine wichtige Vereinfachungsfunktion. Davon zu trennen ist die andere Frage, ob einer Gesellschaft schon kraft ihrer Rechtsform Kaufmannseigenschaft zukommt (vgl. Frage 65) oder ob sie diese nur kraft Betreibens eines Handelsgewerbes erlangt (vgl. § 105 Abs. 1 HGB, § 161 Abs. 2 HGB für OHG und KG).

68. Hunger und Durst [G]

Hunger und Durst betreiben in gesellschaftlicher Verbundenheit einen kleinen Imbiss und lassen die Firma des Unternehmens ins Handelsregister eintragen. Rechtsform und Kaufmannseigenschaft der Gesellschaft?

Die **kleingewerbliche Gesellschaft** hat gem. **§ 105 Abs. 2 HGB** – der gesellschaftsrechtlichen Parallelvorschrift zu § 2 HGB – **durch Eintragung** ins Handelsregister den **Status einer OHG** erlangt und betreibt damit nach der Wertung des § 2 S. 1 HGB ein Handelsgewerbe. Gemäß § 6 Abs. 1 HGB ist sie damit Kaufmann.

69. Vermögensverwaltung [G]

Soll und Haben bringen ihr ererbtes Immobilienvermögen in eine Personengesellschaft ein und lassen es von ihr verwalten.
a) Betreibt diese Vermögensverwaltungsgesellschaft ein Gewerbe?
b) Kann sie ggf. auch ohne Betreiben eines Gewerbes zur OHG werden?

a) Eine Gesellschaft, die nur ihr eigenes Vermögen verwaltet und nicht nach außen in Erscheinung tritt, betreibt grundsätzlich kein Gewerbe (vgl. OLG Hamm NJW 1994, 392: Besitzgesellschaft; BGH NJW 2006, 3486 [3487]: Verpachtung eines Betriebs; s. Frage 37). Etwas anderes gilt allerdings, wenn Umfang, Komplexität und Anzahl der mit der Verwaltung verbundenen Vorgänge einen planmäßigen Geschäftsbetrieb erfordern. Auf die Höhe der verwalteten Werte kommt es hingegen nicht an (vgl. BGH NJW 2002, 368 [369] zu § 1 Abs. 1 VerbrKrG; *Hopt* in: Baumbach/Hopt, HGB, § 1 Rn. 17).

b) Der Weg zur OHG über § 105 Abs. 1 HGB ist mangels Handelsgewerbes versperrt. Jedoch können Soll und Haben die Firma des Unternehmens ins Handelsregister eintragen lassen, wodurch **die Vermögensverwaltungsgesellschaft** nach **§ 105 Abs. 2 HGB** zur OHG wird.

7. Scheinkaufmann

70. Grundlagen des Scheinkaufmanns [G]

Neben dem „Fiktivkaufmann" kennt das Handelsrecht auch den „Scheinkaufmann".
a) Was verstehen Sie unter dem Begriff Scheinkaufmann?
b) Worin unterscheidet sich ein Scheinkaufmann von einem Fiktivkaufmann iSd § 5 HGB?
c) Wie verhält sich die Lehre vom Scheinkaufmann im Fallaufbau zu den §§ 5, 15 HGB?

a) Die Figur des **Scheinkaufmanns**, ursprünglich auf *Hermann Staub* zurückgehend (zu ihm Frage 9), bildet heute einen integralen **Bestandteil der Lehre von der Rechtsscheinhaftung**. Danach muss sich ein Nichtkaufmann, der im Geschäftsverkehr als Kaufmann auftritt, gutgläubigen Dritten gegenüber an diesem Rechtsschein festhalten lassen.

b) Drei Unterschiede verdienen Hervorhebung:

(1) Im Gegensatz zu § 5 HGB, der dem absoluten Verkehrsschutz verpflichtet ist (vgl. Frage 63a), begründet die Lehre vom Scheinkaufmann eine Rechtsscheinhaftung.

(2) Anders als § 5 HGB, der für und gegen den Eingetragenen wirkt (vgl. Frage 63b), wird der **Scheinkaufmann nur zu seinen Lasten** und nicht auch zu seinen Gunsten dem **Kaufmannsrecht** unterstellt.

(3) Abweichend von § 5 HGB knüpft die Lehre vom Scheinkaufmann nicht an den Registereintrag, sondern an das Auftreten im Geschäftsverkehr an und vermag daher auch Freiberufler zu erfassen (vgl. demgegenüber zum Fiktivkaufmann Frage 61a).

c) Im Verhältnis zu den gesetzlichen Verkehrsschutzregeln ist die **Lehre vom Scheinkaufmann subsidiär.** Sie kommt demnach nur zum Zuge, wenn die §§ 5, 15 HGB nicht anwendbar sind.

71. Rechtsscheintatbestand [G]

Können Sie anhand der Lehre vom Scheinkaufmann die allgemeine Grundstruktur eines Rechtsscheintatbestandes aufzeigen?

Herrschender Auffassung zufolge lässt sich ein dreigliedriger Tatbestandsaufbau ausmachen (vgl. *Canaris*, HandelsR, § 6 Rn. 68 ff.):

a) **Rechtsscheinbasis**, dh das Vorliegen eines objektiven Vertrauenstatbestandes, der sich aus Worten oder Taten ergeben kann.

b) **Zurechenbarkeit des Rechtsscheins**, dh ein Einstehenmüssen des Betroffenen für einen von ihm oder anderen gesetzten Rechtsschein, wobei als Zurechnungsprinzipien das Verschuldens-, Veranlassungs- und Risikoprinzip genannt werden.

c) **Voraussetzungen in der Person des vertrauenden Dritten**, wozu neben der Gutgläubigkeit auch ein Kausalitätserfordernis gehört, das freilich im Interesse des Verkehrsschutzes von Rechts wegen typisiert sein kann: So hängt der Vertrauensschutz des § 15 Abs. 1 HGB nicht von einer konkreten Einsichtnahme in das Handelsregister ab (vgl. Frage 98).

72. Rechtsscheinbasis [G]

Reichen folgende Verhaltensweisen aus, um den Rechtsschein eines Kaufmanns zu setzen?
a) Bauer Bio versichert seinem Vertragspartner, er sei Kaufmann, obwohl er nicht im Handelsregister eingetragen ist.
b) Erntehelfer Knorr bezeichnet den Bauern Bio in dessen Abwesenheit und ohne dessen Wissen gegenüber dessen Geschäftspartner als Kaufmann.

c) Der nicht im Handelsregister eingetragene Kleingewerbetreibende Klein tritt unter der Bezeichnung „Zeitschriften-Großhandel Klein" auf.

d) Der Kleingewerbetreibende Klein macht bekannt, dass er einem Angestellten Prokura erteilt habe.

a) Mit Selbstverständlichkeit kann ein Nichtkaufmann dadurch den Rechtsschein eines Kaufmanns setzen, dass er sich ausdrücklich – mündlich oder schriftlich – als Kaufmann bezeichnet.

b) Voraussetzung für die Behandlung einer Person als Scheinkaufmann ist, dass ihr der **erzeugte Rechtsschein zugerechnet** werden kann. Dies setzt zwar nicht notwendig ein aktives Tun voraus, ein pflichtwidriges Unterlassen reicht aus. Erforderlich ist aber stets, dass er die Möglichkeit hatte, von der objektiven Setzung des Rechtsscheins Kenntnis zu erlangen und dagegen einzuschreiten. Daran mangelt es hier, sodass es an der Setzung eines Rechtsscheins fehlt.

c) Der **Rechtsschein** der Kaufmannseigenschaft kann auch **schlüssig gesetzt** werden. Ob dafür das bloße Führen einer Firma ausreicht, ist allerdings umstritten. Keine Schwierigkeiten bereitet zunächst der Fall, dass ein Gewerbetreibender den durch § 19 HGB vorgeschriebenen Rechtsformzusatz (zB „e. K.") verwendet (vgl. *Hopt* in: Baumbach/Hopt, HGB, § 5 Rn. 10). Beim Fehlen eines solchen Rechtsformzusatzes ist richtigerweise zu unterscheiden: Das Auftreten unter einer Bezeichnung, die Firmenqualität haben könnte („Zeitschriften Klein"), dürfte im Hinblick auf die Liberalisierung des Firmenrechts und die schwierige Abgrenzung zwischen Firma und Geschäftsbezeichnung (vgl. Fragen 123, 124) noch nicht ausreichen (gleichsinnig *K. Schmidt*, HandelsR, § 10 Rn. 131). Anders liegt der Fall aber bei Verwendung einer Firma, die auf das Vorhandensein eines Handelsgewerbes iSd § 1 Abs. 2 HGB hindeutet. Dies ist hier gegeben („Zeitschriften-*Groß*handel Klein"). Ein hinreichender Rechtsschein liegt damit vor.

d) Der Rechtsschein der Kaufmannseigenschaft kann schlüssig auch dadurch erzeugt werden, dass ein Nichtkaufmann sich einer Einrichtung (hier: der Prokura) bedient, die nach dem HGB nur Kaufleuten zusteht (vgl. *Körber* in: Oetker, HGB, § 5 Rn. 41).

---

73. Auftritt als OHG [G]

Albert Alt und Bertram Braun gründen eine Vermögensverwaltungsgesellschaft. Sie lassen sich nicht im Handelsregister eintragen, treten aber dennoch im Geschäftsverkehr als „Alt und Braun OHG" auf, weil sie meinen, einer OHG werde größeres Vertrauen entgegengebracht als einer GbR. Als sie drei Wochen nach Lieferung einen Karton Recyclingpapier öffnen, den die Gesellschaft bei der Öko-GmbH erworben hat, stellen sie fest, dass das Papier offensichtlich mangelhaft ist. Der Geschäftsführer der Öko-GmbH weist das Nacherfüllungsverlangen von Alt und Braun unter Hinweis auf die versäumte Rügeobliegenheit des § 377 HGB zurück. Zu Recht?

Das Bestehen einer Rügeobliegenheit iSd § 377 HGB setzt voraus, dass es sich bei dem Papierkauf um ein beiderseitiges Handelsgeschäft handelt. Die Öko-GmbH ist

Formkaufmann iSd § 6 Abs. 2 HGB iVm § 13 Abs. 3 GmbHG. Die von Alt und Braun gegründete Gesellschaft ist mangels Gewerbebetriebs und Eintragung in das Handelsregister (vgl. § 105 Abs. 2 S. 1 Var. 2 HGB, näher oben Frage 68) nur eine GbR iSd §§ 705 ff. BGB und keine Handelsgesellschaft. Doch haben Alt und Braun zurechenbar den Rechtsschein einer OHG gesetzt. Entsprechend den Regeln über den Scheinkaufmann ist die Gesellschaft daher als „**Schein-OHG**" zu behandeln, zu deren Lasten entsprechend § 6 Abs. 1 HGB die in Betreff der Kaufleute gegebenen Vorschriften des HGB einschließlich der Rügeobliegenheit nach § 377 HGB gelten. Die Zurückweisung des Nacherfüllungsverlangens erfolgt also zu Recht.

II. Handelsregister

1. Einrichtung und Gegenstand des Handelsregisters

a) Funktion und Führung des Handelsregisters

74. Funktion [G]

Welche Zwecke verfolgt der Gesetzgeber mit der Einrichtung des Handelsregisters?

a) Das Handelsregister dient zuvörderst dem **Schutz des Rechtsverkehrs**: Jedermann kann sich über gewisse bedeutsame Tatsachen, insbes. über die Vertretungs- und Haftungsverhältnisse informieren und genießt dabei den Schutz des § 15 Abs. 1 und 3 HGB.

b) Spiegelbildlich **eröffnet** das Handelsregister **dem Kaufmann** eine **generelle Mitteilungsmöglichkeit** und dient auf diese Weise auch der eigenen Absicherung: Eintragung und Bekanntmachung begründen gem. § 15 Abs. 2 HGB die unwiderlegliche Vermutung, dass die eingetragenen Tatsachen jedermann bekannt sind.

c) Weiterhin **erleichtert** das Handelsregister die **Beweisführung**: Eintragungen in das Handelsregister liefern einen Beweis des ersten Anscheins für ihre Richtigkeit (s. näher Frage 88).

d) Schließlich ist das Handelsregister unverzichtbarer **Baustein der gerichtlichen Rechtskontrolle**: Das Registergericht ist verpflichtet, die förmlichen und materiellrechtlichen Voraussetzungen einer Eintragung zu überprüfen (s. näher Frage 82). Allerdings hat das Handelsrechtsreformgesetz die Prüfungsdichte im Handelsregisterverfahren in verschiedener Hinsicht zurückgenommen (vgl. § 18 Abs. 2 S. 2 HGB, § 9c Abs. 2 GmbHG, § 38 Abs. 3 und 4 AktG).

75. Historische Ursprünge [S]

Erläutern Sie die historischen Ursprünge der Handelspublizität!

Die **frühesten Ansätze** zur Bildung kaufmännischer Register sind in den italienischen Handelsstädten des 14. und 15. Jahrhunderts überliefert: Es handelt sich um die **Mitgliedermatrikel der kaufmännischen Gilden und Zünfte**. Weitere

Impulse erhielt die Handelspublizität sodann unter französischer Vormachtstellung: Die von *Ludwig XIV.* im Jahre 1673 erlassene *Ordonnance sur le commerce de terre* schrieb eine ausdrückliche Registerpublizität fest. Nach dem Vorbild Italiens und Frankreichs setzte sich diese Einrichtung mit zeitlichen Verzögerungen auch in Deutschland durch.

76. Organisation [G]

a) Von wem wird das Handelsregister geführt?
b) Wie ist es gegliedert?
c) Welche Veränderungen hat das sog EHUG mit sich gebracht?

a) Die **Registerführung** obliegt gem. **§ 8 Abs. 1 HGB** den Gerichten. **§ 23a Abs. 1 Nr. 2, Abs. 3 Nr. 2 GVG** weist die Aufgabe den **Amtsgerichten** zu. Als Regelzuständigkeit sieht § 376 Abs. 1 FamFG vor, dass zentral das Amtsgericht zuständig ist, in dessen Bezirk ein Landgericht seinen Sitz hat, und zwar für den gesamten Landgerichtsbezirk. Allerdings **eröffnet § 376 Abs. 2 FamFG** den Bundesländern die Möglichkeit einer abweichende Zuständigkeitsregelung, wovon diese in sehr unterschiedlicher Art und Weise Gebrauch gemacht haben. Die funktionelle Zuständigkeit liegt gem. **§ 3 Nr. 2 lit. d RPflG** bei den **Rechtspflegern**, sofern nicht einzelne Angelegenheiten den Richtern oder Urkundsbeamten der Geschäftsstelle vorbehalten sind.

b) Das Handelsregister besteht aus zwei Abteilungen, nämlich der **Abteilung A** für Einzelkaufleute und Personengesellschaften des Handelsrechts mit Ausnahme der stillen Gesellschaft sowie für die juristischen Personen des öffentlichen Rechts und der **Abteilung B** für Kapitalgesellschaften (insbes. AG, KGaA, GmbH).

c) Das Gesetz über elektronische Register und Genossenschaftsregister sowie das Unternehmensregister – kurz **EHUG** – vom 10.11.2006 (BGBl. I 2553) hat zum einen die **elektronische Registerführung (§ 8 Abs. 1 HGB), die elektronische Bekanntmachung (§ 10 S. 1 HGB) und die Einreichung von Unterlagen zum Handelsregister in elektronischer Form (§ 12 Abs. 2 S. 1 HGB)** eingeführt. Weiterhin hat es mit dem **Unternehmensregister (§ 8b HGB)** ein einheitliches Informationsportal geschaffen, das den Zugriff auf sämtliche Handelsregisterdaten und viele sonstige Unternehmensdaten aus öffentlichen Registern und Datenbanken ermöglicht. Sämtliche Maßnahmen dienen der Umsetzung der Richtlinien 2003/58/EG (Änderung der Publizitätsrichtlinie) und 2004/109/EG (Transparenzrichtlinie).

Beachte: Für Genossenschaften wird gem. § 10 Abs. 1 GenG ein eigenes Register geführt.

77. Rechtsquellen [G]

a) Nennen Sie die wichtigsten Rechtsquellen des Registerrechts!
b) Spielen auch gemeinschaftsrechtliche Vorschriften eine Rolle?

a) Seine gesetzliche Ausgestaltung erfährt das Registerrecht in erster Linie durch die **§§ 8–16 HGB**. Sie werden in der **Handelsregisterverordnung** (HRV) weiter detailliert und durch die **§§ 374 ff. FamFG** prozessual flankiert.

b) Besonders bedeutsam ist die am 9.3.1968 erlassene, durch die Richtlinie 2003/58/EG geänderte und durch die Richtlinie 2009/101/EG mit Wirkung vom 21.10.2009 neu gefasste Erste gesellschaftsrechtliche Richtlinie (**Publizitätsrichtlinie**). Große Relevanz kommt darüber hinaus der Richtlinie 2004/109/EG (Transparenzrichtlinie) zu (vgl. Frage 76c).Vermittels richtlinienkonformer Auslegung (vgl. Frage 17a) wirken diese Richtlinien auf das deutsche Registerrecht ein.

---

78. Einordnung in die allgemeine Unternehmenspublizität [V]

Wie ordnet sich die Registerpublizität in die allgemeine Unternehmenspublizität des geltenden Rechts ein?

Die Registerpublizität ist **Teil der allgemeinen Unternehmenspublizität**. Dazu gehören außerdem die Rechnungslegungspublizität (s. näher Frage 316) und die Konzernpublizität. Hinzu tritt mit ständig steigender Schlagkraft die Kapitalmarktpublizität (s. näher Frage 389).

b) Eintragungsfähige und eintragungspflichtige Tatsachen

---

79. Eintragungsfragen bei der OHG [G]

Noll tritt in das Geschäft des Einzelkaufmanns Eugen ein. Sie gründen die „Eugen & Noll OHG", die sogleich ihre Geschäfte aufnimmt. Die Gesellschafter fragen, ob sie folgende Tatsachen in das Handelsregister eintragen lassen können bzw. müssen:
a) das Entstehen der OHG?
b) eine Vereinbarung zwischen Eugen und Noll, wonach die OHG nicht für Verbindlichkeiten haften soll, die Eugen als Einzelkaufmann eingegangen ist?
c) eine Vereinbarung, nach der Noll nach außen nicht persönlich für Verbindlichkeiten der OHG haften soll?
d) eine Vereinbarung zwischen Eugen und Noll, nach der Eugen den Noll im Innenverhältnis von der Haftung für Gesellschaftsverbindlichkeiten freizustellen hat, soweit diese insgesamt 50.000 EUR überschreiten?

Obwohl das Handelsregister dem Schutz des Rechtsverkehrs dient, ist aus Gründen der Übersichtlichkeit nicht jede beliebige Eintragung statthaft (vgl. RGZ 132, 138 [140]: „kein lückenloses Bild"). **Eingetragen** werden können vielmehr **nur eintragungsfähige Tatsachen**. Eintragungsfähige Tatsachen sind zumeist auch eintragungspflichtig, doch gibt es hiervon Ausnahmen. Im Einzelnen gilt im vorliegenden Fall:

a) Eine OHG ist nach § 106 Abs. 1 HGB beim Handelsregister anzumelden. Es besteht – unbeschadet des Umstands, dass diese Eintragung in den Fällen des § 123 Abs. 2 HGB nur deklaratorischen Charakter hat – eine **Eintragungspflicht** (besser: Anmeldungspflicht).

b) Der gewünschte Haftungsausschluss kann nach § 28 Abs. 2 HGB eingetragen werden, ist also **eintragungsfähig**. Doch besteht keine Eintragungspflicht. Unterlassen Eugen und Noll die Anmeldung zur Eintragung, wirkt der Haftungsausschluss nur gegenüber solchen Dritten, die sie darüber informiert haben.

c) OHG-Gesellschafter haften nach § 128 S. 1 HGB zwingend für Verbindlichkeiten der Gesellschaft. Eine davon abweichende Vereinbarung ist im Außenverhältnis unwirksam und darf erst recht nicht im Handelsregister eingetragen werden. Wenn Eugen und Noll die Haftung des Noll begrenzen oder ausschließen wollen, müssen sie eine KG, stille Gesellschaft oder Kapitalgesellschaft gründen.

d) Eine Verpflichtung des Eugen zur Haftungsfreistellung gegenüber Noll kann im Innenverhältnis zwar wirksam vereinbart werden. Doch fehlt es auch dieser Tatsache an einer Eintragungsfähigkeit. Der Umstand allein, dass eine Rechtstatsache für den Rechts- oder Handelsverkehr erheblich oder aufschlussreich ist, reicht grundsätzlich nicht aus, um ihre Eintragungsfähigkeit zu begründen. Nicht eintragungsfähig ist daher zB auch die Erteilung einer Handlungsvollmacht nach § 54 HGB (im Gegensatz zur Prokura, vgl. § 53 Abs. 1 HGB).

80. Eintragungsfähigkeit trotz fehlender gesetzlicher Regelung [V]

Hopfen und Malz betreiben einen Biergroßhandel in der Rechtsform einer OHG und beschließen eine Befreiung vom Verbot des Selbstkontrahierens (§ 181 BGB). Das Registergericht lehnt die Eintragung dieser Rechtstatsache ab, weil es dafür keine gesetzliche Grundlage gebe. Mit Recht?

Die Rechtsprechung hat über die gesetzlich geregelten Fälle hinaus eine Eintragung weiterer Tatsachen zugelassen, sofern dafür nach **Sinn und Zweck des Handelsregisters**, die eingetragenen Rechtsverhältnisse so wiederzugeben, wie sie sich nach der von den Beteiligten gewollten und mit der Rechtsordnung zu vereinbarenden Sachlage darstellen, ein sachliches Bedürfnis besteht (vgl. BGH NJW 1998, 1071; OLG Hamburg BB 1986, 1255). Ein solches Bedürfnis ist im Falle der **Befreiung vom Verbot des Selbstkontrahierens** gegeben (vgl. BayObLG NJW-RR 2000, 562; OLG Hamm BB 1983, 858). Zur Rechtfertigung lässt sich ausführen, dass es hierbei nur um die nähere Ausgestaltung einer ohnehin einzutragenden Rechtstatsache geht. Seit der Neufassung von §§ 106 f. HGB hat sich die Beurteilung dieser Fälle dadurch vereinfacht, dass man die Eintragungspflichtigkeit (und damit auch die -fähigkeit) der Befreiung von § 181 BGB aus dem Gesetz herleiten kann (s. etwa OLG Frankfurt, NZG 2006, 830 [831]; *Schmidt* in: MüKoHGB, § 125, Rn. 57; *Servatius* NZG 2002, 456 [457]). § 106 Abs. 2 Nr. 4 HGB nF gibt vor, dass die Anmeldung der OHG „die Vertretungsmacht der Gesellschafter" zu enthalten hat. § 107 Var. 5 HGB spricht aus, dass auch die Änderung der Vertretungsmacht eines Gesellschafters zur Eintragung anzumelden ist. Ein weiteres aufsehenerregendes Beispiel für eine Eintragungspflicht trotz fehlender gesetzlicher Regelung bildet die Eintragungspflicht von **Beherrschungs- und Gewinnabführungsverträgen zwischen GmbHs**, die der BGH auf eine entsprechende Anwendung des § 54 Abs. 1 GmbHG gestützt hat (vgl. BGH NJW 1992, 505 [506 f.]; 1989, 295 [298]).

81. Rechtsfolgen der Handelsregistereintragung [G]

Welche Rechtsfolgen können sich aus einer Handelsregistereintragung ergeben?

Man unterscheidet konstitutiv und deklaratorisch wirkende Eintragungen: **Konstitutiv** wirkt die Eintragung, wenn die betreffende Rechtstatsache durch sie erst zur Entstehung gelangt. So wird ein Kannkaufmann iSd §§ 2 oder 3 HGB erst mit seiner Eintragung Kaufmann (vgl. Frage 55a). **Deklaratorisch** wirkende Eintragungen sind demgegenüber keine Voraussetzung für die Entstehung der Rechtstatsache. (Musterbeispiel: Erteilung und Widerruf einer Prokura gem. § 53 HGB). Trotzdem können sie Rechtswirkungen entfalten: So ist etwa die Eintragung eines Kommanditisten für seine Gesellschafterstellung lediglich deklaratorischer Natur; gleichwohl bewirkt erst sie den Wegfall der unbeschränkten Haftung nach § 176 Abs. 1 S. 1 HGB. Manchmal kann auch dieselbe Eintragung – je nach den Umständen des Einzelfalls – unterschiedliche Rechtswirkungen entfalten: So wirkt die Eintragung einer OHG im Fall des § 123 Abs. 1 HGB konstitutiv, im Fall des § 123 Abs. 2 HGB dagegen nur deklaratorisch.

c) Registergerichtliches Prüfungsrecht und Registerzwang

82. Prüfungsrecht [V]

Florian Flower meldet die Firma „Flower Power Blumenladen e. K." zur Eintragung ins Handelsregister an. Der Rechtspfleger, der Flower persönlich kennt, weiß, dass dieser gar keinen Laden betreibt und auch nicht vorhat, ein Geschäft zu eröffnen. Muss er die Eintragung trotzdem vornehmen?

Nein. Das Registergericht schuldet keinen „blinden Gehorsam", sondern hat vielmehr ein **doppeltes Prüfungsrecht** (vgl. *Hopt* in: Baumbach/Hopt, HGB, § 8 Rn. 7 ff.):

a) Es prüft zum einen die **förmlichen Eintragungsvoraussetzungen**, zB die Zuständigkeit des angegangenen Gerichts, die öffentlich beglaubigte Form der eingereichten Erklärungen (§ 12 HGB), die Vollständigkeit der beizufügenden Unterlagen und die Eintragungsfähigkeit der angemeldeten Tatsache.

b) Zum anderen ist das Registergericht berechtigt und verpflichtet, die **materiellrechtlichen Eintragungsvoraussetzungen** zu überprüfen: Das folgt aus dem Grundsatz der Gesetzmäßigkeit der Verwaltung und dem Amtsermittlungsgrundsatz des § 26 FamFG. Dabei genügt es zunächst, dass das Registergericht die Plausibilität der Anmeldung untersucht. Bei begründeten Zweifeln am Vorliegen der Eintragungsvoraussetzungen ist jedoch die Richtigkeit der dem Registergericht mitgeteilten Tatsachen genauer nachzuprüfen. Im vorliegenden Fall hat eine Eintragung folglich zu unterbleiben.

83. Registergerichtliche Zwangsmöglichkeiten [V]

Welche rechtlichen Möglichkeiten stehen dem Registergericht zu Gebote, wenn eintragungspflichtige Tatsachen nicht angemeldet werden?

Für diesen Fall sieht § 14 HGB die **Festsetzung eines Zwangsgeldes** vor, das den Betrag von 5.000 EUR nicht überschreiten darf, bei Nichterfüllung aber erneut verhängt werden kann. Verfahrensrechtliche Einzelheiten des Registerzwangs regeln die §§ 388 ff. FamFG (Rechtsbehelf: Einspruch).

84. Rechtsmittel [S]

In Verkennung der wahren Rechtslage lehnt Rechtspfleger Rummel die Eintragung einer Befreiung vom Verbot des Selbstkontrahierens ab (vgl. Frage 80). Wie kann sich der Antragsteller hiergegen zur Wehr setzen?

Die ablehnende Entscheidung gegenüber einem Eintragungsantrag ergeht gem. § 382 Abs. 3 FamFG **in Form eines Beschlusses** und ist **Endentscheidung iSv § 38 Abs. 1 S. 1 FamFG**. Als solche ist gegen sie das Rechtsmittel der **Beschwerde nach § 58 Abs. 1 FamFG** statthaft. Aufgrund § 11 Abs. 1 RPflG gilt dies auch, wenn ein Rechtspfleger gehandelt hat (s. *Fischer* in: MüKoFamFG, § 58 Rn. 73; *Krafka/Kühn*, Registerrecht, Rn. 2434, 2481; *Meyer-Holz* in: Keidel, FamFG, § 58 Rn. 60).

d) Einsichtnahme und Bekanntmachung

85. § 9 HGB [V]

Welche fünf Rechte gewährt § 9 HGB?

Es sind dies die Rechte auf: Einsichtnahme (Abs. 1 S. 1), elektronische Übermittlung bestimmter Dokumente (Abs. 2), Beglaubigung der Richtigkeit der nach Abs. 2 übermittelten Dokumente (Abs. 3 S. 1), Ausdruck bzw. Abschrift der Eintragung (Abs. 4) und Erteilung eines Negativattests, dass eine bestimmte Eintragung nicht erfolgt ist oder keine weiteren Eintragungen bestehen (Abs. 5).

86. Grenze des Einsichtsrechts [S]

Ralf Capone hat eine Freiheitsstrafe wegen Erpressung verbüßt. Seine Opfer – Inhaber namhafter Firmen – hatte er den Eintragungen im Handelsregister entnommen. Als er abermals bei einem Amtsgericht das Handelsregister einsehen will, wird ihm der Einblick verweigert, da der Verdacht des Missbrauchs auf der Hand liege. Zu Recht?

§ 9 Abs. 1 S. 1 HGB gestattet jedermann ohne weiteren Nachweis das Recht auf Einsichtnahme in das Handelsregister. Nach heute wohl allgemeiner Meinung ergibt sich die einzige Grenze dieses Einsichtsrechts aus dem **allgemeinen Missbrauchsverbot des § 242 BGB**. Insbesondere ist danach demjenigen die Einsichtnahme verwehrt, der mit ihr unlautere/rechtswidrige Zwecke verfolgt (OLG Köln NJW-RR, 1991, 1255 [1256]; *Hopt* in: Baumbach/Hopt, HGB, § 9 Rn. 3; *Krafka* in: MüKoHGB, § 9 Rn. 10). Eine Stütze findet diese Ansicht auch im **Wortlaut des § 9 Abs. 1 S. 1 HGB („zu Informationszwecken")**. Die Auswahl von Erpressungsopfern ist ein rechtswidriger Zweck. Zu beachten ist allerdings, dass dies nur ein Fernziel des Capone ist. Zunächst benutzt er das Handelsregister lediglich als Informationsquelle wie das Fernsehen oder die Tagespresse. Daraus folgerte die Rechtsprechung zur Zeit der Weimarer Republik (KG JW 1932, 1661 [1662]) in einem vergleichbaren Fall das Recht auf Einsichtnahme und argumentierte: „Daß eine der Allgemeinheit frei zugängliche Einrichtung im Einzelfall zu unlauteren Zwecken ausgenutzt wird, ist niemals zu verhüten und muß als eine sich aus der unbeschränkten Öffentlichkeit der Einrichtung ergebende Möglichkeit hingenommen werden." Jedenfalls im abschlägigen Sinne ist zu entscheiden, wenn Normadressat und Geschädigter identisch sind, zB wenn Capone die Eintragungen einsehen will, um die Registerbände zu verfälschen, zu beschädigen oder zu sabotieren (vgl. BT-Drs 16/960, 42; BT-Drs 14/7348, 28).

87. Bekanntmachung

a) Wo werden die Handelsregistereintragungen bekannt gemacht? [G]
b) Werden alle eingetragenen Tatsachen bekannt gemacht, und sind alle bekannt gemachten Tatsachen eingetragen? [V]

a) Nach **§ 10 S. 1 HGB** sind die Eintragungen in dem von der Landesjustizverwaltung bestimmten elektronischen Informations- und Kommunikationssystem bekannt zu machen (Aufgabe der Pflichtbekanntmachung in Papierform durch das EHUG; zu diesem s. Frage 76c). Bei der Organisation dieses Systems haben die Länder unter **www.handelsregister.de** ein gemeinsames zentrales Portal eingerichtet. Hier sind die Eintragungen, soweit nicht anders angeordnet, mit ihrem ganzen Inhalt bekannt zu machen (§ 10 S. 2 HGB).

b) Nicht vollständig bekannt gemacht, aber eingetragen werden gem. § 162 Abs. 2 HGB die Angaben zur Kommanditeinlage. Umgekehrt werden bei AG und GmbH die Angaben über ihre Kapitalgrundlagen, insbes. zu Sacheinlagen und Sachübernahmen, bekannt gemacht, aber nicht eingetragen.

88. Beweiskraft des Handelsregisterauszugs [S]

Welche Beweiskraft entfaltet ein Handelsregisterauszug?

Ein **Registerauszug** ist eine **öffentliche Urkunde iSd § 415 Abs. 1 ZPO** und kann im Prozess als Beweismittel vorgelegt werden. Entgegen einer früher verbreiteten

Auffassung begründet er jedoch keine Vermutung für die Richtigkeit des Register-eintrags (anders: § 891 BGB für die Grundbucheintragung). Wegen der registerge-richtlichen Prüfungspflichten (vgl. Frage 82) erblickt die hM in ihm aber immerhin einen **Beweis des ersten Anscheins** (sog *prima facie*-Beweis), welcher der beweisbe-lasteten Partei nach zivilprozessualen Grundsätzen eine Beweiserleichterung ver-schafft (s. näher *Oetker*, Handelsrecht, 7. Aufl. 2015, § 3 Rn. 24 ff.).

e) Haupt- und Zweigniederlassungen

89. Definition [V]

Was ist eine Haupt-, was eine Zweigniederlassung?

Die Hauptniederlassung eines Handelsunternehmens besteht dort, wo das Handels-geschäft geleitet wird. Für **Zweigniederlassungen** – auch Filiale oder Zweiggeschäft genannt – ist erforderlich: (1) Identität des Unternehmensträgers, (2) dauernde räumliche Trennung (auch innerhalb derselben politischen Gemeinde, vgl. KG JW 1929, 671), (3) im Wesentlichen gleicher Geschäftsbetrieb und (4) organisatorische Selbständigkeit, die den Leiter der Zweigniederlassung zur Vornahme wichtiger Geschäfte berechtigt (wodurch sich Zweigniederlassungen von bloßen Verkaufs-, Zahl- oder Annahmestellen und Fabrikationsstätten unterscheiden, vgl. RGZ 44, 362).

90. Gesetzliche Regelung [V]

a) Welche Vorschriften sind für das Recht der Zweigniederlassung einschlä-gig?
b) Wie sind sie gegliedert?

a) Das HGB regelt die Zweigniederlassung in den **§§ 13, 13d–13h HGB**.

b) Das Gesetz unterscheidet Zweigniederlassungen von Unternehmen mit Sitz im Inland (§§ 13, 13h HGB) und im Ausland (§§ 13d–13g HGB). Zurückzuführen ist diese Differenzierung auf die Richtlinie 89/666/EWG (**Zweigniederlassungs-Richt-linie**) aus dem Jahre 1989.

91. Rechtsnatur und rechtliche Behandlung [V]

Erläutern Sie die Rechtsnatur sowie die rechtliche Behandlung der Zweig-niederlassung im Einzelnen (Firma, Buchführung, Vertretungsmacht)!

a) Eine Zweigniederlassung besitzt **keine eigene Rechtspersönlichkeit**; sie hat kein rechtlich selbständiges Vermögen und keine vom Unternehmensträger gesonderten Verbindlichkeiten. Im Prozess ist nicht sie Partei, sondern der Inhaber des Unter-nehmens. Jedoch kann der Inhaber des Unternehmens unter der Firma der Zweig-niederlassung und gem. § 21 Abs. 1 ZPO auch an deren Ort verklagt werden.

b) Eine Zweigniederlassung ist nicht verpflichtet, wohl aber berechtigt, eine selbständige Firma zu führen (arg. §§ 30 Abs. 3, 50 Abs. 3, 126 Abs. 3 HGB). Diese muss dann allerdings denselben Firmenkern wie die Firma der Hauptniederlassung enthalten oder aber durch einen Firmenzusatz ihre Zugehörigkeit zur Hauptniederlassung erkennbar machen (vgl. *Hopt* in: Baumbach/Hopt, HGB, § 13 Rn. 7).

c) Zweigniederlassungen unterliegen **keiner selbständigen Buchführungspflicht** nach §§ 238 ff. HGB. Buchungen zwischen Zweigniederlassung und Hauptniederlassung bekunden keine echten Forderungen und Verpflichtungen, sondern nur Posten der innerbetrieblichen Erfolgsrechnung (vgl. OLG Hamburg NJW 1949, 467).

d) Die Vertretungsmacht eines Prokuristen oder Personengesellschafters kann auf den Betrieb einer besonders firmierenden Zweigniederlassung beschränkt werden (§§ 50 Abs. 3, 126 Abs. 3 HGB).

92. Mehrere Hauptniederlassungen [V]

Kann ein Kaufmann mehrere Hauptniederlassungen haben?

Ja, wenn er mehrere Handelsgeschäfte betreibt. Diese werden in der Regel verschiedene Unternehmensgegenstände haben (zB Hotel, Tankstelle); zwingend ist dies aber nicht. Sind die Unternehmensgegenstände identisch, liegt eine **Mehrheit von Handelsgeschäften** vor, wenn jeder Betrieb (1) von dem anderen räumlich getrennt ist, (2) eine eigene Geschäftsorganisation besitzt und (3) in seinen geschäftlichen Dispositionen von den übrigen Betrieben abgesondert ist.

2. Publizitätswirkungen des Handelsregisters

a) Überblick

93. Zweck des § 15 HGB [G]

Welchen Zweck verfolgt § 15 HGB im Gesamtsystem des Handelsregisterrechts?

§ 15 HGB handelt von der **materiellen Publizität des Handelsregisters**. Er regelt im Einzelnen, welche zivilrechtliche Relevanz dem Registerinhalt und der Registerbekanntmachung für und gegen Dritte zukommt, und dient damit der Sicherheit und Leichtigkeit des Rechtsverkehrs.

94. Die verschiedenen Absätze des § 15 HGB [G]

Welche unterschiedlichen Rechtswirkungen können Eintragungen und Nichteintragungen, erfolgte und unterlassene Bekanntmachungen im Handelsregister gem. § 15 Abs. 1–3 HGB auslösen?

§ 15 HGB sieht eine dreifach gestaffelte Publizitätswirkung vor:

a) **§ 15 Abs. 1 HGB** schützt das **Vertrauen auf das „Schweigen" des Handelsregisters**: Gutgläubige Dritte brauchen nicht mit Rechtstatsachen auf dem Gebiet des Handelsrechts rechnen, die trotz Eintragungspflicht nicht eingetragen und bekannt gemacht worden sind **(negative Publizität)**.

b) **§ 15 Abs. 2 HGB** gibt dem Eintragungspflichtigen ein **Mittel zur Zerstörung des Rechtsscheins** in die Hand: Richtig eingetragene und bekannt gemachte Tatsachen müssen Dritte grundsätzlich gegen sich gelten lassen.

c) **§ 15 Abs. 3 HGB** schützt das **Vertrauen auf das „Reden" des Handelsregisters**: Gutgläubige Dritte können sich trotz unrichtiger Bekanntmachung auf die bekannt gemachte Tatsache berufen **(positive Publizität)**. Diese Vorschrift geht zurück auf die gemeinschaftsrechtliche Publizitätsrichtlinie, die im Jahre 1969 in nationales Recht umgesetzt wurde. Sie wird noch heute durch zwei ungeschriebene „Ergänzungssätze" flankiert, die bereits zuvor in Rechtsprechung und Rechtslehre entwickelt worden waren (vgl. Frage 115).

b) Negative Publizität (§ 15 Abs. 1 HGB)

95. Tatbestand und Rechtsfolgen [G]

Geben Sie einen Überblick über Tatbestandsvoraussetzungen und Rechtsfolgen des § 15 Abs. 1 HGB!

a) Der **Tatbestand** des § 15 Abs. 1 HGB hat folgende Voraussetzungen:

(1) Es muss eine **eintragungspflichtige Tatsache** vorliegen, zB nach § 29 HGB (Anmeldung der Firma), § 31 Abs. 1 und 2 HGB (Änderung der Firma oder ihrer Inhaber, Erlöschen der Firma), § 53 Abs. 1 und 2 HGB (Erteilung und Erlöschen der Prokura), § 106 Abs. 1 HGB (Anmeldung einer OHG), § 107 HGB (Änderung der Firma oder der Vertretungsverhältnisse, Eintritt neuer Gesellschafter) oder § 143 Abs. 1 und 2 HGB (Auflösung der OHG, Ausscheiden von Gesellschaftern).

(2) Die eintragungspflichtige Tatsache darf **nicht eingetragen und bekannt gemacht** worden sein (zum Sonderproblem fehlender Voreintragung Frage 101).

(3) Der Dritte darf **keine positive Kenntnis** von der Tatsache haben. Fahrlässige Unkenntnis schadet nicht. Allerdings wird dem Dritten die Kenntnis eines Vertreters nach § 166 Abs. 1 BGB zugerechnet.

(4) Schließlich gilt § 15 Abs. 1 HGB nur im **Geschäfts- und Prozessverkehr**, nicht dagegen im reinen „Unrechtsverkehr" (s. näher Frage 99).

b) Als **Rechtsfolge** sieht § 15 Abs. 1 HGB vor, dass dem Dritten die verschwiegene Tatsache nicht entgegengehalten werden kann. Er kann allerdings auf den Schutz der Vorschrift verzichten und sich stattdessen auf die wirkliche Rechtslage berufen, wenn ihm dies günstiger erscheint (s. näher Frage 102).

96. Schwindendes Geschäft [G]

a) Der im Handelsregister eingetragene Kaufmann Konrad besitzt in der Hohe Straße einen Tuchladen. Schwindendes Käuferinteresse lässt den Umsatz sinken, sodass Konrad seinen Betrieb einstellt, ohne seine Firma im Handelsregister löschen zu lassen. Danach verbürgt er sich mündlich gegenüber dem Kaufmann Harms für einen Freund. Ist diese Bürgschaft wirksam?

b) Wie steht es, wenn Harms von der Geschäftsaufgabe wusste?

c) Was gilt, wenn Konrad durch den Umsatzrückgang Kleingewerbetreibender geworden ist?

a) Die Bürgschaft ist gem. §§ 125 S. 1, 766 S. 1 BGB unwirksam, wenn nicht die Formerleichterung des § 350 HGB eingreift. § 350 HGB findet Anwendung, wenn Konrad zum Zeitpunkt der Bürgschaftserklärung Kaufmann war. § 5 HGB ist mangels „betriebenem" Gewerbe (vgl. Frage 61b) nicht einschlägig. Doch kann Konrad die Betriebsaufgabe, eine nach § 31 Abs. 2 S. 1 HGB eintragungspflichtige Tatsache, gem. **§ 15 Abs. 1 HGB** gutgläubigen Dritten nicht entgegenhalten, solange sie nicht im Handelsregister eingetragen und bekannt gemacht worden ist. Er ist mithin auch aus einer mündlichen Bürgschaftserklärung (vgl. § 350 HGB) verpflichtet.

b) **Positive Kenntnis** des Harms, für die Konrad beweispflichtig ist, **lässt** den **Schutz des § 15 Abs. 1 HGB entfallen**, sodass die Bürgschaft unwirksam wäre. Dagegen ist ein Kennenmüssen unschädlich, weil der Geschäftsgegner nicht zu Nachforschungen verpflichtet sein soll.

c) Dann würde Konrad richtigerweise gem. § 5 HGB, nach anderer Auffassung sogar schon gem. § 2 HGB als Kaufmann behandelt (s. näher Frage 62), und zwar unabhängig von der Kenntnis seines Vertragspartners. Auf § 15 Abs. 1 HGB käme es nicht mehr an.

97. Mangelnde Sorgfalt des Registerrichters [G]

Salbach ist Gesellschafter einer OHG. Zum 1.3. scheidet er aus Altersgründen aus. Sein Ausscheiden wird zwar zur Eintragung in das Handelsregister angemeldet; Eintragung und Bekanntmachung unterbleiben jedoch, weil der Registerrichter die Akte verlegt hat. Im Mai verkauft die OHG einen Posten Klappräder; der Käufer verlangt auch von Salbach Rückzahlung des Kaufpreises wegen eines nicht behebbaren Konstruktionsfehlers. Salbach weigert sich unter Hinweis auf sein Ausscheiden aus der OHG.

a) Zu Recht?

b) Würde sich an der Beurteilung des Falles etwas ändern, wenn sich Salbach seit einiger Zeit im Zustand geistiger Umnachtung befunden hätte?

a) Eine Haftung des Salbach für die Rückzahlung des Kaufpreises könnte sich aus §§ 437 Nr. 2 Var. 1, 326 Abs. 5, 346 Abs. 1 BGB iVm § 128 S. 1 HGB ergeben. Zwar ist Salbach bei Begründung der Gesellschaftsverbindlichkeit nicht mehr Gesellschafter der OHG. Jedoch könnte es ihm gem. § 15 Abs. 1 HGB verwehrt sein, sich auf sein Ausscheiden zu berufen. Das Ausscheiden aus der Handelsgesellschaft ist gem. § 143 Abs. 2 HGB eine eintragungspflichtige Tatsache. Diese wurde nicht eingetragen und bekannt gemacht. Der Käufer war gutgläubig. Salbach kann sich nicht darauf berufen, dass Eintragung und Bekanntmachung nur infolge richterlicher Versäumnisse unterblieben sind. Die Rechtsfolgen des **§ 15 Abs. 1 HGB** treten unabhängig davon ein, ob das Unterbleiben der Eintragung von Salbach verschuldet oder auch nur verursacht worden ist (**reines Rechtsscheinprinzip**). Salbach hätte sich also über die Eintragung und Bekanntmachung seines Ausscheidens aus der OHG im Handelsregister und in den Publikationsorganen des Registerrechts vergewissern müssen. Nunmehr verbleiben ihm allein Amtshaftungsansprüche nach Art. 34 GG, § 839 BGB, die durch das Spruchrichterprivileg des § 839 Abs. 2 S. 1 BGB nicht ausgeschlossen sind. Salbach haftet also gem. § 128 S. 1 HGB für die Rückzahlung des Kaufpreises.

b) § 15 Abs. 1 HGB setzt weder Verschulden noch Verursachung des Eintragungspflichtigen voraus, sondern geht im Interesse des Verkehrsschutzes allein vom Fehlen einer Eintragung und Bekanntmachung eintragungspflichtiger Tatsachen aus. Daher wendet die ganz hM **§ 15 Abs. 1 HGB auch zulasten Geschäftsunfähiger oder Minderjähriger** an (vgl. BGH NJW 1991, 2566 [2567]). Salbach könnte also selbst unter diesen Umständen in Anspruch genommen werden.

---

98. Fehlende Einsicht [G]

Als Salbach in Anspruch genommen wird, beruft er sich darauf, dass der Käufer vor Vertragsschluss nie das Handelsregister eingesehen und deshalb nicht gewusst habe, dass auch er Gesellschafter der OHG gewesen sei. Seine Eintragung im Handelsregister könne somit für den Kaufentschluss nicht ursächlich geworden sein. Wird dieser Einwand Erfolg haben?

§ 15 Abs. 1 HGB schützt gutgläubige Dritte unabhängig davon, ob sie in das Handelsregister Einsicht genommen oder tatsächlich auf dieses vertraut haben (vgl. BGH NJW 1976, 569). Ein typisiertes oder abstraktes Vertrauen genügt, dh es muss lediglich die Möglichkeit bestanden haben, dass der Dritte sein Handeln auf die Registereintragung einrichtet. Er muss sich bei seinem geschäftlichen Verhalten auf den unrichtigen Eintragungsstand nur verlassen haben können (BGH NJW-RR 2004, 120). Für die Rechtswirkungen des **§ 15 Abs. 1 HGB** ist demzufolge **keine konkrete Kausalität** zwischen dem Fehlen einer Eintragung oder Bekanntmachung und dem Verhalten des gutgläubigen Dritten erforderlich. Ebenso wenig lässt die hL einen Gegenbeweis zu (vgl. *Hopt* in: Baumbach/Hopt, HGB, § 15 Rn. 9; abw. *Canaris*, HandelsR, § 5 Rn. 17). Salbachs Einwand wird daher erfolglos bleiben.

---

99. Verkehrsunfall [G]

Nach Salbachs – nicht eingetragenem – Ausscheiden aus der OHG verletzt der Gesellschafter Krumbach aus Versehen einen Dritten bei einer Geschäfts-

fahrt mit dem neuen Firmenfahrzeug. Der Verletzte geht zum Anwalt, und dieser rät ihm nach einem Blick ins Handelsregister, den Gesellschafter Salbach auf Zahlung von Schadensersatz zu verklagen. Zu Recht?

Der Verletzte könnte gegen Salbach einen Anspruch auf Schadensersatz aus § 7 Abs. 1 StVG, aus § 823 Abs. 1 sowie aus § 823 Abs. 2 BGB, § 229 StGB jeweils iVm § 128 S. 1 HGB haben. § 128 S. 1 HGB und § 31 BGB – der hier analoge Anwendung findet – gelten für Verbindlichkeiten jedes Rechtsgrundes. Fraglich ist jedoch, ob Salbach sich aufgrund § 15 Abs. 1 HGB auch bei den hier in Frage stehenden Ansprüchen wie ein Gesellschafter behandeln lassen muss. Seit RGZ 93, 238 ist unbestritten, dass die Anwendung des **§ 15 Abs. 1 HGB auf den Geschäfts- und Prozessverkehr beschränkt** ist. Denn auch wenn § 15 Abs. 1 HGB, wie erörtert, keine Kausalität zwischen der fehlenden Eintragung und dem Verhalten des Normadressaten voraussetzt, so ist er doch dann unanwendbar, wenn typischerweise kein Vertrauen in Anspruch genommen werden kann, weil die Ansprüche nicht auf einem willentlichen Entschluss des Normadressaten beruhen, sondern ohne dessen Zutun kraft Gesetzes entstanden sind: Man lässt sich nicht im Vertrauen auf das Handelsregister überfahren. Eine dogmatische Stütze hierfür bietet § 15 Abs. 4 HGB, der die Begrenzung auf den Geschäftsverkehr ausdrücklich erwähnt. Zu beachten ist, dass die Anwendung des § 15 Abs. 1 HGB hierdurch nicht auf vertragliche/quasi-vertragliche Ansprüche beschränkt ist, sondern auch im Rahmen von Ansprüchen aus unerlaubter Handlung, Leistungskondiktion oder Geschäftsführung ohne Auftrag in Frage kommt, soweit diese einen **Zusammenhang mit dem Geschäftsverkehr** aufweisen, zB im Fall einer Täuschung bei Vertragsschluss (vgl. *Hopt* in: Baumbach/Hopt, HGB, § 15 Rn. 8). Hier resultiert der Schadensersatzanspruch aus einer Teilnahme am allgemeinen Verkehr, sodass § 15 Abs. 1 HGB nicht zur Anwendung gelangt. Der Verletzte hat damit keinen Schadensersatzanspruch gegen Salbach.

100. Der geschäftsunfähige Geschäftsführer [G]

Meier ist Geschäftsführer der Ziegelstein-GmbH. Außerdienstlich ist er seit geraumer Zeit dem Alkohol verfallen. Er bestellt bei einem Lieferanten Quarzsand im Wert von 100.000 EUR. Noch vor Lieferung stellt sich heraus, dass Meier zum Zeitpunkt des Vertragsschlusses infolge des langjährigen Alkoholgenusses unerkannt geschäftsunfähig war. Die Ziegelstein-GmbH verweigert daraufhin die Abnahme des bestellten Sandes und die Zahlung des Kaufpreises.
a) Mit Recht?
b) Wie wäre es, wenn Meier schon im Zeitpunkt der Bestellung zum Geschäftsführer alkoholbedingt geschäftsunfähig war?

a) Die Weigerung erfolgt mit Recht, wenn Meier die GmbH nicht wirksam vertreten hat. Meiers Organstellung endete mit dem nachträglichen Eintritt seiner Geschäftsunfähigkeit, weil nach § 6 Abs. 2 S. 1 GmbHG nur eine unbeschränkt geschäftsfähige Person Geschäftsführer sein kann. Der Lieferant kann sich **nicht auf § 15 Abs. 1 HGB** berufen. Unter die Publizität des Handelsregisters fallen zwar Beginn und Ende der Organstellung und damit auch die Vertretungsbefugnis (vgl. § 39 Abs. 1 GmbHG), nicht aber die **Geschäftsfähigkeit des Geschäftsführers**. Dennoch verdient der Geschäftsverkehr bei einem nachträglichen Verlust der Amtsfähigkeit eines Organes Schutz. Nicht er, sondern die **GmbH** hat das **Risiko der Geschäftsunfähigkeit ihres Geschäftsführers** zu tragen; sie steht ihm naturgemäß näher und verfügt durch ihre Mitgesellschafter und -geschäftsführer über größere Kontrollmöglichkeiten. Dogmatisch begründen lässt sich die Wirksamkeit der abgegebenen Willenserklärung entweder durch eine teleologische Reduktion des § 105 Abs. 1 BGB bei „Organhandlungen", besser aber unter **Heranziehung allgemeiner Rechtsscheingrundsätze**. Indem die Ziegelstein-GmbH Meier als Geschäftsführer agieren ließ, hat sie den Rechtsschein veranlasst, Meier könne sie wirksam vertreten. Zurechenbar ist dieser Rechtsschein jedenfalls dann, wenn sich im täglichen Verkehr für die GmbH, insbes. für Mitgeschäftsführer, Anhaltspunkte für eine mögliche Geschäftsunfähigkeit eines Geschäftsführers ergeben (so auch BGH NJW 1991, 2566 [2566 f.]). Die Weigerung erfolgt also zu Unrecht.

b) Der Fall einer ursprünglichen, bereits vor Bestellung zum Geschäftsführer bestehenden Geschäftsunfähigkeit kann im Ergebnis nicht anders behandelt werden. Auch hier hat die Ziegelstein-GmbH einen bestimmten Rechtsschein veranlasst, der ihr unter den oben angeführten Voraussetzungen zurechenbar ist. Freilich wirkt der erzeugte Rechtsschein auch in diesem Fall lediglich gegen die vertretene Gesellschaft, nicht jedoch zulasten des Geschäftsunfähigen.

101. Eine *cause célèbre* [G]

Die Rainer Gaul OHG, Augsburg, erteilt ihrem Angestellten Pferdmenges Prokura. Wenig später wird Pferdmenges entlassen, weil er Waren auf eigene Rechnung verkauft hat. Da die Prokuraerteilung selbst noch nicht zur Eintragung ins Handelsregister angemeldet worden war, veranlasst die OHG auch keinen Vermerk über deren Widerruf. Pferdmenges ist ob seiner Entlassung erzürnt und sinnt auf Rache: Er gibt sich gegenüber dem Autohändler Arglos als Prokurist der Gaul OHG aus, kauft in deren Namen einen Porsche und verschwindet auf Nimmerwiedersehen. Kann Arglos von der OHG Kaufpreiszahlung verlangen?

Arglos kann von der OHG gem. § 433 Abs. 2 BGB Zahlung des Kaufpreises verlangen, sofern Pferdmenges die OHG gem. § 164 Abs. 1 BGB wirksam vertreten hat. Pferdmenges hat eine eigene Willenserklärung im Namen der OHG abgegeben. Fraglich ist allerdings, ob er mit Vertretungsmacht gehandelt hat. Diese Frage führt zu einer *cause célèbre* der Handelsregisterpublizität: dem **Vertrauensschutz Dritter bei fehlender Voreintragung** (sog sekundäre Unrichtigkeit). Gemäß § 168 S. 1 BGB, § 52 Abs. 1 HGB ist die Prokura Pferdmenges erloschen. Unter den Voraussetzungen des § 15 Abs. 1 HGB kann dem Arglos das Erlöschen der Prokura aber nicht entgegengehalten werden, da es sich hierbei nach § 53 Abs. 2 HGB um eine eintragungspflichtige Tatsache handelt. Ob sich daran etwas ändert, weil die gem. § 53 Abs. 1 S. 1 HGB ebenfalls eintragungspflichtige Prokuraerteilung nicht eingetragen war, ist umstritten. Eine ältere Lehrmeinung will § 15 Abs. 1 HGB insoweit nicht angewendet wissen, weil es mangels Voreintragung an einem erzeugten Rechtsschein fehle (grundlegend *A. Hueck*, AcP 118 [1920], 350 ff.). Rechtsprechung und hL entscheiden gegenteilig: Der Geschäftsverkehr könne auch ohne Voreintragung von der Prokuraerteilung Kenntnis erlangt haben, sodass eine Gegeneintragung unerlässlich sei (vgl. BGH NJW 1992, 505 [507]; 1971, 1268 [1270]; RGZ 127, 98 [99]). Eine Ausnahme soll nur gelten, wenn die voreintragungspflichtige Tatsache ein Internum geblieben und ein schutzwürdiges Vertrauen Dritter schlechthin ausgeschlossen ist (vgl. *Canaris*, HandelsR, § 5 Rn. 12). Folgt man der hM, war das Erlöschen der Prokura vorliegend eintragungspflichtig, sodass die Gaul OHG unter den weiteren Voraussetzungen des § 15 Abs. 1 HGB zahlen muss.

102. Wahlrecht I [G]

Angenommen, Arglos hat nach Vertragsschluss, aber noch vor Auslieferung des Porsches Kenntnis von der Entlassung des Pferdmenges erlangt. Unter Hinweis auf die erloschene Prokura beruft er sich nun auf die Unwirksamkeit des Kaufvertrags mit der Gaul OHG, weil ihm inzwischen ein besseres Angebot für den Porsche vorliegt. Kann er das?

Die ganz hM (vgl. BGH NJW 1971, 1268 [1270]) gewährt ein **Wahlrecht**: Arglos kann auf den Vertrauensschutz des § 15 Abs. 1 HGB verzichten, nach § 178 BGB widerrufen und den Pferdmenges der materiellen Rechtslage entsprechend als Vertreter ohne Vertretungsmacht gem. § 179 Abs. 1 BGB behandeln. Davon zu sondern ist die weitere Frage, ob zugunsten des Dritten auch eine Kombination von Elementen der wahren und der scheinbaren Rechtslage möglich ist (vgl. sogleich Frage 103).

103. Wahlrecht II [G]

Die Brüder Arthur, Henry und Glenn Miller betreiben unter der im Handelsregister eingetragenen „Gebrüder Miller OHG" einen Buchhandel; sie sind gemeinsam vertretungsberechtigt. Als Glenn entdeckt, dass ihm Jazz mehr liegt, scheidet er aus der OHG aus, ohne dass dies im Handelsregister vermerkt wird. Glenn wird später von einem Gläubiger der OHG, dem Glenns Ausscheiden beim Abschluss eines Kaufvertrags unbekannt war, wegen ausbleibender Kaufpreiszahlungen in Anspruch genommen. Glenn wendet ein, dass er – auch wenn er noch Gesellschafter gewesen wäre – nur mit seinen Brüdern gemeinsam den Kaufvertrag hätte schließen können. Wird er damit Erfolg haben?

Angesprochen ist hier die **Frage nach einer teilweisen Ausübung des Wahlrechts** im Rahmen des § 15 Abs. 1 HGB. Rechtsprechung und ein Teil der Lehre gewähren dem Gläubiger der OHG ein **Meistbegünstigungsrecht**: Er kann sich hinsichtlich der fehlenden Gesellschafterstellung Glenns auf § 15 Abs. 1 HGB und hinsichtlich der Vertretungsmacht der verbliebenen Gesellschafter auf die wahre Rechtslage stützen (vgl. BGH NJW 1976, 569; *Hopt* in: Baumbach/Hopt, HGB, § 15 Rn. 6).

Eine verbreitete Gegenauffassung lehnt eine solche „**Rosinentheorie**" ab. Ihr zufolge kann der Handelsregisterinhalt nur in seiner Gesamtheit gewürdigt werden: Dem OHG-Gläubiger, der sich hinsichtlich des Ausscheidens des Glenn auf § 15 Abs. 1 HGB beruft, könne bei Einsicht in das Handelsregister dessen sonstiger Inhalt einschließlich der Gesamtvertretung (§ 125 Abs. 2 S. 1 HGB) nicht verborgen geblieben sein (vgl. *Canaris*, HandelsR, § 5 Rn. 26; *Lieb* in: MüKoHGB, 1. Aufl. 1996, § 15 Rn. 37). Hiergegen spricht allerdings, dass der Geschäftsverkehr auch ohne Einsichtnahme auf das Schweigen des Handelsregisters vertrauen darf (vgl. Frage 98).

---

104. Der nicht eingetragene Kaufmann [G]

Edel betreibt ein gut gehendes Juweliergeschäft, ohne im Handelsregister eingetragen zu sein. Er nimmt den Kaufmann Stein, dem er wertvolle Schmuckstücke verkauft hat, gem. § 353 HGB auf Fälligkeitszinsen in Anspruch. Dieser beruft sich gem. § 15 Abs. 1 HGB auf Edels fehlenden Registereintrag. Mit Erfolg?

Eine vereinzelte Schrifttumsauffassung will § 15 Abs. 1 HGB nicht auf sog **Primärtatsachen** (zB Kaufmannseigenschaft, Prokuraerteilung oder Gesellschafterbeitritt), sondern nur auf sog **Sekundärtatsachen** (zB Löschungsantrag nach § 2 S. 3 HGB, Widerruf der Prokura oder Ausscheiden eines Gesellschafters) angewendet wissen (vgl. *Lieb* in: MüKoHGB, 1. Aufl. 1996, § 15 Rn. 18). Die hM vermisst für diese Differenzierung indes einen gesetzlichen Anhalt und bringt § 15 Abs. 1 HGB in beiden Fällen unterschiedslos zur Anwendung (vgl. *Roth* in: KKRM, HGB, § 15 Rn. 5). Stein kann sich demnach unter den weiteren Voraussetzungen des § 15 Abs. 1 HGB auf die Nichteintragung der Kaufmannseigenschaft Edels berufen.

---

c) Wirkung eingetragener und bekannt gemachter Tatsachen (§ 15 Abs. 2 HGB)

105. Tatbestandsvoraussetzungen [G]

Geben Sie einen Überblick über die Tatbestandsvoraussetzungen des § 15 Abs. 2 HGB!

---

a) Nach hM bezieht sich § 15 Abs. 2 HGB nur auf **eintragungspflichtige Tatsachen**. Das ergibt sich aus seinem Wortlaut („die Tatsache") und dem Regelungszusammenhang mit § 15 Abs. 1 HGB (vgl. *Hopt* in: Baumbach/Hopt, HGB, § 15 Rn. 13; abw. *Brox/Henssler*, Handelsrecht, 21. Aufl. 2011, Rn. 88: auch eintragungsfähige Tatsachen).

b) Die richtige Tatsache muss **eingetragen und bekannt gemacht** worden sein.

c) Dem Dritten steht bei unverschuldeter Unkenntnis eine **Schonfrist** von 15 Tagen nach Bekanntmachung zu. Gemäß § 15 Abs. 2 S. 2 HGB schadet ihm allerdings schon fahrlässige Unkenntnis (s. näher Frage 107).

d) Es darf **kein besonderer Vertrauenstatbestand** vorliegen, der gegenüber dem allgemeinen Registerinhalt vorrangig ist (s. näher die Fragen 108–110).

---

106. Leistungen an einen ehemaligen Prokuristen [G]

Kaufmann Krüger entzieht seinem Prokuristen Prantl am 1.5. die Prokura und meldet dies am 2.5. zum Handelsregister an, wo das Erlöschen der Prokura am 5.5. eingetragen und am 8.5. bekannt gemacht wird.
Landwirt Lehmann schuldet Krüger 1.200 EUR und zahlt zur Tilgung dieser Schuld jeweils Teilbeträge von 300 EUR, die der ehemalige Prokurist Prantl entgegennimmt, und zwar:
a) am 2.5.
b) am 6.5.
c) am 9.5.
d) am 30.5.
Muss Krüger diese Zahlungen gegen sich gelten lassen, oder muss Lehmann nochmals zahlen?

---

a) Krüger kann Lehmann den Widerruf der Prokura vor dessen Handelsregistereintragung gem. § 15 Abs. 1 HGB nur entgegenhalten, wenn ihm der Beweis gelingt, dass Lehmann der Widerruf vor der Zahlung vom 2.5. bekannt war. Anderenfalls kann er keine – nochmalige – Zahlung des ersten Teilbetrages an sich verlangen.

b) Dasselbe gilt für die Zahlung vom 6.5. Der Schutz gutgläubiger Dritter durch § 15 Abs. 1 HGB entfällt nicht bereits mit der Eintragung, sondern erst mit der Bekanntmachung der einzutragenden Tatsache.

c) Nach Eintragung und Bekanntmachung muss Lehmann den Widerruf der Prokura gem. **§ 15 Abs. 2 HGB** gegen sich gelten lassen, sodass er den Teilbetrag vom 9.5. nochmals zu erbringen hat, es sei denn, er kann beweisen, dass er den Widerruf weder kannte noch kennen musste. Bereits Unkenntnis, die auf leichter Fahrlässigkeit (§ 122 Abs. 2 BGB) beruht, schadet (s. näher Frage 107).

d) Die Zahlung vom 30.5. wird Lehman in jedem Fall nochmals erbringen müssen; die **Entlastungsmöglichkeit des § 15 Abs. 2 S. 2 HGB** besteht nämlich nur bei Rechtshandlungen, die innerhalb von 15 Tagen nach Bekanntmachung erfolgten. Danach gilt eine unwiderlegliche Vermutung dafür, dass Lehmann den Widerruf der Prokura kannte oder kennen musste.

---

107. § 15 Abs. 2 S. 2 HGB [G]

Erläutern Sie Funktion und Auslegung des § 15 Abs. 2 S. 2 HGB!

---

§ 15 Abs. 2 S. 2 HGB verlängert die Rechtsscheinhaftung des Abs. 1 und belässt dem Dritten binnen einer kurzen **Schonfrist** von 15 Tagen nach Eintragung und Bekanntmachung den Einwand unverschuldeter Unkenntnis. Die **hM legt** die Vorschrift **eng aus**: Jedenfalls von Kaufleuten erwartet sie in aller Regel (idyllischer

Ausnahmefall: eingeschneites Bergdorf ohne Internetzugang), dass sie die Veröffentlichungen des Registergerichts kennen (vgl. BGH NJW 1972, 1419; BB 1976, 1479 [1480]; *Hopt* in: Baumbach/Hopt, HGB, § 15 Rn. 14). Andere wollen darauf abstellen, ob eine Einsichtnahme in das Handelsregister vor Abschluss des betreffenden Geschäfts angezeigt war (vgl. *Canaris*, HandelsR, § 5 Rn. 33). Hiergegen sprechen indes der Ausnahmecharakter und der gemeinschaftsrechtliche Hintergrund der Vorschrift, die beide auf eine restriktive Lesart drängen.

108. Vollmachtsurkunde [G]

Hesse ist Prokurist der Salbach OHG und gem. § 49 Abs. 2 HGB auch zur Veräußerung von Grundstücken ermächtigt (s. näher Frage 226). Er tritt mit 65 Jahren in den Ruhestand. Das Erlöschen der Prokura wird angemeldet, eingetragen und publiziert. Hesse hat noch eine Vollmachtsurkunde in Händen, die ihn zum Verkauf eines Firmengrundstücks berechtigt. Kann er über dieses Grundstück wirksam zulasten der OHG verfügen?

Hesse kann über das Grundstück wirksam verfügen, wenn derjenige, zu dessen Gunsten die Verfügung erfolgt, in seinem Vertrauen auf den Fortbestand der Prokura geschützt ist. Geht man nur von § 15 Abs. 2 HGB aus, so hat die Salbach-OHG nichts zu befürchten: Der Wegfall der Prokura ist richtig eingetragen und bekannt gemacht. Dabei gerät allerdings aus dem Blick, dass Hesse noch eine Vollmachtsurkunde in den Händen hält, die ihrerseits gem. § 172 BGB einen Rechtsschein begründet. Nach heute wohl einhelliger Auffassung kann ein solcher **besonderer Vertrauenstatbestand** im Einzelfall stärker sein als § 15 Abs. 2 HGB (vgl. *Canaris*, HandelsR, § 5 Rn. 36 ff.; *K. Schmidt*, HandelsR, § 14 Rn. 6 ff.). Dies ergibt sich aus einer teleologischen Reduktion der Vorschrift, die entgegen ihrem zu weit gefassten Wortlaut nur den registerrechtlichen Vertrauensschutz beseitigt. Mit Hilfe der Vollmachtsurkunde kann Hesse also nach wie vor über das Firmengrundstück verfügen, soweit kein Fall des § 173 BGB vorliegt.

109. Die verschwiegene GmbH [V]

Nobis ist Geschäftsführer der im Handelsregister eingetragenen Nobis-Hardware-GmbH. Er bestellt bei Maus einen größeren Posten Festplatten. Die Bestellung unterzeichnet er mit „Nobis-Hardware". Nach Lieferung, aber noch vor Bezahlung der Festplatten wird die GmbH insolvent. Darauf verlangt Maus von Nobis persönlich die Zahlung des Kaufpreises. Zu Recht?

Maus könnte gegen Nobis einen Anspruch auf Zahlung des Kaufpreises aus § 433 Abs. 2 BGB haben. Nach den Regeln über die unternehmensbezogenen Geschäfte (vgl. Frage 215) ist jedoch nicht Nobis persönlich, sondern die GmbH Vertragspartner geworden. Damit haftet dem Maus gem. § 13 Abs. 2 GmbHG an sich nur das Gesellschaftsvermögen. Ein Anspruch aus § 433 Abs. 2 BGB ist folglich nicht gegeben. Möglicherweise haftet Nobis dem Maus aber kraft **Rechtsscheins**

entsprechend § 179 BGB: Erweckt der Vertreter eines Unternehmens im Geschäftsverkehr den Eindruck unbeschränkter persönlicher Haftung, so muss er sich gutgläubigen Vertragspartnern gegenüber daran festhalten lassen. Hier hat Nobis entgegen § 4 S. 1 GmbHG den Zusatz „Gesellschaft mit beschränkter Haftung" weggelassen. Dieser Verstoß gegen eine erhöhte gesetzliche Publizitätsanforderung kann nicht unter Berufung auf § 15 Abs. 2 HGB beiseite geschoben werden: **§ 4 S. 1 GmbHG** beansprucht insoweit als **speziellerer Vertrauenstatbestand gegenüber dem Registerinhalt** Vorrang (vgl. BGH NJW 1990, 2678 [2679]; 1975, 1166 [1167]). In entsprechender Anwendung des § 179 BGB haftet derjenige, der durch sein Handeln, dh durch die Weglassung des GmbH-Zusatzes, zurechenbar das berechtigte Vertrauen des Geschäftsgegners auf die Haftung mindestens einer natürlichen Person hervorgerufen hat (vgl. BGH NJW 1991, 2627). Nobis haftet Maus somit kraft Rechtsscheins entsprechend § 179 BGB.

110. Die verschwiegene UG [V]

Nobis wendet sich neuen Aufgaben zu und wird Geschäftsführer der „Nobis-Fahrradreparatur-UG (haftungsbeschränkt)". Er bestellt bei Valentin Werkzeug im Namen der „Nobis-Fahrradreparatur-GmbH". Kurze Zeit später wird die UG insolvent und Valentin nimmt Nobis persönlich auf Zahlung des Kaufpreises für das Werkzeug in Anspruch. Zu Recht?

Auch hier scheidet ein Anspruch aus § 433 Abs. 2 BGB gegen Nobis aus, da nicht er, sondern die UG Vertragspartner geworden ist. Nobis könnte dem Valentin aber **kraft Rechtsscheins entsprechend § 179 BGB** haften. Auch hier greift ein spezieller Vertrauenstatbestand, der **Vorrang vor § 15 Abs. 2 HGB** genießt (vgl. BGH NJW 2012, 2871). Für eine UG sieht § 5a Abs. 1 GmbHG den Rechtsformzusatz „Unternehmergesellschaft (haftungsbeschränkt)" oder „UG (haftungsbeschränkt)" vor. Wird für eine UG unter Weglassung dieses Zusatzes gezeichnet und stattdessen der unrichtige Rechtsformzusatz „GmbH" verwendet, wird hierdurch zwar keine persönliche Haftung oder ein bestimmter Haftungsfonds suggeriert. Jedoch wird der Eindruck der **„höheren Soliditätsgewähr" einer GmbH** erweckt, die jedenfalls zu irgendeinem Zeitpunkt über ein Stammkapital von 25.000 EUR verfügt haben muss. Dies verlangt eine Rechtsscheinhaftung des Handelnden entsprechend § 179 BGB. Valentin kann Nobis folglich entsprechend § 179 BGB auf Zahlung des Kaufpreises in Anspruch nehmen.

d) Positive Publizität (§ 15 Abs. 3 HGB)

111. Tatbestand [G]

Geben Sie einen stichwortartigen Überblick über die Tatbestandsvoraussetzungen des § 15 Abs. 3 HGB!

a) Vorliegen einer **eintragungspflichtigen Tatsache**.

b) **Unrichtige Bekanntmachung**: Gemeint ist nicht eine Diskrepanz zwischen Bekanntmachung und Eintragung, sondern zwischen Bekanntmachung und wahrer Rechtslage.

c) **Zurechenbare Veranlassung** der Bekanntmachung (s. näher Frage 113).

d) **Unkenntnis** des Dritten von der Unrichtigkeit der Bekanntmachung.

e) Anspruch im Zusammenhang mit dem **Geschäfts- oder Prozessverkehr**.

---

112. Vielfältige Versehen [G]

Die Similis-GmbH meldet Hans Meier gem. § 39 Abs. 1 Var. 1 GmbHG als ihren neuen Geschäftsführer zum Handelsregister an. Durch ein Versehen des Registergerichtes bzw. des Publikationsorgans wird
a) aber Herr Hansmeier als Geschäftsführer eingetragen und bekannt gemacht.
b) zwar Hans Meier eingetragen, aber Herr Hansmeier als Geschäftsführer bekannt gemacht.
c) weder Hans Meier noch Herr Hansmeier eingetragen, aber Herr Hansmeier bekannt gemacht.
Der findige Hansmeier nimmt im Namen der Similis-GmbH bei der gutgläubigen Bonus-Bank einen Kredit auf. Muss die Similis-GmbH den Kredit zurückzahlen?

Die Bonus-Bank hat gegen die Similis-GmbH einen Anspruch auf Rückzahlung des Kredits aus § 488 Abs. 1 S. 2 BGB, wenn sie von Hansmeier gem. § 164 Abs. 1 BGB wirksam vertreten wurde. Problematisch ist nur Hansmeiers Vertretungsmacht. Mangels Bestellung zum Geschäftsführer ist er nicht gem. § 35 Abs. 1 S. 1 GmbHG vertretungsbefugt. Jedoch könnte es der Similis-GmbH gem. § 15 Abs. 3 HGB verwehrt sein, sich auf die mangelnde Geschäftsführerbestellung zu berufen. Bei der Geschäftsführerbestellung handelt es sich gem. § 39 Abs. 1 Var. 1 GmbHG um eine eintragungspflichtige Tatsache. Sie wurde unrichtig bekanntgemacht. **§ 15 Abs. 3 HGB** setzt lediglich die **Unrichtigkeit der Bekanntmachung** voraus, unerheblich ist, ob die Eintragung ebenfalls unrichtig (Fall a) oder richtig ist (Fall b) oder ganz fehlt (Fall c). Weiter ist es im Rahmen der „positiven" Publizität ohne Belang, ob die Similis-GmbH die Unrichtigkeit der Bekanntmachung verschuldet hat. Es genügt, dass sie die Anmeldung selbst vorgenommen hat und damit der Gefahrenquelle näher steht als ein gutgläubiger Dritter. Außerdem konnte sie die Bekanntmachung in dem Publikationsorgan überprüfen und einem Missbrauch durch einen sofortigen Berichtigungsantrag zuvorkommen. Im Interesse des schutzwürdigen Handelsverkehrs ist der Similis-GmbH daher das Risiko einer unrichtigen Verlautbarung ihrer Anmeldung aufzuerlegen. Die Bonus-Bank hatte auch keine Kenntnis von der Unrichtigkeit der Bekanntmachung. Die Similis-GmbH ist folglich gem. § 488 Abs. 1 S. 2 BGB zur Rückzahlung verpflichtet.

113. Gefälschte Urkunden [G]

Die Anton Hirsch Gartenzwerge OHG will den vermögenden Junggesellen Sachs als ihren Gesellschafter vorweisen können, um Bankkredite zu erhalten. Durch Vorlage gefälschter Urkunden erreicht sie, dass die Mitgliedschaft des Sachs in das Handelsregister eingetragen und bekannt gemacht wird. Als Sachs von einem Kreditinstitut, dem nicht bekannt war, dass Sachs nicht Gesellschafter ist, in Anspruch genommen wird, fällt er aus allen Wolken. Ist er zur Rückzahlung von Krediten verpflichtet?

Ein Anspruch gegen Sachs aus § 488 Abs. 1 S. 2 BGB iVm § 128 S. 1 HGB könnte sich, da er kein OHG-Gesellschafter ist, nur über § 15 Abs. 3 HGB ergeben. Seine tatsächliche Aufnahme in die OHG wäre gem. § 107 Var. 4 HGB eintragungspflichtig. Sie ist unrichtig bekannt gemacht worden und dem Kreditinstitut war die Unrichtigkeit nicht bekannt, sodass die Voraussetzungen des **§ 15 Abs. 3 HGB** an sich vorliegen. Allerdings soll die Vorschrift nach überwiegender Meinung nur zulasten desjenigen wirken, der die unrichtige Verlautbarung, wenn auch durch einen richtigen Eintragungsantrag, zurechenbar veranlasst hat (sog **Veranlassungsprinzip**; vgl. OLG Brandenburg JuS 2013, 360 m. Anm. *K. Schmidt*; *Gehrlein* in: EBJS, HGB, § 15 Rn. 33). Die Gegenauffassung hält am Gesetzeswortlaut fest, sieht in § 15 Abs. 3 HGB eine reine Rechtsscheinhaftung verankert und verweist den Betroffenen auf Staatshaftungsansprüche gegen den Registerrichter (vgl. *Brox/Henssler*, Handelsrecht, 21. Aufl. 2011, Rn. 101 f.). Bessere Gründe sprechen für die überwiegende Meinung. Ein vollkommen Unbeteiligter ist nicht weniger schutzwürdig als der gutgläubige Geschäftsverkehr im Übrigen. Für eine Haftung Unbeteiligter gibt es keinen vernünftigen Grund, zumal die Durchsetzung von Amtshaftungsansprüchen im Regresswege häufig Schwierigkeiten aufwirft. Auch der Wortlaut des § 15 Abs. 3 HGB steht nicht entgegen: Ein Unbeteiligter gehört nicht zum Kreise derjenigen, „in dessen Angelegenheiten die Tatsache einzutragen war". Etwas anderes gilt allerdings, wenn der Betroffene, wie es den Vorgaben der §§ 383 Abs. 1 Hs. 1, 7 Abs. 1 FamFG entspricht, eine Eintragungsmitteilung des Registergerichts erhält, sodass er die Möglichkeit zur Korrektur der fehlerhaften Eintragung hat. Es lässt sich mit guten Gründen vertreten, dass er in diesem Fall weniger schutzwürdig ist als der Geschäftsverkehr im Übrigen.

114. § 15 Abs. 1 und 3 HGB im Vergleich [G]

Professor Pein fordert den Ratlos in der mündlichen Prüfung auf, die Tatbestandsstruktur des § 15 Abs. 1 und 3 HGB in verschiedener Hinsicht zu vergleichen:
a) Setzt § 15 Abs. 3 HGB voraus, dass derjenige, der sich auf die unrichtige Bekanntmachung beruft, diese überhaupt gelesen hat?
b) Wirkt § 15 Abs. 3 HGB auch zulasten eines Geschäftsunfähigen oder beschränkt Geschäftsfähigen?

53

c) Kann sich der gutgläubige Dritte im Rahmen des § 15 Abs. 3 HGB auch auf die für ihn günstige wahre Rechtslage berufen?
d) Gilt § 15 Abs. 3 HGB auch im sog Unrechtsverkehr?

a) Nein. Wie § 15 Abs. 1 HGB setzt auch **Abs. 3 keine Kausalität** zwischen Bekanntmachung und Verhalten des Dritten voraus.

b) Das ist umstritten (vgl. *Gehrlein* in: EBJS, HGB, § 15 Rn. 34). Da § 15 Abs. 3 HGB – anders als § 15 Abs. 1 HGB, der ein reines Rechtsscheinprinzip verwirklicht (s. näher Frage 97a) – nach hM auf dem Veranlassungsprinzip basiert (s. näher Frage 113), misst die wohl überwiegende Lehre § 15 Abs. 3 HGB nur Wirkung zulasten voll Geschäftsfähiger zu. Denn bei Geschäftsunfähigen und beschränkt Geschäftsfähigen fehlt es an der **Zurechenbarkeit** der unrichtigen Verlautbarung.

c) Ja. Wie bei § 15 Abs. 1 HGB hat der Dritte ein **Wahlrecht**, ob er sich auf **Abs. 3** beruft oder es bei der wahren Rechtslage belassen will (vgl. BGH NJW-RR 1990, 737).

d) Nein. Wie bei § 15 Abs. 1 HGB erstreckt sich der Anwendungsbereich des **Abs. 3 nur** auf den **Geschäfts- und Prozessverkehr.**

115. Allgemeine Rechtsscheingrundsätze [G]

a) Wie lauten die beiden allgemeinen Rechtsscheingrundsätze, auf die sich schon vor Einführung des § 15 Abs. 3 HGB eine eingeschränkte positive Publizität von Handelsregistereintragungen stützen ließ?
b) Haben sie heute noch einen Anwendungsbereich?

a) Die **beiden gewohnheitsrechtlichen Rechtssätze** lauten: (1) Wer eine unrichtige Erklärung zum Handelsregister abgibt, kann an dieser von einem gutgläubigen Dritten festgehalten werden; (2) wer eine unrichtige Eintragung im Handelsregister schuldhaft nicht beseitigt, kann an dieser von einem gutgläubigen Dritten festgehalten werden.

b) Sie gelten als ungeschriebene Ergänzungssätze, **wo § 15 Abs. 3 HGB nicht eingreift.** Das ist insbes. der Fall, wenn nicht die Bekanntmachung, sondern nur die Eintragung im Handelsregister falsch ist (vgl. dazu sogleich Frage 116).

116. Falsche Eintragung [G]

Die Similis-GmbH meldet Hans Meier als ihren Geschäftsführer zum Handelsregister an. Infolge eines Versehens wird Herr Hansmeier als Geschäftsführer eingetragen. Bei der Weitergabe an das Publikationsorgan wird der Fehler jedoch korrigiert und Hans Meier als Geschäftsführer bekannt gemacht. Herr Hansmeier nimmt im Namen der Similis-GmbH bei einem Kreditinstitut einen größeren Kredit auf; als vorsichtiges Unternehmen hatte die Bank sich zuvor im Handelsregister von der Geschäftsführereigenschaft des Hansmeier überzeugt. Ist die Similis-GmbH zur Rückzahlung verpflichtet?

Für die Anwendung des § 15 Abs. 3 HGB ist Voraussetzung, dass eine einzutragende Tatsache unrichtig bekannt gemacht ist (vgl. Frage 112). Da in diesem Fall jedoch Hans Meier zutreffend als Geschäftsführer bekannt gemacht wurde und **nur die Eintragung fehlerhaft** ist, kann das Kreditinstitut sich nicht auf § 15 Abs. 3 HGB berufen. Für eine analoge Anwendung der Vorschrift bei reinen Eintragungsfehlern fehlt nach hM eine planwidrige Regelungslücke. Eine Rückzahlungsverpflichtung der Similis-GmbH könnte sich aber aufgrund der **gewohnheitsrechtlich anerkannten Rechtsscheingrundsätze** ergeben: Da der anmeldenden Similis-GmbH gem. § 383 Abs. 1 Hs. 1 FamFG die Eintragung mitgeteilt wird, haftet sie, wenn sie es schuldhaft versäumt hat, die Eintragung des Hansmeier sofort berichtigen zu lassen.

Beachte: Anders als im Rahmen des § 15 Abs. 3 HGB (vgl. Frage 114 lit. a) ist im Einzugsbereich der ungeschriebenen Rechtsscheingrundsätze **konkrete Kausalität** zwischen der unrichtigen Eintragung und der Vertrauensdisposition des gutgläubigen Dritten erforderlich.

III. Handelsfirma

1. Überblick

117. Begriff und Ursprung

a) Was versteht das HGB unter der „Firma"? [G]
b) Entspricht diese Definition auch dem allgemeinen Sprachgebrauch? [G]
c) Woher stammen Begriff und Ursprung der Firmenpublizität? [S]

a) Die **Firma eines Kaufmanns** ist gem. § 17 Abs. 1 HGB der **Name**, unter dem er seine Geschäfte betreibt und die Unterschrift abgibt. Sie dient – wie jeder Name – der Identifizierung einer Person, hier: des Unternehmensträgers.

b) Der allgemeine Sprachgebrauch und (leider) auch das Gesetz weichen von dieser Definition beträchtlich ab. In Kaufmannskreisen ist es üblich, mit der Firma das Unternehmen zu verbinden („Ruf unserer Firma"). Das Gesetz selbst spricht in § 2 S. 1 HGB von der „Firma des Unternehmens" und sieht in den §§ 25, 28 HGB die Firma möglicherweise als Träger der im Handelsgeschäft begründeten Rechte und Pflichten an (vgl. Frage 154).

c) Beides entwickelte sich aus der mittelalterlichen Übung, bei schriftlichem Abschluss von Handelsgeschäften anstelle der Unterschrift sämtlicher Gesellschafter eine kürzere Bezeichnung der Gesellschaft zu verwenden. Am frühesten setzte diese Entwicklung in den Handelsstädten Italiens ein; „firma" ist noch heute das italienische Wort für Unterschrift.

118. Wirtschaftliche Bedeutung und Rechtsnatur

a) Worin liegt die wirtschaftliche Bedeutung einer eingeführten Firma? [G]
b) Wie lässt sich die Rechtsnatur der Firma charakterisieren? [V]

a) Der Firmenname ist zumeist der **wichtigste Werbeträger des Unternehmens**. Er fördert nach innen die Schaffung einer einheitlichen und prägnanten Unternehmenspersönlichkeit *(corporate identity)* und dient nach außen nicht selten zur Markenbezeichnung *(corporate branding)*.

b) Nach heute herrschender Auffassung hat die **Firma** eine **Doppelnatur**: Sie vereinigt persönlichkeitsrechtliche und immaterialgüterrechtliche Züge (vgl. *K. Schmidt,* HandelsR, § 12 Rn. 34 ff.; noch weitergehend *Fezer,* ZHR 161 [1997], 55: reines Immaterialgüterrecht). Überwunden ist damit eine ältere, allein auf das Namenspersönlichkeitsrecht abstellende Lehre (vgl. RGZ 158, 226 [230]). Praktische Bedeutung erlangt die dogmatische Einordnung vor allem bei der Frage, ob die Firma als Vermögenswert zur Insolvenzmasse des Unternehmensträgers gezogen werden kann.

119. Handelsrechtsreform 1998 [V]

Das Handelsrechtsreformgesetz von 1998 hat das Firmenrecht grundsätzlich modernisiert. Erläutern Sie kurz die Stoßrichtung der Reform im deutschen und europäischen Zusammenhang!

Im Zentrum der Reform stand eine weitgehende **Liberalisierung des Firmenrechts**, die mit einer Vereinheitlichung vormals verstreuter Einzelbestimmungen einherging: Es herrscht jetzt der **Grundsatz namensrechtlicher Gestaltungsfreiheit**, mit dem das deutsche Recht wieder Anschluss an die Entwicklung in unseren Nachbarländern gefunden hat.

120. Die beiden großen Fragenkreise des Firmenrechts [G]

Welche beiden großen Fragenkreise lassen sich im Recht der Handelsfirma sachlich und systematisch unterscheiden?

Es sind dies das **Firmennamensrecht**, das die namensrechtlichen Grundanforderungen einer kaufmännischen Firma regelt, und das **Firmenordnungsrecht**, das zum Schutze des Rechtsverkehrs weitere Anforderungen an die Firmenbildung und Firmenfortführung aufstellt (vgl. *Canaris,* HandelsR, § 11 Rn. 1).

2. Bildung der Firma

a) Arten der Firma

121. Arten I [G]

Schnell möchte einen einzelkaufmännischen Fahrrad-Kurierdienst gründen. Er erwägt folgende Firmennamen und bittet um Auskunft über Art und Statthaftigkeit der Firmenbildung:
a) „Schnell e. Kfm.".
b) „Express-Fahrrad-Kurier e. Kfm.".
c) „Der gelbe Blitz e. Kfm.".

a) Bei dem ersten Vorschlag handelt es sich um eine **Personenfirma**, die – wie vorliegend gegeben – den Familiennamen des Kaufmanns enthalten muss. Für alle Einzelkaufleute zwingend ist der **Zusatz „eingetragener Kaufmann"** oder eine allgemein verständliche Abkürzung dieser Bezeichnung (**§ 19 Abs. 1 Nr. 1 HGB**).

b) Der zweite Vorschlag zielt auf eine **Sachfirma**, die dem Gegenstand des Unternehmens entnommen ist und seit dem Handelsrechtsreformgesetz 1998 auch Einzelkaufleuten offen steht.

c) Mit dem dritten Vorschlag ist eine **Fantasiefirma** angesprochen, die ebenso wie die Sachfirma von jedem Kaufmann – in den Grenzen des Irreführungsverbots des § 18 Abs. 2 S. 1 HGB – frei gebildet werden kann.

122. Arten II [S]

Sind Ihnen noch weitere Einteilungen der Firma bekannt?

a) Ein wichtiges Gegensatzpaar sondert **ursprüngliche** von **abgeleiteten Firmen**, was vor allem im Rahmen der Firmenbeständigkeit von Belang ist (vgl. Frage 147).

b) Darüber hinaus lassen sich noch **einfache** (Beispiel: Burkhard Binneweiß e. K.) und **zusammengesetzte Firmen** (Beispiel: Burkhard Binneweiß, Buchbinder, e. K.) unterscheiden.

c) Schließlich ist im Rahmen der Firmenbildung auch eine **Mischfirma** statthaft, die Elemente der Personen-, Sach- und Fantasiefirma miteinander kombiniert.

b) Abgrenzungen

123. Kleingewerbetreibende I [G]

Kerner betreibt als Kleingewerbetreibender eine Gastwirtschaft gegenüber dem Landgericht mit der Bezeichnung „Zur letzten Instanz". Darf er das?

Kleingewerbetreibende dürfen zwar keine Firma iSd HGB führen. Sie haben aber wie Freiberufler und unternehmenstragende BGB-Gesellschaften das Recht auf eine **Geschäftsbezeichnung**, deren Schutz sich allein nach den §§ 12, 823 Abs. 1 BGB richtet. Kerners Vorgehen ist also nicht zu beanstanden.

124. Kleingewerbetreibende II [V]

Baumann will ein kleingewerbliches Geschäft für Sportschuhe eröffnen und als „Dieter Baumann Sportschuhe" firmieren. Statthaft?

Vor dem Handelsrechtsreformgesetz entsprach es gefestigter Rechtsüberzeugung, dass Nicht- und Minderkaufleute keine firmenähnliche Geschäftsbezeichnung führen dürfen. Demgemäß wurde angenommen, dass Verbindungen von Geschäftsbezeichnung und Name des Inhabers unzulässig seien (vgl. OLG Hamm BB 1990, 1154). Nach der Liberalisierung des Firmenrechts wird ein solches Verbot **firmenähnlicher Geschäftsbezeichnungen** indes mit Recht weit überwiegend abgelehnt: Heute erfolgt die **Abgrenzung** zwischen kaufmännischer Firma und nichtkaufmännischer Geschäftsbezeichnung in erster Linie **durch den Rechtsformzusatz** „eingetragener Kaufmann", sodass eine Irreführung des Geschäftsverkehrs nicht zu besorgen ist (vgl. *Hopt* in: Baumbach/Hopt, HGB, § 17 Rn. 15). Die Bezeichnung ist also statthaft.

---

125. Firma und Marke

a) Wie unterscheiden sich Firma und Marke? [G]
b) Was kann als Marke geschützt werden? [S]
c) Wie entsteht der Markenschutz und welche rechtliche Ausformung hat er erfahren? [S]

---

a) Die **Marke** kennzeichnet das **Produkt** des Unternehmens, die **Firma** den **Unternehmensträger**. Allerdings kann der Markenname aus der Firma abgeleitet werden (zB Wella-AG, Wella-Haarshampoo).

b) Als **Marken** schützbar sind gem. **§ 3 Abs. 1 MarkenG** alle Zeichen, insbes. Buchstaben, Zahlen etc, die geeignet sind, Waren oder Dienstleistungen eines Unternehmens von denen anderer Unternehmen zu unterscheiden.

c) Der **Markenschutz** entsteht nach **§ 4 MarkenG** durch Eintragung in ein vom Patentamt geführtes Register (Nr. 1), durch Benutzung im geschäftlichen Verkehr, soweit das Zeichen hierdurch Verkehrsgeltung als Marke erlangt hat (Nr. 2), oder durch eine notorische Bekanntheit der Marke iSv Art. 6bis der Pariser Verbandsübereinkunft zum Schutz des gewerblichen Eigentums (Nr. 3). Er gewährt dem Inhaber gem. **§ 14 Abs. 1 MarkenG** ein **ausschließliches Recht**, das durch Schadensersatz- und Unterlassungsansprüche (§ 14 Abs. 5 S. 1 und Abs. 6 S. 1 MarkenG) gegen Verletzungen geschützt ist.

c) Kennzeichnungseignung

126. Bedeutung [G]

Nach § 18 Abs. 1 HGB muss die Firma zur Kennzeichnung des Kaufmanns geeignet sein. Was bedeutet das?

In der **Kennzeichnungseignung** kommt die Namensfunktion der Firma zum Ausdruck: Es geht um die **abstrakte Namenstauglichkeit** einer geschäftlichen Bezeichnung. Diese ist gegeben, wenn die Bezeichnung im Rechts- und Wirtschaftsverkehr zur Identifikation des dahinter stehenden Kaufmanns ohne Schwierigkeiten akzeptiert werden kann. Die Grenze zum ebenfalls in § 18 Abs. 1 HGB angeführten Erfordernis der Unterscheidungskraft (vgl. Frage 129) ist fließend.

127. Buchstaben- und Zahlenkombination [G]

a) Dietrich betreibt einen Schlüsseldienst, den er unter der Firma „1A Schlüsseldienst e. K." ins Handelsregister eintragen lassen will, um im Telefonbuch an vorderster Stelle aufzutauchen. Das Registergericht lehnt die Eintragung unter Hinweis auf die fehlende Kennzeichnungseignung dieser Bezeichnung ab. Zu Recht?

b) Wie wäre es, wenn Dietrich unter „AAAAAAA Schlüsseldienst e. K." firmieren wollte?

a) Ob bloßen **Buchstaben- oder Zahlenfolgen** Kennzeichnungseignung zukommt, ist umstritten. Mit Blick auf die Zulassung reiner Fantasienamen und den Umstand, dass sich der Verkehr an die Verwendung von Abkürzungen als Unternehmensbezeichnungen gewöhnt hat („VW", „SAP", „4711"), bejaht die hM sie aber. Nach der Rechtsprechung (BGH NJW-RR 2009, 327) ist einzige Voraussetzung die Aussprechbarkeit im Sinne der Artikulierbarkeit. Diese ist hier gegeben. Die Ablehnung der Eintragung erfolgt daher nicht zu Recht.

b) Die frühere Rechtsprechung hatte ihre ablehnende Haltung gegenüber der Verwendung von „A-Blöcken" darauf gestützt, dass der Buchstabenfolge „AAAAAAA" kein Sinngehalt zukomme und dass sie nicht hinreichend einprägsam sei, um dem Verkehr zu erlauben, ein individuelles Unternehmen mit dieser Bezeichnung in Verbindung zu bringen (vgl. OLG Frankfurt a. M. NJW 2002, 2400; OLG Celle NJW-RR 1999, 543). Nach dem unter lit. a Gesagten ist aber bei der Beurteilung nun weniger auf die fehlende Kennzeichnungseignung als vielmehr auf das Verbot des Rechtsmissbrauchs zurückzugreifen, denn eine sinnlose Aneinanderreihung von A-Blöcken dient in der Regel nur dem Zweck, in den mannigfaltigen Verzeichnissen an erster Stelle zu stehen (vgl. *Canaris*, HandelsR, § 10 Rn. 16; *Heidinger* in: MüKoHGB, § 18 Rn. 20). Die Ablehnung der Eintragung wäre folglich berechtigt.

128. Bildzeichen [G]

a) Gisela Glücklich möchte ihrer einzelkaufmännischen Partnervermittlung durch eine auffallende Firmierung zum geschäftlichen Erfolg verhelfen und denkt an ein Bild aus zwei ineinander verschlungenen Herzen mit dem Zusatz „e. K.". Zulässig?

b) Kann sie stattdessen unter „Flirt@Gisela" firmieren?

a) Nach ganz überwiegender Auffassung darf die **Firma nicht** aus **Bildzeichen** bestehen, weil ihre Namensfunktion nur durch eine wörtliche und damit aussprechbare Bezeichnung erfüllt werden kann (vgl. BGH NJW 1954, 1681: stilisierte Blume; KG JW 1930, 1742: schleswig-holsteinisches Wappen). Daran hält die Rechtsprechung auch nach der Liberalisierung des Firmenrechts fest (vgl. KG NJW-RR 2001, 173). Die Firmierung ist also nicht zulässig.

b) Nach Auffassung der früheren firmenrechtlichen Spruchpraxis nein (vgl. BayObLG NJW 2001, 2337). Zur Begründung wird ausgeführt, das @-Zeichen habe keine sprachliche, sondern nur eine bildliche Funktion. Mittlerweile gibt es jedoch auch anderslautende Judikate, die darauf hinweisen, dass das @-Zeichen inzwischen bei einem beachtlichen und weiter zunehmenden Teil der angesprochenen Verkehrskreise nicht mehr nur als Bildzeichen, sondern auch als **Wortzeichen mit spezifischer Bedeutung** – vergleichbar den schon lange firmenüblichen Zeichen „&" sowie „+" – aufgenommen wird (vgl. LG München MittBayNot 2009, 315; LG Berlin NJW-RR 2004, 835; *Schlingloff* in: Oetker, HGB, § 18 Rn. 8). Großzügiger zeigt sich insoweit auch das Patentrecht, das das Zeichen „@" als allgemeinen bildlichen Hinweis auf das Internet akzeptiert (vgl. BPatG CR 2000, 841 [842]).

d) Unterscheidungskraft

129. Bedeutung und Ursprung

a) Was versteht man unter Unterscheidungskraft iSd § 18 Abs. 1 HGB? [G]
b) Aus welchem benachbarten Rechtsgebiet hat das Firmenrecht den Begriff der Unterscheidungskraft übernommen? [S]
c) Worin besteht der Unterschied zwischen dem Erfordernis der Unterscheidungskraft gem. § 18 Abs. 1 HGB und jenem der Firmenunterscheidbarkeit iSv § 30 Abs. 1 HGB? [G]

a) **Unterscheidungskraft** bezeichnet die – abstrakte – Eignung einer Firma, sich von anderen Unternehmen abzuheben und damit ihre **Individualisierungsfunktion** wahrzunehmen.

b) Das Erfordernis der Unterscheidungskraft **entstammt** dem **Recht zum Schutz geschäftlicher Bezeichnungen** (§§ 5, 15 MarkenG) **und Marken** (§§ 3, 14 MarkenG). Die dort erarbeiteten Leitlinien lassen sich auch im Firmenrecht heranziehen.

c) **§ 18 Abs. 1 HGB** gewährleistet die *abstrakte* Unterscheidungskraft einer Firma, **§ 30 Abs. 1 HGB** die *konkrete* Unterscheidbarkeit gegenüber anderen ortsansässigen Firmen (vgl. auch Frage 143).

130. Karl Schmidt [G]

Karl Schmidt eröffnet unter seinem Namen eine Schlosserei. Firmenrechtliche Zulässigkeit?

Bei **Allerweltsnamen** sind verschiedentlich Zweifel an ihrer Unterscheidungskraft laut geworden. Richtigerweise erfüllen sie aber jedenfalls dann ihre Individualisierungsfunktion, wenn Vor- und Zuname verwendet werden. Etwaigen Verwechselungen mit Gleichnamigen vorzubeugen, ist eine Aufgabe des § 30 HGB (vgl. Frage 143).

131. Videorent [G]

Glotze betreibt einen Videoverleih unter der Bezeichnung „Videorent e. K". Statthaft?

Gattungsbezeichnungen, die sich in beschreibenden Angaben des Unternehmensgegenstandes erschöpfen und nicht auf ein konkretes Unternehmen hinweisen, fehlt in aller Regel die Unterscheidungskraft (ebenso BGH NJW-RR 1996, 230: „Cotton-Line"). Dem **Freihaltebedürfnis** der Allgemeinheit gebührt insoweit der Vorrang, entstünde doch andernfalls ein dem freien Wettbewerb zuwiderlaufendes Kennzeichnungsmonopol. **Anders** kann es **nur** ausnahmsweise liegen, **wenn** die Gattungsbezeichnung **Verkehrsgeltung** erlangt hat (vgl. BGH NJW 1954, 388: Kaufstätten für Alle, KfA) oder **in einem abweichenden Sinn gebraucht** wird (vgl. BGH NJW 1956, 1559: „Der Spiegel"). Die Bezeichnung „Videorent e. K." unterfällt diesen Ausnahmetatbeständen nicht und ist somit nicht statthaft (vgl. BGH NJW 1987, 438).

e) Firmenbildung bei Handelsgesellschaften

132. Allgemeine Grundsätze [G]

Wie werden die Firmen folgender Handelsgesellschaften gebildet:
a) der OHG und KG?
b) der GmbH, UG und AG?
c) der GmbH & Co. KG?

a) Die Firma muss nur den allgemeinen Voraussetzungen genügen, also: (1) zur Kennzeichnung eines Kaufmanns geeignet sein, (2) Unterscheidungskraft besitzen und (3) einen **korrekten Rechtsformzusatz** enthalten (**§ 19 Abs. 1 Nr. 2 und 3 HGB**). Anders als nach § 19 HGB aF sind **OHG und KG nicht mehr zwingend** auf eine **Personenfirma** festgelegt.

b) **§§ 4, 5a GmbHG, § 4 AktG** verlangen die Aufnahme eines **korrekten Rechtsformzusatzes** in die Firma. Im Übrigen vollzieht sich die Firmenbildung nach allgemeinen Regeln. Die vormaligen Einschränkungen, dass eine Sachfirma dem Unternehmensgegenstand entnommen werden muss, sind durch das Handelsrechtsreformgesetz entfallen.

c) Wenn in einer GmbH & Co. KG – wie regelmäßig – keine natürliche Person persönlich haftet, muss dies nach **§ 19 Abs. 2 HGB** in der Firma kenntlich gemacht werden. Andernfalls droht eine firmenrechtliche Rechtsscheinhaftung (vgl. Fragen 109 und 110).

f) Untersagte Firmenbildungen

133. Gute Sitten [G]

Das Unternehmen des Buhse produziert Likör. Er meldet es unter der Firma „Schlüpferstürmer" zur Eintragung in das Handelsregister an. Das Registergericht verweigert die Eintragung, weil die Firma gegen die guten Sitten verstoße. Zu Recht?

Das **Verbot sittenwidriger Firmierung** hat im HGB keine ausdrückliche Erwähnung gefunden. Doch sind entsprechende Eintragungshindernisse in § 8 Abs. 2 Nr. 5 MarkenG, § 2 Abs. 1 PatG, § 2 Nr. 1 GebrMG, § 3 Abs. 1 Nr. 1 DesignG geregelt, auf die sich eine Gesamtanalogie stützen lässt. Das Registergericht verweigert die Eintragung somit zu Recht (vgl. BGH NJW 1995, 2486 [2487 f.]).

134. Partner [V]

Blaut und Schoppe melden ihr Umzugsunternehmen unter der Firma „Blaut und Partner GmbH" zur Eintragung in das Handelsregister an. Statthaft?

Allen Gesellschaften mit einer anderen Rechtsform als der Partnerschaft, die nach Inkrafttreten des Partnerschaftsgesellschaftsgesetzes gegründet werden, ist die **Bezeichnung „und Partner"** verwehrt (vgl. BGH NJW 1997, 1854). Nach dem Willen des Gesetzgebers **„reserviert"** § 11 S. 1 PartGG diesen Zusatz **für Partnerschaftsgesellschaften**. Das gilt auch für die Zusätze „+ Partner" oder „& Partner". Die Firma ist also nicht statthaft.

135. GbR mbH [V]

Rechtsanwalt Rüster gründet mit Steuerberater Stark eine Gesellschaft bürgerlichen Rechts, die im Geschäftsverkehr als „Rüster und Stark GbR mbH" firmiert. Das zuständige Amtsgericht fordert sie unter Androhung eines Zwangsgeldes auf, diese Geschäftsbezeichnung zu unterlassen. Zu Recht?

Eine Androhungsverfügung nach § 37 Abs. 1 HGB ist nach hM auch gegenüber Freiberuflern möglich, die als Nichtkaufleute keine Firma, sondern lediglich eine Geschäftsbezeichnung führen (vgl. Frage 123). Die hier gewählte Bezeichnung verstößt gegen das Irreführungsverbot des § 18 Abs. 2 S. 1 HGB, weil sie bei einem durchschnittlichen Leser oder Hörer den Eindruck erweckt, es liege eine GmbH vor, der nach § 4 GmbHG der Zusatz „mbH" vorbehalten ist. Die Androhungsverfügung erfolgt also zu Recht.

Beachte: Nach BGH NJW 1999, 3483 können die BGB-Gesellschafter ihre persönliche Haftung nicht einseitig durch die Bezeichnung „GbR mbH" ausschließen.

3. Grundsätze des Firmenordnungsrechts

a) Firmenwahrheit

136. Grundpfeiler [G]

Welches ist der Grundpfeiler der Firmenwahrheit im HGB?

Das **Irreführungsverbot des § 18 Abs. 2 HGB**, das für Einzelkaufleute und Handelsgesellschaften gleichermaßen gilt.

137. Einschränkungen [G]

§ 18 Abs. 2 HGB schränkt das weiträumig angelegte Irreführungsverbot gleichwohl in dreierlei Richtung ein. Wovon ist die Rede?

a) Das Irreführungsverbot erstreckt sich nur auf **Angaben über geschäftliche Verhältnisse**. Ausgegrenzt werden damit rein private Umstände.

b) Darüber hinaus besteht eine **Wesentlichkeitsschwelle**. Unschädlich sind Angaben, die von geringer wettbewerblicher Relevanz oder für die wirtschaftliche Entscheidung der angesprochenen Verkehrskreise nur von nebensächlicher Bedeutung sind (s. dazu sogleich Frage 138).

c) Ergänzt wird der strengere Sachmaßstab durch eine verfahrensrechtliche Erschwernis: Gemäß **§ 18 Abs. 2 S. 2 HGB** wird die **Irreführungseignung** im Verfahren **vor dem Registergericht** nur noch berücksichtigt, wenn sie **ersichtlich** ist (vgl. dazu OLG Stuttgart NZG 2012, 551).

138. Skandinavische Möbel [G]

Sven Svenson eröffnet unter der Firma „Svensons skandinavisches Möbelparadies" ein Geschäft, in dem überwiegend in Deutschland hergestellte Möbel skandinavischen Stils angeboten werden. Nach einer repräsentativen Umfrage gehen 20 % der Möbelkäufer aufgrund der Firmenbezeichnung davon aus, dass Svenson Originalmöbel aus Skandinavien vertreibt. Darf das Registergericht die Eintragung der Firma verweigern?

Das Irreführungsverbot erstreckt sich nur auf Firmenangaben, die für die beteiligten Verkehrskreise „wesentlich", dh von einigem Gewicht sind. Damit ist der Gesetzgeber bewusst (vgl. BT-Drs. 13/8444, 38) **von** dem deutlich **weiterreichenden Irreführungsbegriff des § 3 UWG aF abgerückt**, für den schon Irreführungsquoten von 5–10 % ausreichen (vgl. *Bornkamm* in. Köhler/Bornkamm, UWG, § 5 Rn. 2.101 ff.). Vorliegend scheitert ein Verstoß gegen das Irreführungsverbot an der geringen wettbewerblichen Relevanz der Firmenbezeichnung für die Kaufentscheidung der angesprochenen Verkehrskreise. Das Registergericht darf die Eintragung nicht verweigern.

139. Weltläufig [G]

Peter Pech hat seinen Vertrieb für EDV- und Druckereizubehörgeräte unter der Firma „Print Supplies International" zur Eintragung ins Handelsregister angemeldet. Das Registergericht lehnt die Eintragung ab, weil die Bezeichnung „International" Unternehmen von internationaler Bedeutung vorbehalten sei. Hat das Registergericht Recht?

Der **Firmenzusatz „International"** verlangt nicht, dass das Unternehmen im Ausland durch Filialen, Niederlassungen oder verbundene Unternehmen präsent ist (vgl. bereits BGH NJW 1994, 196 [197]: „Euroconsult"). **Ausreichend** ist, dass **überhaupt grenzüberschreitende Geschäftstätigkeiten** entfaltet werden (vgl. LG Stuttgart BB 2000, 1213). Sofern dies bei Pech der Fall ist, hat das Registergericht also nicht Recht.

140. Fremde Namen [G]

Hans Barhaupt will einen Haarpflegesalon eröffnen. Um ungünstigen Assoziationen aus dem Wege zu gehen, bittet er seine Bekannte Eulalia Schwanenhals um ihren Namen. Sie ist einverstanden. Kann Barhaupt ihren Namen für sein Geschäft eintragen lassen?

Das ist umstritten, überwiegend wird die **Firmierung mit dem Namen unternehmensfremder Personen** aber als statthaft angesehen, sofern dadurch nicht gegen das nach der Liberalisierung des Firmenrechts richtigerweise allein noch maßgebliche **Irreführungsverbot des § 18 Abs. 2 S. 1 HGB** verstoßen wird. Auch beim Einzelkaufmann geht die Tendenz nach der Handelsrechtsreform insoweit zu einer weniger restriktiven Handhabung. Eine Irreführungsgefahr entfällt jedenfalls dann, wenn es um die Namen längst verstorbener Persönlichkeiten (zB „Goethe Buchhandlung e. K.") geht oder der Firma als Fantasiebezeichnung ersichtlich jeder reale Namensbezug fehlt (zB „Friseursalon Aphrodite e. K."). Auch hat die Rechtsprechung die Verwendung eines fiktiven Eigennamens zugelassen (vgl. OLG München NZG 2013, 108). Bei der Verwendung eines realen Drittnamens kommt es im Einzelfall darauf an, ob der Verkehr mit dem konkreten Namen ein gewisses Maß an Sachkunde, Seriosität oder Liquidität verbindet, sodass die Wesentlichkeitsschwelle überschritten wird. Unerheblich ist allerdings in jedem Fall die privatrechtliche Einwilligung des Namensträgers in die Verwendung seines Namens, weil das Verbot der Irreführung **im öffentlichen Interesse** liegt (s. ebenso zur Firmenunterscheidbarkeit nach § 30 Abs. 1 HGB Frage 144).

b) Firmeneinheit

141. Zwei Firmen I [S]

Die „Hans Kling OHG, Stahlwerke" stellt in Solingen Stahlwaren her. Im Jahre 2015 erwirbt sie ein Eisenwarenunternehmen mit dem Recht, die Firma „Anton Schneider, Unionswerk" fortzuführen. Beide Unternehmen werden aus Rationalisierungsgründen vereinigt. Da sie aber seit vielen Jahren einen eigenen Kundenstamm und getrennte Vertriebsgebiete haben, möchte die „Hans Kling OHG" die jeweiligen Firmen beibehalten und nebeneinander fortführen. Auf Antrag der Industrie- und Handelskammer Wuppertal fordert

das Amtsgericht, dass fortan nicht beide Firmen verwendet werden dürfen. Zu Recht?

Im HGB fehlt eine eindeutige Regelung über die doppelte Firmenführung, doch leitet die hM (vgl. BGHZ 67, 166) aus dem Grundsatz der Firmenwahrheit das **Prinzip der Firmeneinheit** her. Danach dürfen **Handelsgesellschaften** (OHG, KG, AG, KGaA, GmbH), selbst wenn sie klar getrennt mehrere Handelsgeschäfte betreiben, stets nur eine einzige Firma führen. Die gängige Begründung geht dahin, dass eine Gesellschaft – gleich einer natürlichen Person – nur einen einzigen Namen haben könne. Überzeugender ist es jedoch, stattdessen auf etwaige Unklarheiten hinsichtlich der Haftungsverhältnisse abzustellen, die durch eine doppelte Firmenführung hervorgerufen werden: So kann vorliegend der falsche Eindruck entstehen, mit der „Hans Kling OHG" und dem „Anton Schneider Unionswerk" stünden zwei unterschiedliche Haftungsträger zur Verfügung; außerdem werden OHG-Gläubiger womöglich abgehalten, von einer erkennbaren Schieflage des Unionswerks auf eine Krise der OHG zu schließen und entsprechende Sicherungsmaßnahmen zu ergreifen. Die Werbekraft der übernommenen Firma kann in der Regel durch Kennzeichnungen anderer Art, etwa durch die Geschäftsbezeichnung „Unionswerk" für das übernommene Unternehmen, hinreichend genutzt werden (s. aber BGH NJW 1991, 2023 [2024]). Die Forderung des Amtsgerichts erfolgt also zu Recht.

142. Zwei Firmen II [S]

Wäre im vorangegangenen Fall anders zu entscheiden, wenn der Inhaber des Unternehmens Hans Kling mit der Firma „Hans Kling Stahlwerke" gewesen wäre?

Im Gegensatz zu den Handelsgesellschaften ist die Firma des **Einzelkaufmanns** nicht von vornherein dessen einziger Name. Ihm wird deshalb die Möglichkeit eingeräumt, sich **weiterer Firmen** zu bedienen, **wenn** diese jeweils **organisatorisch getrennten Unternehmen zugeordnet** sind. Bedenken hinsichtlich der Klarheit der Haftungsverhältnisse treten demgegenüber zurück. Der Einzelkaufmann kann außerhalb seines geschäftlichen Bereichs beliebige Schulden machen, sodass die Kontrollkosten der Gläubiger durch die doppelte Firmenführung kaum steigen (näher zum *principal-agent*-Problem bei Finanzierungsverträgen *Franke/Hax*, Finanzwirtschaft des Unternehmens und Kapitalmarkt, 6. Aufl. 2009, S. 467 ff.). Verbindet der Einzelkaufmann das erworbene Unternehmen allerdings mit seinem eigenen zu einem organisatorisch-, buchführungs- und bilanzierungsmäßig einheitlichen Unternehmen, so muss auch er sich für eine der beiden Firmen entscheiden (vgl. BGH NJW 1991, 2023). Das Recht einer doppelten Firmenführung hängt somit davon ab, ob Hans Kling die beiden Unternehmen vereint oder getrennt fortführt.

c) Firmenunterscheidbarkeit

143. Zwei an einem Ort I [G]

Johann Maria Farina will beim AG Köln für sein Kosmetikgeschäft die Firma „Johann Maria Farina e. K." zur Eintragung in das Handelsregister anmelden. Da die von ihm gewählte Firma der Regelung des § 18 Abs. 1 HGB entspricht, glaubt er, der Registerrichter sei zur Eintragung verpflichtet. Trifft dies zu, wenn in Köln bereits ein anderer Kaufmann unter „Johann Maria Farina e. K." firmiert?

Nach **§ 30 Abs. 1 HGB** muss sich jede neue Firma von allen an demselben Ort oder derselben Gemeinde bereits bestehenden und in das Handelsregister eingetragenen Firmen deutlich unterscheiden. Um diesem **Grundsatz der Firmenausschließlichkeit** Rechnung zu tragen, ist Farina gehalten, einen unterscheidungskräftigen Zusatz in seine Firma aufzunehmen (zB „Johann Maria Farina e. K. – gegenüber dem Jülichplatz"). Es handelt sich um den seltenen Fall, dass ein sonst fakultativer Zusatz beim Einzelkaufmann obligatorisch wird. Zu den rechtlichen Möglichkeiten des Inhabers der alten Firma s. Frage 152.

144. Zwei an einem Ort II [G]

Angenommen, Johann Maria Farina der Ältere willigt gegen eine finanzielle „Anerkennung" in die nochmalige Verwendung der Firma ein. Ist damit der Weg frei für eine Handelsregistereintragung?

§ 30 HGB bezweckt den Schutz des Publikums und ist als Vorschrift **im öffentlichen Interesse** auch mit Zustimmung des Inhabers der älteren Firma **nicht verzichtbar** (vgl. BGH NJW 1966, 1813 [1815]). Allerdings kann Johann Maria Farina der Ältere seine Ansprüche aus § 37 Abs. 2 HGB verlieren.

145. Eugen und Elisabeth [G]

Eugen Decker betreibt in Mayen unter der Einzelfirma „Eugen Decker Holz e. K." einen florierenden Holzhandel. Seine mit ihm verfeindete Nichte Elisabeth neidet ihm den Erfolg und gründet am selben Ort einen Holzstoffhandel unter dem Namen „Elisabeth Decker Holz GmbH". Eugen tobt und verweist auf das Prioritätsprinzip des § 30 Abs. 1 HGB. Wird er damit durchdringen?

Für eine **deutliche Unterscheidbarkeit** lassen Rechtsprechung (vgl. BGH NJW 1993, 2236) und Lehre bei Personenfirmen in aller Regel die **Verwendung des Vornamens** ausreichen. Eine Stütze hierfür findet sich in § 30 Abs. 2 HGB, der einen unterscheidungskräftigen Zusatz nur bei voller Gleichnamigkeit von Vor- und Familiennamen verlangt. Elisabeth hat mit der Wahl der Firma „Elisabeth Decker Holz GmbH" den Anforderungen des § 30 Abs. 1 HGB also genügt.

146. Bonn und Köln

a) Seit längerer Zeit ist in Köln die „CTB City-Credit-Bank GmbH" im Handelsregister eingetragen, die auch über den Kölner Raum hinaus in ganz Nordrhein-Westfalen einen hohen Bekanntheitsgrad und guten Ruf hat. In Bonn wird eine „City-Credit-Vermittlungsbank GmbH" zur Eintragung ins Handelsregister angemeldet. Wird die Eintragung dieser Firma in das Handelsregister erfolgen? [G]

b) Kann die „CTB City-Credit-Bank GmbH" gegen die Verwendung dieser Firma vorgehen? [S]

a) Da die „City-Credit-Vermittlungsbank GmbH" nicht an demselben Ort wie die „CTB City-Credit-Bank GmbH" in das Handelsregister eingetragen werden soll und der Grundsatz der Firmenausschließlichkeit iSd § 30 Abs. 1 HGB deshalb nicht verletzt wird, kann das Registergericht die Eintragung nicht ablehnen. Über die Regelung des § 30 HGB hinaus hat das Registergericht nicht von Amts wegen zu prüfen, ob der Gebrauch einer Firma ggf. einen Wettbewerbsverstoß gem. §§ 5, 15 MarkenG darstellt.

b) Die „CTB City-Credit-Bank GmbH" kann sich auf § 5 Abs. 2 S. 1 MarkenG iVm § 15 Abs. 4 S. 1, Abs. 5 S. 1 MarkenG berufen, der zwischen Wettbewerbern den Namen, die Firma oder besondere Bezeichnungen eines Erwerbsgeschäftes vor **Verwechselungsgefahren** schützt. Diese Regelung ist dabei nicht wie § 30 HGB auf den räumlichen Bereich desselben Ortes beschränkt; sie erstreckt sich vielmehr auf das gesamte Gebiet, in dem die ältere Firma Verkehrsgeltung besitzt und tatsächlich unterscheidungskräftig ist. Der Umstand, dass die beiden Firmen in ihrem Wortlaut nicht völlig identisch sind, schließt eine Verwechselungsgefahr nach den §§ 5, 15 MarkenG nicht aus, da das Publikum sich regelmäßig an dem Firmenbestandteil „City-Credit" orientieren wird. Ein Unterlassungsbegehren der CTB City-Credit-Bank GmbH wird demnach Erfolg haben.

Beachte: Die registerrechtlichen Anforderungen an die Unterscheidbarkeit sind weniger streng als die materiellen, wettbewerbsrechtlichen Maßstäbe (vgl. *Hopt* in: Baumbach/Hopt, HGB, § 30 Rn. 4).

d) Firmenbeständigkeit

147. Grundlagen [G]

a) Was versteht man unter dem Grundsatz der Firmenbeständigkeit?

b) Welche gesetzlichen Ausprägungen hat er erfahren?

c) Wie lässt er sich rechtfertigen, und mit welchem anderen firmenrechtlichen Grundsatz konkurriert er?

a) Der **Grundsatz der Firmenbeständigkeit** besagt, dass die bisherige Firma trotz Veränderungen des Unternehmensträgers oder seines Namens in bestimmten Fällen unverändert fortgeführt werden darf.

b) Eine **Firmenfortführung** ist in **drei Fällen** gestattet: (1) bei Namensänderung (**§ 21 HGB**), (2) bei Erwerb eines Handelsgeschäftes unter Lebenden oder von

Todes wegen (**§ 22 HGB**) und (3) bei Änderungen im Gesellschafterbestand (**§ 24 HGB**).

c) Der Grundsatz der Firmenbeständigkeit soll den *good will* eines Unternehmens, der einen wesentlichen wirtschaftlichen Wert verkörpert und eng mit der Firma verbunden ist, erhalten helfen (vgl. RGZ 152, 365 [368]). Er tritt in ein **Spannungsverhältnis zum Grundsatz der Firmenwahrheit**, wobei die Akzente im Schrifttum unterschiedlich gesetzt werden: Die herkömmliche Ansicht sieht die Firmenwahrheit als Regel und die Firmenbeständigkeit als Ausnahme an (vgl. *Hopt* in: Baumbach/ Hopt, HGB, § 22 Rn. 1); die Gegenansicht urteilt umgekehrt (vgl. *K. Schmidt,* HandelsR, § 12 Rn. 104).

---

148. Unternehmensveräußerung [G]

a) Immobilienmakler Ihrig veräußert sein Unternehmen an Neumann, der die gut eingeführte Firma „Ihrig Immobilien e. K." behalten will. Darf er das?
b) Ändert sich die Beurteilung, wenn Ihrig als stolzer Inhaber eines juristischen Doktortitels unter „Dr. Ihrig Immobilien e. K." firmierte?

---

a) Gemäß **§ 22 Abs. 1 HGB** ist die Firmenfortführung mit ausdrücklicher (lies: unzweideutiger) **Einwilligung des bisherigen Inhabers** erlaubt. Gestattet, aber nach dem eindeutigen Gesetzeswortlaut nicht erforderlich ist ein Nachfolgezusatz (zB „Ihrig Immobilien, Inhaber Neumann e. K.").

b) Führt ein nicht promovierter Kaufmann eine Doktorfirma fort, so hat er die Irreführung durch einen Nachfolgezusatz zu beseitigen, zB „Dr. Ihrig Immobilien Nachfolger e. K." (vgl. BGH NJW 1993, 1148 [1150]; 1970, 704). Der Grundsatz der Firmenbeständigkeit stößt hier an die Grenze des firmenrechtlichen Irreführungsverbots.

---

149. Neuer Komplementär [G]

Braun ist namensgebender Komplementär der „Werner Braun Maschinenbau KG". Als er aus Altersgründen aus der Gesellschaft ausscheidet, nimmt diese eine neu gegründete GmbH als Komplementärin auf und führt die Geschäfte unter der alten Firma fort. Ist die Firmenfortführung statthaft?

Die Firmenfortführung ist gem. **§ 24 Abs. 1 HGB** unter einer doppelten Voraussetzung statthaft: Erstens ist durch einen Rechtsformzusatz offenzulegen, dass keine natürliche Person mehr persönlich haftet (§ 19 Abs. 2 HGB), zweitens muss Braun der Firmenfortführung zustimmen (§ 24 Abs. 2 HGB).

150. Ausgeschiedener GmbH-Gesellschafter [S]

Angenommen, Braun ist im Streit mit seinen Mitgesellschaftern aus der „Werner Braun Maschinenbau GmbH" ausgeschieden. Kann Braun verhindern, dass die GmbH unter der bisherigen Firma fortgeführt wird?

Bei wortlautgetreuer Anwendung gibt **§ 24 Abs. 2 HGB** dem Braun ein Vetorecht. Nach hM gilt das **Einwilligungserfordernis** allerdings **nicht bei Kapitalgesellschaften** (vgl. BGH NJW 1983, 755; 1972, 1419; *Schlingloff* in: Oetker, HGB, § 24 Rn. 3 f.; aA *Reuschle* in: EBJS, HGB, § 24 Rn. 4). Begründet wurde dies früher mit dem Argument, dass bei Kapitalgesellschaften anders als bei Personengesellschaften keine rechtliche Notwendigkeit bestand, den Namen eines Gesellschafters in die Firma aufzunehmen. Mit der Handelsrechtsreform von 1998 ist diese Argumentation entfallen. Die unterschiedliche Behandlung namensgebender OHG- und GmbH-Gesellschafter ist nur noch typisierend haltbar (so auch *Hopt* in: Baumbach/Hopt, HGB, § 24 Rn. 12). Methodologisch handelt es sich um eine **teleologische Reduktion**. Braun kann die Fortführung der Firma mithin nicht verhindern.

151. Hase und Igel [S]

a) Hase und Igel veräußern ihre unter der Firma „Hase und Igel OHG" betriebene Tierhandlung an Vogel, der das Geschäft unter der alten Firma fortführen möchte. Statthaft?
b) Wie ist es, wenn Igel aus der OHG ausscheidet und Hase das Handelsgeschäft allein fortführt?

a) Nein. Bei einer **Übertragung** des Handelsgeschäfts **von** einer **Personengesellschaft auf** einen **Einzelkaufmann** ist der irreführende Gesellschaftsformzusatz zu streichen (vgl. BGH NJW 1985, 736 [737]). Die Täuschungsgefahr lässt sich allerdings durch einen **Nachfolgevermerk** beseitigen (zB „Hase und Igel OHG, Inhaber Vogel e. K."; vgl. OLG Hamm NJW-RR 1999, 1709).

b) Auch dann muss der irreführende Rechtsformzusatz durch einen Nachfolgevermerk neutralisiert werden. Allerdings wendet die Rechtsprechung bei einem **Ausscheiden** eines Gesellschafters **aus einer zweigliedrigen Gesellschaft** nicht § 22 Abs. 1 HGB, sondern **§ 24 Abs. 2 HGB an** (vgl. BGH NJW 1989, 1798). Das Recht zur Firmenfortführung hängt damit nur dann von der Einwilligung des Ausscheidenden ab, wenn – wie hier – gerade sein Name in der Firma enthalten ist.

4. Firmenschutz

152. Einschreiten gegen unzulässigen Firmengebrauch

Nach welchen Regelungen kann
a) das Registergericht [V]
b) der Firmeninhaber [V]
c) ein Wettbewerber [S]
gegen einen unzulässigen Firmengebrauch einschreiten?

a) Das **Registergericht** kann nach § 37 Abs. 1 HGB iVm §§ 392, 388 ff. FamFG von Amts wegen gegen den unzulässigen Gebrauch einer Firma oder firmenähnlicher Bezeichnungen vorgehen. Die Unzulässigkeit ist dabei allein aufgrund firmenrechtlicher Vorschriften zu bestimmen.

b) Der **Firmeninhaber** kann nach § 37 Abs. 1 HGB iVm §§ 392, 388 ff. FamFG die Löschung der Firma anregen (aber nicht erzwingen; vgl. *K. Schmidt*, HandelsR, § 12 Rn. 141), nach **§ 37 Abs. 2 S. 1 HGB**, aber auch nach den allgemeinen Regelungen der **§§ 12, 823 Abs. 1 BGB sowie § 823 Abs. 2 BGB iVm § 12 BGB** (vgl. § 37 Abs. 2 S. 2 HGB) vorgehen. Erfüllt die Firma die Voraussetzungen des § 5 Abs. 2 MarkenG, so kommt zudem ein Vorgehen nach **§ 15 Abs. 4 S. 1, Abs. 5 S. 1 MarkenG** in Betracht. Ist der Firmengebrauch irreführend oder in anderer Weise sittenwidrig, so kann ein Unterlassungsanspruch auch auf die **§§ 3, 5, 8 UWG** gestützt werden.

c) Während Ansprüche aus §§ 12, 823 Abs. 1, Abs. 2 iVm § 12 BGB sowie aus §§ 5, 15 MarkenG nur dem Firmen- bzw. Unternehmenskennzeicheninhaber zustehen, kann der Unterlassungsanspruch nach den **§§ 3, 5, 8 Abs. 1 UWG** auch von **Wettbewerbern** geltend gemacht werden. Dies gilt auch für den Anspruch aus **§ 37 Abs. 2 S. 1 HGB**. „In seinen Rechten verletzt" iS dieser Norm ist nach hM nicht nur der Firmeninhaber, sondern jeder, der unmittelbar in einem rechtlichen Interesse wirtschaftlicher Art verletzt ist, also insbes. auch ein Wettbewerber, der durch den unzulässigen Firmengebrauch wirtschaftliche Einbußen erleidet (vgl. BGH NJW 1970, 704).

---

153. Lufthansa [S]

Scherzartikelhersteller Lustig bringt einen Aufkleber heraus, auf dem über dem Aufdruck „Lusthansa" zwei stilisierte Kraniche in Paarungshaltung zu sehen sind. Der Aufkleber entspricht in Bild-, Schrift- und Farbgestaltung dem Logo der Fluggesellschaft Deutsche Lufthansa AG. Das Bildlogo ist eine eingetragene Marke der Lufthansa. Die Lufthansa fühlt sich in ihren Namens-, Firmen- und Markenrechten verletzt und verlangt von Lustig Unterlassung. Zu Recht?

Nur zum Teil (vgl. OLG Frankfurt a. M. NJW 1982, 648).

a) Namens- oder firmenrechtliche Ansprüche aus §§ 12, 823 Abs. 1, Abs. 2 iVm § 12 BGB sowie aus § 37 Abs. 2 S. 1 HGB scheitern hinsichtlich des Bildlogos bereits daran, dass diesem die Namensfunktion fehlt (vgl. Frage 128). Aber auch in Bezug auf die Verwendung des Begriffs „Lusthansa" scheiden namens- oder firmenrechtliche Ansprüche aus. Ein Fall der **Namens- oder Firmenanmaßung** läge nämlich nur dann vor, wenn die Bezeichnung von Lustig benutzt würde, um sich, sein Unternehmen oder seine Produkte namens- oder firmenmäßig zu bezeichnen. Dies ist hier **nicht** der Fall.

b) Dagegen kann die Lufthansa einen **Unterlassungsanspruch** hinsichtlich der Verwendung des Logos aus den **§§ 4, 14 Abs. 5 S. 1 MarkenG** und hinsichtlich der Bezeichnung „Lusthansa" nach den **§§ 5 Abs. 2, 15 Abs. 4 S. 1 MarkenG** geltend machen. Unter den Voraussetzungen der §§ 14 Abs. 2 Nr. 3, 15 Abs. 3 MarkenG sind Marken nicht nur gegen die Benutzung für ähnliche Waren oder Dienstleistungen geschützt, sondern gegen jede Benutzung eines identischen oder – wie hier – ähnlichen Zeichens oder Begriffs im geschäftlichen Verkehr, durch welche die Unterscheidungskraft oder Wertschätzung einer im Inland bekannten Marke oder Bezeichnung ungerechtfertigt in unlauterer Weise ausgenutzt oder beeinträchtigt wird. Eine solche **sittenwidrige Rufausbeutung** liegt hier vor, weil im Verkehr der dem Ansehen des Markeninhabers und seiner Marke abträgliche Eindruck entstehen kann, es handele sich um eine geschmacklose, jedenfalls aber unpassende Werbung der Lufthansa.

IV. Haftung des Erwerbers eines kaufmännischen Unternehmens

1. Überblick

154. Gemeinsames Thema [G]

Was ist das gemeinsame Thema der §§ 25–28 HGB?

Die außerordentlich klausurträchtigen Vorschriften beruhen auf der Rechtserkenntnis, dass das **kaufmännische Unternehmen kein Rechtssubjekt ist**; als Rechtsträger anzusehen ist vielmehr allein der Kaufmann, der das Unternehmen im eigenen Namen betreibt. Davon **weichen** die **Erwartungen des Geschäftsverkehrs** vielfach **ab**: Er blickt in der Hauptsache auf das kaufmännische Unternehmen und dessen Firma, weniger auf den jeweiligen Inhaber. Die **§§ 25–28 HGB tragen** diesem **unrichtigen Eindruck teilweise Rechnung**, indem sie bei einem Inhaberwechsel unter bestimmten Voraussetzungen einen **Übergang der Altforderungen und Altverbindlichkeiten** auf den neuen Inhaber vorsehen.

155. Fallgestaltungen [G]

Erläutern Sie in Stichworten, welche besonderen Fallgestaltungen den einzelnen Vorschriften vor Augen stehen!

a) **§ 25 HGB** handelt von der Haftung des Übernehmers (Abs. 1 S. 1) und der Stellung der Altschuldner (Abs. 1 S. 2) beim Erwerb eines Handelsgeschäfts unter Lebenden.

b) **§ 27 HGB** handelt von der Haftung des Erben bei Fortführung eines zum Nachlass gehörenden Handelsgeschäfts.

c) **§ 28 HGB** handelt in Abs. 1 S. 1 von der Haftung bei Eintritt in das Geschäft eines Einzelkaufmanns und in Abs. 1 S. 2 von der Stellung der Altschuldner in dieser Konstellation.

2. Haftung beim Erwerb eines Handelsgeschäfts unter Lebenden

a) Allgemeines

156. Theorien zu § 25 Abs. 1 S. 1 HGB [V]

Student Ratlos hat sich im Labyrinth der juristischen Theorien zu § 25 Abs. 1 S. 1 HGB verlaufen. Können Sie ihm helfen? Gehen Sie dabei zugleich auf allfällige Einwände gegen die verschiedenen Theorien ein!

Zur rechtsdogmatischen Einordnung und materiellen Rechtfertigung des § 25 Abs. 1 S. 1 HGB werden eine Vielzahl von Theorien vertreten (vgl. *Roth* in: KKRM, HGB, § 25 Rn. 2). Die wichtigsten sind:

a) die **Erklärungstheorie**: Sie sieht in der Firmenfortführung eine Willenserklärung des Erwerbers, für die Altschulden kumulativ einzustehen. Eine solche Deutung läuft auf eine bloße Willensfiktion hinaus.

b) die **Rechtsscheinstheorie**: Sie ordnet § 25 Abs. 1 S. 1 HGB als Ausprägung der allgemeinen Rechtsscheinslehre ein. Dagegen spricht, dass die Einstandspflicht des Erwerbers auch bei einem Nachfolgevermerk besteht. Zudem wird ein Handeln der Altgläubiger im Vertrauen auf den Rechtsschein nicht verlangt.

c) die **Haftungsfondstheorie**: Sie beruht auf dem Gedanken der Zusammengehörigkeit von Aktiva und Passiva, wie er § 419 BGB aF zugrunde lag. Ihr ist entgegenzuhalten, dass sie die Möglichkeit eines Haftungsausschlusses gem. § 25 Abs. 2 HGB nicht schlüssig erklären kann.

d) die **Kontinuitätstheorie**: Sie geht davon aus, dass die zum Unternehmen gehörenden Verbindlichkeiten und Rechtsverhältnisse bei einem Wechsel des Unternehmensträgers mit übergehen. Ihr steht entgegen, dass § 25 Abs. 1 HGB *de lege lata* auf die Beibehaltung der Firma und nicht nur auf die Fortführung des Unternehmens abstellt.

157. Wegweiser für den Umgang mit § 25 Abs. 1 S. 1 HGB [G]

Welcher Wegweiser bietet sich angesichts der zu § 25 Abs. 1 S. 1 HGB vertretenen Theorienvielfalt für den rechtspraktischen Umgang mit dieser Norm an?

Am besten verfährt man mit einer Rückbesinnung auf Wortlaut und Entstehungsgeschichte der Vorschrift (vgl. Denkschrift, S. 18). Danach dient § 25 Abs. 1 S. 1 HGB dem **Schutz der Haftungserwartung des Verkehrs**: Er verleiht der irrigen Verkehrsauffassung, die alle im Betrieb des Handelsgeschäfts begründeten Rechte und Pflichten allein der „Firma" zuordnet, in Teilbereichen gesetzliche Dignität und schützt damit den guten Glauben an eine falsche Rechtsansicht.

158. Rechtsfolge des § 25 Abs. 1 S. 1 HGB [G]

a) Welche Rechtsfolge löst § 25 Abs. 1 S. 1 HGB aus?
b) Ist der frühere Inhaber damit aller Sorgen (= Schulden) ledig?

a) **Nach § 25 Abs. 1 S. 1 HGB haftet** der **Erwerber unbeschränkt mit** seinem **ganzen Vermögen**, nicht etwa bloß mit dem übernommenen Unternehmen. Die Haftung erstreckt sich auf „alle im Betrieb des Geschäfts begründeten Verbindlichkeiten des früheren Inhabers", also gleichermaßen auf rechtsgeschäftliche und gesetzliche Schulden, für deren Betriebszugehörigkeit jeweils die Vermutung des § 344 HGB gilt.

b) Nein. Nach ganz herrschender Auffassung liegt ein **gesetzlicher Schuldbeitritt** vor (BGH NJW 1965, 439 [440]; *Roth* in: KKRM, HGB, § 25 Rn. 7; aA *Thiessen* in: MüKoHGB, § 25 Rn. 81). Der frühere Inhaber haftet also neben dem neuen Inhaber in vollem Umfang als Gesamtschuldner iSd §§ 421 ff. BGB fort, wobei ihm allerdings die zeitliche Beschränkung des § 26 HGB zugute kommt.

159. Anderweitige Erwerberhaftung

a) Kennen Sie Vorschriften des BGB, die eine gesetzliche Erwerberhaftung für Altschulden anordnen? [V]
b) Kennen Sie sonstige Vorschriften, die eine gesetzliche Erwerberhaftung für Altschulden anordnen? [S]
c) In welchem Verhältnis stehen diese Vorschriften zu § 25 HGB? [V]

a) Im **Arbeitsrecht** schreibt **§ 613a BGB** vor, dass der Betriebsübernehmer in die Rechte und Pflichten der bestehenden Arbeitsverhältnisse eintritt.

b) Das **Steuerrecht** lässt den Betriebsübernehmer gem. **§ 75 AO** für rückständige Steuerpflichten haften, die auf dem Betrieb des Unternehmens gründen.

c) Sie sind als *leges speciales* anzusehen, die § 25 HGB verdrängen (vgl. zu § 613a BGB *Thiessen* in: MüKoHGB, § 25 Rn. 111; aA *Reuschle* in: EBJS, HGB, § 25 Rn. 93 und 95). Das zeigt sich vor allem darin, dass weder die Übernahme von Arbeitsverhältnissen noch die steuerrechtliche Haftung durch einen Eintrag ins Handelsregister ausgeschlossen werden können (vgl. demgegenüber § 25 Abs. 2 HGB).

b) Haftungsvoraussetzungen (§ 25 Abs. 1 S. 1 HGB)

160. Tatbestandsvoraussetzungen [G]

Zählen Sie die einzelnen Tatbestandsvoraussetzungen des § 25 Abs. 1 S. 1 HGB auf!

§ 25 Abs. 1 S. 1 HGB verlangt viererlei: (1) Ein Handelsgeschäft (= Kaufmannseigenschaft des früheren Inhabers gem. §§ 1 ff. HGB), (2) dessen Erwerb unter Lebenden, (3) die Geschäftsfortführung (4) unter Beibehaltung der bisherigen Firma.

Beachte: Geschäfts- und Firmenfortführung sind zwei verschiedene Voraussetzungen.

161. Haftungshindernisse? [G]

Beckmann übernimmt das Schuhgeschäft des Frank und führt es unter der bisherigen Firma „Rheinkreuz Schuhgeschäft, Ludwig Frank" weiter. Als er von einem Geschäftsgläubiger wegen einer Forderung aus der Zeit vor der Geschäftsübernahme in Anspruch genommen wird, stellt sich im Prozess folgendes heraus:
a) Es fehlt bis heute an einem wirksamen Übernahmevertrag, da hinsichtlich einiger wesentlicher Punkte keine Einigung erzielt worden ist.
b) Beckmann führt die alte Firma zu Unrecht, da Frank in die Fortführung der Firma nicht eingewilligt hat.
c) Von der streitigen Forderung ist bei der Geschäftsübernahme weder Frank noch Beckmann irgendetwas bekannt gewesen. In den Handelsbüchern ist die Forderung nicht ausgewiesen.
Sind diese Einwände erheblich?

a) Im Interesse der Rechtssicherheit für die Gläubiger stellt **§ 25 Abs. 1 S. 1 HGB** bei dem Erwerb eines Handelsgeschäfts **allein** auf die **tatsächliche Fortführung des Geschäfts** unter der bisherigen Firma ab und greift auch dann ein, wenn der Übernahmevertrag schwebend unwirksam oder nichtig ist (vgl. BGH NJW 1984, 1186 [1187]; 1955, 1916; aA *Canaris*, HandelsR, § 7 Rn. 24). Die Tatsache der Übernahme lässt sich nicht rückgängig machen. Das Fehlen eines wirksamen Übernahmevertrags ist folglich unerheblich.

b) Im Rahmen des § 25 Abs. 1 S. 1 HGB kommt es nicht darauf an, dass der Veräußerer der Firmenfortführung zugestimmt hat. Es liegt der Fall eines **gesetzlichen Schuldbeitritts** vor (vgl. Frage 158 lit. b). Man könnte erwägen, ob bei unrechtmäßiger Firmenfortführung der Übernehmer nach den Grundsätzen des Rechtsscheins zu behandeln ist, also nur gutgläubigen Dritten gegenüber haftet, oder ob er allen Dritten unabhängig von deren Kenntnis einstehen muss. Der Sinn des § 25 Abs. 1 S. 1 HGB – größtmöglicher Gläubigerschutz – spricht für die zweite Auffassung.

c) Für die Haftung des Erwerbers **kommt** es **nicht darauf an, ob** ihm die **Verbindlichkeit bekannt** war, oder ob er sich darüber anhand der Bücher orientieren konnte. Diese Tatsachen können nur im Innenverhältnis zwischen Veräußerer und Erwerber von Bedeutung sein, nämlich bei der Frage, wer derartige versteckte Verbindlichkeiten nach dem Übernahmevertrag tragen soll.

162. Kleingewerbe [G]

Schlachtermeister Hilgers hat für einen größeren Betrag Wurstwaren an das kleingewerbliche „Strandhotel Imperator" geliefert. Kann er von Neumann Zahlung verlangen, der das Hotel nachträglich von Alt übernommen und unter derselben Bezeichnung fortgeführt hat?

Nach hM setzt die Übernahmehaftung des § 25 Abs. 1 S. 1 HGB voraus, dass der Veräußerer Kaufmann war (keine, auch keine analoge Anwendung bei Nichtkaufleuten; hM, vgl. *Hopt* in: Baumbach/Hopt, HGB, § 25 Rn. 2) und eine Handelsfirma führte; die **Fortführung einer Geschäfts- oder Etablissementbezeichnung genügt nicht** (vgl. BGH NZG 2014, 459; BFH NZG 2014, 1239). Nach anderer Ansicht (*K. Schmidt*, HandelsR, § 8 Rn. 16 ff.) findet § 25 Abs. 1 S. 1 HGB auf solche Fälle analoge Anwendung. Für die hM lässt sich das Fehlen einer planwidrigen Regelungslücke ins Feld führen, welches sich aus Wortlaut und systematischer Stellung ergibt: Der Wortlaut des § 25 Abs. 1 S. 1 HGB knüpft an den Begriff der Firma iSd § 17 HGB an. Die Vorschrift ist inmitten der Regelungen über die Handelsfirma angesiedelt. Hilgers kann von Neumann demgemäß keine Zahlung verlangen.

163. Schuhgeschäft [G]

Die Brüder Fritz und Franz Beckmann pachten von Frank dessen Schuhgeschäft, verkleinern die Verkaufsfläche von 300 auf 250 qm und ändern die bisherige Firma „Rheinkreuz Schuhfabrik, Ludwig Frank" in „Rheinkreuz Schuhfabrik L. Frank OHG" um. Können sie von Geschäftsgläubigern des Frank in Anspruch genommen werden?

a) Ein **Erwerb iSd § 25 Abs. 1 S. 1 HGB** ist jede Unternehmensübertragung oder -überlassung, also nicht nur Kauf oder Schenkung, sondern **auch** eine nur **vorübergehende Nutzung als Pächter** (vgl. BGH NJW 1982, 1647) oder Nießbraucher (vgl. § 22 Abs. 2 HGB).

b) Für die **Geschäftsfortführung** genügt die **Weiterführung** des Handelsgeschäfts **in seinem wesentlichen Kern** (vgl. BGH NJW-RR 2010, 246 [247]; NJW 1992, 911 [912]), sodass jedenfalls kleinere Veränderungen – wie hier – unschädlich sind. Gewichtige Kriterien sind neben der Beibehaltung des Tätigkeitsbereichs, der inneren Organisation und der Räumlichkeiten auch die Übernahme von Kunden- und Lieferantenbeziehungen sowie die Übernahme des Personals (BGH NJW 2010, 236 [238]; 2006, 1001 [1002]). Allein die Beibehaltung der Fax- oder Telefonnummern genügt dagegen nicht (vgl. OLG Hamm NJW-RR 1995, 734 [735]).

c) Auch bei der **Firmenfortführung** spielen kleinere Abweichungen – wie hier – keine Rolle, sofern der **prägende Teil der alten Firma** in der neuen **beibehalten** wird und der Verkehr die neue Firma noch mit der alten identifiziert (vgl. BGH WM 2012, 1482 [1483]; NJW 1992, 911 [912]). Ohne Belang ist ferner, ob die verwendete Bezeichnung eine nach §§ 17 ff. HGB zulässige Firma ist (vgl. BGH NJW 2001, 1352).

Eine Inanspruchnahme durch Geschäftsgläubiger des Frank ist also möglich.

164. Pacht [G]

Schwarz liefert Waren im Wert von 4.000 EUR an die „Druckerei Otto Press". Deren Inhaber ist der Kaufmann Meier als Pächter. Als dieser mit der Pachtzinszahlung in Verzug kommt, kündigt der Verpächter, der Erbe von

Otto Press, den Pachtvertrag und verpachtet das Unternehmen, ohne es zuvor selbst weiterzuführen, an Sorglos. Sorglos führt das Unternehmen unter der Firma „Druckerei Otto Press – Inhaber F. Sorglos" fort. Unter dieser Firma wird Sorglos von Schwarz auf Zahlung der rückständigen 4.000 EUR in Anspruch genommen. Zu Recht?

Bedenken an einer Inanspruchnahme des Sorglos könnten allenfalls deshalb bestehen, weil er nicht für Verbindlichkeiten des Veräußerers, sondern für solche des Vorpächters Meier einstehen soll, mit dem er selbst in keinerlei Rechtsbeziehungen steht. Das Gesetz verknüpft die **Haftung** jedoch ausschließlich mit dem Handelsgeschäft und lässt sie über den Wechsel des Unternehmensträgers hinaus **zulasten des späteren Zweitpächters** ohne Weiteres fortdauern, wenn das Geschäft in seinem wesentlichen Bestand erhalten und die Kontinuität des Unternehmens nach außen hin durch die Fortführung der bisherigen Firma gewahrt bleibt. Hiermit wäre es unvereinbar, für den Fortbestand der Haftung danach zu unterscheiden, ob sich die Aufeinanderfolge der haftenden Unternehmensträger rechtsgeschäftlich oder nur tatsächlich, unmittelbar oder nur mittelbar über einen Zwischenerwerber vollzieht (vgl. BGH NJW 1984, 1186). Sorglos wird von Schwarz folglich zu Recht in Anspruch genommen.

Beachte: Um seine Haftung auszuschließen, muss der Zweitpächter entweder mit dem Erstpächter nach § 25 Abs. 2 HGB einen Haftungsausschluss vereinbaren und diesen in das Handelsregister eintragen und bekannt machen lassen bzw. den Gläubigern mitteilen, oder der Erstpächter muss den Haftungsübergang mit seinen Gläubigern im Voraus ausschließen.

165. Insolvenz [G]

Über das Vermögen des von Frank betriebenen Unternehmens ist das Insolvenzverfahren eröffnet worden. Beckmann kauft die Fabrik vom Insolvenzverwalter und führt sie unter der alten Firma fort.
a) Haftet er nach § 25 Abs. 1 S. 1 HGB den Insolvenzgläubigern?
b) Wie steht es beim Erwerb vom überschuldeten Veräußerer außerhalb des Insolvenzverfahrens oder bei Sanierungsmaßnahmen gem. §§ 21 ff. InsO?

a) Beim **Erwerb vom Insolvenzverwalter** bleibt **§ 25 Abs. 1 S. 1 HGB unangewendet** (vgl. BGH NJW 1988, 1912 [1913]). Die hM begründet dies mit der anderenfalls drohenden Unveräußerlichkeit des Unternehmens, übersieht hierbei aber die Möglichkeit des § 25 Abs. 2 HGB. Zutreffend ist es, darauf abzustellen, dass der Erlös den Insolvenzgläubigern zugute kommt, deren Forderungen im Übrigen wertlos sind.

b) In beiden Fällen hat die Rechtsprechung eine teleologische Reduktion des § 25 Abs. 1 S. 1 HGB verneint (vgl. BGH NJW 2006, 1001 [1002]; 1992, 911; 1988, 1912 [1913]), sodass der Erwerber auf den Selbstschutz nach § 25 Abs. 2 HGB verwiesen ist.

c) Haftungsausschluss (§ 25 Abs. 2 HGB)

166. Formalisierte Voraussetzungen [G]

In dem oben geschilderten Fall (vgl. Frage 161) trägt Beckmann vor, er habe mit Frank ausdrücklich vereinbart, dass die Passiva des Unternehmens nicht übergehen, sondern Frank für die alten Schulden selbst aufkommen solle; dies habe auch in verschiedenen Tageszeitungen gestanden. Überdies sei der Haftungsausschluss einen Monat nach der Geschäftsübernahme ins Handelsregister eingetragen worden. Findet er mit diesen Einwänden Gehör?

Eine Vereinbarung über den Haftungsausschluss ist nur unter den **formalisierten Voraussetzungen des § 25 Abs. 2 HGB** wirksam; es sind also erforderlich: ausdrückliche Mitteilung an den Gläubiger oder handelsregisterliche Eintragung plus Bekanntmachung gem. § 10 Abs. 1 HGB bei oder unverzüglich nach Geschäftsübernahme. Zeitungsveröffentlichungen genügen ebenso wenig wie eine spätere Eintragung ins Handelsregister. Auch eine Kenntnis vom Haftungsausschluss, die nicht im Verfahren nach § 25 Abs. 2 HGB erlangt wurde, schadet nicht (vgl. BGH NJW 1959, 241 [242]); § 15 Abs. 2 HGB kann keine Anwendung finden, da es sich bei der Vereinbarung nach § 25 Abs. 2 HGB nicht um eine eintragungspflichtige, sondern nur um eine eintragungsfähige Tatsache handelt (vgl. Frage 79 lit. b zur Parallelvorschrift des § 28 Abs. 2 HGB). Beckmann findet mit seinen Einwänden also kein Gehör.

167. Haftungsbegrenzung [G]

Wie ist die Rechtslage, wenn Beckmann mit Frank folgende Vereinbarungen trifft und ins Handelsregister eintragen lässt:
a) dass er die Geschäftsverbindlichkeiten des Frank bis zu einer Höhe von 50 % der jeweiligen Forderungen der Gläubiger übernimmt?
b) dass er die Verbindlichkeiten insgesamt bis zu einem Höchstbetrag von 100.000 EUR übernimmt?

a) Im Rahmen des § 25 Abs. 2 HGB **kann** die **Haftung** durchaus nur für einzelne Forderungen ausgeschlossen oder **auf** einen **bestimmten Prozentsatz der jeweiligen Forderungen beschränkt werden**, sofern dies aus den Registerakten klar ersichtlich ist.

b) Die Angabe eines **globalen Höchstbetrages** entfaltet dagegen **keine haftungsausschließende Wirkung**, weil für die Gläubiger nicht voraussehbar ist, ob und wieweit ihre Forderungen hiervon betroffen sind (vgl. RGZ 152, 75 [78 f.]).

d) Nachhaftungsbegrenzung für frühere Geschäftsinhaber (§ 26 HGB)

168. Bierlieferungsvertrag [G]

Kränklich überträgt aus Gesundheitsgründen seinen einzelkaufmännisch betriebenen Getränkehandel an Neumann. Dieser führt das Handelsgeschäft unter der bisherigen Firma fort. Zwei Jahre vor der Veräußerung hatte Kränklich mit der Kaiser-Brauerei für die nächsten 15 Jahre einen unkündbaren Bierlieferungsvertrag abgeschlossen, wobei die Verbindlichkeiten des Kränklich jeweils zum Quartalsende fällig werden sollten. Kränklich fragt sich nunmehr, wie lange er für Verbindlichkeiten aus diesem Vertrag von der Brauerei in Anspruch genommen werden kann. Können Sie ihm helfen?

Gemäß **§ 26 Abs. 1 S. 1 HGB** haftet Kränklich für jene Verbindlichkeiten nur, wenn sie vor Ablauf von fünf Jahren fällig und daraus Ansprüche gegen ihn in einer in § 197 Abs. 1 Nr. 3–5 BGB bezeichneten Art festgestellt sind oder eine gerichtliche oder behördliche Vollstreckungshandlung vorgenommen oder beantragt wird. Ein schriftliches Anerkenntnis wirkt gem. § 26 Abs. 2 HGB wie eine Feststellung. Mit dieser Regelung soll dem **Enthaftungsinteresse des Unternehmensveräußerers** Rechnung getragen werden, das vor allem (aber nicht nur) **bei Dauerschuldverhältnissen** augenfällig ist. Für die Kaiser-Brauerei ist Kränklichs Enthaftung nicht unbillig, setzt § 26 HGB doch voraus, dass der Erwerber des Handelsgeschäfts (hier: Neumann) aufgrund der Geschäfts- und Firmenfortführung nach § 25 Abs. 1 HGB für die früheren Geschäftsverbindlichkeiten haftet.

Beachte: Bei § 26 HGB handelt es sich nicht um eine Verjährungs-, sondern um eine Ausschlussfrist.

169. Andere Nachhaftungsbegrenzungen [V]

Kennen Sie eine ähnliche Nachhaftungsbegrenzung aus benachbarten Rechtsgebieten?

Gleichsinnige Bestimmungen finden sich im Gesellschaftsrecht für die ausgeschiedenen Gesellschafter in **§ 160 Abs. 1 HGB, § 736 Abs. 2 BGB** sowie bei einer Verschmelzung einer Personengesellschaft auf eine Kapitalgesellschaft gem. §§ 45 ff. UmwG. Sie lassen sich auf einen **übergreifenden Grundsatz** zurückführen und sind einheitlich auszulegen.

e) Forderungsübergang auf den Erwerber (§ 25 Abs. 1 S. 2 HGB)

170. Befreiende Wirkung I [G]

Alt überträgt sein Unternehmen mit allen Forderungen auf Neu. Nur eine Darlehensforderung gegenüber Dahlmann behält er sich zurück. Neu führt die Firma mit Zustimmung des Alt fort. Die Übertragung des Geschäfts wird im Handelsregister eingetragen und bekannt gemacht, nicht aber die Ausnahmeregelung hinsichtlich der Forderung gegenüber Dahlmann.
a) Nach der Veräußerung des Unternehmens zahlt Dahlmann den Geschäftskredit an Neu zurück. Mit befreiender Wirkung?
b) Wie ist es, wenn Dahlmann an Alt zahlt?

a) Gemäß **§ 25 Abs. 1 S. 2 HGB** gilt die Darlehensforderung als auf den Erwerber übergegangen, sodass Dahlmann mit befreiender Wirkung an Neu leisten konnte. Eine **abweichende Vereinbarung** ist **Dritten gegenüber nur wirksam, wenn** sie gem. **§ 25 Abs. 2 HGB** in das Handelsregister eingetragen und bekannt gemacht oder von dem Erwerber oder Veräußerer dem Dritten mitgeteilt worden ist.

b) Auch dann tritt nach hM Befreiungswirkung ein, weil Alt der wahre Forderungsgläubiger ist und **§ 25 Abs. 1 S. 2 HGB** als **reine Schuldnerschutznorm** verstanden wird (vgl. *Canaris*, HandelsR, § 7 Rn. 66 f.; *Hopt* in: Baumbach/Hopt, HGB, § 25 Rn. 26). Einer Gegenauffassung zufolge führt die Vorschrift dagegen zu einem echten Forderungsübergang (*K. Schmidt*, HandelsR, § 8 Rn. 52 ff.; ähnlich auch *Thiessen* in: MüKoHGB, § 25 Rn. 72).

171. Bereicherungsrecht [V]

An welche Anspruchsgrundlage aus dem Bereicherungsrecht ist zugunsten des Alt zu denken, wenn Dahlmann im vorherigen Fall mit befreiender Wirkung an Neu leistet?

Nach hM findet ein Ausgleich gem. § 816 Abs. 2 BGB statt, sofern sich der Schuldner unter Berücksichtigung des § 25 Abs. 1 S. 2 HGB durch Leistung an den Erwerber des Handelsgeschäfts befreit (*Roth* in: KKRM, HGB, § 25 Rn. 16). Nach der Lehre vom Forderungsübergang ist § 816 Abs. 2 BGB indes nicht einschlägig, da nach dieser Auffassung eine Leistung an einen Berechtigten vorliegt (vgl. *K. Schmidt*, HandelsR, § 8 Rn. 53).

172. Befreiende Wirkung II [G]

In Fall 170 befindet sich unter den mitabgetretenen Forderungen auch eine Kaufpreisforderung gegen Kaudewitz.
a) Kaudewitz zahlt an Neu. Befreiungswirkung?
b) Wie ist es, wenn Kaudewitz an Alt zahlt?

a) Hier ist Neu schon nach allgemeinen Regeln Forderungsgläubiger geworden, sodass Befreiungswirkung eintritt, ohne dass es auf § 25 Abs. 1 S. 2 HGB ankommt.

b) An sich kann sich ein Schuldner, der von der Abtretung nichts erfahren hat, gem. **§ 407 Abs. 1 BGB** auch durch Zahlung an den bisherigen Gläubiger befreien. Die vormals hL hielt dem jedoch **§ 15 Abs. 2 S. 1 HGB** entgegen, wenn die Firmenübertragung – wie hier – gem. § 31 Abs. 1 Var. 2 HGB ins Handelsregister eingetragen und bekannt gemacht wurde (vgl. *Hüffer* in: Staub, HGB, 4. Aufl. 1995, § 25 Rn. 71; aA nunmehr *Burgard* in: Staub, HGB, § 25 Rn. 120). Nach nunmehr überwiegender Auffassung bleibt § 407 Abs. 1 BGB jedoch anwendbar, weil die Abtretung selbst keine eintragungspflichtige Tatsache darstellt und eine **Verkürzung des Schuldnerschutzes** sachlich **nicht gerechtfertigt** ist (vgl. *Hopt* in: Baumbach/

Hopt, HGB, § 25 Rn. 21). Zudem sind Inhaber- und Gläubigerwechsel streng voneinander zu trennen (vgl. *Burgard* in: Staub, HGB, § 25 Rn. 120).

173. Firmenfortführung ohne Einwilligung [G]

Angenommen, Alt hat in die Firmenfortführung durch Neu nicht eingewilligt.
a) Was folgt daraus für Dahlmann, wenn er an Neu zahlt?
b) Wie steht es, wenn Kaudewitz an Alt leistet?

a) Bei einer **unrechtmäßigen Firmenfortführung** durch den Erwerber ist **§ 25 Abs. 1 S. 2 HGB** schon seinem Wortlaut nach **nicht anwendbar**, sodass Dahlmann nicht mit schuldbefreiender Wirkung geleistet hat.

b) Falls Kaudewitz von der Abtretung keine Kenntnis hatte, kommt ihm weiterhin die **Schuldnerschutzvorschrift des § 407 Abs. 1 BGB** zugute. Er muss nicht nochmals zahlen.

174. Ungeschriebene Voraussetzung [G]

Welche ungeschriebene Voraussetzung ist im Rahmen des § 25 Abs. 1 S. 2 HGB zu beachten?

Zu beachten ist die Voraussetzung der **Übertragbarkeit** der Forderung. Nach hM gilt § 25 Abs. 1 S. 2 HGB weder für Forderungen, welche aufgrund eines gesetzlichen oder vertraglichen Verbots nicht abgetreten werden können, noch für Forderungen, deren Abtretung die Einhaltung einer besonderen Form voraussetzt (*Vossler* in: Oetker, HGB, § 25 Rn. 51).

f) Haftung des Erwerbers aus besonderem Verpflichtungsgrund (§ 25 Abs. 3 HGB)

175. Grundlagen [G]

Beckmann führt die Schuhfabrik des Frank unter einer neuen Firma fort. Scheidet damit eine Haftung für Altverbindlichkeiten des Frank aus?

a) Grundsätzlich ja. Wird die Firma nicht fortgeführt, so haftet der Erwerber eines Handelsgeschäfts für die früheren Geschäftsverbindlichkeiten gem. **§ 25 Abs. 3 HGB** nur, wenn ein **besonderer Verpflichtungsgrund** vorliegt.

b) Als ein selbständiger Verpflichtungsgrund iSd § 25 Abs. 3 HGB kommt zunächst die **vertragliche Schuldübernahme** in Betracht, die entweder als Schuldbeitritt oder seltener als befreiende Schuldübernahme (§§ 414, 415 BGB) ausgestaltet sein kann. Darüber hinaus nennt das Gesetz die noch seltenere **Bekanntmachung der Haftungsübernahme in handelsüblicher Form** durch den Erwerber, die dogmatisch eine einseitige, nicht annahmebedürftige Verpflichtungserklärung darstellt (*Roth* in: KKRM, HGB, § 25 Rn. 9; aA *Hopt* in: Baumbach/Hopt, HGB, § 25 Rn. 17, wonach die Haftung aufgrund der Bekanntmachung auch ohne § 25 Abs. 3 HGB aus Rechtsschein folgt und § 25 Abs. 3 HGB bloße Hinweisfunktion hat). Weitaus größere Bedeutung kommt demgegenüber den **gesetzlichen Verpflichtungsgründen aus § 613a BGB oder § 75 AO** zu (vgl. Frage 159).

3. Haftung des Erben eines Handelsgeschäfts

a) Allgemeines

176. Ratio legis [G]

Worin liegt die *ratio legis* des § 27 HGB?

Den Gesetzesmaterialien zufolge sind für **§ 27 HGB** dieselben Erwägungen maßgeblich wie für § 25 HGB: Die Vorschrift nimmt demnach **Rücksicht auf die Verkehrserwartung**, dass der jeweilige Geschäftsinhaber bei Fortführung des Handelsgeschäfts und der Firma für die Unternehmensschulden haftet (hM, vgl. Frage 157).

177. Überflüssige Regelung? [G]

Student Ratlos, der geradewegs aus einer Erbrechtsvorlesung kommt, hält § 27 HGB für „überflüssig", da der Erbe doch ohnehin hafte. Stimmt das?

Nicht ganz. Richtig ist allerdings, dass der Erbe nach §§ 1922, 1967 BGB grundsätzlich unbeschränkt für die Nachlassverbindlichkeiten haftet. Allerdings kann er diese Einstandspflicht nach Maßgabe der §§ 1975 ff., 1990 BGB auf den Nachlass beschränken. Im **Verlust dieser bürgerlich-rechtlichen Möglichkeit zur Haftungsbeschränkung** liegt die **Hauptbedeutung des § 27 Abs. 1 HGB**, der mithin eine eigenständige handelsrechtliche Erbenhaftung vorsieht.

b) Haftungsvoraussetzungen

178. Verschiedene Fallgestaltungen [G]

Witsch ist Eigentümer des Buchladens „Bücherecke, Inhaber Paul Witsch e. K.". Als er stirbt, stellt Ferdinand Witsch, sein Sohn und Alleinerbe, fest, dass der Laden hoch verschuldet ist. Trifft ihn die strenge handelsrechtliche Erbenhaftung des § 27 Abs. 1 HGB, wenn er
a) das Geschäft sofort schließt?
b) das Geschäft unter der Firma „Bookshop e. K." fortführt?
c) das Geschäft an einen Dritten veräußert?
d) das Geschäft zunächst unter der alten Bezeichnung fortführt und die Firma erst nach zwei Monaten in „Bookshop e. K." ändert?

a) Nein. Die **handelsrechtliche Erbenhaftung verlangt** eine **Fortführung des Geschäfts**.

b) § 27 Abs. 1 HGB **setzt** nach hM auch eine **Firmenfortführung voraus** (BGH NJW 1991, 844 [845]; *Hopt* in: Baumbach/Hopt, HGB, § 27 Rn. 3; aA *K. Schmidt*, HandelsR, § 8 Rn. 135). Das ergibt sich sowohl aus dem Gesetzeszweck als auch aus der Verweisung auf § 25 HGB, die eine Rechtsgrundverweisung, keine bloße Rechtsfolgenverweisung darstellt. Zudem spricht die systematische Stellung im Abschnitt „Handelsfirma" für das Erfordernis der Firmenfortführung. Die Erbenhaftung des § 27 Abs. 1 HGB greift hier also nicht.

c) Weitgehend unstreitig ist, dass bei **Veräußerung des Geschäfts ohne die Firma** eine **Einstellung iSd § 27 Abs. 2 HGB** anzunehmen ist (vgl. *Hopt* in: Baumbach/Hopt, HGB, § 27 Rn. 5). Richtigerweise ist darüber hinaus auch eine Veräußerung des Geschäfts **mitsamt der Firma** als Einstellung iSd § 27 Abs. 2 HGB anzusehen (vgl. *Roth* in: KKRM, HGB, § 27 Rn. 9). Die Gegenansicht stellt darauf ab, dass sich der Erbe auf diese Weise den wirtschaftlichen Wert der Firma zunutze mache (vgl. RGZ 56, 196 [199]). Sie verkennt indes, dass der Erbe in diesem Fall nicht nach außen als Firmeninhaber in Erscheinung tritt und damit auch keine Haftungserwartung hervorruft. Außerdem liegt die anderenfalls unausweichliche Unternehmenszerschlagung angesichts regelmäßig geringerer Liquidationserlöse (vgl. dazu Frage 209 lit. a) nicht im Interesse der Unternehmensgläubiger. Schließlich ist die hier befürwortete Auslegung auch mit dem Gesetzeswortlaut ohne Weiteres in Einklang zu bringen, stellt der Erbe mit einer Veräußerung doch *seine* Tätigkeit ein. Witsch trifft also in keinem Fall die Haftung des § 27 Abs. 1 HGB.

d) Für einen **Haftungsausschluss** spricht der in **§ 27 Abs. 2 HGB** angelegte Gedanke, dem Erben eine **Bedenkzeit von drei Monaten** zu gewähren (vgl. *Canaris*, HandelsR, § 7 Rn. 110; *Reuschle* in: EBJS, HGB, § 27 Rn. 15). Eine früher vorherrschende und heute noch verbreitet vertretene Gegenauffassung lehnt eine solche Analogie hingegen ab und verweist auf den Wortlaut des § 27 Abs. 2 S. 1 HGB, der verlangt, dass die Geschäfts- und nicht bloß die Firmenfortführung eingestellt wird (vgl. *Hopt* in: Baumbach/Hopt, HGB, § 27 Rn. 5).

179. Kleingewerbe [G]

Angenommen, Witsch senior hat nur einen kleingewerblichen Buchladen betrieben. Schwebt über Witsch junior bei einer unveränderten Geschäfts- und Firmenfortführung das Damoklesschwert des § 27 Abs. 1 HGB?

§ 27 HGB gilt nur für die Fortführung eines Handelsgeschäfts und **setzt** daher – wie § 25 HGB (vgl. Frage 162) – die **Kaufmannseigenschaft des früheren Inhabers** und Erblassers **voraus**. Eine analoge Anwendung auf die Inhaber kleingewerblicher oder freiberuflicher Unternehmen scheidet nach hM aus, weil es in diesen Fällen an einer Möglichkeit zur registerrechtlichen Haftungsbeschränkung entsprechend § 25 Abs. 2 HGB (s. dazu Frage 182) fehlt und der Erbe mit keiner eigenständigen handelsrechtlichen Erbenhaftung zu rechnen braucht (vgl. *Hopt* in: Baumbach/Hopt, HGB, § 27 Rn. 2; *Roth* in: KKRM, HGB, § 27 Rn. 3; aA *K. Schmidt*, HandelsR, § 8 Rn. 133).

180. Tod des Komplementärs [V]

Angenommen, Witsch senior hat den Buchladen als Komplementär der Witsch KG geleitet, und Witsch junior, vormals einziger Kommanditist, führt die Geschäfte alleine fort. Greift dann § 27 HGB ein?

Die Gesellschaft wurde mit dem Tod von Witsch senior *ipso iure* beendet und Witsch junior zum Alleininhaber des Unternehmens. § 27 HGB ist nicht unmittelbar einschlägig, weil Witsch junior kein Handelsgeschäft, sondern nur einen Gesellschaftsanteil erbt, doch bietet sich eine **entsprechende Anwendung** der Vorschrift an, die besser passt als § 139 HGB (vgl. BGH NJW 1991, 844 [845]). Die Haftung des § 27 HGB greift also ein.

c) Haftungsausschluss

181. Möglichkeit der Haftungsbeschränkung I [G]

Welche gesetzliche Möglichkeit zur Haftungsbeschränkung bietet sich Witsch junior, wenn er erst nach zwei Monaten feststellt, dass der Buchladen hoch verschuldet ist?

Er muss gem. **§ 27 Abs. 2 HGB** die **Fortführung des Geschäfts** vor Ablauf von drei Monaten nach Kenntniserlangung vom Anfall der Erbschaft **einstellen**. Wie oben dargelegt (vgl. Frage 178 lit. d), reicht hierfür nach richtiger Auffassung auch eine nachträgliche Firmenänderung oder Firmenveräußerung aus.

182. Möglichkeit der Haftungsbeschränkung II [G]

Steht Witsch junior auch der Weg einer Haftungsbeschränkung entsprechend § 25 Abs. 2 HGB offen?

Das ist umstritten, aber mit der hM zu bejahen (vgl. *Hopt* in: Baumbach/Hopt, HGB, § 27 Rn. 8; aA *K. Schmidt*, HandelsR, § 8 Rn. 146 f.). Rückhalt findet diese Auffassung im Gesetzeswortlaut, der schlechthin auf § 25 HGB verweist („Vorschriften des § 25"), der erstrebenswerten Gleichbehandlung von Erben und rechtsgeschäftlichem Erwerber und der Zerstörung der Haftungserwartung des Verkehrs. Erforderlich ist eine **einseitige Erklärung des Erben und** deren **Verlautbarung entsprechend § 25 Abs. 2 HGB**, die unverzüglich erfolgen muss; die Dreimonatsfrist des § 27 Abs. 2 HGB findet insofern keine Anwendung.

4. Haftung bei Eintritt in das Geschäft eines Einzelkaufmanns

183. Wer haftet? [G]

a) Schwarz, der unter der Firma „Preiswert Print e. K." eine große Druckerei betreibt, schließt mit Weiß einen Gesellschaftsvertrag, mit dem beide die „Schwarz & Weiß OHG" gründen. Schwarz bringt sein Handelsgeschäft als

Einlage ein, Weiß schießt 50.000 EUR als Bareinlage zu. Wenige Wochen nach Invollzugsetzung der Gesellschaft nimmt ein Geschäftsgläubiger des Schwarz die OHG wegen einer noch unbeglichenen Papierlieferung in Anspruch. Muss die OHG zahlen?

b) Kann sich der Gläubiger auch an Schwarz persönlich halten?

c) Steht ihm auch Weiß als Schuldner zur Verfügung?

a) Die OHG haftet nach **§ 28 Abs. 1 S. 1 HGB** iVm § 433 Abs. 2 BGB: Schwarz betrieb als Einzelkaufmann ein Handelsgeschäft, in das Weiß als persönlich haftender Gesellschafter eingetreten ist. Genau besehen handelt es sich allerdings nicht um einen **„Eintritt" in ein einzelkaufmännisches Unternehmen**, wie der irreführende Gesetzeswortlaut Glauben macht, sondern um die Neugründung einer Gesellschaft unter Einbringung des einzelkaufmännischen Handelsgeschäfts als Sacheinlage.

b) Schwarz haftet sogar in doppelter Weise: Einmal haftet er als früherer Alleininhaber für die vor Gesellschaftsgründung entstandenen Verbindlichkeiten unverändert fort; zum andern muss er für die Schuld der OHG aus § 28 Abs. 1 S. 1 HGB iVm § 433 Abs. 2 BGB gem. § 128 S. 1 HGB einstehen.

c) Weiß haftet ihm ebenfalls nach § 128 S. 1 HGB als OHG-Gesellschafter.

184. Verspätete Rückgabe [V]

Schwarz hat die Druckerei vor Gründung der OHG mit Weiß in Gewerberäumen betrieben, die er von Grau gemietet hat. Die OHG setzt den Geschäftsbetrieb in diesen Räumen fort. Als die Mietzinszahlungen ausbleiben, kündigt Grau das Mietverhältnis im September 2014 fristlos. Die Gewerberäume werden aber erst im Dezember 2014 aufgrund eines rechtskräftigen Räumungsurteils zurückgegeben. Für die Zwischenzeit verlangt Grau von Weiß eine Nutzungsentschädigung. Dringt er damit durch (Ansprüche aus §§ 987 ff., 812 ff. BGB iVm § 128 S. 1 HGB bleiben außer Betracht)?

a) Eine Haftung des Weiß gem. § 535 Abs. 2 BGB iVm §§ 28 Abs. 1 S. 1, 128 S. 1 HGB scheidet aus: Zum einen verlangt Grau keinen Mietzins, sondern Nutzungsentschädigung; zum anderen begehrt er Zahlung für die Zeit nach Kündigung des Mietvertrags.

b) Zu denken ist aber an eine Haftung des Weiß gem. § 546a Abs. 1 BGB iVm § 128 S. 1 HGB. Dann müsste die OHG anstelle von Schwarz Vertragspartnerin des Grau und damit auch Schuldnerin des § 546a Abs. 1 BGB, eines vertraglichen Anspruchs eigener Art, geworden sein. Nach hM führt der Eintritt von Gesellschaftern in den Betrieb eines Einzelkaufmanns aber **nicht** dazu, dass die neugegründete Personengesellschaft **kraft Gesetzes Vertragspartei** eines von diesem abgeschlossenen Mietverhältnisses wird (vgl. BGH NJW 2001, 2251 [2252]; *Roth* in: KKRM, HGB, § 28 Rn. 10). Zu einem solchen Vertragsübergang soll es vielmehr der Mitwirkung des Vermieters bedürfen, weil anderenfalls die Regelung des § 540 Abs. 1 BGB unterlaufen würde, wonach der Mieter ohne Erlaubnis des Vermieters nicht berechtigt ist, an einen Dritten unterzuvermieten. Eine Mindermeinung will dagegen aus § 28 HGB generell einen Vertragsübergang kraft Gesetzes herleiten (vgl. *K. Schmidt*, HandelsR, § 8 Rn. 109). Die Lösung der hM sei vorliegend insbes. deshalb abzulehnen, weil sie einen Anspruch des Vermieters mit dem Argument seiner eigenen Schutzbedürftigkeit ablehne.

c) Endlich könnte man eine Altschuldenhaftung aus § 546a Abs. 1 BGB iVm § 28 Abs. 1 S. 1 HGB, § 128 S. 1 HGB in Betracht ziehen. Insoweit ist zwar anerkannt, dass die neugegründete Gesellschaft nicht nur für Verbindlichkeiten haftet, die im Zeitpunkt des Geschäftsübergangs bereits voll wirksam waren, sondern auch für solche, deren Rechtsgrund schon vor Geschäftsübernahme entstanden ist. Dazu gehört allerdings nicht der Anspruch auf Nutzungsentschädigung gem. § 546a Abs. 1 BGB: Er entsteht nur, wenn der Mieter die Mietsache nach Beendigung des Mietverhältnisses vertragswidrig nicht zurückgibt.

Anmerkung: Der österreichische Gesetzgeber sieht in § 38 Abs. 1 S. 1 UGB (s. dazu Frage 12) bei einem Unternehmenserwerb unter Lebenden einen gesetzlichen Übergang unternehmensbezogener Vertragsverhältnisse vor, soweit sie nicht höchstpersönlicher Natur sind.

185. Einbringung in eine GbR [G]

Schwarz, der unter der Geschäftsbezeichnung „Preiswert Print" eine kleine Druckerei betreibt, die nach Art und Umfang keinen in kaufmännischer Weise eingerichteten Geschäftsbetrieb erfordert, gründet mit Weiß die „Schwarz und Weiß GbR" und bringt sein Unternehmen in diese ein. Wenige Wochen später verlangt ein Geschäftsgläubiger des Schwarz Begleichung einer noch offenen Rechnung.
a) Hat der Gläubiger einen Anspruch gegen die GbR?
b) Kann er von Schwarz Zahlung verlangen?
c) Haftet ihm Weiß?

a) Das ist umstritten. Nach (noch) **hM** setzt **§ 28 Abs. 1 S. 1 HGB**, jedenfalls wenn keine OHG oder KG, sondern eine **GbR** gegründet wird (zum Streitstand, wenn die Zielgesellschaft eine OHG oder KG ist, vgl. *Roth* in: KKRM, HGB, § 28 Rn. 5), voraus, dass der **frühere Geschäftsinhaber** (nicht notwendig auch der hinzukommende) schon **Kaufmann** war (vgl. BGH NJW 1960, 624 [625]; *Hopt* in: Baumbach/Hopt, HGB, § 28 Rn. 2; vgl. aber auch BGH NJW 2010, 3720 [3721], wonach für die Gegenansicht „gute Gründe angeführt werden können", der Streit jedoch nicht entscheidungserheblich war; vorsichtig auch BGHZ 157, 361 [365 ff.], der die Frage nicht grundsätzlich beantwortet, eine analoge Anwendung des § 28 Abs. 1 S. 1 HGB aber zumindest für den Fall des Eintritts in das „Geschäft" eines Einzelanwalts unter Hinweis auf die persönliche Erbringung der Dienstleistung durch den bisherigen Einzelanwalt und das besondere Vertrauensverhältnis zu seinen Mandanten ablehnt; insoweit bestätigend BGH NJW-RR 2012, 239 [241]). Daran fehlt es beim Kleingewerbetreibenden Schwarz mangels Ausübung der Eintragungsoption. Gegen eine analoge Anwendung des § 28 Abs. 1 S. 1 HGB wird vorgebracht, dass die GbR nicht registerfähig sei und damit keine Möglichkeit eines Haftungsausschlusses gem. § 28 Abs. 2 HGB bestehe. Eine Gegenansicht sieht die Kaufmannseigenschaft des früheren Geschäftsinhabers als entbehrlich an und wendet

§ 28 HGB entsprechend an (vgl. *K. Schmidt*, HandelsR, § 8 Rn. 88 ff.). Sie stützt sich maßgeblich auf den Gedanken der Unternehmenskontinuität. Zusätzlichen Rückhalt erfährt diese Rechtsauffassung dadurch, dass die Rechtsprechung § 130 HGB analog auf den Neugesellschafter einer GbR anwendet (vgl. BGH NJW 2003, 1803 [1804]): Hinsichtlich der Haftung eines Neugesellschafters könne es keinen Unterschied machen, ob er in eine bestehende GbR eintrete oder mit einem Kleingewerbetreibenden eine GbR gründe (vgl. *Arnold/Dötsch*, DStR 2003, 1398 [1403 f.]).

b) Zwar haftet Schwarz mangels Gesellschaftsschuld nicht als BGB-Gesellschafter nach § 28 Abs. 1 S. 1 HGB iVm § 128 S. 1 HGB analog. Als früherer Geschäftsinhaber muss er aber für die vor Gesellschaftsgründung entstandenen Verbindlichkeiten weiterhin einstehen.

c) Für Weiß kommt eine persönliche Haftung nur über § 128 S. 1 HGB analog in Betracht. Eine solche scheidet jedoch aus, weil die GbR nicht analog § 28 Abs. 1 S. 1 HGB für die Verbindlichkeiten des Schwarz haftet.

---

186. Einbringung in eine GmbH

a) Atze betreibt das gut gehende Sonnenstudio „Sun+Fun". Um Modernisierungen durchzuführen, nimmt er bei Zacher einen Kredit in Höhe von 200.000 EUR auf. Später bringt er sein einzelkaufmännisches Unternehmen in eine von ihm zusammen mit Murat gegründete „Atze und Murat Bräunungsstudio GmbH" ein, die ordnungsgemäß in das Handelsregister eingetragen wird. Kann sich Zacher wegen der Darlehensrückzahlung an die GmbH halten? [G]
b) Ändert sich die Rechtslage, wenn die „Atze und Murat Bräunungsstudio GmbH" zwar schon errichtet, aber noch nicht in das Handelsregister eingetragen ist? [V]
c) Kann Zacher sich an Murat als Gründergesellschafter halten, wenn Atze und Murat die Eintragungsabsicht aufgeben, das Sonnenstudio aber unter dem Namen „Atze und Murat Bräunungsstudio" weiterführen? [V]

---

a) Wird ein Einzelunternehmen in eine **neu gegründete GmbH** eingebracht, so findet **§ 28 HGB** nach seinem eindeutigen Wortlaut **keine Anwendung** (vgl. BGH NJW 2000, 1193; *Roth* in: KKRM, HGB, § 28 Rn. 9). Auch eine entsprechende Anwendung (dafür *Burgard* in: Staub, HGB, § 28 Rn. 22) kommt nicht in Betracht, weil der Gesetzgeber für juristische Personen im Rahmen des § 28 HGB bewusst keine Haftungsanordnungen getroffen und eine sich daraus womöglich ergebende Gläubigerbenachteiligung billigend in Kauf genommen hat (vgl. BGH NJW 2000, 1193). Einer Haftung der GmbH gem. § 25 Abs. 1 S. 1 HGB steht jedenfalls die fehlende Firmenfortführung entgegen (vgl. *Vossler* in: Oetker, HGB, § 28 Rn. 12 f.).

b) Die in diesem Zeitraum bestehende Vor-GmbH ist weder eine Personengesellschaft noch eine juristische Person, sondern eine Personenvereinigung eigener Art, die aber bis auf die noch fehlende Rechtsfähigkeit bereits der künftigen GmbH als deren Vorstufe entspricht. Auf sie sind die Vorschriften des GmbH-Rechts anzuwenden, soweit diese nicht gerade die Rechtsfähigkeit voraussetzen. Es spricht deshalb nichts dafür, die Vorgesellschaft in den Fällen des § 28 HGB anders zu behandeln als die später eingetragene GmbH, die Rechtslage ändert sich also nicht (vgl. BGH NJW 2000, 1193 [1194]; *Hopt* in: Baumbach/Hopt, HGB, § 28 Rn. 2).

c) Geben die Gesellschafter einer Vor-GmbH ihre Eintragungsabsicht auf, so liegt eine sog **unechte Vorgesellschaft** vor. Auf sie sind die Vorschriften anzuwenden, die für jene Gesellschaftsform gelten, in der das Geschäft tatsächlich betrieben wird, hier also das Recht der offenen Handelsgesellschaft. Fraglich bleibt freilich, ob sich die **rückwirkende Geltung** des Personengesellschaftsrechts auch auf **§ 28 HGB** bezieht. Der BGH hat dies **abgelehnt**, weil die Gesellschafter anderenfalls die Möglichkeit verlören, eine Haftungsbeschränkung nach § 28 Abs. 2 HGB herbeizuführen (vgl. BGH NJW 2000, 1193 [1194]).

Beachte: Murat haftet auch nicht als Gesellschafter der „Atze und Murat Bräunungsstudio OHG" gem. §§ 25 Abs. 1 S. 1, 128 S. 1 HGB, weil es insoweit jedenfalls an der Firmenfortführung fehlt.

V. Anderes Unternehmens-(Außen-)Recht

1. Unternehmensbegriff

187. Unternehmensbegriff außerhalb des Handelsrechts

a) Was versteht man in der Betriebswirtschaftslehre unter dem Begriff des Unternehmens? [S]
b) Gibt es einen einheitlichen Rechtsbegriff des Unternehmens? [G]
c) In welchen Rechtsgebieten außerhalb des Handelsrechts gewinnt die Definition des Unternehmens Bedeutung? [V]

a) **Unternehmen** (häufig auch: Unternehmungen) bezeichnen dort die **Betriebe in marktwirtschaftlichen Systemen.** Für sie ist dreierlei konstitutiv (vgl. *Schierenbeck/Wöhle*, Grundzüge der Betriebswirtschaftslehre, 18. Aufl. 2012, S. 29 f.). Der Unternehmer bestimmt seinen Wirtschaftsplan selbst **(Autonomieprinzip).** Triebfeder seines Handelns ist das Bestreben, bei der Leistungsherstellung und -verwertung Gewinn zu erzielen **(erwerbswirtschaftliches Prinzip).** Das Eigentum an den Produktionsmitteln steht den Eigenkapitalgebern zu **(Prinzip des Privateigentums).**

b) Nein. Vielmehr entscheiden die verschiedenen Rechtsgebiete eigenständig darüber, zu welchem Zweck sie den Unternehmensbegriff einsetzen **(„Relativität der Rechtsbegriffe").** Das führt zu fachspezifisch unterschiedlichen, aber funktional richtigen Abgrenzungen.

c) Als Grundbaustein wird der Unternehmensbegriff seit Langem im Kartell- und Konzernrecht, im Steuer- und Arbeitsrecht sowie auch im Bürgerlichen Recht verwendet (s. näher Fragen 13–14 mit den jeweiligen Definitionen).

188. Handelsrechtliche Begrifflichkeiten [G]

Was versteht man im Handelsrecht unter einem
a) Unternehmen?
b) Unternehmensträger?

a) Das HGB enthält keine **Definition des Unternehmens**, obwohl es den Begriff in den §§ 1 Abs. 2, 2 S. 1 und 3 Abs. 2 selbst verwendet. Nach einer im Schrifttum erarbeiteten, wenn auch nicht allseits geteilten Umschreibung handelt es sich um eine **organisierte Wirtschaftseinheit, mittels derer der Unternehmer am Markt auftritt** (vgl. *K. Schmidt*, HandelsR, § 3 Rn. 4). Rechtssubjektivität kommt ihm nach allgemeiner Auffassung aber nicht zu.

b) Der **Unternehmensträger** ist das Zuordnungssubjekt aller Rechte und Pflichten des Unternehmens. Als handelsrechtlicher Zentralbegriff gewährleistet er **eine zuverlässige Rechts- und Vermögenszuordnung** und schafft einen Ausgleich für die fehlende Rechtsfähigkeit des Unternehmens (vgl. *K. Schmidt*, HandelsR, § 3 Rn. 44 ff.).

189. Unternehmensträger [G]

Wer ist tauglicher Unternehmensträger?

Als Unternehmensträger können natürliche Personen, juristische Personen und Gesamthandsgemeinschaften fungieren. Kopfzerbrechen bereitet allerdings zuweilen die Frage, wer im konkreten Fall Träger des Unternehmens ist. Sie wird gewöhnlich dahin gestellt, wer als Betreibender eines Handelsgewerbes iSd § 1 Abs. 1 HGB anzusehen ist (s. näher Fragen 48 und 49).

190. Unterschied zum Begriff des Handelsgewerbes [G]

Worin unterscheiden sich der Unternehmensbegriff und derjenige des Handelsgewerbes iSd §§ 1 ff. HGB?

Der Begriff des Handelsgewerbes hat einen engeren Zuschnitt. Von ihm ausgenommen bleiben die Angehörigen der freien Berufe, weil sie kein Gewerbe betreiben, und die Kleingewerbetreibenden, die von der Eintragungsoption der §§ 2, 3 HGB keinen Gebrauch gemacht haben. Beide Personengruppen betreiben aber in aller Regel ein Unternehmen.

191. Gesellschaftsformen für Freiberufler [G]

Freiberuflern bleiben die Rechtsformen der OHG und KG mangels Betreiben eines Gewerbes verschlossen. Welche Gesellschaftsformen stehen ihnen stattdessen zur Verfügung?

Freiberufler können sich in einer Gesellschaft bürgerlichen Rechts, einer Partnerschaftsgesellschaft oder – soweit Standesrecht nicht entgegensteht – einer GmbH oder AG zusammenschließen. Für eine grenzüberschreitende Kooperation bietet sich die Europäische Wirtschaftliche Interessenvereinigung (EWIV) an.

192. Erweiterung handelsrechtlicher Normen [G]

Sind Rechtsnormen des Handelsrechts, die an den Kaufmannsbegriff anknüpfen, im Hinblick auf den handelsrechtlichen Unternehmensbegriff einer Erweiterung zugänglich?

Durchaus, doch bedarf ihre **analoge Anwendung in jedem Einzelfall** einer **sorgfältigen Begründung**. Vorexerziert hat dies die Rechtsprechung für die ungeschriebenen Grundsätze zum kaufmännischen Bestätigungsschreiben, die auch auf einen Nichtkaufmann anwendbar sind, wenn dieser in ähnlicher Weise wie ein Kaufmann am Verkehr teilnimmt (s. näher Frage 418).

2. Unternehmensschutz (eingerichteter und ausgeübter Gewerbebetrieb)

193. Historischer Ausgangspunkt [S]

Worin lag der historische Ausgangspunkt, von dem aus das Reichsgericht das Recht am eingerichteten und ausgeübten Gewerbebetrieb entwickelte?

Ausgangspunkt der Entwicklung waren Entscheidungen über eine **unrechtmäßige Berühmung mit gewerblichen Ausschlussrechten**. Der gewerbliche Rechtsschutz traf keine Vorsorge gegen seinen Missbrauch: Jemand berühmte sich, ein Patent oder Geschmacksmuster zu besitzen, und verbot dem Konkurrenzunternehmen, in bestimmter Weise tätig zu werden. Nachträglich stellte sich heraus, dass der gewerbliche Rechtsschutz entweder überhaupt nicht oder nicht in dem angegebenen Umfang bestand. Der zu Unrecht in seine Grenzen zurückgewiesene Unternehmer verlangte nun nach § 823 Abs. 1 BGB Schadensersatz. Die Notwendigkeit, hier mit dem allgemeinen Deliktsrecht zu helfen, bestand vor 1909 vor allem deshalb, weil das Gesetz gegen den unlauteren Wettbewerb von 1896 keine Generalklausel enthielt (eine solche fand erst 1909 Eingang in das UWG). Abhilfe schaffte hier erstmals die berühmte **Krimmerläufer-Entscheidung des Reichsgerichts aus dem Jahre 1904** (RGZ 58, 24). Der Bundesgerichtshof führte diese Spruchpraxis fort (vgl. NJW 1963, 531; 1978, 1377).

194. Vom Reichsgericht zum Bundesgerichtshof [V]

In welcher Hinsicht hat der Bundesgerichtshof den Schutzbereich des Rechts am eingerichteten und ausgeübten Gewerbebetrieb über die reichsgerichtliche Spruchpraxis ausgeweitet?

a) Nach **der Rechtsprechung des Reichsgerichts** war eine Verletzung des einge-richteten und ausgeübten Gewerbebetriebs nur dann gegeben, wenn der Eingriff sich unmittelbar gegen den **Bestand des Gewerbebetriebs** richtete, wenn also entweder Betriebshandlungen tatsächlich verhindert wurden oder wenn seine rechtliche Zu-lässigkeit verneint oder seine Schließung oder Einschränkung verlangt wurde. Die Tatsache allein, dass der Ertrag geschmälert wurde und dass auf diese Weise ein Schaden am Unternehmensvermögen eintrat, genügte nicht (vgl. RGZ 102, 223 [225]; 79, 224 [226]).

b) Demgegenüber hat der **Bundesgerichtshof** die Grenzen des Unternehmensrechts seit einer grundlegenden Entscheidung aus dem Jahre 1951 (BGH NJW 1952, 660 – Constanze I) sehr erweitert. Danach wird der **Gewerbebetrieb** heute nicht bloß in seinem Bestand, sondern **in allen seinen Ausstrahlungen und Erscheinungsformen gegen unmittelbare Störungen** geschützt. Hierzu gehört der gesamte gewerbliche Tätigkeitskreis einschließlich des Kundenstamms und allem, was insgesamt den wirt-schaftlichen Wert des konkreten Betriebs ausmacht.

195. Wichtige Fallgruppen [G]

Nennen Sie wichtige Fallgruppen, in denen die Praxis einen Eingriff in das Recht am eingerichteten und ausgeübten Gewerbebetrieb bejaht hat!

Besondere Bedeutung erlangt haben in der **Kasuistik des Unternehmensschutzes**: (1) unberechtigte geschäftsschädigende Äußerungen, (2) unberechtigte Schutzrechts-verwarnungen, (3) gezielte Eingriffe wie Demonstrationen, Blockaden oder rechts-widrige betriebsbezogene Streiks, (4) unberechtigte Schädigungen durch gerichtliche Verfahren oder Insolvenzanträge, (5) (schon einmalige) unverlangte Zusendung einer E-Mail mit Werbung (vgl. die Einzelbelege bei *Hopt* in: Baumbach/Hopt, HGB, Einleitung vor § 1 Rn. 65 ff.).

196. Dogmatik [G]

a) Wie fügt sich das Recht am eingerichteten und ausgeübten Gewerbebetrieb in die deliktsrechtliche Dogmatik ein?
b) Worauf zielt die Grundsatzkritik an dieser Rechtsfigur, die bis heute nicht verstummt ist?

a) Rechtsprechung und hL sehen es als **sonstiges Recht iSd § 823 Abs. 1 BGB** an und stellen es im Wege der Rechtsfortbildung den dort genannten absoluten Rechten und Rechtsgütern an die Seite. Sachlich geht es um den **Integritätsschutz von Unternehmen**.

b) **Kritiker** wenden ein, dem Recht am eingerichteten und ausgeübten Gewerbe-betrieb **fehle** eine **Ausschluss- und Zuweisungsfunktion** und es dürfe deshalb nicht den absoluten Rechten des § 823 Abs. 1 BGB gleichgestellt werden. Darüber habe sich die Spruchpraxis hinweggesetzt, indem sie eine Generalklausel zum Unterneh-mensschutz ausgearbeitet habe, obwohl der BGB-Gesetzgeber eine deliktsrechtliche

Generalklausel nach französischem Vorbild bewusst nicht eingeführt habe (vgl. *Larenz/Canaris*, Lehrbuch des Schuldrechts, Band II, Halbband 2, 13. Aufl. 1994, § 81 II, S. 544 ff.). Die Rechtsprechung sucht dieser nicht ganz unberechtigten Kritik dadurch Rechnung zu tragen, dass sie den Deliktsschutz auf verschiedene Weise eingrenzt (s. dazu Fragen 197 und 198).

197. Meinungsfreiheit [G]

Die deutsche Ärzteschaft ruft zum Kampf gegen die Zigarettenwerbung auf. Sie weist darauf hin, dass ein nachprüfbarer Zusammenhang zwischen dem Zigarettenkonsum und der Erkrankung an Lungenkrebs bestehe und dass die Zigarettenwerbung aus diesem Grund in den Vereinigten Staaten eingeschränkt worden sei. Die Zigarettenindustrie sieht darin einen verbotenen Eingriff in ihr Unternehmensrecht. Sie klagt auf Schadensersatz und vor allem auf Unterlassung aller Behauptungen, die geeignet sind, ihre (gesundheitsschädliche) Reklame einzuschränken. Mit Recht?

Zweifelhaft ist im vorliegenden Fall die **Rechtswidrigkeit des Eingriffs in das Recht am eingerichteten und ausgeübten Gewerbebetrieb**. Bei den „klassischen subjektiven Rechten" des § 823 Abs. 1 BGB indiziert die tatbestandsmäßige Verwirklichung die Rechtswidrigkeit. Dies nahm der BGH zunächst auch bei Eingriffen in den eingerichteten und ausgeübten Gewerbebetrieb an (vgl. BGH NJW 1952, 660 [661]), doch zwang die generalklauselartige Weite dieses Rechts bald zu durchgreifenden Korrekturen. Seither **muss** die Rechtswidrigkeit bei Eingriffen in das Recht am eingerichteten und ausgeübten Gewerbebetrieb **positiv festgestellt werden** und kann sich erst aus der Art der Schädigung **aufgrund einer umfassenden Güterabwägung im Einzelfall** ergeben (vgl. BGH NJW 1966, 1617 [1618]). Gemünzt auf unseren Fall, liegt ein Konflikt zwischen der Meinungsfreiheit auf der einen und der auf Gewinn ausgerichteten unternehmerischen Tätigkeit auf der anderen Seite vor, bei dem im Zweifel der Meinungsfreiheit der Vorzug gebührt. Es besteht geradezu eine Berufspflicht der Ärzteschaft, auf die mit gewissen Konsumgütern notwendig verbundenen Gesundheitsgefährdungen hinzuweisen. Erst wenn dem Bürger diese Informationen zur Verfügung gestellt werden, kann er in freier Entscheidung eine Gefährdung seiner Gesundheit in Kauf nehmen.

198. Weitere einschränkende Voraussetzungen [G]

Welche beiden anderen Voraussetzungen grenzen den Schutzbereich des Rechts am eingerichteten und ausgeübten Gewerbebetrieb weiter ein?

a) Zum einen gewährt das Recht am eingerichteten und ausgeübten Gewerbebetrieb **nur subsidiären Rechtsschutz**. Es kann dann nicht herangezogen werden, wenn sich bestimmte Handlungen beispielsweise bereits als Eigentumsverletzung nach § 823 Abs. 1 BGB darstellen, wie die Beschädigung von Maschinen oder Warenvorräten. Gleiches gilt, wenn für einzelne, gegen das Unternehmen gerichtete Verhaltensweisen besondere gesetzliche Regelungen bestehen, die als Schutzgesetze iSd

§ 823 Abs. 2 BGB den Schutz des Unternehmens gewährleisten. Solche vorrangig zu beachtenden Vorschriften finden sich auch in der Generalklausel des § 3 UWG sowie in den §§ 20, 21 GWB.

b) Zum anderen setzt der Schutz des § 823 Abs. 1 BGB voraus, dass der **Eingriff betriebsbezogen**, also gegen den Betrieb als solchen und nicht nur gegen vom Gewerbebetrieb ohne Weiteres ablösbare Rechte oder Rechtsgüter gerichtet ist. An diesem **Unmittelbarkeitserfordernis** fehlt es in der Regel bei Entziehung unentbehrlichen Personals durch Körperverletzung (vgl. BGH NJW 1952, 1249).

199. Freie Berufe [G]

Steht das Recht am eingerichteten und ausgeübten Gewerbebetrieb auch den Inhabern freiberuflicher Praxen zu Gebote?

Das Recht am eingerichteten und ausgeübten Gewerbebetrieb iSd § 823 Abs. 1 BGB ist nicht auf Gewerbebetriebe im handelsrechtlichen Sinne beschränkt, sondern steht auch den Angehörigen freier Berufe zu (BGH NJW 2012, 2579 [2580]). Auch wenn Arzt- und Anwaltsberuf nach wie vor kein Gewerbe darstellen (vgl. Fragen 40 und 42), sollen Praxis und Kanzlei doch Gewinn bringen, und die ausgeübten Tätigkeiten sind Erwerbsgrundlage zur Sicherung des Lebensunterhalts. Das Rechtsinstitut ist insoweit von seinen historisch zu erklärenden Einschränkungen zu befreien. Formal sollte angesichts der feststehenden Bedeutung allerdings an der alten Terminologie festgehalten werden.

3. Unternehmenskauf

200. Rechtsnatur des schuldrechtlichen Vertrags [G]

Der bei der Ford AG als Kfz-Meister angestellte Jupp Zange hat im Lotto den Jackpot abgeräumt und will nun seinen lange gehegten Traum von einer selbständigen Existenz verwirklichen. Zange kauft den gut gehenden Kfz-Reparaturbetrieb des Detlef Schräubchen. Welche Rechtsnatur hat der Vertrag?

Beim **Unternehmenskauf** handelt es sich um einen „echten" **Kaufvertrag**, der den **Regeln der §§ 433 ff. BGB** folgt (vgl. § 453 Abs. 1 Var. 2 BGB: „sonstiger Gegenstand"). Zwar sind die Vorschriften der §§ 433 ff. BGB auf den Kauf einzelner Sachen und Rechte zugeschnitten. Ein **Unternehmen** ist dagegen eine **Sach- und Rechtsgesamtheit**: Es setzt sich nicht nur aus Sachen, sondern auch aus Forderungen, sonstigen Rechten und Gütern wie Kundschaft, Mitarbeiterstamm, *good will*, Lieferantenbeziehung, Firma und Markenrechten zusammen. Nach den Vorstellungen des Rechtsverkehrs wird jedoch „das Geschäft" als Einheit veräußert, sodass die Geltung der §§ 433 ff. BGB für die schuldrechtliche Seite des Erwerbs dem wirtschaftlichen Tatbestand und einer den gesellschaftlichen Anschauungen angepassten Betrachtungsweise entspricht. Der Schuldvertrag bedarf als solcher keiner Form;

diese kann jedoch insbes. über § 311b Abs. 1 S. 1 BGB an ihn herangetragen werden.

201. Dingliche Übertragung des Unternehmens [G]

Kann Schräubchen sein Unternehmen *uno actu* an Zange übertragen?

Dinglich kann Schräubchen seine Kfz-Werkstatt nicht in einem einzelnen Vertrag übertragen. Die Übertragung des Unternehmens verlangt eine **Einzelübertragung der verschiedenen Geschäftsbestandteile (Spezialitätsgrundsatz):** Grundstücke nach den §§ 873, 925 BGB, bewegliche Sachen nach den §§ 929 ff. BGB; Forderungen und andere Rechte nach den §§ 398, 413 BGB; Kundschaft durch Empfehlungsschreiben oder Übergabe der Kundenliste; Geschäftserfahrung und Geschäftsgeheimnisse durch Einweisung oder Mitteilung der Art, dass der Erwerber diese Erfahrungen nutzen kann.

202. Unternehmens- und Beteiligungskauf [G]

Jurastudent Jürgen hört am ersten Tag seines Anwaltspraktikums, dass man beim Erwerb einer Gesellschaft zwischen Unternehmens- und Beteiligungskauf unterscheiden müsse. Weil er sich nicht sogleich eine Blöße geben will, bittet er Sie um Erläuterung.

a) Beim **klassischen Unternehmenskauf** *(asset deal)* ist Kaufgegenstand das Unternehmen als eine rechtliche Einheit („sonstiger Gegenstand" iSd § 453 Abs. 1 Var. 2 BGB) und vollzieht sich durch Einzelübertragung aller Sachen, Rechte und sonstiger Vermögenswerte (vgl. Fragen 200 und 201). Zurück bleibt die Hülle der Gesellschaft. Die einzelnen Vermögensgegenstände setzen sich in der Hand des neuen Rechtsträgers wieder zu dem Unternehmen zusammen.

b) Der **Beteiligungskauf** *(share deal)* ist demgegenüber ein **Rechtskauf** iSd § 453 Abs. 1 Var. 1 BGB: Erworben werden die Gesellschaftsanteile der Zielgesellschaft. Infolgedessen bleibt die Zuordnung der aktiven und passiven Vermögenswerte auf die Gesellschaft als Unternehmensträger unverändert, und es wechselt lediglich die Inhaberschaft an den Mitgliedschaften. Eine Einzelübertragung der verschiedenen Vermögensgegenstände erweist sich deshalb als entbehrlich.

203. Mängel I [V]

Dröge hat im Jahre 2013 von Achenbach eine Spedition im Wege des klassischen Unternehmenskaufs erworben. Schon nach kurzer Zeit zeigen sich zwei unliebsame Überraschungen:
a) Drei der zehn speditionseigenen Lastkraftwagen sind wegen schwerwiegender Sicherheitsmängel nicht mehr verkehrstüchtig. Nachforschungen ergeben, dass die Mängel bereits zum Zeitpunkt des Vertragsschlusses vorhanden waren.

> **b) In der Jahresbilanz für 2012 ist eine Steuerverbindlichkeit von 800.000 EUR versehentlich unberücksichtigt geblieben.** Achenbachs Angaben, die Spedition habe im abgelaufenen Geschäftsjahr einen Gewinn von 500.000 EUR erzielt, erwiesen sich daher im Nachhinein als unrichtig.
> Empört fragt Dröge nach seinen Rechten gegenüber Achenbach.

Angesprochen ist der schwierige Fragenkreis der **Leistungsstörungen beim Unternehmenskauf,** der schon im alten Recht beträchtliches Kopfzerbrechen bereitete. Nach Inkrafttreten der Schuldrechtsreform lässt sich das Unternehmen als Sach- und Rechtsgesamtheit unter den Begriff des „sonstigen Gegenstandes" iSd § 453 Abs. 1 Var. 2 BGB subsumieren (BT-Drs. 14/6040, 242), sodass bei Sach- und Rechtsmängeln an sich das kaufrechtliche Gewährleistungsrecht eingreift (vgl. *Hopt* in: Baumbach/Hopt, HGB, Einleitung vor § 1 Rn. 46). Im Einzelnen bleiben freilich manche Abgrenzungs- und Auslegungsprobleme:

a) Hinsichtlich der drei defekten Lastkraftwagen stellt sich die Frage, ob **Qualitätsmängel an einzelnen unternehmenszugehörigen Sachen** zugleich einen Mangel des Unternehmens selbst begründen können. Das war im alten Recht anerkannt, soweit sie die wirtschaftliche Grundlage des Unternehmens erschüttern (vgl. BGH NJW 1979, 33), und dürfte nach der Schuldrechtsreform nicht anders zu beurteilen sein (vgl. OLG Köln ZIP 2009, 2063 [2065]; *Hopt* in Baumbach/Hopt, HGB, Einleitung vor § 1 Rn. 46; aA *Grunewald* in: Erman, BGB, § 434 Rn. 43 f.). Eine solche wesentliche Beeinträchtigung, die auf das ganze Unternehmen durchschlägt, wird man hier annehmen können. Dröge stehen mithin Gewährleistungsrechte zu, weil die Spedition einen Sachmangel iSd § 434 Abs. 1 S. 2 Nr. 2 BGB aufweist.

b) Hinsichtlich der übersehenen Steuerverbindlichkeit ist zu erörtern, ob auch **fahrlässig falsche Ertragsangaben oder versehentlich unrichtige Bilanzen als „Beschaffenheit" eines Unternehmens** einzuordnen sind. Der Reformgesetzgeber hat die Frage bewusst offen gelassen (vgl. BT-Drs. 14/6040, 213); im Schrifttum gehen die Meinungen auseinander:

(1) Nach einer Ansicht sind Umsatz- und Ertragsangaben nicht als Beschaffenheit eines Unternehmens anzusehen (vgl. *Huber* AcP 202 [2002], 179 [227 ff.]). Der Beschaffenheitsbegriff umfasse – wie bisher – nur die körperlichen Eigenschaften der Kaufsache sowie sonstige Umstände tatsächlicher, wirtschaftlicher oder rechtlicher Art, die ihr auf Dauer anhaften. Unrichtige Bilanz- oder Ertragsangaben würden nicht dazu zählen (so auch *Grigoleit/Herresthal* JZ 2003, 118 [125]). Achenbach haftet danach nicht aus den kaufrechtlichen Gewährleistungsvorschriften, aber womöglich gem. §§ 280 Abs. 1, 241 Abs. 2, 311 Abs. 2 BGB wegen schuldhafter Verletzung einer vorvertraglichen Informationspflicht.

(2) Einer anderen Auffassung zufolge sind unternehmensspezifische Kennzahlen nunmehr als Beschaffenheit einzuordnen (vgl. *Schmitz* RNotZ 2006, 561 [583]; *Wolf/Kaiser* DB 2002, 411 [412]). Im neuen Recht sei für Einschränkungen des Beschaffenheitsbegriffs kein Raum mehr; er erfasse auch unrichtige Angaben des Veräußerers über Umsatz, Ertrag, Höhe der Verbindlichkeiten, sowie eine unzutreffende Darstellung der Aktiva und Passiva (ebenso *Häublein* NJW 2003, 388 [390]). An sich wäre daher der Weg für eine Sachmängelhaftung des Achenbach frei.

Allerdings herrscht Streit darüber, ob bereits einjährige Ertragsangaben für die Annahme einer „Beschaffenheit" ausreichen oder ob dazu nicht eine mehrjährige Ertragsreihe erforderlich ist (dazu *Gaul* ZHR 166 [2002], 35 [49]). Folgt man der strengeren Auffassung, so kommen hier wiederum nur Ansprüche des Dröge aus *culpa in contrahendo* in Betracht.

---

204. Mängel II [S]

a) Bendix hält 95 % der Anteile an der Bio-AG, die ein erfolgreiches Magenmedikament herstellt. Das Medikament genießt Patentschutz und bildet die wesentliche Grundlage des Geschäftserfolgs. Später veräußert Bendix seine Anteile an Buddenbrook. Nach Zahlung des Kaufpreises in Höhe von 10 Mio. EUR und Übertragung der Aktien wird das Patent überraschend von einem Wettbewerber angefochten und für nichtig erklärt. Buddenbrook fragt nach seinen Rechten.
b) Ändert sich die Rechtslage, wenn Bendix dem Buddenbrook nur ein Aktienpaket von 30 % veräußert hat?

a) Bendix und Buddenbrook haben einen Rechtskauf iSd § 453 Abs. 1 Var. 1 BGB getätigt. Auf ihn sind die Vorschriften über den Sachkauf entsprechend anzuwenden, sodass sowohl Sachmängel (§ 434 BGB) als auch Rechtsmängel (§ 435 BGB) der verkauften Anteile denkbar sind. Für Rechtsmängel ist hier nichts ersichtlich: Weder bestehen die Anteile nicht, noch sind sie mit fremden Rechten belastet. Zu erörtern bleibt, ob ein Sachmangel der verkauften Anteile aufgrund des nichtigen Patents vorliegt. Vorauszuschicken ist zunächst, dass die Nichtigerklärung des Patents die Bio-AG in ihrer wirtschaftlichen Grundlage erschüttert und somit einen Mangel der Gesellschaft als solche begründen kann (vgl. Frage 203 lit. a). Das bedeutet jedoch nicht zwangsläufig, dass auch die von Buddenbrook erworbenen Gesellschaftsanteile mangelbehaftet sind. Entscheidend ist vielmehr, **ob ein Mangel des Unternehmens auf die erworbenen Mitgliedschaftsrechte „durchschlägt".** Vor Inkrafttreten der Schuldrechtsreform war dies nach hM nur der Fall, wenn nahezu sämtliche Gesellschaftsanteile verkauft wurden und somit bei wirtschaftlicher Betrachtung das Unternehmen als solches Gegenstand des Kaufvertrags war (vgl. etwa BGH NJW 1998, 2360 [2362]). Heute sind die Auffassungen geteilt:

(1) Eine Lehrmeinung hält an der bisherigen Lesart fest (vgl. *Huber* AcP 202 [2002], 179 [229]): Ein Recht sei ein reines Gedankengebilde und könne keine Sachmängel iSd § 434 BGB aufweisen. Beim Kauf von Unternehmensbeteiligungen komme eine Haftung für Mängel ihres sachlichen Substrats deshalb nur bei einem solchen Anteilserwerb in Betracht, der auf die Erlangung unternehmerischer Leitungsmacht gerichtet sei (so auch *Eidenmüller* ZGS 2002, 290 [294]). Dies ist bei einem Anteilserwerb von 95 % gegeben, sodass Buddenbrook nach dieser Ansicht (Sach-)Mängelansprüche geltend machen kann.

(2) Andere befürworten eine Anwendung der §§ 434 ff. BGB unabhängig davon, ob ein *asset deal* oder ein *share deal* vorliegt (vgl. *Gronstedt/Jörgens* ZIP 2002, 52 [55]). Im Gegensatz zur früheren Rechtslage spiele die erworbene Beteiligungsquote keine Rolle mehr. Somit könnten nicht nur Sachen, sondern auch Rechte mit Sachmän-

geln behaftet sein (vgl. *Wolf/Kaiser* DB 2002, 411 [417]), jedenfalls dann, wenn dies der Parteivereinbarung entspreche (so *Triebel/Hölzle* BB 2002, 521 [523 f.]). Geht man vorliegend von einer – zumindest konkludenten – Vereinbarung bezüglich der Werthaltigkeit (auch) des Unternehmens aus, so stellt der Sachmangel des Unternehmens gleichzeitig einen Sachmangel der verkauften Anteile dar. Dem Buddenbrook stehen also auch nach dieser Auffassung Gewährleistungsansprüche zu.

b) Hier wirken sich die unterschiedlichen Rechtsauffassungen auch im Ergebnis aus. Die Befürworter der Lösung (2) bejahen einen Sachmangel der Anteile und sprechen dem Buddenbrook kaufrechtliche Gewährleistungsansprüche zu. Demgegenüber verneinen die Vertreter der Lösung (1) einen Sachmangel und verweisen den Buddenbrook auf einen Anspruch wegen der Verletzung vorvertraglicher Informationspflichten, der jedoch mangels Verschulden des Bendix ausgeschlossen sein dürfte.

---

205. Due Diligence [S]

Rechtsreferendar Reiner absolviert seine Wahlstation in einer großen Anwaltskanzlei. Im Auftrag des Mandanten Ermenkeil, der die Ziegelbrennerei des Zinnowitz erwerben möchte, darf er an einer *due diligence*-Prüfung bei Zinnowitz teilnehmen.
a) Was versteht man unter einer solchen *due diligence*?
b) Welche Spielarten der *due diligence* gibt es?
c) Kann sich eine unsorgfältig durchgeführte *due diligence* nachteilig auf die Gewährleistungsrechte des späteren Erwerbers auswirken?

---

a) Im Unternehmenskaufrecht versteht man unter **due diligence** die **kaufvorbereitende Prüfung des Zielunternehmens**: Der Erwerber möchte nicht die „Katze im Sack" kaufen und ist über die allgemein zugänglichen Quellen hinaus an einer möglichst umfassenden Information über das Zielunternehmen interessiert.

b) Umfang und Gegenstände der *due diligence* sind so vielfältig wie die modernen Unternehmensstrukturen (eingehend der Sammelband von *Berens/Brauner/Strauch/Knauer*, Due Diligence bei Unternehmensakquisitionen, 7. Aufl. 2013). Im Mittelpunkt steht die Durchleuchtung des Zielunternehmens in wirtschaftlicher, finanzieller, rechtlicher und steuerlicher Hinsicht. Als *commercial due diligence* bezeichnet man die Analyse des wirtschaftlichen Umfelds, der Marktposition und der Organisationsstruktur des Zielunternehmens. Gegenstand der *financial due diligence* ist die finanzielle Unternehmensanalyse, die regelmäßig aufgrund der Jahresabschlussunterlagen der letzten drei bis fünf Jahre erfolgt, aber auch die Planungsrechnung einbezieht. Die *legal due diligence* erforscht die Gesellschaftsverhältnisse des Zielunternehmens, seine Vermögensgegenstände und vertraglichen Beziehungen zu Dritten. Die *tax due diligence* zielt auf Erkennung steuerlicher Risiken, namentlich auf die Aufdeckung offener Steuerverbindlichkeiten und möglicher Steuernachforderungen. Gehen von der Tätigkeit des Erwerbsobjekts besondere Gefahren für die Umwelt aus, so empfiehlt sich zur Aufdeckung verborgener Haftungsrisiken die Durchführung einer *environmental due diligence*.

c) Zu denken ist an einen Gewährleistungsausschluss nach § 442 Abs. 1 BGB, falls dem Erwerber ein Mangel bei Vertragsschluss bekannt (S. 1) oder infolge grober Fahrlässigkeit unbekannt geblieben ist (S. 2). Ob eine unsachgemäß durchgeführte *due diligence* den Vorwurf grober Fahrlässigkeit zu begründen vermag, wird unterschiedlich beurteilt. Die besseren Gründe sprechen gegen einen Rechtsverlust (näher *Fleischer/Körber* BB 2001, 841 [844]).

206. *Letter of intent* und *memorandum of understanding* [S]

Im weiteren Verlauf der Verhandlungen sollen ein *letter of intent* und ein *memorandum of understanding* unterzeichnet werden. Für Reiner ist das alles Fachchinesisch. Können Sie ihm helfen?

a) Bei dem sog *letter of intent* handelt es sich in der Regel um eine unverbindliche Erklärung mit dem Ziel, beim Gegenüber Vertrauen in die Ernstlichkeit der eigenen Verhandlungsabsichten zu wecken. Eine **Bindung in Bezug auf das Hauptgeschäft** ist im Zweifel auch dann **nicht gewollt**, wenn der *letter of intent* von beiden Seiten unterzeichnet wird. Oft liegt aber ein Rechtsbindungswille hinsichtlich der Vorfeldvereinbarungen vor, die mit dem *letter of intent* verknüpft werden, zB die Abrede, die anlässlich einer *due diligence* erlangten Informationen vertraulich zu behandeln.

b) In einem *memorandum of understanding* pflegen die Parteien Zwischenergebnisse der Verhandlungen einvernehmlich niederzulegen. Solche Niederschriften, die in deutscher Rechtsterminologie als **Punktation** bezeichnet werden, entfalten im Zweifel **keine rechtliche Bindungswirkung** (§ 154 Abs. 1 S. 2 BGB). Dabei handelt es sich aber nur um eine Auslegungsregel; die Parteien können auch eine Bindung wollen, was insbes. nahe liegt, wenn sie mit der tatsächlichen Vertragsdurchführung beginnen (vgl. BGH NJW 1983, 1727 [1728]).

Beachte: Die rechtliche Bedeutung der genannten Erklärungen ist stets durch Auslegung unter Berücksichtigung aller Umstände vom Empfängerhorizont aus zu ermitteln (§§ 133, 157 BGB). Die Bezeichnung als *letter of intent* oder *memorandum of understanding* bildet dabei nicht mehr als ein widerlegliches Indiz dafür, dass eine Bindung im Hinblick auf den Abschluss des Hauptvertrags nicht gewollt ist (näher *Semler* in: Hölters, Handbuch Unternehmenskauf, 7. Aufl. 2010, Teil VII Rn. 30).

207. Garantie [V]

Nach langwierigen Verhandlungen kommt es schließlich zum Abschluss eines Unternehmenskaufvertrags zwischen Ermenkeil und Zinnowitz.
a) In § 8 des Vertrags heißt es: „Der Verkäufer garantiert dem Käufer, dass das Betriebsgrundstück frei von Altlasten und schädigenden Bodenverunreinigungen ist. Sollte diese Garantie ganz oder teilweise unzutreffend sein, so kann der Käufer nach seiner Wahl die Herstellung des vertragsgemäßen Zustands oder Schadensersatz in Geld verlangen." Später stellt sich eine erhebliche Grundstücksverunreinigung durch undichte Ölfässer heraus, die im Boden vergraben waren.

b) In § 9 des Vertrags findet sich darüber hinaus folgender Passus: „Der Höchstbetrag für Zahlungsansprüche aufgrund einer Verletzung der Garantiezusage beläuft sich auf 100.000 EUR." Die dem Ermenkeil behördlich aufgegebene Beseitigung der Bodenverunreinigung verursacht jedoch Kosten in Höhe von 150.000 EUR. Ermenkeil fragt nach seinen Rechten gegenüber Zinnowitz.

a) Welche Rechte dem Ermenkeil zustehen, hängt wesentlich von der **Einordnung der vertraglichen „Garantie"** ab. Drei Möglichkeiten kommen in Betracht:

(1) Es könnte sich um eine bloße **Beschaffenheitsvereinbarung** handeln, also eine Ausformulierung dessen, was die Parteien als Beschaffenheit iSd § 434 Abs. 1 S. 1 BGB ansehen. Als Rechtsfolge greifen dann die gesetzlichen Gewährleistungsrechte ein.

(2) Denkbar ist auch eine Beschaffenheitsgarantie gem. § 443 Abs. 1 Var. 1 BGB (**„unselbständige" Garantie**). Mit ihr übernimmt der Verkäufer eine verschuldensunabhängige Einstandspflicht für die garantierte Beschaffenheit des Kaufgegenstandes.

(3) Schließlich könnte ein Garantievertrag iSd § 311 Abs. 1 BGB vorliegen (**„selbständige" Garantie**). Er begründet eine verschuldensunabhängige Einstandspflicht für den Eintritt oder das Ausbleiben eines bestimmten Erfolges, der über die Mangelfreiheit der Kaufsache hinausgeht.

Vorliegend sprechen sowohl der Wortlaut als auch die Anordnung einer eigenen Rechtsfolge gegen eine bloße Beschaffenheitsvereinbarung. Für eine unselbständige und gegen eine selbständige Garantie lässt sich anführen, dass die Altlastenfreiheit des Betriebsgrundstücks eine Beschaffenheit des Unternehmens darstellt. Ermenkeil kann folglich wahlweise die Herstellung des vertragsgemäßen Zustands oder Schadensersatz in Geld verlangen.

b) Ob Zinnowitz die gesamten Beseitigungskosten in Höhe von 150.000 EUR ersetzen muss, beurteilt sich nach **§ 444 Var. 2 BGB**. Danach kann sich der Verkäufer auf eine Vereinbarung, durch welche die Rechte des Käufers wegen eines Mangels ausgeschlossen oder beschränkt werden, dann nicht berufen, wenn er eine Garantie für die Beschaffenheit der Sache übernommen hat. Über die Reichweite dieser Vorschrift ist im Schrifttum heftiger Streit entbrannt: Nach einer Auffassung erfasst § 444 BGB nur den Bereich der unselbständigen Garantie (vgl. *Seibt/Raschke/ Reiche* NZG 2002, 256 [259 f.]); andere subsumieren unter ihn auch die selbständige Garantie (vgl. *Hermanns* ZIP 2002, 696 [698]). Ungeachtet aller Meinungsverschiedenheiten herrscht aber hinsichtlich der Auswirkungen des § 444 Var. 2 BGB auf individualvertragliche Haftungsfreizeichnungen weithin Einvernehmen: Sein **Sinn und Zweck** ist es allein, ein **widersprüchliches Verhalten zu verhindern**, welches dann anzunehmen ist, wenn eine zunächst übernommene Garantie nachträglich in überraschender oder intransparenter Weise ausgeschlossen oder beschränkt wird. Werden jedoch Umfang und Inhalt der Garantie von vornherein begrenzt, wird also gar kein Vertrauenstatbestand geschaffen, der später enttäuscht werden könnte, so steht § 444 Var. 2 BGB der Wirksamkeit einer solchen Garantie nicht entgegen. Nur *soweit* der Verkäufer eine entsprechende Garantie abgegeben hat, ist ihm der

Rückgriff auf die Haftungsbegrenzung verwehrt (näher Stellungnahme des Bundes-ministeriums der Justiz ZGS 2003, 307 [309]). Der Gesetzgeber änderte nach Kritik im Schrifttum den Wortlaut des § 444 BGB, indem er „wenn" durch „soweit" ersetzte. Nach alledem kann sich Zinnowitz vorliegend auf die Haftungsbegrenzung in § 9 des Vertrags berufen.

4. Unternehmensbewertung

208. Relevanz der Unternehmensbewertung [V]

In welchen Rechtsgebieten spielt die Unternehmensbewertung eine Rolle?

Bedeutung gewinnt die Unternehmensbewertung vor allem im **Gesellschaftsrecht** beim freiwilligen oder erzwungenen Ausscheiden von Gesellschaftern, im **Familien- und Erbrecht** bei der Zugewinn- und Pflichtteilsberechnung, im **Insolvenzrecht** bei der Errichtung einer Überschuldungsbilanz und im **Bilanzrecht** bei der Erstellung der Jahresbilanz.

209. Bewertungsmethoden [V]

Amerikanischen Studenten pflegt man die verschiedenen Methoden der Un-ternehmensbewertung anhand der Parabel vom alten Mann und dem Apfel-baum nahezubringen: Santiago, stolzer Eigentümer eines Apfelbaums, möchte sich aus dem Geschäftsleben zurückziehen. Er gibt eine Anzeige im Wall Street Journal auf: „Apfelbaum zu verkaufen!".
a) Der erste Kaufinteressent bietet 50 $, weil sich aus dem Stamm des Baumes Brennholz gewinnen und zu diesem Preise verkaufen lasse.
b) Der zweite Kaufinteressent hält 80 $ für angemessen, da man für diesen Preis einen gleichwertigen Apfelbaum erwerben könne.
c) Der dritte Kaufinteressent möchte 100 $ anlegen, weil Santiago den Ap-felbaum in seinen Büchern mit diesem Wert angesetzt hat.
d) Der vierte Kaufinteressent bietet 300 $, weil die Apfelernte einen Reinge-winn von 15 $ jährlich abwirft und der Apfelbaum voraussichtlich noch 20 weitere Jahre Früchte tragen wird.
Welche verschiedenen Bewertungsmethoden liegen den jeweiligen Angeboten zugrunde?

a) Das erste Kaufangebot spiegelt den **Liquidationswert** (auch: Zerschlagungswert) wider. Er ist der Wert, der sich bei einer Zerschlagung des Unternehmens und der Veräußerung seiner einzelnen Vermögensgegenstände erzielen lässt. In der Regel bildet er die Wertuntergrenze des Unternehmens.

b) Die zweite Offerte knüpft an den **Substanzwert** an. Im Gegensatz zum Liquida-tionswert als Verkaufs- oder Zerschlagungswert orientiert sich der Substanzwert an den Aufwendungen, die nötig wären, um ein gleiches Unternehmen „nachzubauen". Er stellt sich demnach als Rekonstruktions- oder Wiederbeschaffungswert aller im Unternehmen vorhandener Wirtschaftsgüter dar.

c) Der dritte Wertmaßstab ist der **Buchwert**. Man versteht darunter den Unterschiedsbetrag zwischen den Aktiva und Passiva der Bilanz. Er besagt wenig über den Unternehmenswert, weil infolge von Bilanzierungsverboten und Bilanzierungswahlrechten nicht alle wertbildenden Faktoren bilanziell berücksichtigt werden. Das gilt namentlich für den Firmenwert und die stillen Reserven (vgl. Frage 360).

d) Das vierte Berechnungsverfahren sucht den **Ertragswert** zu ermitteln. Das Ertragswertkalkül beruht auf der Überlegung, dass der Unternehmenswert nur durch den Zukunftserfolg bestimmt wird: Ein Unternehmen ist so viel wert, wie sich zukünftig aus ihm „herausholen" lässt. Allerdings hat der Kaufaspirant bei seinem Angebot von 300 $ außer Acht gelassen, dass die zukünftigen Ertragsüberschüsse auf den Bewertungsstichtag abzuzinsen sind (s. näher sogleich Frage 210 lit. b).

210. Ertragswertverfahren [S]

In der Betriebswirtschaftslehre hat sich in den vergangenen Jahrzehnten das Ertragswertverfahren breitflächig durchsetzen können. Skizzieren Sie kurz seine Vorgehensweise!

a) In einem ersten Schritt werden auf der Basis bereinigter Vergangenheitsergebnisse und unter Hinzuziehung von Planungsrechnungen des Unternehmens die **künftigen finanziellen Überschüsse geschätzt**.

b) Die solchermaßen ermittelten Überschüsse sind sodann **mit dem Kapitalisierungszinssatz** auf den Bewertungsstichtag **abzuzinsen**. Als Basiszinssatz dient dabei der landesübliche Zinssatz für eine risikofreie Kapitalmarktanlage. Er ist um einen Unternehmerrisikozuschlag zu erhöhen und um den Geldentwertungsabschlag zu vermindern (zu allen Einzelheiten WP-Handbuch 2014, 14. Aufl., Band II, S. 68–131).

Beachte: International findet verbreitet das *Discounted Cash Flow*-Verfahren Anwendung, das den Unternehmenswert durch Diskontierung des entziehbaren *cash flow* bestimmt. Beide Methoden – Ertragswert- und DCF-Verfahren – beruhen auf dem Kapitalwertkalkül und damit auf den gleichen konzeptionellen Grundlagen. Sie führen bei gleichen Bewertungsannahmen zu gleichen Unternehmenswerten.

211. Verbindlichkeit der Bewertungsmethoden [S]

Ist eine der vorgestellten Methoden der Unternehmensbewertung rechtlich verbindlich?

Die höchstrichterliche **Rechtsprechung** zeigt sich zögerlich, unter den verschiedenen Verfahren eines generell für juristisch richtig und alle anderen für juristisch falsch zu erklären. Sie behandelt die **Unternehmensbewertung** nicht als Rechtsfrage, sondern **legt sie in die Hände des** sachverständig beratenen **Tatrichters** (vgl. BGH NJW 1992, 892 [896]). Das vermag nicht vollständig zu überzeugen: Richtigerweise sind die Bewertungsziele der Betriebswirtschaftslehre von der Rechtsordnung heteronom vorgegeben; nur über die zieladäquaten Bewertungsmethoden entscheidet sie aus eigenem Sachverstand (vgl. *Fleischer* ZGR 1997, 368 [374 ff.]).

VI. Handelsrechtliche Stellvertretung

1. Überblick

212. Arten handelsrechtlicher Vollmachten [G]

Der Inhaber eines Handelsgeschäfts bedient sich im Geschäftsverkehr häufig eines Vertreters. Welche handelsrechtlichen Vollmachten stellt das HGB ihm dafür zur Verfügung?

Das HGB kennt **drei Sonderfiguren**: (1) die in den §§ 48–53 näher ausgeformte **Prokura**, (2) die in §§ 54, 55, 57, 58 im Einzelnen geregelte **Handlungsvollmacht**, (3) die in § 56 angesprochene **Vertretungsmacht der Ladenangestellten**, die nach hL als Rechtsscheinshaftung einzuordnen ist (dazu *Canaris*, HandelsR, § 14 Rn. 5).

213. Berührungspunkte mit dem BGB und Besonderheiten [G]

a) Worin liegen die Berührungspunkte der handelsrechtlichen Stellvertretung mit dem bürgerlichen Stellvertretungsrecht?
b) Welche Besonderheiten weisen die handelsrechtlichen Stellvertretungs-regeln auf?

a) Die **§§ 48 ff. HGB** sind mit den **§§ 164 ff. BGB eng verzahnt** und bauen auf ihnen auf: Handelsrechtliche Stellvertretung lebt weitgehend aus dem bürgerlichen Stellvertretungsrecht. Umgekehrt zeigt sich nirgends deutlicher die Pionierfunktion des Handelsrechts für das allgemeine Zivilrecht: Die Rechtsfiguren der Duldungs- und Anscheinsvollmacht und die Spezialregeln zum Missbrauch der Vertretungs-macht sind zuerst im Handelsrecht ausgearbeitet und erprobt worden, bevor sie in das allgemeine Zivilrecht überwechselten. Diesen Prozess der „Kommerzialisierung des Zivilrechts" hatte *Levin Goldschmidt* (1829–1897), der Begründer der modernen Handelsrechtswissenschaft (s. zu ihm Frage 8), bereits in seiner Theorie vom relati-ven Handelsrecht nachgezeichnet und konkretisiert.

b) Kennzeichnend für die **handelsrechtliche Stellvertretung** ist (vor allem bei der Prokura), dass ihr **Umfang** im Interesse des Handelsverkehrs **gesetzlich festgelegt** wird: Der Verkehr soll sich auf einen bestimmten Vertretungsumfang verlassen können, ohne zu zeitraubenden Nachforschungen genötigt zu sein. Hierin kommt eine zentral wichtige Gestaltungsaufgabe des Privatrechts zum Ausdruck: einen Rechtsrahmen bereit zu stellen, innerhalb dessen sich vertragliche Schuldverhältnisse mit möglichst geringen Reibungsverlusten entwickeln können (vgl. Williamson, Die ökonomischen Institutionen des Kapitalismus, 1990, S. 30, 78).

214. Vertretung einer Gesellschaft [G]

Johann Gottlieb Schacher ist persönlich haftender Gesellschafter des Bestattungsunternehmens „Pietät KG". Weil seine Geschäfte florieren, hat er seinem Angestellten Fürchtegott Prokura erteilt. Worin liegt der Unterschied, wenn Schacher oder Fürchtegott namens der KG Verträge abschließen?

Bei Schacher liegt ein Fall der **organschaftlichen Vertretung** vor: Organschaftliche Vertreter sind diejenigen, durch die eine nicht natürliche Person handelt, zB der Vorstand einer Aktiengesellschaft (§ 78 Abs. 1 AktG), der Geschäftsführer einer GmbH (§ 35 Abs. 1 GmbHG) oder – wie hier – der Komplementär einer Kommanditgesellschaft (§ 125 Abs. 1 iVm § 161 Abs. 2 HGB). Fürchtegott verfügt als **Prokurist** dagegen über keine gesetzliche Vertretungsmacht, sondern über eine **handelsrechtliche Vollmacht** (s. näher Frage 216).

215. Wer haftet? [G]

Schacher hat das Bestattungsunternehmen in die Rechtsform einer GmbH & Co. KG überführt. Er bestellt bei Gärtner Grünhut Kränze auf einem Firmenbriefbogen, der oben den Namen „Johann Gottlieb Schacher" mit dem Zusatz „Bestattungsunternehmen" trägt und von Schacher persönlich unterschrieben wird.
a) Wer ist Vertragspartner des Grünhut geworden?
b) Kann Grünhut auch den Schacher persönlich in Anspruch nehmen?

a) Vertraglich berechtigt und verpflichtet wird die GmbH & Co. KG. Zur Anwendung gelangen hier die auf § 164 Abs. 1 S. 2 BGB gestützten **Rechtsregeln über unternehmensbezogene Geschäfte**: Danach will ein Dritter, der mit dem „Unternehmen" kontrahiert, im Zweifel mit dem Unternehmensträger in Vertragsbeziehungen treten, auch wenn er dessen genaue Identität nicht kennt (vgl. etwa BGH NJW 1974, 1191). Hierbei handelt es sich um keine Durchbrechung des Offenkundigkeitsprinzips im Stellvertretungsrecht, sondern um seine sachgerechte Modifikation beim „Handeln im Namen des Unternehmens".

b) Unklarheiten der Haftungsverhältnisse dürfen nicht zulasten vertrauender Dritter gehen. Deswegen kommt hier **nach allgemeinen Regeln** eine **Rechtsscheinhaftung** (vgl. BGH NJW 2012, 3368 [3369]) des Schacher in Betracht, die neben die Haftung der GmbH & Co. KG tritt.

2. Prokura

a) Rechtsnatur der Prokura

216. Dogmatische und historische Einordnung [G]

Wie ist die Prokura dogmatisch einzuordnen und woher stammt sie?

Die **Prokura** ist eine **rechtsgeschäftliche Vertretungsmacht** (= Vollmacht) mit **gesetzlich festgelegtem Umfang**. Sie hat ihren Ursprung im ADHGB und ist vom HGB nahezu unverändert übernommen worden.

217. Prokura und Arbeitsverhältnis [G]

Wodurch unterscheidet sich die Prokura von dem Arbeitsverhältnis, auf dessen Grundlage der Prokurist tätig wird?

Seit einem grundlegenden Zeitschriftenbeitrag von *Laband* (ZHR 10 [1868], 178 [183]) pflegt man **Vertretungsmacht und Außenverhältnis** dem **Dienstvertrags- und Innenverhältnis** gegenüberzustellen. Diese Unterscheidung ermöglicht es, dass sich ein Dritter um Beschränkungen der Vertretungsmacht im Innenverhältnis nicht zu kümmern braucht und insbes. nicht das Risiko trägt, ob ein wirksames Rechtsgeschäft zustande gekommen ist. Allerdings sind die beiden Schlagworte „Außenverhältnis" und „Innenverhältnis", wiewohl allgemein gebräuchlich, nicht sehr präzise: Die Vertretungsmacht entscheidet darüber, was der Bevollmächtigte tun kann; im Innenverhältnis wird geregelt, wie weit er tätig sein darf oder soll.

b) Erteilung der Prokura

218. Prokurist durch Prokurist? [G]

a) Der Prokurist Sander des Einzelhandelsgeschäfts „Möbel Franz Obermeyer e. K." erteilt dem Angestellten Eckert Prokura. Hierzu war Sander von dem Geschäftsinhaber Obermeyer ausdrücklich bevollmächtigt. Als Eckerts Prokura zur Eintragung ins Handelsregister angemeldet wird, lehnt dies der Registerrichter ab. Zu Recht?
b) Unterstellt, Eckerts Prokura wäre in das Handelsregister eingetragen und bekannt gemacht worden, würde dies Dritte in ihrem Vertrauen auf die Prokura schützen?

a) Nach dem eindeutigen Wortlaut des **§ 48 Abs. 1 HGB** kann die **Prokura nur von** dem **Inhaber des Handelsgeschäfts** selbst oder dessen gesetzlichem Vertreter **erteilt** werden. Ein Prokurist oder ein sonstiger Bevollmächtigter kann selbst dann keine Prokura erteilen, wenn er hierzu ausdrücklich bevollmächtigt ist. Das Gesetz trägt mit dieser Regelung der bedeutsamen Stellung und den umfangreichen Befugnissen eines Prokuristen Rechnung. Die Ablehnung durch den Registerrichter erfolgt also zu Recht.

b) Die Erteilung der Prokura ist gem. § 53 Abs. 1 S. 1 HGB eine eintragungspflichtige Tatsache. Bei einer unrichtigen Bekanntmachung könnten sich Dritte, denen das Nichtbestehen der Prokura unbekannt war, somit gem. **§ 15 Abs. 3 HGB** auf die positive Publizität des Handelsregisters (s. näher Frage 94 lit. c) berufen.

219. Aufspielen als Prokurist [G]

Der Einzelkaufmann Franz Obermeyer beobachtet über längere Zeit hinweg, dass sein Angestellter Schmitt sich gegenüber Kunden als Prokurist aufspielt und Geschäftsbriefe mit dem einem Prokuristen vorbehaltenen Zusatz „ppa." (*per procura*) unterzeichnet. Trotzdem schreitet Obermeyer hiergegen nicht ein, da Schmitt bisher äußerst vorteilhafte Geschäfte getätigt hat. Als Schmitt später einen ungünstigen Vertrag abschließt, verweigert Obermeyer die Vertragserfüllung mit dem Hinweis, er habe Schmitt keine Prokura erteilt und es fehle im Übrigen an einer Eintragung im Handelsregister. Wird Obermeyer hiermit Erfolg haben?

a) Belanglos ist zunächst, dass die Erteilung der Prokura entgegen **§ 53 Abs. 1 S. 1 HGB** nicht zur **Eintragung** in das Handelsregister angemeldet wurde: Diese Eintragung hat nur **deklaratorische Wirkung** (vgl. Frage 81), sodass die Prokura unabhängig hiervon entstehen kann.

b) Jedoch ist Schmitt deshalb nicht Prokurist geworden, weil eine **Prokuraerteilung** gem. § 48 Abs. 1 HGB **nur ausdrücklich** erfolgen kann. Hierfür genügt nicht, dass Obermeyer, wenn auch über längere Zeit, das Auftreten des Schmitt als Prokurist stillschweigend duldete; eine **Duldungsprokura gibt es nicht.**

c) Indem Obermeyer das Auftreten des Schmitt als Prokurist widerspruchslos hinnahm, hat er diesem jedoch entweder **stillschweigend** eine **Handlungsvollmacht** nach § 54 HGB erteilt **oder** muss sich zumindest entsprechend den Grundsätzen der **Duldungsvollmacht** behandeln lassen. Sofern sich der Vertrag innerhalb des durch eine solche Vollmacht gedeckten Geschäftskreises hielt, ist Obermeyer demnach zur Erfüllung verpflichtet.

220. Wer kann Prokurist sein? [G]

Die A & B OHG bestellt zu ihrem Prokuristen:
a) den geschäftsführenden Gesellschafter A.
b) den nichtgeschäftsführenden Gesellschafter B.
c) den stillen Gesellschafter C.
d) die X-GmbH.
Wird der Registerrichter die beantragten Eintragungen vornehmen?

a) Grundsätzlich müssen der Inhaber eines Handelsgeschäfts und der Prokurist verschiedene Personen sein, da niemand sich selbst vertreten kann.

Dem **geschäftsführenden Gesellschafter** A kann **keine Prokura** erteilt werden, weil er gem. §§ 125 Abs. 1, 126 Abs. 1 HGB bereits über eine umfassende organschaftliche Vertretungsmacht verfügt. Gleiches gilt für die Vorstandsmitglieder einer AG (§§ 78 Abs. 1 S. 1, 82 Abs. 1 AktG) und die Geschäftsführer einer GmbH (§§ 35 Abs. 1 S. 1, 37 Abs. 2 S. 1 GmbHG).

b) Die Zulässigkeit einer Bestellung des B zum Prokuristen ist zweifelhaft, wird aber von der hM bejaht (vgl. BGH NJW 1959, 2114 [2116]; *Hopt* in: Baumbach/Hopt, HGB, § 48 Rn. 2). Da ein persönlich haftender Gesellschafter einer OHG gem. § 125 Abs. 1 HGB von der Vertretung ausgeschlossen werden kann, ist ein praktisches Bedürfnis denkbar, dem **von der organschaftlichen Vertretung ausgeschlossenen Gesellschafter** die begrenztere Vertretungsmacht eines **Prokuristen** nach den §§ 49 und 50 HGB einzuräumen. Unsicherheiten beugt der jeweilige (Pflicht-) Eintrag sowohl des Ausschlusses der Vertretungsmacht als auch der Erteilung der Prokura in das Handelsregister vor.

c) Gegen die Bestellung der Person eines **stillen Gesellschafters** zum **Prokuristen** bestehen keine Bedenken. Den Stillen kennt man nicht.

d) Die Erteilung einer Prokura an eine **juristische Person** ist nach hM **ausgeschlossen**. Das Gesetz geht mit dem Grundsatz der Unübertragbarkeit der Prokura und dem jederzeitigen Widerrufsrecht (§ 52 Abs. 1 und 2 HGB) von einem besonderen Vertrauensverhältnis zwischen Unternehmer und Prokurist als einer Person „aus Fleisch und Blut" aus.

---

221. Wer kann Prokura erteilen? [G]

a) Kleingewerbetreibender Klein erteilt seinem einzigen Mitarbeiter Hilfreich „Prokura". Wirksam?

b) Rechtsanwalt Meister erteilt seiner Referendarin Rührig „Prokura". Wirksam?

---

a) Nach **§ 48 Abs. 1 HGB** finden die Vorschriften über die **Prokura nur** auf **Kaufleute** Anwendung. Bezeichnet ein Nichtkaufmann eine von ihm erteilte Vollmacht als „Prokura", so ist diese Erklärung nichtig. In Betracht kommt aber eine **Umdeutung** gem. § 140 BGB in eine **Handlungsvollmacht**, da § 54 HGB nach hM analog auch für Kleingewerbetreibende gilt (vgl. *Hopt* in: Baumbach/Hopt, HGB, § 54 Rn. 6).

b) Da Meister weder Kaufmann ist noch als Freiberufler ein Gewerbe betreibt (vgl. Frage 42), scheiden Prokura und Handlungsvollmacht aus. In der Regel wird die Erklärung aber in eine **bürgerlich-rechtliche Bevollmächtigung** umzudeuten sein.

c) Arten der Prokura

---

222. Einer von Zweien [G]

Die Mietwagen Merz GmbH, Zweigniederlassung Köln, erteilt Sander und Eckert Prokura. Im Handelsregister wird eingetragen: „Gesamtprokuristen: Gerhard Sander, Köln; Heinz Eckert, Köln, jeder in Gemeinschaft mit einem Prokuristen". Sander verkauft einen Firmenwagen und täuscht den Käufer über dessen Kilometerleistung. Eckert, der von der Angelegenheit später erfährt, ist stillschweigend einverstanden. Der Käufer ficht den Vertrag an, kurze Zeit nachdem er von der Täuschung erfahren hat, und will den Wagen zurückgeben. Eckert nimmt diese Erklärung in Empfang, spricht jedoch mit niemandem von der Sache. Nach Ablauf eines Jahres erhebt der Käufer Klage gegen die GmbH, die sich auf die Ausschlussfrist des § 124 Abs. 1 BGB beruft.

a) Ist die GmbH Vertragspartnerin geworden?

b) Hat der Käufer rechtzeitig angefochten?

a) Die Prokura ist Sander und Eckert gem. **§ 48 Abs. 2 HGB** gemeinschaftlich erteilt worden, sodass sie nur zusammen vertretungsbefugt sind. Mehrere **Gesamtprokuristen** brauchen aber nicht gleichzeitig tätig zu werden; sie können auch nacheinander handeln. Die Wirksamkeit des Verkaufs scheitert mithin nicht daran, dass Sander die GmbH nach außen allein vertrat. Es wird bei der **Aktivvertretung** allgemein für **ausreichend** erachtet, wenn der andere Gesamtprokurist eine **interne Genehmigung**, selbst durch schlüssiges Verhalten, abgibt (vgl. RGZ 101, 342 [343]).

b) Die Käuferanfechtung konnte wirksam durch Erklärung an Eckert erfolgen. Bei der **Passivvertretung** genügt in **Analogie zu § 125 Abs. 2 S. 3 HGB**, dass einer der Gesamtprokuristen die Willenserklärung entgegennimmt (vgl. RGZ 53, 227 [231]; OLG München BB 1972, 113 [114]). Der Käufer hat damit die Jahresfrist des § 124 Abs. 1 BGB gewahrt.

223. Echte versus unechte Gesamtprokura [G]

Was versteht man unter echter, was unter unechter Gesamtprokura?

a) Bei der **echten Gesamtprokura** ist jeder Prokurist nur zusammen mit einem von mehreren oder allen anderen Prokuristen vertretungsberechtigt (vgl. Frage 222). Sie kann auch in der Weise vereinbart werden, dass von einer Mehrzahl von Prokuristen jeweils nur zwei bestimmte Personen zusammen handeln können **(Gruppenprokura)** oder dass ein Gesamtprokurist nur zusammen mit einem Einzelprokuristen vertretungsberechtigt ist **(halbseitige Gesamtprokura)**. Der Gesamtprokura entspricht im Gesellschaftsrecht die Gesamtvertretung.

b) Von **unechter (gemischter) Gesamtprokura** spricht man, wenn ein Prokurist nur zusammen mit Personen zur Vertretung berechtigt ist, deren Vertretungsbefugnis auf einer Organstellung beruht (Vorstand, Geschäftsführer, vertretungsberechtigter Gesellschafter; vgl. sogleich Frage 224 lit. a). Der Prokurist bleibt auch in diesem Fall bloßer Bevollmächtigter. Es erweitert sich jedoch der sachliche Umfang der Vertretungsmacht insofern, als dass der Prokurist gemeinsam mit dem organschaftlichen Vertreter alle Geschäfte abschließen kann, die von der organschaftlichen Vertretungsmacht gedeckt sind (*K. Schmidt*, HandelsR, § 16 Rn. 47).

224. Mitwirkungserfordernisse [V]

Ist die Bindung der Prokura des Prantl an die Mitwirkung folgender Personen zulässig:
a) Prantl zusammen mit einem zur Gesamtvertretung berechtigten Gesellschafter?
b) Prantl zusammen mit einem Kommanditisten einer KG?
c) Prantl zusammen mit einem Handlungsbevollmächtigten?
d) Prantl zusammen mit dem Inhaber des Handelsgeschäfts?

a) Aus § 48 Abs. 2 HGB folgt nicht, dass die Prokura nur an mehrere Prokuristen gemeinschaftlich erteilt werden kann. Vielmehr ist aus § 125 Abs. 3 HGB, § 78 Abs. 3 AktG, § 25 Abs. 2 GenG zu folgern, dass auch umgekehrt die Vertretungsbefugnis eines Prokuristen von der Mitwirkung eines organschaftlichen Vertreters abhängig gemacht werden kann (vgl. BGH NJW 1987, 841 [841 f.]). Die Gestaltung ist also zulässig.

b) Die Vertretungsmacht eines Prokuristen kann nicht von der Mitwirkung einer Person abhängen, die selbst keine Vertretungsbefugnis hat. Der Kommanditist ist jedoch gem. § 170 HGB von der Vertretung der Gesellschaft ausgeschlossen. Demnach müsste die Gesellschaft dem Kommanditisten erst Prokura erteilen, um eine (echte) Gesamtprokura mit Prantl herbeizuführen.

c) Der Umfang der Handlungsvollmacht ist gegenüber der Prokura geringer, sodass in dieser Bindung eine gem. § 50 Abs. 1 HGB unwirksame Beschränkung der Prokura liegt (vgl. BGH BB 1964, 151). Das gilt allerdings nur im Verhältnis zu Dritten. Intern kann der Geschäftsinhaber die Befugnisse durchaus derart ausgestalten.

d) Eine Gesamtprokura setzt voraus, dass mehrere Vollmachtnehmer zusammenwirken, und nicht – wie hier – ein Vollmachtnehmer und der Vollmachtgeber, weil sich niemand selbst vertreten kann (vgl. BayObLG NJW 1998, 1161).

d) Umfang der Prokura

225. Wohnzimmer- versus Küchenmöbel [G]

Der Prokurist Karl Sander der „Küchenmöbel Alno GmbH" kauft während der Abwesenheit des Alleingesellschafters und Geschäftsführers Fritz Alno einen größeren Posten Wohnzimmermöbel. Als Alno nach längerer Zeit zurückkehrt, ist er der Ansicht, alle mit den Wohnzimmermöbeln zusammenhängenden Geschäfte hätten außerhalb der Vertretungsbefugnis des Sander gelegen. Zu Recht?

Gemäß **§ 49 Abs. 1 HGB** ist der Prokurist zu allen Arten von Geschäften und Rechtshandlungen ermächtigt, die der Betrieb eines Handelsgeschäfts mit sich bringt. Dabei ist er nicht auf branchenübliche Geschäfte beschränkt, sondern kann alle Geschäfte vornehmen, die überhaupt **zum Betrieb „irgendeines" Handelsgeschäfts** gehören. Ob sie sich noch im Rahmen des Unternehmensgegenstands der

GmbH (§ 3 Abs. 1 Nr. 2 GmbHG) halten, ist ohne Belang. Die Geschäfte lagen also nicht außerhalb der Vertretungsmacht des Sander.

226. Grundstücksgeschäfte [G]

Die Weber & Terres Gasheizungsbedarf GmbH, die vor allem mit Zubehörteilen für Gasheizungen handelt, bestellt Siegfried Krüger zum Prokuristen. Ist der Prokurist ohne besondere Ermächtigung berechtigt, im Namen der Firma
a) ein Geschäftsgrundstück zu verkaufen?
b) ein Grundstück für Geschäftszwecke zu erwerben?
c) zur Absicherung des Kaufpreises dem Verkäufer eine Restkaufpreishypothek zu bestellen?

a) Gemäß **§ 49 Abs. 2 HGB** bedarf der Prokurist zur „Veräußerung" und Belastung von Grundstücken einer besonderen Ermächtigung. Diese Beschränkung der Vertretungsmacht eines Prokuristen wird man aufgrund einer teleologischen Extension **auch** auf die zugrunde liegenden **Verpflichtungsgeschäfte** erstrecken müssen.

b) Zum Betrieb eines Handelsgeschäfts gehören auch der Kauf und Erwerb von Geschäftsgrundstücken; diese sind nach dem eindeutigen Wortlaut des § 49 Abs. 2 HGB nicht von der Vertretungsmacht eines Prokuristen ausgenommen.

c) Zwar ist ein Prokurist gem. § 49 Abs. 2 HGB grundsätzlich nicht zur **Belastung von Grundstücken** ermächtigt. Trotzdem kann er anlässlich eines Grundstückserwerbs eine **Restkaufpreishypothek** bestellen, weil es sich insoweit nur um eine **Erwerbsmodalität** handelt; wirtschaftlich erwirbt er ja nur ein belastetes Grundstück.

227. Inhaltliche Beschränkung [G]

Die Weber & Terres Gasheizungsbedarf GmbH hat bei der Prokuraerteilung ausdrücklich ausgeschlossen, dass Krüger die GmbH in Grundstücksangelegenheiten vertreten darf. Diese Beschränkung der Prokura ist im Handelsregister eingetragen und bekannt gemacht worden. Nachdem Krüger gleichwohl namens der GmbH ein Grundstück erworben hat, verweigert die GmbH die Zahlung des Kaufpreises.
Mit Recht?

Eine **Beschränkung** des in § 49 HGB festgesetzten Umfangs der Prokura ist **gem. § 50 Abs. 1 HGB jedem Dritten gegenüber unwirksam**. Die Beschränkung durfte daher nicht in das Handelsregister eingetragen werden; die unzulässige Eintragung heilt nicht. Krüger galt vielmehr beim Vertragsschluss als bevollmächtigt, den Kaufvertrag im Namen der GmbH abzuschließen. Die GmbH kann folglich die Erfüllung des Kaufvertrags nicht verweigern. Allerdings hat sie im Innenverhältnis gegen Krüger einen Anspruch aus dem Arbeitsvertrag auf Befreiung von dieser weisungswidrig eingegangenen Verbindlichkeit und auf Ersatz weiteren Schadens.

228. Vom Weinhändler zum Bankier? [G]

In dem Lehrbuch des Göttinger Handelsrechtlers *Heinrich Thöl* (Das Handelsrecht, Band 1, 6. Aufl. 1879, § 56, 2) findet sich folgendes Beispiel, das zum Zitatenschatz des Handelsrechts gehört: „Ein Weinhändler, von einer Reise zurückkehrend, kann sich als Bankier wiederfinden." Ist damit der Umfang einer Prokura nach heutigem Verständnis zutreffend umschrieben?

Richtigerweise liegen **Grundlagen- und Strukturentscheidungen außerhalb** der gesetzlich umschriebenen **Vertretungsmacht eines Prokuristen.** Das trifft auch – wie hier – auf eine Änderung des Unternehmensgegenstands zu. Die Umschreibung entspricht also nicht dem heutigen Verständnis.

Beachte: Eine ähnliche Beschränkung der Vertretungsmacht ist auch im Rahmen des § 126 HGB für Grundlagengeschäfte anerkannt (vgl. *Roth* in: Baumbach/Hopt, HGB, § 126 Rn. 3, sowie BGH NJW 1995, 596: Verpflichtung zur Geschäftsveräußerung einer KG).

229. Zahlreiche Maßnahmen [G]

Prahlhans sonnt sich im Glanze seiner soeben erhaltenen Prokura:
a) Er erteilt seinem Neffen eine Unterprokura und unterzeichnet die Jahresbilanz.
b) Er ändert den Firmennamen und verpachtet das Geschäft.
c) Er verlegt den Unternehmenssitz in ein vornehmeres Stadtviertel.
d) Er errichtet Zweigniederlassungen iSd §§ 13 ff. HGB.
Liegen diese Maßnahmen im Rahmen seiner Kompetenz?

a) Sowohl die **Prokuraerteilung** (§ 48 Abs. 1 HGB) als auch die **Unterzeichnung des Jahresabschlusses** (§ 245 HGB) sind **höchstpersönliche Rechtsgeschäfte**, die dem Prinzipal vorbehalten bleiben und somit außerhalb der Kompetenz des Prokuristen liegen.

b) Beide Maßnahmen sind ebenso wie die Änderung des Unternehmensgegenstandes (vgl. Frage 228) als **Grundlagenentscheidungen** anzusehen, die von § 49 Abs. 1 HGB nicht mehr gedeckt werden. Als nicht mehr zum „Betrieb eines Handelsgewerbes" zugehörig gelten weiter: die Einstellung oder Veräußerung des Handelsgeschäfts (vgl. BGH BB 1965, 1373 [1374]), die Neuaufnahme eines Gesellschafters und die Stellung des Antrags auf Eröffnung des Insolvenzverfahrens.

c) Das ist umstritten. Zum Teil wird die **Sitzverlegung** als Maßnahme angesehen, die der Betrieb eines Handelsgeschäfts mit sich bringen kann (vgl. *Canaris*, HandelsR, § 12 Rn. 14; *Hopt* in: Baumbach/Hopt, HGB, § 49 Rn. 1); andere ordnen sie als Grundlagengeschäft ein (vgl. *Roth* in: KKRM, HGB, § 49 Rn. 2; *K. Schmidt*, HandelsR, § 16 Rn. 30).

d) Nach überwiegender Auffassung deckt § 49 Abs. 1 BGB die **Errichtung von Zweigniederlassungen** (vgl. *Hopt* in: Baumbach/Hopt, HGB, § 49 Rn. 1; aA *K. Schmidt*, HandelsR, § 16 Rn. 30).

230. Anmeldung zum Handelsregister [V]

Kann Prahlhans im vorigen Fall die Errichtung der Zweigniederlassung selbst zum Handelsregister anmelden?

Der Prokurist vertritt den Prinzipal auch beim Handelsregister, wenn der anmeldungspflichtige Akt – wie hier – von § 49 Abs. 1 HGB gedeckt wird (vgl. BGH NJW 1992, 975). Anders verhält es sich hingegen bei Grundlagenentscheidungen, die dem Prinzipal vorbehalten sind (vgl. Frage 229 lit. b).

e) Erlöschen der Prokura

231. Widerruf [G]

Prokurist Krüger überwirft sich mit dem Geschäftsführer der GmbH. Schon nach wenigen Wochen kommt es zu emotional aufgeladenen Meinungsverschiedenheiten mit der Folge, dass der Geschäftsführer die Prokura widerruft.
a) Kann er das?
b) Ist damit auch Krügers schuldrechtliches Dienstverhältnis beendet?

a) Die **Prokura** ist nach **§ 52 Abs. 1 HGB** ohne Rücksicht auf das der Erteilung zugrunde liegende Rechtsverhältnis **jederzeit widerruflich**. Der Geschäftsführer der GmbH ist trotz § 46 Nr. 7 GmbHG befugt – und zwar auch im Innenverhältnis –, eine Prokura selbständig zu widerrufen. Eine entgegenstehende Vereinbarung mit dem Prokuristen wäre wirkungslos. Wegen des Umfangs der Prokura und der Unbeschränkbarkeit der Vertretungsmacht ermöglicht § 52 Abs. 1 HGB einen jederzeitigen Vertrauensentzug.

b) Das ist keineswegs sicher. Die abstrakte Vertretungsbefugnis eines Prokuristen und sein schuldrechtlicher Anstellungsvertrag verlaufen nicht notwendig parallel. Ob der Entzug der Prokura einen **wichtigen Kündigungsgrund** für den Geschäftsherrn abgibt, wird sich nur anhand des konkreten Falles nach **§ 626 BGB** beantworten lassen; ein Widerruf der Prokura wegen Meinungsverschiedenheiten über die Zweckmäßigkeit gewisser Geschäfte wird in der Regel keine fristlose Kündigung des Dienstverhältnisses aus wichtigem Grund tragen.

232. Prokura eines Kommanditisten [V]

Angenommen, Krüger ist Kommanditist einer GmbH & Co. KG und kann sich auf eine Vereinbarung zur Prokuraerteilung im Gesellschaftsvertrag stützen. Ist ein jederzeitiger Widerruf seiner Prokura auch dann noch möglich?

In einem solchen Fall ist sorgfältig zwischen Außen- und Innenverhältnis zu unterscheiden. Mit Wirkung nach außen kann eine dem Kommanditisten als Vorzugs- oder Sonderrecht erteilte Prokura jederzeit durch einfache Erklärung widerrufen werden. Im Innenverhältnis bedarf es dazu aber eines wichtigen Grundes entsprechend §§ 117, 127 HGB (vgl. BGH NJW 1955, 1394 [1394 f.]).

233. Vergessener Widerruf [G]

Krüger kündigt seinen Anstellungsvertrag mit der GmbH. Die Geschäftsführer vergessen, die Prokura ausdrücklich zu widerrufen. Ist Krüger noch Prokurist der GmbH?

Die Abstraktheit der Prokura vom zugrunde liegenden Rechtsverhältnis betrifft nur die Entstehungsgrundlage. An das **Erlöschen des Grundverhältnisses** (zB durch Beendigung des Dienstvertrags) knüpft **§ 168 S. 1 BGB** das **Erlöschen der Prokura**. Krüger ist also nicht mehr Prokurist der GmbH. Allerdings kann sich die GmbH gutgläubigen Dritten gegenüber nach **§§ 15 Abs. 1, 53 Abs. 2 HGB** nicht auf das Erlöschen der Prokura berufen, solange es nicht im Handelsregister eingetragen ist (vgl. Frage 101).

Beachte Weitere Erlöschensgründe sind ua: Widerruf (§ 52 Abs. 1 HGB), Betriebseinstellung, Eröffnung des Insolvenzverfahrens über das Vermögen des Inhabers (§ 117 Abs. 1 InsO), Tod des Prokuristen. Im Falle der Eröffnung des Insolvenzverfahrens ist zu beachten, dass das Erlöschen der Prokura weder vom Insolvenzverwalter zur Eintragung in das Handelsregister anzumelden noch von Amts wegen einzutragen ist, denn für den Rechtsverkehr ist das Erlöschen der Prokura mit der Eintragung der Auflösung der Gesellschaft ausreichend dokumentiert (LG Halle ZIP 2004, 2294 [2295]; *Ott/Vuia* in: MüKoInsO, § 117 Rn. 7).

234. Unternehmensveräußerung [G]

Mohn veräußert seine als Einzelhandelsgeschäft betriebene Druckerei an den bekannten Verleger Delmonte, der diese unter der bisherigen Firma fortführt. Der Angestellte Blattmann, dem seinerzeit von Mohn Prokura erteilt wurde, bestellt nach dem Unternehmensübergang für die Fabrik bei der Robert Hansen KG 8.000 Maschinenputztücher zu einem Gesamtpreis von 3.000 EUR. Die Hansen KG wusste von der Unternehmensübertragung nichts. Muss Delmonte den Kaufpreis zahlen?

Zwar erlosch mit der Unternehmensveräußerung die Prokura, sodass Blattmann den Delmonte an sich nicht verpflichten konnte. Die **Prokura** ist nicht an das Unternehmen, sondern als Ausdruck eines besonderen Vertrauens **an die Person des Unternehmensinhabers geknüpft**. Wechselt der Inhaber, entfällt jedenfalls zunächst diese Vertrauensgrundlage. Daran ändert auch § 613a BGB nichts, denn nach § 52 Abs. 1 HGB ist das Schicksal der Prokura von dem bestehenden Grundverhältnis gerade unabhängig. Dennoch kann sich Delmonte *in casu* nicht auf das Erlöschen der Prokura berufen, weil es nicht gem. § 53 Abs. 2 HGB im Handelsregister eingetragen ist: Die gutgläubige Hansen KG wird über § 15 Abs. 1 HGB geschützt. Delmonte muss folglich den Kaufpreis zahlen.

f) Missbrauch der Prokura

235. Rache eines Prokuristen [G]

Prokurist Prinz sinnt nach einer verweigerten Gehaltserhöhung auf Rache: Namens seines Geschäftsherrn, des Autohändlers König, verkauft er einen nagelneuen Mercedes zu einem „Freundschaftspreis" von 10.000 EUR an seinen Freund Herzog, dem die Pflichtwidrigkeit von Prinzens Verhalten nicht verborgen bleibt. Kann König, der Prinz noch vor der Auslieferung des Fahrzeugs auf die Schliche kommt, die Erfüllung des Kaufvertrags verweigern?

a) An sich berührt die interne Pflichtwidrigkeit des Prokuristenhandelns die Wirksamkeit des Vertretergeschäfts nicht: Das Risiko eines Vollmachtmissbrauchs durch den Prokuristen liegt, wie § 50 Abs. 1 HGB belegt, beim Vollmachtgeber. Von dieser Grundregel macht die **Lehre vom Missbrauch der Vertretungsmacht** eine Ausnahme. Wiewohl im Allgemeinen Teil des BGB beheimatet, liegt ihr Hauptanwendungsbereich im Handels- und Gesellschaftsrecht. Hier haben wir einen Sachverhalt vor uns, der über alle Streitfragen in Rechtsprechung und Lehre erhaben ist: Prinz hat bewusst zum Nachteil des König gehandelt, und Herzog wusste dies.

b) Welche **Rechtsfolgen** beim Missbrauch der Vertretungsmacht eingreifen, ist Gegenstand eines bekannten Meinungsstreits: Die hergebrachte Auffassung stützt sich auf § 242 BGB (vgl. BGH NJW 1968, 1379 [1381]); eine Gegenansicht wendet die §§ 177 ff. BGB analog an (vgl. *Oetker*, Handelsrecht, 7. Aufl. 2015, § 5 Rn. 43). Bei Lichte besehen sind beide Auffassungen (halb-)richtig: dass die interne Pflichtwidrigkeit ausnahmsweise Außenwirkung hat, lässt sich aus § 242 BGB herleiten; die Rechtsfolgen bestimmen sich in Analogie zu den §§ 177 ff. BGB. König muss daher nicht liefern.

236. Freundschaftsdienste [G]

a) Prokurist Prantl, der eine Niederlassung der Privatbank Aufhäuser & Co. KG leitet, gibt zugunsten seines Tennispartners Treulich mehrere Garantieverpflichtungen in Höhe von 8 Mio. EUR gegenüber anderen Banken innerhalb weniger Wochen ab. Die Garantieerklärungen erscheinen auf der Rückseite von für den Auftraggeber bestimmten Durchschriften formularmäßiger Überweisungsvordrucke. Begleitschreiben oder getrennte Anschreiben fehlen. Treulich verschwindet und Prantl ist arm. Kann das Bankhaus Aufhäuser & Co. KG seinen Hals aus der juristischen Schlinge des § 50 Abs. 1 HGB ziehen?
b) Ändert sich die Rechtslage, wenn Prantl überhaupt nur deshalb so eigenmächtig handeln konnte, weil das Bankhaus Aufhäuser & Co. KG ihn schlecht überwacht hatte?

a) Das hängt davon ab, ob vorliegend die **Tatbestandsvoraussetzungen eines Missbrauchs** der Prokura vorliegen.

aa) **Aufseiten des Vertreters** lässt die hM eine Pflichtwidrigkeit des Geschäfts genügen (vgl. BGH DStR 2006, 1515; *K. Schmidt*, HandelsR, § 16 Rn. 73); Die Gegenauffassung verlangt zudem, dass der Vertreter bewusst zum Nachteil des Vertretenen handelt (*Canaris*, HandelsR, § 12 Rn. 37). Im vorliegenden Fall ist der Streit nicht entscheidungserheblich, da von einem derartigen Bewusstsein auszugehen ist.

bb) **Aufseiten des Geschäftsgegners** ergibt sich ein vierfach abgestuftes Bild (dazu *K. Schmidt*, HandelsR, § 16 Rn. 73 ff.): Haben Prokurist und Geschäftsgegner **kollusiv zusammengewirkt**, greifen nach allgemeiner Ansicht die §§ 138, 826 BGB ein. Im Falle **positiver Kenntnis** des Geschäftsgegners vom Missbrauch der Vertretungsmacht ist das Vertretergeschäft nach der hier vertretenen Ansicht analog § 177 Abs. 1 BGB schwebend unwirksam (vgl. Frage 235). Weiterhin wird man bei Formulierungsunterschieden im Einzelnen die Missbrauchslinie bis zur **grob fahrlässigen** Unkenntnis des Geschäftsgegners vom Missbrauch der Vertretungsmacht verlängern können: Manche greifen insoweit auf das Evidenzkriterium zurück (vgl. *Flume*, Allgemeiner Teil des Bürgerlichen Rechts, 2. Band: Das Rechtsgeschäft, 4. Aufl. 1992, § 45 II 3, S. 790 f.); die Rechtsprechung spricht davon, dass sich der Missbrauchstatbestand dem Geschäftsgegner geradezu aufdrängen musste (vgl. BGH NJW 1991, 1812 [1813]). **Einfache Fahrlässigkeit** reicht dagegen nach der zutreffenden hM nicht aus, weil anderenfalls der von § 50 Abs. 1 HGB intendierte Verkehrsschutz weithin entwertet würde. Im vorliegenden Fall, der der Leitentscheidung BGH NJW 1968, 1379 nachgebildet ist, sprechen die geschilderten Umstände für ein grob fahrlässiges Verhalten, sodass die Grundsätze vom Missbrauch der Vertretungsmacht eingreifen. Das Bankhaus Aufhäuser & Co. KG muss folglich nicht zahlen.

b) Ja, doch gehen die Auffassungen über die zutreffende Begründung auseinander. Der **Bundesgerichtshof** hat den **Rechtsgedanken des § 254 BGB** herangezogen, um das Missbrauchsrisiko auf beide Parteien zu verteilen (vgl. BGH NJW 1968, 1379 [1381]). Dogmatisch ist dieser Weg indes kaum gangbar, weil § 254 BGB von Schadensersatzansprüchen handelt, während es hier um einen Erfüllungsanspruch geht. Man kann aber ohne Weiteres mithilfe eines Gegenanspruchs der anderen Banken aus *culpa in contrahendo* gem. §§ 280 Abs. 1, 311 Abs. 2, 241 Abs. 2 BGB zum selben Ergebnis kommen (vgl. *Canaris*, HandelsR, § 12 Rn. 42).

3. Handlungsvollmacht

a) Einordnung und Abgrenzung zur Prokura

237. Begriff und Funktion [G]

a) Was versteht man unter einer Handlungsvollmacht?
b) Worin liegt die Funktion des § 54 HGB?

a) Die **Handlungsvollmacht** ist nach der Legaldefinition des **§ 54 Abs. 1 HGB** jede zum oder im Betrieb eines Handelsgewerbes erteilte Vollmacht, die keine Prokura darstellt. Sie spielt im Geschäftsleben eine wichtige Rolle (für Anwendungsbeispiele s. Frage 240).

b) § 54 HGB ist als **Verkehrsschutznorm** konzipiert. Er enthält erstens eine Vermutung hinsichtlich des Umfangs der Handlungsvollmacht (Abs. 1) und formt zweitens den solchermaßen erzeugten Verkehrsschutz als echten Gutglaubensschutz aus (Abs. 3). Seine **praktische Hauptbedeutung** entfaltet er im Zivilprozess als **Beweislastnorm bei unklaren Vertragsverhältnissen.**

---

238. Unterschiede zur Prokura [G]

Worin unterscheiden sich Handlungsvollmacht und Prokura im Hinblick auf
a) den Vollmachtgeber?
b) die Art und Weise ihrer Erteilung?
c) die Eintragung im Handelsregister?
d) ihren abstrakten und konkreten Zuschnitt?
e) ihre Beschränkbarkeit gegenüber Dritten?
f) ihre Widerruflichkeit?

---

a) Während die Prokura nur durch den Geschäftsinhaber persönlich erteilt werden kann und die Erteilung einer „Unterprokura" ausgeschlossen ist, kann eine **Handlungsvollmacht auch durch** einen **Prokuristen** oder Handlungsbevollmächtigten **erteilt** werden. Im Gegensatz zur Prokura (§ 52 Abs. 2 HGB) ist die Handlungsvollmacht nach Maßgabe des § 58 HGB **übertragbar.**

b) Eine Handlungsvollmacht kann **ausdrücklich oder stillschweigend** erteilt werden. Die Rechtsprechung wendet auf sie auch die von der bürgerlich-rechtlichen Vollmacht bekannten Grundsätze der Duldungs- und Anscheinsvollmacht an (vgl. etwa RGZ 102, 295: der Inhaber eines Handelsgeschäfts lässt es zu, dass ein Lehrmädchen telefonisch übermittelte Erklärungen entgegennimmt; ferner BGH NJW 1982, 1389 [1390]).

c) Eine Handlungsvollmacht kann **nicht im Handelsregister eingetragen** werden; für sie gilt § 15 HGB deshalb nicht.

d) Während der Umfang der Prokura gesetzlich festgelegt und gem. § 50 Abs. 1 HGB Dritten gegenüber nicht beschränkbar ist, ermöglicht § 54 Abs. 1 HGB **Handlungsvollmachten mit unterschiedlichem Inhalt und Umfang** (s. näher dazu Frage 240). In jedem Fall berechtigt eine Handlungsvollmacht allerdings nur zur Vornahme solcher Geschäfte oder Rechtshandlungen, „die der Betrieb eines **derartigen** Handelsgewerbes **gewöhnlich** mit sich bringt"; es muss sich also um branchenübliche und nicht ungewöhnlich bedeutungsvolle Geschäfte handeln. Die Prokura deckt dagegen alle Arten von – gewöhnlichen oder außergewöhnlichen – Geschäften ab, die der Betrieb *irgendeines* Handelsgewerbes mit sich bringt (vgl. Frage 225).

e) Während eine Beschränkung der Prokura Dritten gegenüber nach § 50 Abs. 1 HGB – mit Ausnahme der Filialprokura nach § 50 Abs. 3 HGB – grundsätzlich unwirksam ist, **kann** die **Handlungsvollmacht mit Wirkung für das Außenverhältnis beschränkt werden.** Allerdings werden gutgläubige Dritte durch § 54 Abs. 3 HGB geschützt.

f) Anders als eine Prokura, die gem. § 52 Abs. 1 HGB jederzeit widerruflich ist (vgl. Frage 231), kann eine Handlungsvollmacht auch unwiderruflich ausgestaltet werden (s. näher Frage 246).

239. Wer kann eine Handlungsvollmacht erteilen? [G]

Klein hat Hilfreich, dem einzigen Mitarbeiter seines winzigen Eckkiosks, „Handlungsvollmacht" erteilt. Sind auf Hilfreich die §§ 54, 57 f. HGB anwendbar?

Das ist umstritten. Die hergebrachte Auffassung begrenzt die Anwendbarkeit dieser Vorschriften auf Kaufleute (vgl. *Joost* in: Staub, HGB, § 54 Rn. 12); eine vordringende Gegenauffassung wendet sie auf nicht eingetragene Kleingewerbetreibende wegen ihrer Kaufmannsähnlichkeit analog an (vgl. *Hopt* in: Baumbach/Hopt, HGB, § 54 Rn. 6).

b) Arten und Umfang der Handlungsvollmacht

240. Drei Arten [G]

Welche drei Arten der Handlungsvollmacht gibt es?

§ 54 Abs. 1 HGB unterscheidet nach dem Umfang der Vollmacht:

a) die **Generalhandlungsvollmacht**: Sie erstreckt sich auf alle Rechtsgeschäfte, die der gesamte Verkehr eines derartigen Handelsgewerbes gewöhnlich mit sich bringt und wird mitunter als „kleine Schwester der Prokura" bezeichnet (Beispiel: Geschäftsführer eines Kleingewerbetreibenden).

b) die **Arthandlungsvollmacht**: Sie berechtigt zur Vornahme einer bestimmten Art von Geschäften innerhalb eines derartigen Handelsgewerbes (Beispiel: Schalterangestellter einer Bank, Kellner).

c) die **Spezialhandlungsvollmacht**: Sie erstreckt sich lediglich auf die Vornahme einzelner oder sogar eines einzigen zu einem Handelsgewerbe gehörigen Geschäfts (Beispiel: Einzelvollmacht zum Warenankauf auf einer bestimmten Messe).

241. Erwerb eines Grundstücks [G]

Der Handlungsbevollmächtigte Sander kauft im Namen des Einzelhandelskaufmanns Franz Obermeyer ein Grundstück für Geschäftszwecke. Er legt dem Grundbuchamt eine öffentlich beglaubigte Generalvollmacht vor. Wird das Grundbuchamt die beantragten Eintragungen vornehmen?

Die Vollmacht eines Handlungsbevollmächtigten erstreckt sich nur auf Geschäfte, die der Betrieb des betreffenden Handelsgewerbes gewöhnlich mit sich bringt. Ob dies im Einzelfall beim Erwerb eines Grundstücks zutrifft, kann der Grundbuchrichter nicht beurteilen; er wird deshalb vorsichtshalber eine besondere Vollmacht des Geschäftsinhabers für Grundstücksgeschäfte verlangen. Anders liegt es freilich, wenn die notariell beglaubigte Vollmacht erkennen lässt, dass auch Grundstücksgeschäfte vorgenommen werden dürfen.

Beachte: Unter § 54 Abs. 2 HGB fallen nur die Veräußerung und Belastung, nicht aber der Erwerb von Grundstücken.

242. Prozessführung [V]

Der Handlungsbevollmächtigte Sander tritt für sein Unternehmen vor dem Arbeitsgericht Hamburg auf. Kann der Vorsitzende von ihm verlangen, dass er eine Prozessvollmacht beibringt?

Zur **Prozessführung** – ebenso zur Eingehung von Wechselverbindlichkeiten und zur Aufnahme von Darlehen – ist der Handlungsbevollmächtigte gem. **§ 54 Abs. 2 HGB** nur befugt, wenn ihm eine solche Rechtsmacht besonders erteilt ist. Sander muss daher eine Prozessvollmacht beibringen. Er kann dies nicht wie ein Prokurist durch Vorlage eines Handelsregisterauszugs ersetzen, weil die Handlungsvollmacht nicht eintragungsfähig ist (vgl. Frage 238 lit. c).

c) Handlungsvollmacht im Außendienst (§ 55 HGB)

243. Befugnisse I [V]

Gerd Müller handelt mit Staubsaugern und ähnlichen Artikeln. Bei ihm ist ein Fräulein Zart angestellt; sie erhält ein Fixum und Verkaufsprovision. Ihre Aufgabe ist es, mit einem Firmenwagen in Bayern umherzufahren, Staubsauger vorzuführen und sie zu verkaufen. In Bad Tölz erwirbt die Pensionsinhaberin Vreni Bimsgruber einen Staubsauger für 580 EUR. Sie zahlt 200 EUR an und verpflichtet sich zu monatlichen Raten von 38 EUR.
a) Müller will den Kauf nicht gelten lassen. Mit Recht?
b) Am nächsten Tag wird die monatliche Rate auf 19 EUR im Einverständnis mit Fräulein Zart herabgesetzt. Wirksam?
c) Der Staubsauger weist einen unbehebbaren Mangel auf. Als Müller 25 Monate nach Übergabe die Zahlung des Restkaufpreises verlangt, weigert sich Frau Bimsgruber zu zahlen. Mit Recht?
d) Der Staubsauger weist einen unbehebbaren Mangel auf. Drei Monate nach Kaufabschluss erklärt die Bimsgruber der Zart, sie trete vom Kaufvertrag zurück. 25 Monate nach Übergabe schreibt sie dem Müller. Dieser verlangt Vertragserfüllung; die Mängelrüge hält er für verspätet. Kann Müller Zahlung des Restkaufpreises verlangen?

Fräulein Zart ist als **angestellte Handlungsbevollmächtigte im Außendienst** damit betraut, außerhalb des Betriebs ihres Prinzipals Geschäfte in dessen Namen abzuschließen. Sie besitzt gem. **§ 55 HGB** eine gesetzlich umschriebene Handlungsvollmacht, sodass § 54 HGB nur mit Einschränkungen anwendbar ist:

a) Fräulein Zart ist zum Abschluss von Kaufverträgen bevollmächtigt. Zur Vollmacht gehört auch die Vereinbarung des Kaufpreises nach Höhe und Zahlungszeit. Die Ratenvereinbarung war daher dem Prinzipal Müller gegenüber wirksam, nicht dagegen die Annahme der Anzahlung (vgl. **§ 55 Abs. 3 HGB**). Im Einzelfall kann der Kunde freilich durch die Vorschriften über die Anscheinsvollmacht geschützt werden, zB wenn Fräulein Zart eine Quittung der Firma ausfüllte oder die Leistung auf dem Kaufvertrag oder auf der Rechnung bestätigte.

b) Zur nachträglichen Änderung der Ratenhöhe war Fräulein Zart im Zweifel nicht befugt. Sie darf auch keine nachträgliche Stundung gewähren (vgl. **§ 55 Abs. 2 HGB**).

c) Frau Bimsgruber ist nicht selbst Kaufmann, sodass sie den Mangel nicht unverzüglich anzuzeigen brauchte (§ 377 Abs. 1 HGB). Folglich gilt der Staubsauger nicht gem. § 377 Abs. 2 HGB als genehmigt. Frau Bimsgruber kann dem Restkaufpreiszahlungsanspruch die Einrede gem. § 438 Abs. 4 S. 2 BGB entgegensetzen.

d) Der Rücktritt ist weder durch § 377 Abs. 2 HGB ausgeschlossen (vgl. lit. c) noch gem. §§ 438 Abs. 4 S. 1, 218 Abs. 1 BGB unwirksam, weil Frau Bimsgruber den Rücktritt innerhalb von zwei Jahren nach der Übergabe des Staubsaugers gegenüber der Zart erklärt hat. Die Erklärung gegenüber der Zart war ausreichend (vgl. **§ 55 Abs. 4 HGB**). Frau Bimsgruber ist somit wirksam vom Kaufvertrag zurückgetreten. Müller hat keinen Anspruch auf Zahlung des Restkaufpreises.

244. Befugnisse II [V]

Abel ist als festangestellter Handelsvertreter für den Kaufmann Kain tätig. Er ist nur zur Entgegennahme von Bestellungen bevollmächtigt. Der Kauf soll erst durch Kains schriftliche Bestätigung zustande kommen. Mit einem Landwirt, der von diesen Vereinbarungen nichts weiß, schließt Abel nun im Namen Kains einen Kaufvertrag über eine Sämaschine zu einem stark herabgesetzten Vorzugspreis fest ab. Kann der Landwirt auf Lieferung klagen?

Abel ist hier nur zur Entgegennahme von Bestellungen, also von Vertragsangeboten befugt. Schließt er einen Kaufvertrag ab, so handelt er ohne Vertretungsmacht und die Wirksamkeit des Vertrags für und gegen Kain hängt nach § 177 Abs. 1 BGB von dessen Genehmigung ab. Insoweit gibt es keinen Vertrauensschutz, es sei denn, der Geschäftsinhaber müsste für einen (hier ersichtlich nicht) verursachten Rechtsschein einstehen. Die **Genehmigung** gilt nach **§ 75h HGB** als erteilt, wenn der Prinzipal Kain das Geschäft nicht unverzüglich nach Kenntnis von dem wesentlichen Inhalt des Abschlusses ablehnt. Bei rechtzeitiger Verweigerung der Genehmigung kann sich der Landwirt nach § 179 BGB an Abel halten.

Beachte: Heute haben Vertreter regelmäßig keine Abschlussvollmacht, sondern reichen lediglich Kaufanträge beim Geschäftsinhaber ein.

d) Erlöschen der Handlungsvollmacht

245. Maßgebliche Vorschriften [G]

Nach welchen Vorschriften beurteilt sich die Beendigung der Handlungsvollmacht?

Die **Handlungsvollmacht erlischt nach §§ 168–173 BGB**, zB mit dem zugrunde liegenden Rechtsverhältnis, durch Eröffnung des Insolvenzverfahrens (§ 117 Abs. 1 InsO), durch Widerruf bei fortbestehendem Grundverhältnis oder mit Aufgabe des Betriebs.

246. Unwiderrufliche Vollmacht [G]

Der vertrauensselige Werner hat Strietzel eine „unwiderrufliche" Handlungsvollmacht für sein einzelkaufmännisches Schmuckgeschäft erteilt. Strietzel dankt ihm dies durch unüberlegte Ankäufe unverkäuflichen Modeschmucks. Kann Werner die Handlungsvollmacht widerrufen?

Es fehlt eine dem § 52 Abs. 1 HGB entsprechende Vorschrift, sodass der Geschäftsinhaber rechtsgeschäftlich auf sein Recht zum jederzeitigen Widerruf der Handlungsvollmacht verzichten kann. Das **Recht zum Widerruf aus wichtigem Grund** bleibt ihm jedoch stets erhalten (vgl. BGH WM 1971, 956: Nachlassvollmacht) – ein Schuss Rechtspaternalismus zum Schutz vor persönlicher „Selbstentmündigung". Werner kann die Vollmacht somit widerrufen.

4. Stellvertretung durch Ladenangestellte (§ 56 HGB)

247. Zu niedriger Kaufpreis [G]

Der Pelzhändler Fuchs hat in Augsburg ein Ladengeschäft. Die Eheleute Reich suchen einen Pelz und werden von der 17-jährigen Angestellten Emma bedient. Frau Reich wählt einen Pelz aus, deren Preis Emma auf 1.200 EUR beziffert. Nachdem Frau Reich den Kaufpreis bezahlt hat und mit Pelz und Kassenzettel dem Ausgang zustrebt, bemerkt der hinzutretende Fuchs, dass das gute Stück nach seinen Unterlagen eigentlich 2.200 EUR kosten sollte.
a) Ist ein wirksamer Kaufvertrag zwischen Frau Reich und Fuchs zustande gekommen?
b) Kann sich Fuchs mit Erfolg auf ein Versehen Emmas berufen?

a) Die Ladenangestellte Emma war gem. **§ 56 HGB** ermächtigt, im Laden Verkäufe namens und mit Wirkung für und gegen den Geschäftsinhaber abzuschließen. Ihre Minderjährigkeit ist hierfür ohne Belang, da auch ein beschränkt Geschäftsfähiger gem. § 165 BGB Stellvertreter sein kann und nur der Geschäftsinhaber verpflichtet wird. Demnach ist der Pelz für 1.200 EUR verkauft worden.

b) Zwar ist es Fuchs nicht verwehrt, sich auf Willensmängel seiner Ladenangestellten als seiner Vertreterin zu berufen (§ 166 Abs. 1 BGB), doch liegt bei Emma lediglich ein unbeachtlicher Motivirrtum vor, der von § 119 Abs. 1 BGB nicht erfasst wird. Der Preis ist zudem keine Eigenschaft iSv § 119 Abs. 2 BGB, sodass auch kein Eigenschaftsirrtum gegeben ist. Dem Einwand des Fuchs ist daher kein Erfolg beschieden.

248. Der Buchhalter [G]

Hausfrau Hermine will im Lebensmittelgeschäft des Kramer einen größeren Posten Äpfel kaufen. Sie verhandelt mit dem zufällig im Laden erscheinenden Buchhalter Billig, der sie flüchtig kennt und ein Auge auf sie geworfen hat. Er sagt ihr, eben sei eine größere Sendung eingetroffen, die aber noch ausgepackt werden müsse; auch stehe der Preis noch nicht fest. Er werde am Abend mit einigen Proben bei ihr vorbeikommen und dann den Preis nennen. Frau H kauft am Abend jeweils einen Zentner Gravensteiner und Boskop für 20 EUR. Am nächsten Morgen ruft Kramer bei ihr an und sagt, so billig könne und müsse er die Äpfel nicht liefern:
a) Sie habe die Äpfel erst in ihrer Wohnung gekauft,
b) außerdem sei B nicht Verkäufer, sondern nur Buchhalter.
Wie ist die Rechtslage?

a) Nach § 56 HGB gilt jeder, der in einem Laden oder einem offenen Warenlager angestellt ist, als zu Verkäufen und zu Empfangnahmen ermächtigt, die in einem derartigen Laden oder Warenlager gewöhnlich geschehen. Dass der Vertrag in dem Laden abgeschlossen wird, verlangt das Gesetz nicht. Es genügt, wenn dort nur der einleitende Kontakt stattgefunden hat und der Vertrag erst in Hermines Wohnung zustande kommt. Beide Abschnitte stehen in so engem Zusammenhang, dass sie als einheitlicher Vorgang aufgefasst werden können. **Ladenangestellte** gelten also auch als **ermächtigt, die im Laden angebahnten Geschäfte** endgültig **zu verwirklichen**. Die erste Einwendung ist folglich unbegründet (vgl. auch RGZ 108, 48 [49]).

b) Nicht alle Angestellten des Geschäftsherrn gelten als ermächtigt, gewöhnliche Verkäufe abzuschließen. **Unanwendbar** ist **§ 56 HGB** insbes. auf das **Reinigungspersonal, Packer** oder **in der Buchführung beschäftigte Personen** (vgl. *Roth* in: KKRM, HGB § 56 Rn. 4). Fehlt es an einer Anstellung kraft Funktionszuweisung, könnten allenfalls die allgemeinen Rechtsscheinsgrundsätze (Duldungs- oder Anscheinsvollmacht) eingreifen, für die hier aber keine Anhaltspunkte vorliegen. Der zweite Einwand greift also durch.

249. An- statt Verkauf [G]

Flink ist bei dem Autohaus Blitz, einem Opel-Vertragshändler, als Verkäufer angestellt und dazu bevollmächtigt, Gebrauchtfahrzeuge eines Kunden im Fall des gleichzeitigen Verkaufs eines Neu- oder Gebrauchtfahrzeugs anzukaufen. Flink und der Kunde Schmidt unterzeichnen auf dem Betriebsgelände ein

Vertragsformular, wonach Schmidt seinen gebrauchten Opel Omega 3000 zum Preis von 12.500 EUR an das Autohaus Blitz verkauft. Dieses will den Kaufvertrag nicht gegen sich gelten lassen. Zu Recht?

Flink besaß keine rechtsgeschäftliche Vertretungsmacht zum isolierten Fahrzeugankauf. Er könnte aber gem. § 56 HGB kraft Gesetzes zur Vornahme dieses Rechtsgeschäfts ermächtigt gewesen sein: Als Angestellter des Autohauses Blitz hat er auf dessen Betriebsgelände einen Vertrag abgeschlossen. **Zweifelhaft** ist indessen, **ob § 56 HGB**, der ausdrücklich nur von „Verkäufen" handelt, auch **für den Ankauf von Waren** gilt. Obwohl „Verkäufe" untechnisch gemeint ist (*Hopt* in: Baumbach/ Hopt, HGB, § 56 Rn. 4), überschreitet eine solche Lesart die Grenzen des sprachlich möglichen Wortsinns und ist auch weder durch die Entstehungsgeschichte der Vorschrift noch durch den Gesetzeszusammenhang veranlasst (vgl. BGH NJW 1988, 2109). Ebenso wenig kommt eine analoge Anwendung in Betracht, weil eine Vollmacht für den Warenankauf weitaus seltener anzutreffen ist und es daher an der erforderlichen Verkehrstypizität fehlt (vgl. BGH NJW 1988, 2109 [2110]). Daher muss das Autohaus Blitz den Kaufvertrag nicht gegen sich gelten lassen.

250. Zahlung [V]

a) Die König GmbH betreibt einen Elektrogroßhandel, verkauft in einem kleinen Verkaufsraum im Erdgeschoss aber auch an Privatkunden. Ihr Angestellter Anders ist als Verkaufssachbearbeiter für den Großhandel in einem Büro im ersten Stock tätig, hilft gelegentlich aber auch im Verkaufsraum aus. Eines Tages bedient er dort den Bergmann, der eine Stereoanlage erwirbt und den Kaufpreis in bar zahlt. Anders behält das Geld für sich. Die König GmbH verlangt nun von Bergmann nochmalige Zahlung, weil Anders keine Inkassovollmacht besitzt. Zu Recht?

b) Ändert sich die Rechtslage, wenn die König GmbH ein Warenhaus betreibt und Bergmann dem Anders das Geld in der Elektroabteilung überreicht hat, obwohl dort ein gut sichtbares Schild „Zahlung nur an der Kasse" angebracht war?

a) Der kleine Verkaufsraum im Erdgeschoss ist als **„Laden"** iSd § 56 HGB anzusehen, in dem Verkäufe an Privatkunden abgewickelt werden. Weiterhin übt Anders dort gelegentlich mit Wissen und Wollen der König GmbH Verkaufstätigkeiten aus, sodass er zu den **„Angestellten"** im Normsinne gehört, auch wenn er hauptsächlich Großhandelsgeschäfte im ersten Stock anbahnt. Bei einer engeren Auslegung würde der durch § 56 HGB angestrebte Kundenschutz ausgehöhlt. Bergmann kann sich vorliegend folglich auf **§ 56 HGB** berufen (vgl. auch BGH NJW 1975, 2191).

b) Der von § 56 HGB vorausgesetzte **Scheintatbestand** und die damit begründete Vermutung können **durch einen klaren Hinweis** des Geschäftsinhabers **zerstört** werden (vgl. OLG Düsseldorf NJW-RR 2009, 1043 [1044]). Ein gut sichtbares Schild „Zahlung nur an der Kasse" ist hierfür ausreichend (*Hopt* in: Baumbach/ Hopt, HGB, § 56 Rn. 5) Je nach den Umständen wird auch das Vorhandensein einer sichtbaren Kasseneinrichtung für sich allein genügen können, die Ermächtigung sonstiger Angestellter zur Empfangnahme von Zahlungen auszuschließen (vgl. OLG Karlsruhe MDR 1980, 849 [850], wo allerdings aufgrund des Einzelfalls Zahlungen eines langjährigen Lieferanten an den Filialleiter eines Supermarktes Befreiungswirkung nach § 56 HGB zuerkannt wurde).

251. Zu wessen Lasten findet § 56 HGB Anwendung? [V]

Hilfreich geht dem Klein an jedem Samstag in dessen winzigem Eckkiosk zur Hand. Im Übereifer veräußert er auch einen von Starlet handsignierten Wandkalender, den Klein für seinen Stammkunden Treulich reserviert hatte. Ist das Geschäft wirksam?

Zwar stellt sich § 56 HGB als besondere Ausgestaltung der Handlungsvollmacht dar, die ihrerseits über das Handelsgewerbe definiert wird (§ 54 HGB). Eine unmittelbare Anwendung der Vorschrift auf Kleingewerbetreibende scheidet daher aus. Nach hM, die auch in den Gesetzesmaterialien zum HRefG eine Stütze findet, ist sie aber auf diesen Personenkreis analog anzuwenden (vgl. *Hopt* in: Baumbach/Hopt, HGB, § 56 Rn. 1).

VII. Handelsvertreter und andere Absatzformen

1. Handelsvertreter

a) Wirtschaftliche und rechtliche Grundlagen

252. Vertriebswege [G]

a) Wie fügt sich der Handelsvertreter in das wirtschaftliche System der Vertriebswege ein?
b) Wovon hängt die unternehmerische Entscheidung über den Vertriebsweg ab?

a) Betriebswirtschaftlich lassen sich **drei Grundtypen von Vertriebskanälen** unterscheiden:

(1) der direkte Vertrieb über **eigene Filialen oder Verkaufsangestellte** des Herstellers;

(2) der klassische Absatz über den **Groß- und Einzelhandel**, welcher ohne feste Verbindung zum Hersteller im eigenen Namen und auf eigene Rechnung tätig wird;

(3) die Einschaltung von **Handelsvertretern**, die einerseits rechtlich selbständig, andererseits aber ständig mit der Absatzvermittlung für den Hersteller betraut sind (weiterführend *Meffert/Burmann/Kirchgeorg*, Marketing, Grundlagen marktorientierter Unternehmensführung 12. Aufl. 2014, S. 511 ff.).

b) Die Wahl des Vertriebswegs gehört zu den **strategischen**, dh auf lange Sicht getroffenen **Entscheidungen**, die durch **vielerlei Gesichtspunkte** beeinflusst werden: Vertriebskosten, marketingpolitische Zielsetzungen, Kontrolle und Einflussmöglichkeiten auf den Absatzmittler, Anpassungsfähigkeit, Wachstumspotenzial und

Lieferantentreue des jeweiligen Absatzwegs. Darüber hinaus sind eine Reihe von **Begrenzungsfaktoren** in Bezug auf das Produkt, Kunden und Konkurrenten, das eigene Unternehmen und Rechtsfragen zu beachten (vertiefend *Nieschlag/Dichtl/ Hörschgen*, Marketing, 19. Aufl. 2002, S. 922 ff.).

253. Wichtigste Rechtsquellen [G]

Nennen Sie die wichtigsten Rechtsquellen des Handelsvertreterrechts!

Man wird **drei „Rechtsschichten"** unterscheiden können:

a) die **§§ 84–92c HGB**, die in erster Linie das Innenverhältnis zwischen Handelsvertreter und Unternehmer regeln und nur punktuell (§§ 91, 91a HGB) Probleme des Außenverhältnisses einbeziehen;

b) die **§§ 611 ff. BGB und §§ 663, 665–670, 672–674 BGB**, die aufgrund des Geschäftsbesorgungscharakters des Handelsvertretervertrags über § 675 Abs. 1 BGB ergänzend anzuwenden sind (die §§ 84 ff. HGB regeln das Handelsvertreterrecht nicht abschließend);

c) die Vorschriften der Richtlinie 86/653/EWG **(gemeinschaftsrechtliche Handelsvertreter-Richtlinie)** vom 18.12.1986, die auf das nationale Recht einwirken und es breitflächig überlagern.

254. Dogmatische Einordnung [G]

Wie ist der Handelsvertretervertrag dogmatisch einzuordnen?

Es handelt sich um einen **Geschäftsbesorgungsvertrag mit Dienstleistungscharakter** iSd §§ 675 Abs. 1, 611 ff. BGB (s. auch *Oetker*, Handelsrecht, 7. Aufl. 2015, § 6 Rn. 10 f.). Darüber hinaus liegt aufgrund der zeitlichen Ausrichtung ein **Dauerschuldverhältnis** vor, das den allgemeinen Regeln für derartige Verträge folgt.

255. Begriffsmerkmale [G]

Nennen Sie die Begriffsmerkmale des Handelsvertreters!

Es sind deren vier (vgl. § 84 Abs. 1 S. 1 HGB): (1) Vermittlung oder Abschluss von Geschäften, (2) für einen anderen Unternehmer (nicht notwendig Kaufmann), (3) als selbständiger Gewerbetreibender, (4) in ständiger Betrauung.

256. Problematische Handelsvertretereigenschaft [G]

Der Waschmaschinenfabrikant Weiß betraut den Hurtig damit, seine Erzeugnisse im Regierungsbezirk Stuttgart abzusetzen. Hurtig soll zunächst alle

Großhändler besuchen, die Einzelhändler in den Großhändlerbezirken erst vier Wochen später. Er erhält ein Gehalt von 2.000 EUR zuzüglich 5 % Provision für jedes durch seine Tätigkeit zustande gekommene Geschäft. Ist Hurtig Handelsvertreter?

Das hängt nach **§ 84 Abs. 1 HGB** davon ab, ob er **selbständiger Gewerbetreibender** ist. Fehlt es an der Selbständigkeit, so gilt er nach § 84 Abs. 2 HGB als Angestellter. Dass Hurtig neben der Provision auch ein festes Gehalt bezieht, spricht nicht gegen seine Handelsvertretereigenschaft. Entscheidend ist vielmehr, inwieweit er nach dem **Gesamtbild des Vertrags** von Weiß abhängig ist. Wenn er seine Arbeitszeit nicht frei bestimmen kann, wenn er Weisungen über die Art und Weise seiner Tätigkeit unterworfen ist, wenn ihm die zu besuchenden Kunden und die Marschroute vorgeschrieben werden und wenn er schließlich bei seiner Tätigkeit einer umfassenden Kontrolle unterliegt, kann er nicht mehr als selbständiger Kaufmann angesehen werden. Der Hinweis, zunächst die Großhändler und dann die Einzelhändler aufzusuchen, reicht für ein Abhängigkeitsverhältnis allerdings noch nicht aus. In Ermangelung weiterer Beschränkungen ist Hurtig damit im Zweifel Handelsvertreter.

257. Kaufmann? [G]

Ist Hurtig als Handelsvertreter automatisch Kaufmann?

Nein, seine Kaufmannseigenschaft ist vielmehr abhängig von Art und Umfang seines Unternehmens (§ 1 Abs. 2 HGB). Gemäß **§ 84 Abs. 4 HGB** findet das **Handelsvertreterrecht** aber **auch auf Kleingewerbetreibende** Anwendung.

258. Unterschiedliche Erscheinungsformen

a) Was wissen Sie über das rechtstatsächliche Erscheinungsbild des Handelsvertreters? [G]
b) Welche rechtlichen Unterscheidungen kennt das Gesetz? [S]

a) Die **Variationsbreite in der Rechtspraxis** ist außerordentlich vielgestaltig: Anzutreffen sind Handelsvertreter vor allem beim Warenabsatz (zB Autos, Treibstoffe, Elektrogeräte), aber auch im Dienstleistungssektor (zB Versicherungen, Transport und Reiseleistungen). Auch ihre **wirtschaftliche Stärke** kann **ganz unterschiedlich** sein: Die Skala reicht von marktmächtigen Importeuren, die häufig Handelsgesellschaften sind, bis zu kleinen, arbeitnehmerähnlichen Handelsvertretern.

b) Eine wichtige Unterscheidung ist diejenige zwischen **Mehrfirmen- und Einfirmenvertreter** (vgl. **§ 92a HGB**): Letzteren sieht das Gesetz wegen seiner wirtschaftlichen Abhängigkeit als besonders schutzwürdig an und bezieht ihn vielfach in den Anwendungsbereich arbeitsrechtlicher Vorschriften ein (zB § 5 Abs. 3 S. 1 ArbGG: Rechtsweg zu den Arbeitsgerichten unter den dort genannten Voraussetzungen; § 2

S. 2 BUrlG: Urlaubsanspruch). Darüber hinaus sondert der Gesetzgeber **haupt- und nebenberufliche Handelsvertreter** (vgl. **§ 92b HGB**).

b) Pflichten des Handelsvertreters

259. Überblick [G]

Handelsvertreter Heinze hat für die Firma Schwarzpunkt den Vertrieb von DVD-Playern in Norddeutschland übernommen. Er vergewissert sich bei Ihnen über seine Pflichten.

Heinze trifft nach **§ 86 Abs. 1 Hs. 1 HGB** die **Hauptpflicht**, sich um die Vermittlung oder den Abschluss von Geschäften zu bemühen. Ihr an die Seite stellt **§ 86 Abs. 1 Hs. 2 HGB** eine allgemeine **Interessenwahrungspflicht**, die für den Handelsvertretervertrag wesensbestimmend und zwingend ist (vgl. BGH NJW 1991, 490 [491]; 1986, 2954 [2956]). Besondere Ausprägungen dieser Pflicht sind die Mitteilungs- und Berichterstattungspflichten (§ 86 Abs. 2 HGB), die Geheimhaltungspflicht (§ 90 HGB) und das ungeschriebene Wettbewerbsverbot (s. dazu sogleich Frage 260).

260. Wettbewerbsverbot I

a) **Darf Heinze, wenn er mit seiner Tätigkeit für Schwarzpunkt nicht genügend verdient, gleichzeitig für andere Hersteller von DVD-Playern tätig werden? [V]**
b) **Heinze hat vor der Aufnahme einer Konkurrenzvertretung die Zustimmung des Schwarzpunkt eingeholt. Welche Pflichten treffen ihn nun als „Diener zweier Herren"? [S]**

a) Zwar kennt das Handelsvertreterrecht, anders als § 60 HGB für den Handlungsgehilfen, kein ausdrückliches **Wettbewerbsverbot**. Rechtsprechung und hL leiten ein solches Verbot aber aus der Interessenwahrungspflicht des § 86 Abs. 1 Hs. 2 HGB ab: Danach darf der Handelsvertreter während der Vertragszeit nicht für eine Konkurrenzfirma seines Unternehmers tätig sein, sofern die Konkurrenzvertretung geeignet ist, das Interesse des Unternehmers nicht ganz unerheblich zu beeinträchtigen (vgl. BGH NJW 1964, 1621 [1622]; 1969, 1662 [1664]; 1991, 490 [491]; *K. Schmidt*, HandelsR, § 27 Rn. 43 f.). Sachliche und gegenständliche Grenzen dieses Wettbewerbsverbots ergeben sich aus Tätigkeitsbereich und Absatzgebiet des Handelsvertreters.

b) Bei **erlaubter Mehrfirmenvertretung** ist Heinze **den** von ihm **vertretenen Unternehmern gleichermaßen verpflichtet**, ihre Ware der Kundschaft vorteilhaft zu präsentieren; er braucht aber nicht sein Urteil über Vorzüge und Nachteile zu unterdrücken (vgl. *Hopt* in: Baumbach/Hopt, HGB, § 86 Rn. 24).

261. Wettbewerbsverbot II

Schwarzpunkt erfährt, dass Heinze hinter seinem Rücken auch Geschäfte für Graupunkt vermittelt hat. Dadurch ist es bei ihm nachweislich zu Umsatzeinbußen gekommen.
a) Er verlangt von Heinze Schadensersatz. Zu Recht? [V]
b) Kann Schwarzpunkt zusätzlich die Herausgabe der Provisionen verlangen, die Heinze von Graupunkt erhalten hat? [S]

a) Ja. Eine Verletzung des Wettbewerbsverbots stellt gem. § 280 Abs. 1 BGB eine **Pflichtverletzung des Handelsvertretervertrags** dar und macht nach Maßgabe der §§ 249 ff. BGB schadensersatzpflichtig.

b) Nach hM nein (vgl. BGH NJW 1964, 817; OLG Rostock NJW-RR 2009, 1631 [1632]). Der BGH vermisst für eine **Pflicht zur Gewinnherausgabe** eine Anspruchsgrundlage; § 61 Abs. 1 Hs. 2 HGB, der solches für den Handlungsgehilfen vorsieht, reicht ihm als Analogiebasis nicht aus. Mit guten Gründen hält eine Gegenansicht den Präventionsgedanken der §§ 61 Abs. 1 Hs. 2, 113 Abs. 1 Hs. 2 HGB dagegen durchaus für verallgemeinerungsfähig (vgl. *Canaris*, HandelsR, § 15 Rn. 44).

262. Weisungen

Schwarzpunkt fordert Heinze auf, den großen Warenhäusern keine günstigeren Konditionen in Aussicht zu stellen als dem Fachhandel. Heinze sieht seine Verdienstchancen schwinden und hält diese Weisung für
a) vertragswidrig. [G]
b) kartellrechtswidrig. [S]
Hat er Recht?

a) **Vertraglich** ist der **Handelsvertreter** grundsätzlich **verpflichtet, Weisungen des Unternehmers nachzukommen**. Das ergibt sich ohne Weiteres aus dem geschäftsbesorgungsrechtlichen Charakter des Handelsvertretervertrags gem. § 675 Abs. 1 iVm § 665 BGB *e contrario* und ist überdies ausdrücklich in Art. 3 Abs. 1 lit. c der Handelsvertreter-Richtlinie vorgesehen.

b) Auch **kartellrechtlich** sind Vertriebs- und Preisbindungen für Handelsvertreter grundsätzlich unbedenklich. Ein **Verstoß gegen § 14 GWB aF**, der ein Verbot der Preisbindung zweiter Hand enthielt, lag **nach hM nicht** vor, weil der Handelsvertreter die Verträge im Namen des Unternehmers und auf dessen Rechnung abschließt (vgl. BGH NJW 1986, 2954 [2955]: „EH-Partner-Vertrag"). Anderes galt nur dann, wenn das typische Geschäftsrisiko aufgrund einer atypischen Vertragsgestaltung auf den Handelsvertreter übergewälzt wurde. Nach der Anpassung des deutschen an das europäische Kartellrecht im Jahre 2005 sind derartige Weisungen nunmehr unter der Generalklausel des § 1 GWB zu prüfen, obgleich die Beurteilung sich nicht geändert hat (vgl. *Hopt* in: Baumbach/Hopt, HGB, § 86 Rn. 35).

c) Provisionsanspruch des Handelsvertreters

263. Voraussetzungen [G]

Heinze hat seine Handelsvertretertätigkeit für Schwarzpunkt aufgenommen und erkundigt sich bei Ihnen nach den Voraussetzungen eines Provisionsanspruchs.

Die **Voraussetzungen des Provisionsanspruchs** sind in den **§§ 87, 87a HGB** wenig durchsichtig geregelt. Erforderlich ist danach (1) ein Vertragsschluss zwischen dem Unternehmer und dem Dritten, der (2) auf die Tätigkeit des Handelsvertreters zurückzuführen ist und (3) vom Unternehmer oder dem Dritten ausgeführt wird. Für den Fall, dass der Unternehmer das abgeschlossene Geschäft nicht ausführt, trifft § 87a Abs. 3 HGB eine differenzierende Sonderregelung.

264. Provisionsarten [V]

Weiter will Heinze wissen, welche Arten von Provisionen er ggf. verlangen kann?

Man unterscheidet drei verschiedene Formen:

a) **Abschlussprovision**: Sie ist nach § 87a Abs. 1 S. 1 HGB verdient, sobald und soweit der Unternehmer das Geschäft ausgeführt hat.

b) **Delkredereprovision**: Sie setzt gem. § 86b Abs. 1 HGB voraus, dass sich der Handelsvertreter verpflichtet hat, für die Erfüllung der Verbindlichkeit aus einem Geschäft einzustehen. Dies geschieht zumeist in Form einer Bürgschaft, ist aber auch als Schuldbeitritt oder Garantievertrag vorstellbar.

c) **Inkassoprovision**: Sie kann gem. § 87 Abs. 4 HGB für die auftragsgemäße Einziehung von Kundengeldern geltend gemacht werden.

265. Aufwendungsersatz [V]

Endlich fragt Heinze, ob er aufgrund der hohen Spritpreise von Schwarzpunkt eine Kilometerpauschale verlangen könne.

Der Handelsvertreter muss seine im regelmäßigen Geschäftsbetrieb entstandenen Aufwendungen grundsätzlich selbst tragen. Ersatz dieser Aufwendungen kann er gem. **§ 87d HGB** nur verlangen, wenn das handelsüblich ist. Diese Regelung stellt eine Abweichung von den Vorschriften des Geschäftsbesorgungsvertrags dar (vgl. § 675 Abs. 1 iVm § 670 BGB). Zu den von ihm **selbst zu tragenden Aufwendungen** gehören sämtliche Kosten des eigenen Betriebs, das Aufsuchen der Kundschaft (Pkw, Reise) und die üblichen Repräsentationen (Bewirtung von Kunden). Heinze kann also keine Kilometerpauschale verlangen.

Beachte: Für im Ausland ortsübliche **Schmiergelder** soll er dagegen nach Auffassung der Rechtsprechung unter Umständen gem. §§ 670, 675 BGB, § 87d HGB Ersatz verlangen können (vgl. BGH NJW 1985, 2405 [2406]). Im Hinblick auf die vom Gesetzgeber erlassenen Strafvorschriften (§§ 299 ff. StGB) und das IntBestG von 1998, dessen Zweck in der Bekämpfung der Bestechung ausländischer Amtsträger liegt, ist diese Ansicht überholt (vgl. *Busche* in: Oetker, HGB, § 87d Rn. 9 in Bezug auf die §§ 299 ff. StGB sowie *Hopt* in Baumbach/Hopt, HGB, § 87d Rn. 4 in Bezug auf das IntBestG).

---

266. Misserfolge [G]

Emsig vermittelt als Handelsvertreter Geschäfte für den Computerhersteller Macrosoft AG. Seine Vermittlungstätigkeit steht allerdings unter keinem glücklichen Stern:
a) Einen Großauftrag mit der V-Versicherung schlägt die Macrosoft AG aus, weil sie deren Geschäftsgebaren missbilligt.
b) Ein schon abgeschlossener Vertrag mit der Solventia-GmbH „platzt", nachdem über deren Vermögen das Insolvenzverfahren eröffnet wird.
Bestehen Provisionsansprüche des Emsig?

---

a) **Provisionspflichtig** sind **nur abgeschlossene Geschäfte**. Dass die Macrosoft AG den ihr angetragenen Vertragsschluss ausgeschlagen hat, ist ohne Belang: Der Unternehmer ist dem Handelsvertreter gegenüber grundsätzlich frei zur Ablehnung der vermittelten Geschäfte. Ausnahmen sind nur in engen Grenzen unter dem Gesichtspunkt von Treu und Glauben vorstellbar (näher *Canaris*, HandelsR, § 15 Rn. 58 ff.).

b) Gemäß **§ 87a Abs. 2 HGB** entfällt der Provisionsanspruch, wenn feststeht, dass der Dritte das vermittelte Geschäft endgültig nicht erfüllt. Bei **Insolvenz des Dritten** ist **Teil-(Nicht-)Erfüllung** anzunehmen. Die Provision berechnet sich nach der Insolvenzquote, auch wenn der Unternehmer diese nicht eingefordert hat (vgl. BGH NJW-RR 1991, 156 [159]).

---

267. Später Erfolg [V]

Emsig lässt nicht locker. Er begeistert Tröger für einen neuen Laptop. Nachdem Tröger schon halb zum Kauf entschlossen war, nimmt er wegen finanzieller Schwierigkeiten doch noch Abstand vom Vertragsschluss. Als er kurz darauf eine Erbschaft macht, wendet er sich direkt an die Macrosoft AG und kauft von ihr den von Emsig vorgeführten Laptop. Dieser verlangt darauf eine Provision. Zu Recht?

Nach **§ 87 Abs. 1 HGB** hat Emsig einen Anspruch auf die Provision für alle abgeschlossenen Geschäfte, die auf seine Tätigkeit **„zurückzuführen"** sind. **Mitursächlichkeit genügt**, sodass es ohne Belang ist, dass Emsigs Bemühungen zunächst erfolglos waren und der Vertragsschluss später unmittelbar mit der Macrosoft AG erfolgte (vgl. BAG DB 1969, 266; *Hopt* in: Baumbach/Hopt, HGB, § 87 Rn. 11 f.). Emsig hat also einen Provisionsanspruch gegen die AG.

Beachte: Auflockerungen des Kausalitätserfordernisses sehen § 87 Abs. 3 S. 1 Nr. 1 Var. 2 HGB für Nachbestellungen und Folgeaufträge sowie § 87 Abs. 2 HGB für den Bezirks- und Kundenkreisvertreter vor.

> ### 268. Fehlschläge bei der Durchführung [V]
>
> Im Weiteren vermittelt Emsig Kaufverträge über je eine Computeranlage mit Xaver, Ysidor und Zacharias:
> a) Xaver tritt vor Zahlung des Kaufpreises vom Kaufvertrag zurück, weil die an ihn gelieferte Sache unbehebbare Mängel aufweist.
> b) Als die Macrosoft AG die Computeranlage an Ysidor ausliefern soll, ist sie mit Bestellungen derart überhäuft, dass sie die Lieferung nicht durchführen kann.
> c) Kurz darauf kommt es in der Fabrik der Macrosoft AG zu einem lange andauernden Streik, weshalb die Lieferung an Zacharias unterbleibt.
> Hat Emsig einen Anspruch auf Provision aus den genannten Kaufabschlüssen?

Im Ausgangspunkt entsteht mit Abschluss des provisionspflichtigen Geschäfts der Provisionsanspruch nur in Gestalt eines aufschiebend bedingten Anspruchs (BGH NJW 2010, 298). Ein aktivierungsfähiger Provisionsanspruch entsteht gem. § 87a Abs. 1 S. 1 HGB nur, sobald und soweit der Unternehmer das Geschäft ausgeführt hat, wobei unerheblich ist, dass das Geschäft erst nach Beendigung der Handelsvertreterbeziehung ausgeführt wird (vgl. BGH NJW 2010, 298; *K. Schmidt*, HandelsR, § 27 Rn. 59). Den Fall der Nicht- bzw. Andersausführung durch den Unternehmer regelt **§ 87a Abs. 3 HGB**. Gemäß § 87a Abs. 3 S. 1 HGB hat Emsig die Provision grundsätzlich verdient, auch wenn der Unternehmer das abgeschlossene Geschäft nicht oder anders ausführt. Etwas anderes gilt im Falle der Nichtausführung gem. **§ 87a Abs. 3 S. 2 HGB** nur, wenn die Nichtausführung auf Umständen beruht, die von der Macrosoft AG nicht zu vertreten sind. Für den vorliegenden Fall ergibt sich daraus:

a) Der **berechtigte Rücktritt** vom Kaufvertrag durch Xaver berührt den Provisionsanspruch des Emsig nicht. Derartige Umstände hat der Unternehmer zu vertreten. § 87a Abs. 2 HGB ist nicht einschlägig, da § 87a Abs. 3 S. 1 HGB auch die mangelhafte Durchführung eines Geschäfts erfasst (BGH NJW 2010, 298 [300]; *Roth* in: KKRM, HGB, § 87a Rn. 5) und der Grundsatz der Provisionserhaltung nach § 87a Abs. 3 HGB nach einhelliger Auffassung Vorrang vor der Regelung des § 87a Abs. 2 HGB hat (BGH WM 2008, 923 [924]; *Roth* in: KKRM, HGB, § 87a Rn. 3a).

b) Die Macrosoft AG ist auch nicht entlastet, wenn ihre **Kapazität nicht ausreicht**, den Auftragseingang zu bewältigen. Derartige Umstände muss ein Unternehmen voraussehen und dem Vertreter entsprechende Weisungen geben. Auch in diesem Fall behält Emsig also seinen Provisionsanspruch gem. § 87a Abs. 3 S. 1 HGB.

c) Die durch den Streik, zumindest durch einen **unvorhersehbaren Arbeitskampf**, eingetretene Unmöglichkeit ist von der Macrosoft AG nicht zu vertreten, weil derartige Leistungsstörungen grundsätzlich nicht in ihrem Einflussbereich liegen, vor allem dann nicht, wenn es nicht um den Abschluss eines Firmentarifvertrags geht.

Folglich fällt Emsigs Provisionsanspruch hinsichtlich des Rechtsgeschäfts mit Zacharias gem. § 87a Abs. 3 S. 2 HGB weg.

d) Beendigung des Handelsvertretervertrags

269. Art und Weise [G]

Auf welche Weise kann ein Handelsvertreterverhältnis einseitig beendet werden?

Wie bei jedem anderen Dauerschuldverhältnis auch, steht den Vertragsparteien die ordentliche oder außerordentliche Kündigung zu Gebote:

a) Die **ordentliche Kündigung** ist in **§ 89 HGB** mit zeitlich gestaffelten Kündigungsfristen geregelt. Sie kommt bei Verträgen auf unbestimmte Zeit zur Anwendung und bedarf keines Grundes.

b) Die **außerordentliche Kündigung** ist in **§ 89a HGB** vorgesehen, der große Gemeinsamkeiten mit § 626 Abs. 1 BGB aufweist. Nicht anders als dort gilt auch hier die allgemeine Formel, dass ein wichtiger Kündigungsgrund vorliegt, wenn eine Fortsetzung des Vertragsverhältnisses bis zum vereinbarten Endtermin oder dem Ablauf der Kündigungsfrist unzumutbar ist (vgl. auch § 314 Abs. 1 S. 2 BGB).

270. Fristlose Kündigung [V]

Emsig vertreibt hinter dem Rücken der Macrosoft AG Konkurrenzprodukte. Vier Wochen nachdem die Macrosoft AG hiervon erfahren hat, kündigt sie dem Emsig fristlos. Ist die Kündigung wirksam?

a) Ein **wichtiger Kündigungsgrund** iSd **§ 89a Abs. 1 HGB** liegt vor: Der BGH hat wiederholt und mit Recht ausgesprochen, dass nachhaltige Verletzungen des Konkurrenzverbots eine außerordentliche Kündigung rechtfertigen (vgl. BGH NJW-RR 2003, 981 [982]; 1992, 481 [482]). Die nach § 314 Abs. 2 S. 1 BGB grundsätzlich erforderliche Abmahnung war hier gem. § 314 Abs. 2 S. 2 iVm § 323 Abs. 2 Nr. 3 BGB entbehrlich.

b) Einzig fraglich ist, ob die Kündigung noch rechtzeitig erfolgte. Legte man die Zweiwochenfrist des **§ 626 Abs. 2 BGB** zugrunde, wäre die Frage zu verneinen. Nach **hM verbietet** der eigenständige Charakter des § 89a HGB indessen eine solche **Analogie** (vgl. BGH NJW 1982, 2432 [2433]). Vielmehr hat der Kündigungsberechtigte eine **angemessene Zeit** (vgl. § 314 Abs. 3 BGB) zur Sachverhaltsaufklärung und Überlegung, die sich nach den Umständen des Einzelfalls richtet, aber regelmäßig weniger als zwei Monate beträgt (vgl. BGH NJW-RR 1999, 1481 [1484]). Dieser Rechtsprechung zufolge ist die Kündigung der Macrosoft AG noch rechtzeitig erfolgt.

271. Wettbewerbsverbot nach Vertragsbeendigung [S]

Unterliegt Emsig nach Vertragsbeendigung weiterhin einem Wettbewerbsverbot?

Nach Vertragsende kann er frei schalten und walten, es sei denn, die Parteien haben ein **nachvertragliches Wettbewerbsverbot** vereinbart. Eine solche Abrede bedarf nach **§ 90a Abs. 1 HGB** der Schriftform und kann für längstens zwei Jahre getroffen werden. Außerdem ist sie entschädigungspflichtig (**Grundsatz der bezahlten Karenz**).

e) Ausgleichsanspruch des Handelsvertreters

aa) Überblick

272. Rechtsgedanke [G]

Die in der Rechtspraxis wichtigste Bestimmung des Handelsvertreterrechts ist der im Jahre 1953 eingefügte § 89b HGB. Welcher Rechtsgedanke liegt ihm zugrunde?

Rechtsprechung und hL sehen in ihm eine **Gegenleistung für** die durch Provisionen noch nicht abgegoltene Leistung des Handelsvertreters, nämlich für den **von ihm geschaffenen Kundenstamm**, den der Unternehmer nunmehr allein nutzen kann (vgl. BGH NJW 1957, 1029 [1031]). Der Ausgleichsanspruch ist aber auch kein reiner Vergütungsanspruch, da er hinsichtlich Entstehung und Bemessung weitgehend durch Gesichtspunkte der Billigkeit bestimmt wird (BVerfG NJW 1996, 381; BGH NJW 2010, 3226 [3227]). In zweiter Linie kommen daher Sozialschutzerwägungen zum Tragen (vgl. auch BVerfG NJW 1996, 381). Es handelt sich nach hM jedoch weder um einen Versorgungsanspruch noch um eine echte Sozialschutznorm (vgl. *Hopt* in: Baumbach/Hopt, HGB, § 89b Rn. 2 f.).

273. Tatbestandsstruktur [G]

Erläutern Sie die Tatbestandsstruktur des § 89b HGB!

a) Die Vorschrift knüpft das Entstehen des Ausgleichsanspruchs in **§ 89b Abs. 1 S. 1 HGB** an **zwei Tatbestandsvoraussetzungen** (Nr. 1 und 2), die kumulativ vorliegen müssen, auch wenn der Bundesgerichtshof dem Billigkeitsgebot der Nr. 2 einen deutlichen interpretativen Vorrang gewährt.

b) Sind diese Voraussetzungen gegeben, so ist weiter zu prüfen, ob einer der **drei Ausschlussgründe des § 89b Abs. 3 HGB** eingreift. Es sind dies in Stichworten: die Eigenkündigung des Handelsvertreters (Nr. 1), die Kündigung durch den Unternehmer aus wichtigem Grund (Nr. 2) und der einverständliche Eintritt eines Dritten (Nr. 3).

bb) Tatbestandsvoraussetzungen

274. Tankstellenpächter [V]

Diesel vertreibt als Tankstelleninhaber der Firma ARAL GmbH Treibstoffe und Schmiermittel gegen Provision. Nach Beendigung des Vertragsverhältnisses macht er einen Ausgleichsanspruch geltend und teilt der Firma mit, er habe 103 namentlich bekannte neue Kunden geworben. Steht ihm ein Ausgleichsanspruch zu?

Das setzt nach **§ 89b Abs. 1 S. 1 Nr. 1 HGB** zunächst voraus, dass die ARAL GmbH aus der Geschäftsverbindung mit neuen Kunden weiterhin **erhebliche Vorteile** zieht. Eine solche Geschäftsverbindung besteht nicht mit Lauf-, sondern nur mit **Stammkunden** (vgl. BGH NJW 1965, 248 [249]). Allerdings stellt die Rechtsprechung insoweit keine allzu strengen Anforderungen, sodass ein Tankstellenpächter – wie hier – trotz der starken Fluktuation seiner Kundschaft grundsätzlich einen Ausgleichsanspruch haben kann. Für dessen genaue Berechnung empfiehlt sich als Schätzgrundlage die Auswertung statistischen Materials (vgl. BGH NJW 1998, 66 [68]). Nach der jüngeren Rechtsprechung des BGH ist Stammkunde einer Tankstelle jeder, der dort mindestens viermal im Jahr tankt, ohne dass es darauf ankommt, wie sich die Tankvorgänge auf die Quartale verteilen (BGH BeckRS 2009, 88043 Rn. 20).

275. Irrelevante Geschäftsbeziehungen [V]

Der Handelsvertreter Wefelmeier ist bei der Norddeutschen Acetylen- und Sauerstoffwerke AG, Hamburg, tätig. Als die Mehrheit der Aktien in die Hände der Linde AG übergeht, wird die gesamte Produktion der Norddeutschen Acetylen- und Sauerstoffwerke AG unmittelbar an den neuen Großaktionär geliefert. Sämtlichen Handelsvertretern der abhängigen Gesellschaft wird gekündigt. Wefelmeier macht einen Ausgleichsanspruch nach § 89b HGB geltend. Hat er Aussicht auf Erfolg?

Nein (vgl. BGH NJW 1968, 394 [395]). § 89b Abs. 1 S. 1 Nr. 1 HGB knüpft den Ausgleichsanspruch an das **Fortbestehen erheblicher Vorteile** für den Unternehmer. Daran fehlt es, wenn dieser die vom Handelsvertreter geschaffenen Geschäftsbeziehungen aufgrund einer Geschäftsaufgabe oder -änderung nicht mehr für sich nutzen kann (*Hopt* in: Baumbach/Hopt, HGB, § 89b Rn. 20). Allerdings ist der Unternehmer gehalten, rechtzeitig auf derartige Veränderungen hinzuweisen (vgl. § 86a Abs. 2 S. 3 HGB); anderenfalls macht er sich schadensersatzpflichtig.

276. Tod des Handelsvertreters [S]

Lange war bis zu seinem Tod als Vertreter der Firma Henkel tätig. Seine Witwe und Alleinerbin verlangt nun Zahlung eines angemessenen Ausgleichs nach § 89b HGB. Zu Recht?

Die Frage, ob der Ausgleichsanspruch auch beim Tod des Handelsvertreters den Erben zusteht, war zunächst streitig, ist aber durch die eingehende und überzeugende Entscheidung in BGH NJW 1957, 1029 zugunsten der Erben geklärt. Der Wortlaut des **§ 89b Abs. 1 S. 1 Nr. 2 HGB aF** schien dieser Ansicht vordergründig zu widersprechen: Dort wurde als Tatbestandsvoraussetzung nämlich gefordert, dass der Handelsvertreter *infolge* der Beendigung des Vertragsverhältnisses Ansprüche auf Provision verliert, die er bei Fortsetzung desselben hätte. Daraus lässt sich jedoch nicht schließen, der Ausgleichsanspruch setze das Weiterleben des Vertreters voraus, weil nur so eine Fortsetzung des Vertragsverhältnisses möglich sei. Es handelte sich vielmehr um eine **gesetzliche Fiktion**, die auch **auf den Fall des Todes des Vertreters anwendbar** war. Die heutige Gesetzesfassung, die durch die Reform der Vorschrift im Jahre 2009 eingeführt wurde, verlangt derartige Provisionsverluste nicht mehr als selbständige Voraussetzung. Sie stellen allerdings einen in § 89b Abs. 1 S. 1 Nr. 2 HGB nF herausgehobenen Umstand dar, dem im Rahmen der Billigkeitsprüfung nach § 89b Abs. 1 S. 1 Nr. 2 HGB nF besondere Bedeutung zukommt. Auf das Ergebnis des Falls wirkt sich die Neufassung jedoch nicht aus (vgl. *Hopt* in: Baumbach/Hopt, HGB, § 89b Rn. 9). Im Übrigen spricht § 89b HGB lediglich von der Beendigung des Vertragsverhältnisses als Anspruchsvoraussetzung. Wollte das Gesetz dessen Entstehung auf den Fall der Kündigung beschränken, so hätte es dies ausdrücklich klarstellen können. Aus gemeinschaftsrechtlicher Sicht wird man im Wege richtlinienkonformer Auslegung (vgl. Frage 17) schließlich noch auf Art. 17 Abs. 4 der Handelsvertreter-Richtlinie hinweisen können, wonach der Ausgleichsanspruch auch dann entsteht, wenn das Vertragsverhältnis durch den Tod des Handelsvertreters endet.

277. Im Rahmen der Billigkeitsprüfung einzubeziehende Umstände [S]

a) Spielt es im Rahmen der Billigkeitsprüfung nach § 89b Abs. 1 S. 1 Nr. 2 HGB eine Rolle, dass Diesel (vgl. Frage 274) eine achtköpfige Familie zu versorgen hat?
b) Gilt dies auch für eine besondere wirtschaftliche Schwäche des Unternehmers?

a) Die Rechtsprechung (vgl. BGH NJW 1965, 1134) zieht den Kreis der einzubeziehenden Umstände im Rahmen des **§ 89b Abs. 1 S. 1 Nr. 2 HGB** äußerst weit und will auch die **sozialen Verhältnisse des Handelsvertreters** mitberücksichtigt wissen. Nach der Gegenauffassung (*Hopt* in: Baumbach/Hopt, HGB, § 89b Rn. 25) sollen, in Anbetracht des Schutzzwecks der Norm, grundsätzlich nur vertragsbezogene Umstände maßgeblich sein. Dazu zählt die Anzahl der Kinder nicht. Nur in besonderen Ausnahmefällen könne es billig sein, auch vertragsfremde Umstände zu berücksichtigen.

b) Es liegt in der Logik der Rechtsprechung, spiegelbildlich zur Einbeziehung der sozialen Verhältnisse des Handelsvertreters aufseiten des Unternehmers auch Gefahren für die Betriebsfortführung durch einen hohen Ausgleichsanspruch mit zu berücksichtigen. Nach der Gegenauffassung hat die Vermögenslage der Parteien keinen Einfluss auf die Billigkeitsprüfung (*Hopt* in: Baumbach/Hopt, HGB, § 89b Rn. 25).

---

278. Ingmar [S]

Lange ist in Deutschland als Handelsvertreter für das US-amerikanische Unternehmen Eaton Technologies tätig. Die Parteien haben vereinbart, dass der Handelsvertretervertrag kalifornischem Recht unterliegen soll. Nachdem Lange zahlreiche Stammkunden gewonnen hat, kündigt Eaton Technologies den Vertrag. Lange verlangt die Zahlung eines angemessenen Ausgleichs. Eaton Technologies wendet ein, dass es nach kalifornischem Recht keinen Ausgleich schulde. Lange beruft sich demgegenüber auf die Handelsvertreter-Richtlinie, wonach ihm ein solcher Ausgleich zwingend zustehe. Eaton Technologies kann nicht glauben, dass die Richtlinie Vorrang vor einer privatautonomen Rechtswahlklausel haben soll. Wer hat Recht?

Die maßgeblichen Vorschriften der Handelsvertreter-Richtlinie lauten:
– Art. 17 Abs. 1: „Die Mitgliedstaaten treffen die erforderlichen Maßnahmen dafür, dass der Handelsvertreter nach Beendigung des Vertragsverhältnisses Anspruch auf Ausgleich nach Absatz 2 oder Schadensersatz nach Absatz 3 hat."
– Art. 18: Ausschlussgründe für den Anspruch auf Ausgleich oder Schadensersatz nach Art. 17.
– Art. 19: „Die Parteien können vor Ablauf des Vertrages keine Vereinbarungen treffen, die von Artikel 17 und 18 zum Nachteil des Handelsvertreters abweichen."

Nach Auffassung des EuGH hat Lange Recht (vgl. EuGH NJW 2001, 2007). In seinem viel beachteten Ingmar-Urteil hat er den **Schutzstandard der Handelsvertreter-Richtlinie** (HV-RL) als **international zwingend** angesehen, obwohl ein ausdrückliches kollisionsrechtliches Regelungsgebot in der Richtlinie fehlt (zustimmend *Staudinger* NJW 2001, 1974; kritisch *Schwarz* ZVglRWiss 101 [2002], 45). Danach sind die Art. 17 und 18 HV-RL auch dann anzuwenden, wenn der Handelsvertreter seine Tätigkeit in einem Mitgliedstaat (hier: Deutschland) ausgeübt hat, der Unternehmer seinen Sitz aber in einem Drittland (hier: Kalifornien) hat und der Vertrag vereinbarungsgemäß dem Recht dieses Landes unterliegt. Zur Begründung ihres internationalen Anwendungswillens stützt sich der EuGH vor allem auf zwei Argumente: Erstens bezweckten die Art. 17 und 19 HV-RL den Schutz des Handelsvertreters und seien daher zwingendes Recht. Dies folge insbes. aus Art. 17 Abs. 1 HV-RL, wonach die Mitgliedstaaten zwingend einen Ausgleichs- oder Schadensersatzanspruch vorsehen müssten, sowie aus Art. 19 HV-RL, wonach die Parteien vor Ablauf des Vertrags nicht im Voraus von den Bestimmungen der Art. 17 und 18 HV-RL abweichen könnten. Zweitens ergebe sich aus den Begründungserwägungen der Richtlinie, dass sie den Schutz der Niederlassungsfreiheit der Handelsvertreter sowie den Schutz des unverfälschten Wettbewerbs im Binnenmarkt bezwecke. Aus diesen Gründen müssten die Art. 17 und 18 HV-RL losgelöst vom vereinbarten Vertragsstatut zur Anwendung kommen, **sofern** der Sachverhalt einen **„starken Gemeinschaftsbezug"** aufweise. Eine solche hinreichende räumliche Verknüpfung sei „etwa" anzunehmen, wenn der Handelsvertreter auf dem Hoheitsgebiet eines Mitgliedstaats tätig werde.

cc) Ausschlussgründe

> ## 279. Kündigung [V]
>
> Klein und Groß vertreiben die Produkte des Waschmittelkonzerns Henkel, Düsseldorf.
> a) Im Zuge einer Reorganisation der Vertreterbezirke wird der Bezirk des Klein um 1/3 verkleinert. Daraufhin kündigt Klein das Vertragsverhältnis zum nächst zulässigen Termin.
> b) Groß übernimmt nach einiger Zeit zusätzlich eine Vertretung für Konkurrenzprodukte. Das Unternehmen kündigt ihm darauf fristlos.
> Beide Handelsvertreter verlangen einen Ausgleich nach § 89b HGB. Zu Recht?

a) Gemäß **§ 89b Abs. 3 Nr. 1 HGB** führt die Kündigung des Vertreters nur dann zum Verlust des Ausgleichsanspruchs, **wenn** der **Unternehmer keinen begründeten Anlass gibt**. Das bedeutet nicht, dass der Unternehmer einen Grund zur fristlosen Kündigung durch den Vertreter setzt. Es muss nur ein – nicht einmal notwendig schuldhaftes – Verhalten des Unternehmers vorliegen, das einem besonnen denkenden Handelsvertreter die Kündigung nahelegt. Hier ist es verständlich, dass Klein seinen Vertrag kündigt, weil sein Bezirk wesentlich beschränkt wird. Infolgedessen behält er seinen Ausgleichsanspruch.

b) Die Übernahme einer zusätzlichen Vertretung durch Groß verstößt gegen die Interessenwahrungspflicht gem. § 86 Abs. 1 Hs. 2 HGB (vgl. Frage 260). Das gibt dem **Unternehmer** einen **Grund zur fristlosen Kündigung** des Vertrags wegen schuldhaften Verhaltens des Vertreters (vgl. Frage 270). Gemäß **§ 89b Abs. 3 Nr. 2 HGB** entfällt dann auch der Ausgleichsanspruch.

> ## 280. Leichtsinnige Autofahrt [S]
>
> Hans Kunzelmann ist seit 2000 Generalvertreter des Unternehmens Rodenstock in Stuttgart für sämtliche Foto- und Optikartikel. In der Nacht zum 1.5.2015 besucht er mit der 19-jährigen Jutta, die er kurz vorher kennenlernte, eine Bar. Beide beschließen, nach Hause zu fahren. Auf der Fahrt dorthin steuert Jutta, die keinen Führerschein besitzt, seinen Personenkraftwagen und fährt gegen einen Baum. Bei ihr wird eine Blutalkoholkonzentration von 0,96 ‰ festgestellt. Kunzelmann und Jutta sterben an den erlittenen Verletzungen. Die Witwe Kunzelmann macht einen Ausgleichsanspruch nach § 89b HGB geltend. Mit Recht?

Wie bereits erörtert, kann der Ausgleichsanspruch grundsätzlich auch bei einem Tod des Handelsvertreters von dessen Erben geltend gemacht werden (vgl. Frage 276). Daran ändert sich nach Auffassung der Rechtsprechung nichts, wenn der **Handels-**

vertreter seinen Tod durch eigene Fahrlässigkeit verursacht hat, weil dies einer Eigenkündigung nach § 89b Abs. 3 Nr. 1 HGB nicht gleichgestellt werden könne. Ebenso wenig lässt sich sagen, dass Kunzelmann mit seinem Verhalten Vertragspflichten gegenüber der Firma Rodenstock verletzt habe, die ihr in entsprechender Anwendung des § 89b Abs. 3 Nr. 2 HGB einen Grund zur fristlosen Kündigung gegeben hätte. Demnach braucht der Ausgleichsanspruch auch bei einer Billigkeitsabwägung nach § 89b Abs. 1 S. 1 Nr. 2 HGB nicht zu entfallen (vgl. auch BGH NJW 1964, 915).

---

281. Selbsttötung [S]

Der Handelsvertreter Willy Loman vertreibt seit mehr als zehn Jahren Damenstrumpfhosen in den neuen Bundesländern für die Scheffler AG. Wegen zunehmender beruflicher Misserfolge gerät er in tiefe Depression und nimmt sich das Leben.
a) Können seine Witwe Linda und die beiden Kinder Biff und Happy als Erben einen Ausgleichsanspruch nach § 89b HGB geltend machen?
b) Wie wäre es, wenn Willy Loman aus Verzweiflung zunächst seine Frau und dann sich selbst getötet hätte?

a) Eine unmittelbare Anwendung des § 89b Abs. 3 Nr. 1 und 2 HGB, der die Folgen einer Kündigung regelt, ist auch für den **freiwilligen „Tod eines Handlungsreisenden"** nicht möglich. Ebenso verbietet sich eine analoge Anwendung, denn die Vorschrift des § 89b Abs. 3 HGB ist aus Gründen der Rechtssicherheit eng auszulegen. Sie bei einem Selbstmord heranzuziehen, wäre allenfalls dann gerechtfertigt, wenn in einem solchen Fall stets oder wenigstens in der Regel entscheidende Gesichtspunkte für ein Versagen des Ausgleichsanspruchs sprächen. Davon kann aber keine Rede sein: Die Gründe für den Entschluss, aus dem Leben zu scheiden, sind zu vielfältig und oft auch zu wenig erforschbar, als dass man von einer „Freiwilligkeit" wie bei der Kündigung reden könnte. Ein Ausnahmefall mag vorliegen, wenn der Grund des Selbstmordes derselbe ist, der – zB bei Veruntreuung – den Unternehmer berechtigt hätte, das Vertreterverhältnis zu kündigen. Der Ausgleichsanspruch ist in vorliegendem Fall also nicht augeschlossen (vgl. auch BGH NJW 1966, 1965).

b) Auch dann ist ein Ausgleichsanspruch nach Ansicht der Rechtsprechung nicht von vornherein in entsprechender Anwendung des § 89b Abs. 3 Nr. 1 und Nr. 2 HGB ausgeschlossen (vgl. BGH NJW 1973, 1121 [1122]). Vielmehr soll gem. § 89b Abs. 1 S. 1 Nr. 2 HGB zu entscheiden sein, ob die Zahlung eines Ausgleichs an die Erben des Handelsvertreters unter Berücksichtigung aller Umstände der Billigkeit entspricht. Die flexible Regelung des § 89b Abs. 1 S. 1 Nr. 2 HGB ermöglicht es im Gegensatz zu einer entsprechenden Anwendung der „starren" Ausschlussgründe des § 89b Abs. 3 HGB, die vielschichtigen Gründe, aufgrund derer ein Mensch sich das Leben nehmen kann, im Einzelfall angemessen zu berücksichtigen (BGH NJW 1973, 1121 [1122]).

2. Handelsmakler

282. Rechtsnatur und Rechtsquellen [G]

Was wissen Sie über Rechtsnatur und Rechtsquellen des Handelsmaklervertrags?

Der **Handelsmaklervertrag** ist eine **besondere Erscheinungsform des allgemeinen Maklervertrags** (*Canaris*, HandelsR, § 19 Rn. 7). Auf ihn finden die §§ 93 ff. HGB und ergänzend die §§ 652 ff. BGB Anwendung.

283. Kaufmann? [G]

Ist ein Handelsmakler notwendig Kaufmann?

Seit der Handelsrechtsreform von 1998 ist der Handelsmakler nicht mehr *ipso iure*, sondern nur noch nach Maßgabe des § 1 Abs. 2 HGB oder kraft Eintragung gem. § 2 S. 1 HGB Kaufmann. Gemäß **§ 93 Abs. 3 HGB** findet das Handelsmaklerrecht allerdings auch auf **kleingewerbliche Handelsmakler** Anwendung.

284. Funktion und Erscheinungsbild [G]

Erläutern Sie Funktion und Erscheinungsbild des Handelsmaklers in der Wirtschaftspraxis!

Der **Handelsmakler führt** vermittels seiner Sachkunde und Geschäftskontakte **Angebot und Nachfrage von Marktteilnehmern zusammen**, die selbst über keinen hinreichenden Marktüberblick verfügen. Seine wirtschaftliche Bedeutung ist von Geschäftszweig zu Geschäftszweig unterschiedlich. Als besondere Spielarten haben sich Versicherungs-, Schiffs- sowie Börsen- und Wertpapiermakler herausgebildet.

285. Unterschiede zum Handelsvertreter [G]

Worin unterscheidet sich der Handelsmakler vom Handelsvertreter?

Maßgebliches Unterscheidungsmerkmal ist, dass der **Handelsmakler** ausweislich des § 93 Abs. 1 HGB von seinem Auftraggeber **nicht ständig mit der Vermittlung von Verträgen betraut** ist (vgl. dagegen § 84 Abs. 1 S. 1 HGB für den Handelsvertreter). Man hat ihn deshalb mitunter als „Augenblicksvermittler" (*J. v. Gierke*) bezeichnet. Glücklicher ist es, darauf abzustellen, dass sich die Handelsmaklertätigkeit meist auf ein bestimmtes Objekt, die Handelsvertretertätigkeit dagegen auf eine unbestimmte Vielzahl zu veräußernder Objekte erstreckt (vgl. BGH NJW 1992, 2818 [2819]). Aufgrund dieser Besonderheit eignet sich die Einschaltung von Handelsmaklern auch nicht zum Aufbau konsolidierter Vertriebssysteme.

286. Unterschiede zum Zivilmakler [V]

Grenzen Sie den Handelsmakler vom Zivilmakler ab!

Drei Unterschiede verdienen Hervorhebung:

a) **Gegenstand des Vertrags**: Gemäß § 93 Abs. 1 HGB gilt das Handelsmaklerrecht nur für die Vermittlung von Verträgen über Waren, Wertpapiere, Versicherungen, Güterbeförderungen, Schiffsmiete oder sonstige Gegenstände des Handelsverkehrs. Nicht Handels-, sondern Zivilmakler sind demzufolge der Immobilienmakler (vgl. § 93 Abs. 2 HGB) und der Dienstleistungsmakler (zB Headhunter).

b) **Pflichteninhalt des Vertrags**: Ausweislich des **§ 93 Abs. 1 HGB** ist die Handelsmaklertätigkeit auf die Vermittlung von Verträgen gerichtet (**Vermittlungsmakler**), während **§ 652 Abs. 1 S. 1 BGB** auch an den bloßen Nachweis der Gelegenheit zum Vertragsschluss anknüpft (**Nachweismakler**). Die Nachweistätigkeit ist erfüllt, wenn der Auftraggeber durch den Makler Kenntnis von der konkreten Vertragsmöglichkeit erhält. Demgegenüber gehört zur Vermittlungtätigkeit, dass der Makler mit beiden Vertragsparteien in Verbindung tritt und dadurch zum Vertragsschluss beiträgt (vgl. *Hopt* in: Baumbach/Hopt, HGB, § 93 Rn. 13).

c) **Gesetzliches Leitbild**: Aus dem Regelungssystem der §§ 93 ff. HGB lässt sich entnehmen, dass der **Handelsmakler** als **„ehrlicher Makler"** die Interessen beider Vertragsparteien zu wahren hat (vgl. BGH NJW 1968, 150 [152]), während der **Zivilmakler** – ebenso wie der Handelsvertreter – in der Regel **nur seinem Auftraggeber verpflichtet** ist. Dies zeigt sich besonders anschaulich bei der Provisionszahlungspflicht: Sie obliegt nach § 99 HGB beiden Parteien je zur Hälfte, wohingegen § 654 BGB den Anspruch auf den Maklerlohn gerade ausschließt, falls der Zivilmakler vertragswidrig auch für den anderen Teil tätig gewesen ist.

Beachte: Ein und derselbe Makler kann gleichzeitig Handels- und Zivilmakler sein, also zB neben Gegenständen des Handelsverkehrs auch Grundstücke vermitteln.

3. Andere Absatzmittlungsverhältnisse

a) Überblick

287. Moderne Vertriebssysteme [V]

In der Rechtswirklichkeit haben sich in den letzten Jahrzehnten eine Reihe moderner Vertriebssysteme herausgebildet, die zu Beginn des 20. Jahrhunderts gänzlich unbekannt waren. Erläutern Sie in Umrissen ihre Bedeutung!

Bei den **modernen Vertriebssystemen** handelt es sich zumeist um Mischformen, die die **Vertragspraxis** ersonnen hat und deren Pflichtenkanon vor allem in **Allgemeinen Geschäftsbedingungen** ausgeformt wird. Sie dienen der Markterschließung und Marktpflege durch selbständige Unternehmen, die weder Handelsvertreter noch Kommissionäre oder konventionelle Eigenhändler sind. Dazu gehören der **Kommissionsagent**, der **Vertragshändler** und der **Franchisenehmer**. Rechtlich handelt es sich jeweils um **Dauerschuldverhältnisse mit Dienstleistungscharakter**, wie sie nur im Handelsvertreterrecht vom Gesetzgeber paradigmatisch vorgedacht sind.

---

288. Handelsrechtliche Hauptprobleme [V]

Welche handelsrechtlichen Hauptprobleme werfen diese besonderen Absatz-mittlungsverträge auf?

Im Mittelpunkt stehen vor allem zwei Probleme:

a) die **rechtliche Ein- und typologische Zuordnung** der einzelnen Absatzmittlungs-verträge und

b) die Frage, ob und **unter welchen Voraussetzungen Handelsvertreterrecht** auf sie **analog** angewendet werden kann.

---

289. Typenreihe [V]

Erstellen Sie eine Typenreihe der selbständigen Absatzmittler
a) Handelsvertreter
b) Handelsmakler
c) Kommissionär
d) Kommissionsagent
e) Vertragshändler
f) Franchisenehmer
und erläutern Sie in Stichworten deren Absatzziel, Anwendungsbereich und rechtliche Merkmale!

Selbständige Absatzmittler

Absatzform	Absatzziel	rechtliche Merkmale
Handelsvertreter (§§ 84–92c HGB)	Vermittlung und Abschluss von Geschäften für den Unternehmer	– ständige vertragliche Beziehungen zum Unternehmer – Handeln im fremden Namen für fremde Rechnung
Handelsmakler (§§ 93–104 HGB)	Vermittlung von Verträgen nach § 93 HGB (Beispiel: Börsenmakler, Schiffsmakler)	– keine ständige Vertragsbeziehung zum Auftraggeber – Handeln im fremden Namen

Absatzform	Absatzziel	rechtliche Merkmale
Kommissionär (§§ 383–406 HGB)	An- und Verkauf von Waren oder Wertpapieren für den Kommittenten (Beispiel: Kunsthandel)	– keine ständige Vertragsbeziehung zum Kommittenten – Handeln im eigenen Namen für fremde Rechnung
Kommissionsagent (uU entsprechende Anwendung der §§ 84 ff. HGB)	wie Kommissionär (Beispiel: Kaffeeröster-depots)	– ständige vertragliche Beziehungen zum Auftraggeber – Handeln im eigenen Namen für fremde Rechnung
Vertragshändler (uU entsprechende Anwendung der §§ 84 ff. HGB)	Vertrieb von Waren eines Herstellers (Beispiel: Kfz-Vertrieb)	– ständige vertragliche Beziehungen zum Hersteller – Handeln im eigenen Namen für eigene Rechnung
Franchisenehmer (uU entsprechende Anwendung der §§ 84 ff. HGB)	Vertrieb von Waren oder Dienstleistungen des Franchisegebers (Beispiel: Baumärkte, Schnellrestaurants)	– ständige Vertragsbeziehungen zum Franchisegeber – Handeln im eigenen Namen für eigene Rechnung

b) Vertragshändler

290. Wesensmerkmale [V]

Erläutern Sie die Wesensmerkmale eines Vertragshändlers in Abgrenzung zum Handelsvertreter und zum konventionellen Groß- und Einzelhändler!

a) Anders als der Handelsvertreter wird der **Vertragshändler** als **Eigenhändler** tätig: Er kauft und verkauft im eigenen Namen und auf eigene Rechnung, trägt also das **volle Absatzrisiko** am Markt.

b) Im Unterschied zum konventionellen Groß- oder Einzelhändler ist der Vertragshändler **ständig damit betraut**, die **Produkte** eines **Herstellers zu vertreiben** und deren Absatz in ähnlicher Form wie ein Handelsvertreter zu fördern.

291. Rechtsnatur [V]

Erläutern Sie die Rechtsnatur einer Vertragshändlerbeziehung!

Der Vertragshändlervertrag ist ein **typengemischter Vertrag** zwischen Hersteller und Händler, der vor allem handelsvertreterähnliche, aber auch kaufrechtliche Elemente in Form eines Geschäftsbesorgungsvertrags iSd §§ 675, 611 ff. BGB vereinigt. Er bildet einen **Rahmenvertrag**, der eine Vielzahl von Kaufverträgen vorbereitet und den Vertragshändler durch ein Bündel von Einzelpflichten in das Vertriebssystem des Herstellers einbindet, ohne dass der Vertragshändler seine rechtliche und wirtschaftliche Selbständigkeit verliert. Besondere Bedeutung erlangt hat er im Kraftfahrzeughandel, aber auch im Getränkehandel.

292. Preisgestaltung [S]

Zeitz hat im rheinisch-bergischen Kreis eine Tätigkeit als Vertragshändler für Volkswagen aufgenommen. Er möchte von Ihnen wissen, ob er in seiner Preisgestaltung frei ist oder Weisungen von Volkswagen befolgen müsste.

Der **Vertragshändler** ist aufgrund seiner Stellung als Eigenhändler grundsätzlich **frei in der Gestaltung seiner Preise und Konditionen**. Anders als für den Handelsvertretervertrag (vgl. Frage 262 lit. b) gilt demnach, vorbehaltlich kartellrechtlicher Freistellung, für den Vertragshändlervertrag das aus § 1 GWB folgende **Preis- und Konditionenbindungsverbot** (vgl. *Hopt* in: Baumbach/Hopt, HGB, § 86 Rn. 35; *v. Hoyningen-Huene* in: MüKoHGB, Vorb. zu § 84 Rn. 30). Im Hinblick auf europäisches Kartellrecht ist zudem Art. 101 AEUV zu beachten.

293. Konkurrenz [S]

Zeitz' Verdienst als Vertragshändler bleibt hinter seinen Erwartungen zurück. Er überlegt, zusätzlich Fahrzeuge einer Konkurrenzmarke zu vertreten. Darf er das?

Grundsätzlich leitet man aus der allgemeinen Interessenwahrungspflicht des Vertragshändlers, wie auch beim Handelsvertreter (vgl. Frage 260 lit. a), ein Konkurrenzverbot ab (vgl. BGH NJW 1984, 2101 [2102]; *K. Schmidt*, HandelsR, § 28 Rn. 14). Die Pflichten des Vertragshändlers werden häufig durch vertragliche Vereinbarungen konkretisiert. Zu nennen sind insbes. das Verbot des Mehrmarkenvertriebs und Mindestabnahmepflichten. Derartige Vereinbarungen sind sodann an § 1 GWB sowie gegebenenfalls an Art. 101 Abs. 1 AEUV zu messen. Diese Normen stehen Wettbewerbsbeschränkungen entgegen. Zu einer Zulässigkeit der Vereinbarung kann es jedoch aufgrund von § 2 Abs. 1 GWB und einer unionsrechtlichen Freistellung nach Art. 101 Abs. 3 AEUV kommen, die sich auch gegenüber einem nationalen Verbot durchsetzt (vgl. § 2 Abs. 2 GWB und *Schuhmacher* in: Grabitz/Hilf/Nettesheim, Das Recht der Europäischen Union, Band II, 53. Ergänzungslieferung 2014, Art. 101 AEUV Rn. 47). Maßgeblich für den vorliegenden Fall ist insofern die VO (EU) Nr. 330/2010. Nach deren Art. 5 Abs. 1 lit. a dürfen Vertragshändlern für die Dauer von fünf Jahren Wettbewerbsverbote, wie das Verbot des Mehrmarkenvertriebs und Bezugsverpflichtungen von mehr als 80 % auferlegt werden, sofern die übrigen Anwendungsvoraussetzungen der Verordnung (insbes. Art. 3 „Nichtüberschreitung der Marktanteilsschwellen") erfüllt sind (ausführlich zur Auswirkung der Verordnung auf den Vertrieb von Neufahrzeugen *Wegner/Oberhammer*, BB 2011, 1480).

294. Erschlichene Zuschüsse [S]

Welche Möglichkeiten hat Volkswagen, wenn sich Zeitz aufgrund unrichtiger Angaben in erheblichem Umfang Werkszuschüsse erschlichen hat?

Volkswagen kann das Vertragsverhältnis mit Zeitz aus wichtigem Grund kündigen (vgl. OLG Braunschweig OLGR 1998, 291). Für die **Kündigung** gilt **§ 89a HGB analog**, dessen *ratio* ohne Weiteres auch auf den Vertragshändler passt. Weiter gilt auch die für den Handelsvertreter anerkannte Regel, dass die Kündigungserklärung nicht innerhalb der Zwei-Wochen-Frist des § 626 Abs. 2 BGB, sondern nur **innerhalb angemessener Frist** erfolgen muss (vgl. Frage 270, zum Vertragshändlervertrag BGH NJW 1994, 722 [723]: in der Regel binnen zweier Monate).

295. Rücknahme [S]

a) Nach Volkswagens fristloser Kündigung (Fall 294) verlangt Zeitz, dass Volkswagen die noch in seinem – Zeitz' – Bestand befindlichen Fahrzeuge zurücknimmt, weil er vertraglich verpflichtet gewesen sei, ein breit gefächertes Fahrzeugangebot vorzuhalten. Mit Recht?
b) Ändert sich die Rechtslage, wenn Zeitz gekündigt hat, weil Volkswagen nicht im vertraglich zugesagten Umfang gegen Grauhändler vorgegangen ist?

a) Wenn der Vertragshändler – wie hier – selbst die Beendigung des Vertrags verschuldet hat, besteht im Allgemeinen keine Rücknahmepflicht des Unternehmers.

b) Ja (vgl. BGH NJW 1971, 29). In diesem Fall hätte Volkswagen seine **Vertragspflicht** verletzt und wäre gem. §§ 280 Abs. 1, 241 Abs. 2 iVm §§ 249 ff. BGB grundsätzlich zur Rücknahme der Fahrzeuge verpflichtet. Abgesehen von derartigen Konstellationen kann sich eine Rücknahmepflicht auch aus dem Sinn und Zweck der Depotabrede ergeben („nachwirkende Treuepflicht" vgl. *Hopt* in: Baumbach/Hopt, HGB, Einleitung vor § 373 Rn. 41). **Art und Umfang der Rücknahmepflicht** richten sich nach den Umständen des Einzelfalls. Im Allgemeinen darf ein Hersteller, der die Haltung eines Warenlagers verlangt hat, seinen Vertragshändler bei der Verwertung des überflüssig gewordenen Lagers nicht im Stich lassen (vgl. auch OLG Saarbrücken NJW-RR 1999, 106).

296. Ausgleich I [S]

a) Angenommen, der Vertragshändlervertrag zwischen Volkswagen und Zeitz endet nach sieben Jahren durch eine ordentliche Kündigung. Zeitz verlangt einen Ausgleichsanspruch entsprechend § 89b HGB unter Hinweis darauf, dass er einen beträchtlichen Kundenstamm aufgebaut habe und nach Vertragsbeendigung zur Übergabe der Kundenkartei verpflichtet sei. Mit Recht?
b) Könnte Volkswagen einwenden, die hinzugewonnenen Kunden hätten sich weit mehr von dem guten Ruf der Fahrzeuge als von den Werbemaßnahmen des Zeitz leiten lassen?
c) Wie ist es, wenn der Vertragshändlervertrag keine konkreten Anhaltspunkte für die Vereinbarung einer Überlassungspflicht enthält?

a) Angesprochen ist hier die **analoge Anwendung des § 89b HGB auf den Vertragshändlervertrag**. Die Rechtsprechung des BGH verlief nicht eben gradlinig: Sie stellte zunächst auf die besondere Schutzbedürftigkeit des Vertragshändlers ab (vgl. BGH NJW 1959, 144 [145 f.]), die vorliegen sollte, wenn der Vertragshändler seinen Geschäftsbetrieb ohne erheblichen Eigenkapitaleinsatz führte (vgl. BGH NJW 1961, 662 [664]). Spätere Entscheidungen korrigierten dies und verlangen stattdessen, dass der Vertragshändler wie ein Handelsvertreter **in die Absatz- und Vertriebsorganisation des Unternehmers eingebunden** sei (vgl. BGH NJW 1977, 896). Hinzu kommen muss schließlich, dass sich der Unternehmer den Kundenstamm bei einer Vertragsbeendigung ohne Weiteres nutzbar machen kann, wenn und weil eine **Verpflichtung** des Vertragshändlers **zur Übertragung des Kundenstamms** besteht (BGH NJW 2011, 848). Hier ist Zeitz gehalten, die Kundenkartei zu übergeben, was die Rechtsprechung als Indiz für eine Übernahmepflicht wertet (vgl. BGH NJW 1981, 1961 [1962]). Unter Umständen soll es auch genügen, wenn der Vertragshändler schon während der Vertragslaufzeit zur Mitteilung der Kundendaten verpflichtet war (vgl. BGH NJW 1964, 1952 [1953]). Demnach gebührt Zeitz vorliegend ein Ausgleichsanspruch in Analogie zu § 89b HGB.

b) Die sog **Sogwirkung der Marke** schließt einen Ausgleichsanspruch grundsätzlich nicht aus, sondern ist lediglich im Rahmen der Billigkeitsprüfung nach § 89b Abs. 1 S. 1 Nr. 2 HGB zu berücksichtigen (vgl. BGH WM 2006, 1403 [1407]; NJW 1983, 2877 [2879]).

c) Nach Auffassung der Rechtsprechung scheidet ein Ausgleichsanspruch dann aus (vgl. zB BGH NJW 1994, 657 [658]); die überwiegende Lehre hält dem entgegen, dass der Vertragshändler entweder nach §§ 675 Abs. 1, 666 BGB oder im Wege ergänzender Vertragsauslegung zur Überlassung der Kundendatei verpflichtet sei, und tritt infolgedessen für eine analoge Anwendung des § 89b HGB ein (vgl. *Canaris*, HandelsR, § 17 Rn. 26 f.).

297. Ausgleich II [S]

Röhricht war zehn Jahre lang als Vertragshändler für die Firma Toyota tätig und macht nach Toyotas ordentlicher Kündigung des Händlervertrags einen

Ausgleichsanspruch analog § 89b HGB geltend. Toyota verweist darauf, dass Röhricht nach § 7 des Händlervertrags nicht verpflichtet ist, die Namen seiner Kunden zu nennen. Ihn traf während der Vertragslaufzeit lediglich eine Pflicht, seine Kundendaten an ein unabhängiges Marketingunternehmen zu Werbezwecken weiterzuleiten. Findet Toyota mit diesem Einwand Gehör?

Nach Auffassung des BGH ja (vgl. BGH NJW 1996, 2159). Der VIII. Zivilsenat verlangt für einen Ausgleichsanspruch analog § 89b HGB eine Verpflichtung zur Überlassung der Kundendaten (vgl. bereits Frage 296), an der es hier gerade fehlt. Eine **faktische Kontinuität des Kundenstamms**, wie sie im Schrifttum verschiedentlich als ausreichend erachtet wird (vgl. *K. Schmidt*, HandelsR, § 28 Rn. 47), **soll nicht genügen**. Ohne Belang sei auch die Überlassung der Kundendaten an eine Marketingfirma, da diese nach Beendigung des Händlervertrags auch ohne besondere Vereinbarung verpflichtet sei, die Daten an den Vertragshändler zu übermitteln und bei sich zu löschen (vgl. BGH NJW 1996, 2159 [2160 f.]). Teilt man den Ausgangspunkt der Spruchpraxis, ist die Ergebnisableitung logisch tadelfrei, doch wird man sorgfältig zu **prüfen** haben, ob § 7 des Händlervertrags nicht eine **unzulässige Umgehung des analog heranzuziehenden § 89b HGB** darstellt (vgl. *Canaris*, HandelsR, § 17 Rn. 27).

c) Franchising

298. Typusprägende Merkmale [G]

Welche typusprägenden Merkmale kennzeichnen einen Franchisenehmer?

Mit gewissen Vergröberungen wird man **drei Hauptmerkmale** herausstellen können:

a) Der **Franchisenehmer** handelt – wie der Vertragshändler – **im eigenen Namen und auf eigene Rechnung.**

b) **Intern** ist er in ein **einheitliches Organisations- und Vertriebskonzept** eingebunden und unterliegt umfangreichen Kontroll- und Weisungsrechten des Franchisegebers.

c) **Nach außen** tritt er unter einem **gemeinsamen Namen**, Symbol oder einer gemeinsamen Marke und Ausstattung in Erscheinung, hinter der seine eigene Firma nahezu gänzlich zurücktritt.

299. Wirtschaftliche Bedeutung und Verbreitung [G]

Was wissen Sie über die wirtschaftliche Bedeutung und Verbreitung des Franchisings?

Franchisingsysteme erfreuen sich **ständig wachsender Beliebtheit**. Von Kfz-Werkstätten, Drogerien und Mietwäsche-Service-Unternehmen über Hotels, Zeitpersonalagenturen, Computerläden und Campingplätzen bis hin zu Gartencentergeschäften und Schauspielschulen bleibt kaum ein Geschäfts- oder Berufszweig ausgespart: *„Tout est franchisable".* Besondere Verbreitung findet das Franchising im **herstellerabhängigen Einzelhandel** (zB Marco Polo, Obi, Nordsee, Ihr Platz, Rodier), im **Großhandel** (zB Coca-Cola-Abfüller als Franchisenehmer und als regionale Großhändler) sowie bei **Dienstleistungsanbietern** (Hotelketten: Hilton, Sheraton, Holiday Inn; Gaststätten: McDonald's, Wienerwald; Zeitarbeit: Manpower; Sprachschulen: Inlingua).

300. Arten [S]

Welche Arten von Franchising lassen sich unterscheiden?

a) Eine erste Einteilung knüpft an den **Vertragsgegenstand** an und sondert Vertriebs-, Produktions- und Dienstleistungsfranchising: Beim **Vertriebsfranchising** hat der Franchisegeber für den Absatz seiner Waren ein besonderes (Marketing-)Konzept entwickelt, in das er den Franchisenehmer einschaltet (Beispiel: Benetton). Beim **Produktionsfranchising** stellt der Franchisenehmer die Waren nach Anleitung des Franchisegebers selbst her und vertreibt sie unter dessen Marke (Beispiel: Coca-Cola). Von **Dienstleistungsfranchising** spricht man schließlich, wenn der Franchisegeber ein bestimmtes Servicekonzept erarbeitet hat und dessen Umsetzung dem Franchisenehmer überlässt (Beispiel: Cosy-Wash).

b) Darüber hinaus differenziert man gelegentlich nach der **Marktstufe** und dem Vorliegen oder Fehlen eines Über-/Unterordnungsverhältnisses: Beim **vertikalen Franchising**, dem statistischen Regelfall, ist der Franchisenehmer in ein straffes Absatzsystem des Franchisegebers einbezogen und diesem weisungsunterworfen **(Subordinationsfranchising)**. Dagegen wirken die Parteien beim weitaus selteneren **horizontalen Franchising** partnerschaftlich-gleichberechtigt zusammen **(Koordinationsfranchising)**.

301. Rechtsnatur [V]

Wie lässt sich die Rechtsnatur des Franchisings dogmatisch erfassen?

Beim Franchising handelt es sich um einen **typengemischten Vertrag**, der vorwiegend geschäftsbesorgungs- und dienstvertragliche Elemente iSd §§ 675 Abs. 1, 611 BGB vereint, aber durch ein lizenzähnliches Nutzungsrecht des Franchisenehmers am Marketing- und Organisationskonzept des Franchisegebers auch eine pachtrechtliche Komponente aufweist.

302. Finanzielles [S]

a) Was wissen Sie über die typische Entgeltstruktur beim Franchising?
b) Darf der Franchisegeber dem Franchisenehmer die Endverkaufspreise verbindlich vorschreiben?

a) **Haupteinnahmequelle des Franchisegebers** sind die **Franchisinggebühren**, die sich zumeist aus einer festen Eintrittsgebühr *(entry fee)* bei Vertragsbeginn und einer laufenden Umsatzbeteiligung *(franchise fee* oder *royalties,* in der Regel 2–5 % des Umsatzes) zusammensetzen.

b) **Preis- und Konditionenbindungen** für Geschäfte des Franchisenehmers mit seinen Kunden **verstoßen**, vorbehaltlich kartellrechtlicher Freistellung, **gegen § 1 GWB (= § 14 GWB aF)** und gegebenenfalls gegen **Art. 101 Abs. 1 AEUV**, weil der Franchisenehmer anders als der Handelsvertreter (vgl. Frage 262 lit. b), aber wie der Vertragshändler (vgl. Frage 292) für eigene Rechnung handelt. Der Franchisegeber darf dem Franchisenehmer die Endverkaufspreise daher nicht verbindlich vorschreiben (vgl. BGH NJW 1999, 2671).

---

303. Fristlose Kündigung [S]

Die McDonald's System of Germany, Inc. schloss mit Hempel einen Franchise-Vertrag. Sie gewährte ihm darin das Recht, nach Maßgabe der im Einzelnen getroffenen Absprachen ein Restaurant nach dem McDonald's-System zu errichten und zu führen. Nach den formularmäßig gestalteten Vertragsbedingungen gehört zum unabdingbaren McDonald's-System unter anderem das seitens der Franchisegeberin festgelegte Verfahren bei der Zubereitung von Speisen nach Maßgabe zur Verfügung gestellter Betriebshandbücher. McDonald's verlangt darin ua, dass die Grilltemperatur eines mit Gas beheizten Grillgerätes für die Zubereitung von „Hamburgern" 177°C und die für die Zubereitung von „Hamburgern-Royal" 191°C zu betragen habe. Nachdem McDonald's bei mehreren Betriebsprüfungen Anfang 2014 feststellen musste, dass Hempel die vorgeschriebenen Grilltemperaturen nicht einhielt, mahnte sie ihn entsprechend der vertraglichen Regelung ab, zuletzt am 1.2.2014. Am 3.8.2014 kündigte McDonald's den Vertrag fristlos. Ist die Kündigung wirksam?

In Betracht kommt eine **außerordentliche Kündigung analog § 89a HGB**, der nach hM auch auf den Franchisevertrag anwendbar ist:

a) Hinsichtlich des **wichtigen Kündigungsgrundes** kann man an eine Verletzung vertraglicher Pflichten anknüpfen: Als Bestandteil eines Formularvertrags unterliegen die Zubereitungs- und Qualitätsvorgaben der Inhaltskontrolle nach den §§ 307 Abs. 2 Nr. 2, 310 Abs. 1 S. 2 BGB, doch bestehen gegen sie keine durchgreifenden Bedenken (vgl. BGH NJW 1985, 1894 [1895]). Demnach hat Hempel, indem er die für die einheitliche Qualität der Restaurantkette ausschlaggebenden Grilltemperaturen wiederholt nicht eingehalten hat, einen Grund zur außerordentlichen Kündigung gesetzt.

b) Zweifelhaft ist allerdings, ob die Kündigung noch rechtzeitig erfolgte. Es entspricht einem allgemeinen, in § 314 Abs. 3 BGB kodifizierten Grundsatz des Rechts der Dauerschuldverhältnisse, dass **Kündigungen aus wichtigem Grund** nur **innerhalb angemessener Zeit** ausgesprochen werden können (vgl. für den Handelsvertretervertrag Frage 270 lit. b). Hier hat der Franchisegeber nach dem letzten festgestellten Vertragsverstoß ohne ersichtlichen Grund acht Monate bis zur Kündigung verstreichen lassen. Damit ist die Wichtigkeit des Kündigungsgrundes im Zeitablauf verblasst und dem Franchisegeber die **Kündigung nach § 314 Abs. 3 BGB verwehrt** (vgl. BGH NJW 1985, 1894 [1895], der noch auf den Grundsatz von Treu und Glauben zurückgreifen musste).

---

304. Schadensersatz und Ausgleich [S]

Die Firma Benetton vertreibt ihre Oberbekleidung über selbständige Einzelhändler, die das Kennzeichen „Benetton" ohne Hinzufügung eines Namenshinweises führen dürfen und sich verpflichten, ihre Geschäfte auf eigene Kosten „benetton-typisch" zu gestalten und einzurichten. Zu diesen Benettonhändlern gehört auch Berger, der in bester Frankfurter Verkaufslage Konfektion aus der Serie „United Colours of Benetton" verkauft. Als Benetton überregional mit Schockwerbung (Soldatenfriedhof, Ölvogel, Kinderarbeit, AIDS-Opfer) auf seine Kollektion aufmerksam macht, verzeichnet Berger beträchtliche Umsatzeinbußen und verlangt von Benetton Schadensersatz. Mit Erfolg?

b) Wie steht es mit einem Ausgleichsanspruch des Berger analog § 89b HGB, wenn über den Schadensersatzprozess das Vertragsverhältnis endet?

a) Ein Schadensersatzanspruch könnte sich aus einer **Pflichtverletzung des franchiseähnlichen Vertrags** gem. §§ 280, 241 Abs. 2 BGB ergeben. Insoweit ist zwar anerkannt, dass der Franchisegeber bei seinen unternehmerischen Entscheidungen auf die schutzwürdigen Belange der Franchisenehmer Rücksicht nehmen muss. Eine Verletzung dieser **Treuepflicht** wird man aber jedenfalls solange nicht annehmen können, wie für den Franchisegeber nicht erkennbar ist, dass die aggressive Werbung geschäftsschädigend wirkt. Ebenso wenig kann sich Berger auf einen Schadensersatzanspruch aus § 823 Abs. 1 BGB wegen eines Eingriffs in seinen eingerichteten und ausgeübten Gewerbebetrieb stützen: Hierfür fehlt es einmal an einem betriebsbezogenen Eingriff (vgl. Frage 198 lit. b), jedenfalls aber am Verschulden mangels objektiver Voraussehbarkeit einer Schädigung der Franchisenehmer. Berger hat somit keinen Schadensersatzanspruch gegen Benetton (vgl. auch BGH NJW 1997, 3304).

b) Die **hL** erkennt dem **Franchisenehmer** einen Ausgleich **gem. § 89b HGB** zu, wenn er ähnlich wie ein Handelsvertreter oder Vertragshändler in das Vertriebssystem des Franchisegebers eingegliedert ist (vgl. *Canaris*, HandelsR, § 18 Rn. 29 ff.). Der **BGH** fordert aber als weitere Analogievoraussetzung eine rechtliche **Verpflichtung zur Übertragung des Kundenstamms** (vgl. Frage 296 lit. a zum Vertragshändlervertrag). Fehlt es daran und gibt es auch keine Anhaltspunkte für eine tatsächliche Übernahme des Kundenstamms durch den Franchisegeber, scheidet ein Ausgleichsanspruch nach der Rechtsprechung aus (vgl. BGH NJW 1997, 3304 [3308]).

305. Arbeitnehmer? [V]

Kühl vertreibt im eigenen Namen und auf eigene Rechnung im Großraum Mainz Tiefkühlkost der Marke „Eismann" unter Inanspruchnahme eines Einkaufsrabatts. Für die Einräumung der Nutzungsrechte an Namen und Marke sowie für Schulung, Ausbildung und Erstausstattung hat er einen Kostenbetrag von 10.000 EUR an die Eismann GmbH bezahlt. Die Zusammenarbeit erfolgt vereinbarungsgemäß auf der Grundlage eines Handbuchs der Eismann GmbH, das eingehende Regelungen über die vorzuhaltende Ware, die Aufstellung von Tourenplänen, die wöchentlichen Einsatzzeiten (Tagestouren von Montag bis Freitag, der Samstag als Tag für Büroarbeiten), Staupläne für das gemietete Tiefkühlfahrzeug sowie zahlreiche weitere Durchführungshinweise enthält. Nach zwei Jahren kündigt Kühl den Vertrag, weil er durchschnittlich nicht mehr als 1.600 EUR an „Auszahlungen" von der Eismann GmbH erhielt. Er klagt vor dem Arbeitsgericht Mainz auf eine vertraglich vorgesehene Abfindung für seine Arbeitsleistung und eine teilweise Rückerstattung seines Kostenbeitrages. Die Eismann GmbH hält den Rechtsweg zu den Gerichten für Arbeitssachen für unzulässig, weil Kühl ausweislich des Vertragsformulars als „Vertriebspartner" und nicht als Arbeitnehmer tätig wurde. Wer hat Recht?

Der Fall veranschaulicht die im Einzelfall oft schwierige **Abgrenzung** zwischen selbständigem **Gewerbetreibenden** und **Arbeitnehmer**, welche die Gerichtsbarkeit unter dem Stichwort **„Scheinselbständigkeit"** ausgiebig beschäftigt hat (vgl. BAG NJW 1997, 2973; BGH NJW 1999, 218). Für Kühls Klage ist der Arbeitsgerichtsweg eröffnet, wenn er als Franchisenehmer im Verhältnis zur Eismann GmbH als Arbeitnehmer (§ 5 Abs. 1 S. 1 ArbGG) oder arbeitnehmerähnliche Person (§ 5 Abs. 1 S. 2 ArbGG) anzusehen ist. Gegen eine Arbeitnehmereigenschaft Kühls spricht nicht bereits die Etikettierung als „Vertriebspartner", weil es nach **hM nicht** auf die **Vertragsbezeichnung, sondern** auf den **Vertragsinhalt** ankommt. Ebenso wenig lässt sich anführen, dass ein Franchisevertrag die persönliche Abhängigkeit schlechthin ausschließe, weil ihm Weisungs- und Kontrollrechte des Franchisegebers immanent seien. **Maßgeblich** für eine Einordnung des Franchisenehmers als Arbeitnehmer oder Selbständiger ist vielmehr, ob er **weisungsgebunden und abhängig** ist oder seine Chancen auf dem Markt selbständig und im Wesentlichen weisungsfrei suchen kann. Vorliegend spricht manches dafür, dass Kühl Arbeitnehmer der Eismann GmbH ist. Jedenfalls ist er wegen seiner wirtschaftlichen Abhängigkeit und seiner einem Arbeitnehmer vergleichbaren sozialen Schutzbedürftigkeit als **arbeitnehmerähnliche Person** einzustufen: Die Reglementierung seiner Tätigkeit und seine zeitliche Beanspruchung hindern ihn, sich weitere Erwerbschancen auf dem Markt zu suchen. Seine Einkünfte liegen im unteren Bereich; er unterhält außer dem von der Eismann GmbH angemieteten Lieferwagen keine eigene Unternehmens- oder Betriebsorganisation und beschäftigt endlich im Verkauf keine eigenen Arbeitnehmer. Bei einer Gesamtwürdigung aller Umstände ist er daher wie ein angestellter Verkaufsfahrer tätig, sodass der **Rechtsweg zu den Arbeitsgerichten** gem. § 2 Abs. 1 Nr. 3a ArbGG eröffnet ist.

306. Versprechungen [S]

Grundmann strebt in die Selbständigkeit. Er wird auf die Aufina-GmbH aufmerksam, die ein Franchiseunternehmen im Immobilienbereich betreibt. Um Grundmann als Franchisenehmer zu gewinnen, macht Aufina ihm gegenüber folgende Angaben: Die Misserfolgsquote der Franchisenehmer liege unter 3 %, die Umsatzplanungen der Aufina zeigten einen doppelt so hohen Jahresumsatz wie bei vergleichbaren Unternehmen, der Verbund mit der namhaften DBV-Versicherung sei ein unschätzbarer Vorteil für den Franchisenehmer. Nicht zuletzt aufgrund dieser Anpreisungen schließt Grundmann einen Franchisevertrag mit Aufina ab. Sein Existenzgründeroptimismus verfliegt allerdings rasch: Die Misserfolgsquote liegt deutlich höher, die vertraglich geschuldete Kostenbelastung für Werbemaßnahmen, Büroausstattung und Personal ist kaum finanzierbar, eine Zuführung von Kunden durch die DBV-Versicherung findet nicht statt. Grundmann verlangt daher von Aufina Rückzahlung der Franchisegebühren und Schadensersatz wegen der nicht eingehaltenen Versprechungen. Mit Recht?

Nach inzwischen gefestigter Auffassung in Rechtsprechung und Rechtslehre treffen den **Franchisegeber** vor Unterzeichnung des Franchisevertrags umfangreiche **Aufklärungs-, Informations- und Unterrichtungspflichten.** Deren genaue Reichweite hängt von dem Informationsbedarf und den Informationsmöglichkeiten des jeweiligen Vertragspartners ab. Regelmäßig sind folgende Umstände offenzulegen: die Entwicklung und Verbreitung des Franchisesystems, die Anforderungen an den Franchisenehmer, die Konkurrenz- und Marktsituation, die durchschnittliche Umsatz- und Ertragserwartung, die erforderlichen Finanzmittel unter Berücksichtigung der voraussichtlichen Anfangsverluste, die typischen Kosten eines Franchisebetriebs (näher *Giesler* in: Giesler/Nauschütt, Franchiserecht, 2. Aufl. 2007, Kapitel 5 Rn. 7 ff.). Unrichtige oder unterlassene Angaben begründen eine Schadensersatzpflicht des Franchisegebers nach den §§ 280 Abs. 1, 241 Abs. 2, 311 Abs. 2 BGB. Hier hätte Aufina den Grundmann darüber unterrichten müssen, dass eine Reihe von Franchisenehmern ihren Betrieb wegen ausbleibenden Erfolgs aufgeben mussten. Anders als von Aufina dargestellt, war der Erfolg der Franchisenehmer damit keineswegs „vorprogrammiert". Grundmann kann infolgedessen den gesamten ihm entstandenen **Vertrauensschaden** ersetzt verlangen. Dazu gehören neben den Franchisegebühren die Aufwendungen für Büroräume, Geschäftsausstattung und Personal abzüglich der von ihm erzielten Einnahmen. Ein Mitverschulden iSd § 254 Abs. 1 BGB trifft den Franchisenehmer in der Regel nicht, wenn er auf die falschen Angaben des Franchisegebers vertraut hat.

Beachte: Das UNIDROIT-Institut in Rom hat im Jahre 2002 ein *Franchise Disclosure Law* vorgelegt. Das Modellrecht sieht vor, dass der Franchisegeber dem Franchisenehmer vor Vertragsunterzeichnung ein schriftliches Aufklärungsdokument aushändigt.

C. Handelsbücher

I. Grundlagen der Rechnungslegung

1. Gegenstand und Grundeinteilung des Rechnungswesens

307. Gegenstand und Relevanz des Dritten Buchs [G]

Christiane hat ihre Liebe für das Handels- und Gesellschaftsrecht entdeckt. Nur mit dem Dritten Buch des HGB hat sie sich bislang nicht näher beschäftigt. Christiane fragt sich nun, welchen Gegenstand dieses Buch hat und welche Relevanz ihm für Juristen zukommt.

Das Dritte Buch des HGB ist mit dem Titel „Handelsbücher" überschrieben. Abweichend von seiner Überschrift lassen sich im Dritten Buch nicht nur Vorschriften zu den Handelsbüchern finden, sondern auch Vorschriften zur sonstigen betrieblichen Rechnungslegung. Ein grundlegendes Verständnis dieser Materie ist aufgrund der engen Verknüpfung mit anderen handels- und gesellschaftsrechtlichen Fragen (zB bei der Außenhaftung des Kommanditisten, der Abfindung ausscheidender OHG- oder BGB-Gesellschafter oder den Kapitalaufbringungs- und -erhaltungsregeln des Aktien- und GmbH-Rechts) auch für Juristen unerlässlich (vgl. *K. Schmidt*, HandelsR, § 15 Rn. 1).

308. Begriff und Aufgaben des Rechnungswesens [G]

Christiane bittet nun ihren Schulfreund Profitlich, der im fünften Semester Betriebswirtschaftslehre studiert, ihr
a) Begriff und
b) Aufgaben des betrieblichen Rechnungswesens zu erläutern. Was wird Profitlich antworten?

a) Das **betriebliche Rechnungswesen** wird als **Inbegriff eines Informationssystems** verstanden, das unternehmensrelevante Daten über angefallene oder geplante Geschäftsvorgänge erfasst, speichert und verarbeitet (vgl. *Baetge/Kirsch/Thiele*, Bilanzen, S. 1).

b) Die **Aufgaben** des betrieblichen Rechnungswesens lassen sich in drei größere Gruppen zusammenfassen:

(1) **Dokumentation** des betrieblichen Geschehens,

(2) **Rechenschaftslegung** gegenüber Gesellschaftern, Gläubigern, Belegschaft, Öffentlichkeit und Staat,

(3) **Planung, Steuerung und Kontrolle** unternehmenspolitischer Entscheidungen.

309. Teilgebiete des Rechnungswesens [G]

Christiane blättert im Vorlesungsverzeichnis der Wirtschaftswissenschaftlichen Fakultät und entdeckt unter der Überschrift „Rechnungswesen" Veranstaltungen zu den Teilgebieten
a) Buchführung und Bilanz,
b) Kosten- und Leistungsrechnung,
c) betriebswirtschaftliche Statistik und Vergleichsrechnung sowie
d) Planungsrechnung.
Wovon handeln die betreffenden Gebiete?

a) **Buchführung** und **Bilanz** bilden das Kernstück des externen Rechnungswesens. Die Aufgabe der Buchführung besteht in der systematischen Erfassung von Vermögensveränderungen. Um diese Vermögensveränderungen erfassen zu können, muss die Buchführung alle Geschäftsvorfälle vollständig und ordnungsgemäß aufzeichnen. Aus den Ergebnissen der Buchführung wird die Jahresbilanz abgeleitet, die durch einen Vergleich mit dem Vorjahr Aufschluss über den Periodenerfolg gibt.

b) Die **Kosten- und Leistungsrechnung** dient allein innerbetrieblichen Zwecken. Sie soll eine Wirtschaftlichkeitskontrolle der Betriebsprozesse ermöglichen und das Zahlenmaterial für unternehmenspolitische Entscheidungen (zB Kalkulation von Preisen und Preisuntergrenzen) liefern.

c) **Betriebswirtschaftliche Statistik** und **Vergleichsrechnung** werten die Zahlen der Buchhaltung und Kostenrechnung aus und gewinnen durch Zeit-, Verfahrens- und Soll-Ist-Vergleiche zusätzliche Erkenntnisse über betriebliche Vorgänge.

d) Die **Planungsrechnung** hat die Aufgabe, die Unternehmensplanung durch Schätzungen der zukünftigen Ausgaben und Einnahmen zu unterstützen und weiter zu konkretisieren.

Vertiefend: *Horschitz/Groß/Fanck/Kirschbaum*, Bilanzsteuerrecht und Buchführung, S. 1 ff.

2. Rechtsgrundlagen und Gliederung des Handelsbilanzrechts

310. Wichtigste Rechtsquelle [G]

Welches ist die wichtigste Rechtsquelle des Handelsbilanzrechts?

Das **Dritte Buch des HGB** (§§ 238–342e). Dieses beinhaltet die wichtigsten Vorschriften zur handelsrechtlichen Rechnungslegung und wird gelegentlich auch als **„Grundgesetz des Bilanzrechts"** bezeichnet.

311. Entstehungs- und Entwicklungsgeschichte [V]

Erläutern Sie die Entstehungs- und Entwicklungsgeschichte dieser Vorschriften!

Die Vorschriften beruhen auf dem **Bilanzrichtliniengesetz** (BiRiLiG) vom 19.12.1985, das die zentralen, bis dahin in verschiedenen Einzelgesetzen verstreuten Vorschriften zur betrieblichen Rechnungslegung im – neu eingefügten – Dritten Buch des HGB zusammengeführt, geordnet und weithin vereinheitlicht hat. Den konkreten Impuls zu dieser Neugestaltung gab das Gemeinschaftsrecht durch die **Bilanzrichtlinie** (4. Richtlinie betreffend den Jahresabschluss bestimmter Rechtsformen vom 25.7.1978), die **Konzernrechnungslegungsrichtlinie** (7. Richtlinie betreffend den konsolidierten Abschluss vom 13.6.1983) und die **Abschlussprüferrichtlinie** (8. Richtlinie betreffend die Zulassung der mit der Pflichtprüfung der Rechnungslegungsunterlagen beauftragten Personen vom 10.4.1984).

Wesentliche Überarbeitungen resultieren aus der Umsetzung der Fair Value-Richtlinie vom 27.9.2001, der Modernisierungsrichtlinie vom 18.6.2003 und der Änderungsrichtlinie vom 14.6.2006 in nationales Recht. Diese Umsetzung erfolgte zum einen durch das **Bilanzrechtsreformgesetz** (BilReG) vom 29.10.2004 und zum anderen durch das **Bilanzrechtsmodernisierungsgesetz** (BilMoG) vom 25.5.2009. Schließlich ergab sich aus dem EU-weiten Anliegen, Kleinstkapitalgesellschaften von umfangreichen Rechnungslegungs- und Offenlegungspflichten zu befreien (Micro-Richtlinie vom 14.3.2012), eine entsprechende Änderung im deutschen Recht durch das Kleinstkapitalgesellschaften-**Bilanzrechtsänderungsgesetz** (MicroBilG) vom 20.12.2012. Die jüngste Reform bringt die Umsetzung der EU-Rechnungslegungsrichtlinie vom 26.6.2013 mit sich, welche die 4. und 7. EG-Richtlinie zusammenführt: das **Bilanzrichtlinie-Umsetzungsgesetz** (BilRUG) vom 17.7.2015. Vertiefend zur Entstehungs- und Entwicklungsgeschichte *Baetge/Kirsch/Thiele*, Bilanzen, S. 29 ff.; *Heyd/Kreher*, BilMoG – Das Bilanzrechtsmodernisierungsgesetz, S. 2; *Krag/Mölls*, Rechnungslegung, S. 23 ff.

312. BilMoG [V]

Welche Ziele liegen dem Bilanzrechtsmodernisierungsgesetz (BilMoG) vom 25.5.2009 zugrunde? Welche wesentlichen Änderungen tragen zu deren Realisierung bei?

Neben der Umsetzung europäischer Richtlinien (s. Frage 311) in deutsches Recht dient das BilMoG der Verbesserung der internationalen Reputation der deutschen handelsrechtlichen Rechnungslegungsvorschriften. Maßgebliche Instrumente sind die **Deregulierung** sowie eine **Annäherung an die IFRS-Rechnungslegung** (zur IFRS-Rechnungslegung eingehend Fragen 392–397). Zu den wesentlichen Deregulierungsmaßnahmen gehören die Einfügung von **§§ 241a, 242 Abs. 4 HGB** (Entlastung einzelkaufmännischer Kleinstunternehmen von der handelsrechtlichen Buchführungs-, Inventarisierungs- und Bilanzierungspflicht) sowie die **Abschaffung der umgekehrten Maßgeblichkeit** (s. hierzu Frage 320). Vertiefend *Heyd/Kreher*, BilMoG – Das Bilanzrechtsmodernisierungsgesetz, S. 2 ff.

313. Folgerungen aus dem unionsrechtlichen Ursprung [G]

Welche wichtigen Folgerungen für die Rechtsanwendung ergeben sich aus dem unionsrechtlichen Ursprung des deutschen Bilanzrechts?

Die einschlägigen Vorschriften sind **unionsrechtskonform auszulegen**. Bei Unklarheiten besteht eine Vorlagepflicht an den EuGH nach Maßgabe des Art. 267 AEUV.

314. Bilanzrecht außerhalb des HGB [G]

Gibt es auch heute noch Bilanzrechtsnormen außerhalb des HGB?

Ja. **Sonderregeln**, welche die HGB-Vorschriften ergänzen und gelegentlich auch verdrängen, finden sich etwa in den **§§ 150–176 AktG, §§ 42–42a GmbHG** und **§ 33 GenG**.

315. Aufbauprinzipien [G]

Welchen drei Aufbauprinzipien folgt das Dritte Buch des HGB?

a) **Vom Einfachen zum Komplizierten**: Den Vorschriften über den Kaufmann (§§ 238–263 HGB) folgen solche über unabhängige Kapitalgesellschaften (§§ 264–289a HGB) und den Konzern (§§ 290–315a HGB).

b) **Vom Allgemeinen zum Besonderen**: Den für alle Kaufleute geltenden Vorschriften (§§ 238–263 HGB) folgen speziellere für Kapitalgesellschaften (§§ 264–289a HGB), Genossenschaften (§§ 336–339 HGB), Kredit- und Finanzdienstleistungsinstitute (§§ 340–340o HGB), Versicherungsunternehmen und Pensionsfonds (§§ 341–341p HGB) sowie bestimmte Unternehmen des Rohstoffsektors (§§ 341q–341y HGB).

c) **Vom Anfang zum Ende**: Den Vorschriften über die Buchführung (§§ 238–241 HGB) folgen im zeitlichen Ablauf solche über Bilanz und Jahresabschluss (§§ 242–315a HGB), Prüfung (§§ 316–324a HGB) und Offenlegung (§§ 325–329 HGB).

3. Bilanzierungsziele

316. Vier wichtige Ziele [G]

Das moderne Bilanzrecht verfolgt mit seinen detaillierten Vorschriften verschiedene Zwecke. Nennen sie die wichtigsten Rechnungslegungsziele in der Reihenfolge ihrer geschichtlichen Entwicklung!

a) **Selbstinformation des Kaufmanns**: Sie bildete die Keimzelle kaufmännischer Buchführung; ihr historischer Ursprung wird häufig auf ein Anleitungsbuch des Franziskanermönchs und Mathematikers *Luca Pacioli* aus dem Jahre 1495 zurückgeführt, das die buchhalterische Übung der venezianischen Kaufleute darstellte.

b) **Gläubigersicherung**: Sie hat mit den Buchführungs- und Inventarisierungspflichten der unter *Ludwig XIV.* in Kraft gesetzten *Ordonannce sur le commerce de terre* (1673) und ihrer Kommentierung durch *Jacques Savary* in seinem Buch „Le parfait negociant" (1675) Eingang in das Bilanzrecht gefunden und wurde über die Vermittlung des *Code de commerce* (1807) später als Leitidee in das Allgemeine Deutsche Handelsgesetzbuch (1861) übernommen.

c) **Fiskalische Zahlungsbemessung**: Sie geht zurück auf die Einkommensteuergesetze von Sachsen (1871) und Preußen (1894), in denen die Handelsbilanz zur Grundlage der einkommensteuerlichen Gewinnbemessung gemacht wurde.

d) **Information der Öffentlichkeit**: Sie brach sich spätestens mit dem Publizitätsgesetz von 1969 Bahn, das neben den Informationsinteressen der Gläubiger und Anteilseigner erstmals auch solche einer breiteren Öffentlichkeit an Großunternehmen anerkannte, und wurde im Weiteren durch das Bilanzrichtliniengesetz von 1985 und moderne kapitalmarktrechtliche Vorschriften (vgl. Frage 389) vielfach bestätigt (*Schön* ZHR 161 (1997), S. 133 ff.).

317. Zwei Grundfunktionen [G]

Heute werden die genannten Rechnungslegungsziele zumeist auf zwei Grundfunktionen zurückgeführt: die Zahlungsbemessungs- und die Informationsfunktion. Was besagen sie und wo haben sie im Gesetz ihren Niederschlag gefunden?

a) **Zahlungsbemessungsfunktion** bringt zum Ausdruck, dass die Handelsbilanz zur Ermittlung sowohl der mitgliedschaftlichen Gewinnansprüche als auch der steuerlichen Zahlungsverpflichtungen dient. **§ 120 Abs. 1 HGB** hat das erste Teilziel vor Augen, wenn er bestimmt, dass der Jahresgewinn einer Offenen Handelsgesellschaft am Schluss jedes Geschäftsjahrs aufgrund der Bilanz ermittelt und für jeden Gesellschafter sein Anteil daran berechnet wird. **§ 5 Abs. 1 S. 1 EStG** spricht von dem zweiten Teilziel, indem er die buchführungspflichtigen Gewerbetreibenden anhält, in ihrer Steuerbilanz jenes Betriebsvermögen anzusetzen, das nach den handelsrechtlichen Grundsätzen ordnungsmäßiger Buchführung auszuweisen ist (s. näher Frage 319).

b) **Informationsfunktion** beschreibt die Aufgabe der Handelsbilanz, den Rechnungslegungsadressaten verlässliche und aussagekräftige Zahlen über die Vermögens-, Finanz- und Ertragslage des Unternehmens an die Hand zu geben. Dahin zielt der Normbefehl des **§ 238 Abs. 1 HGB**, der jeden Kaufmann verpflichtet, Bücher zu führen und in diesen die Lage seines Vermögens nach den Grundsätzen ordnungsgemäßer Buchführung ersichtlich zu machen.

4. Handelsbilanz, Steuerbilanz und Sonderbilanzen

318. Was sind Handels- und Steuerbilanz? [G]

Christiane schmökert in dem speziell für Juristen geschriebenen Bilanzrechts-lehrbuch von *Großfeld* und stößt dort auf zwei verschiedene Bilanzen: die Handels- und die Steuerbilanz. Was hat es damit auf sich?

a) Die **Handelsbilanz** soll die Vermögenslage des Kaufmanns für alle Rechnungs-legungsadressaten sichtbar machen (vgl. § 238 Abs. 1 HGB). Im Interesse des Selbst- und Gläubigerschutzes wird er dabei von Gesetzes wegen angehalten, seine **Vermögenslage nicht zu rosig** darzustellen. Infolgedessen enthalten die §§ 242 ff., 253 ff. HGB für das Vermögen vor allem Höchstwerte, für die Schulden Mindest-werte (vgl. *Großfeld/Luttermann*, Bilanzrecht, S. 84).

b) Einziger Adressat der **Steuerbilanz** ist der Fiskus. Er legt mithilfe des Steuer-bilanzgewinns fest, welche Beträge nach dem Einkommen- oder Körperschaftsteuer-gesetz an den Staat abzuführen sind. Im Interesse der Manipulationsfreiheit und Steuergerechtigkeit achtet das Steuerrecht darauf, dass der Steuerpflichtige seine **Vermögenslage nicht zu schlecht** darstellt. Es betont deshalb bei Wirtschaftsgütern stärker Wertuntergrenzen und sieht Mindestwerte vor, die nicht unterschritten werden dürfen (vgl. *Großfeld/Luttermann*, Bilanzrecht, S. 84 f.).

319. Verhältnis von Handels- und Steuerbilanz [G]

In welchem Verhältnis stehen Handels- und Steuerbilanz zueinander?

Gemäß **§ 5 Abs. 1 S. 1 EStG** sind die handelsrechtlichen Grundsätze ordnungs-mäßiger Buchführung so lange für die steuerliche Gewinnermittlung **maßgeblich**, wie keine steuerrechtlichen Sondervorschriften etwas anderes bestimmen (**Maßgeb-lichkeitsgrundsatz**). Steuerliche **Sondervorschriften**, die zu einer Durchbrechung der Maßgeblichkeit führen, finden sich ua in § 5 Abs. 1a–4b, 6, §§ 6, 6a und 7 EStG. Eine **weitere Einschränkung** hat der Grundsatz der Maßgeblichkeit durch das BilMoG (s. hierzu Frage 312) erfahren: § 5 Abs. 1 S. 1 Hs. 2 EStG bestimmt für steuerliche Wahlrechte, dass diese abweichend von der Handelsbilanz ausgeübt werden können.

320. Veränderung des Verhältnisses [S]

Welcher wesentlichen Veränderung unterlag das Verhältnis von Handels- und Steuerbilanz in den letzten Jahren?

Das BilMoG (s. hierzu Frage 312) hat mittels Streichung des § 5 Abs. 1 S. 2 EStG aF die Maßgeblichkeit der Steuerbilanz für die Handelsbilanz beseitigt. Diese sog umgekehrte Maßgeblichkeit machte in der Vergangenheit ua die Ausübung steuerli-cher Wahlrechte bei der Gewinnermittlung von einer korrespondierenden handelsrechtlichen Ausübung abhängig. Dahinter stand eine Philosophie des Gebens und Nehmens: Der Steuerpflichtige sollte Steuererleichterungen nur dann in Anspruch nehmen dürfen, wenn die entsprechenden Gewinnverlagerungen auch in der Handelsbilanz nachvollzogen und nicht zu Ausschüttungszwecken verwendet werden konnten.

321. Weitere Bilanzen [V]

Aus ihrer Gesellschaftsrechtsvorlesung weiß Christiane, dass es neben der Handels- und Steuerbilanz auch noch Auseinandersetzungs-, Überschuldungs- oder Umwandlungsbilanzen gibt.
a) Ordnen Sie diese speziellen Bilanzen in ein übergreifendes Gesamtsystem ein!
b) Welche Bedeutung kommt dabei dem Gegensatzpaar Gewinnermittlungs- und Vermögensbilanz zu?

a) Im systematischen Zugriff pflegt man den **Regelbilanzen**, die periodisch aufzustellen sind, die **Sonderbilanzen** gegenüberzustellen, die nur bei besonderen Anlässen erstellt werden und spezielle Zwecke verfolgen. Ihre einzelnen Spielarten lassen sich am Lebensprozess eines Unternehmens veranschaulichen: Eröffnungs-, Kapitalerhöhungs-, Verschmelzungs-, Spaltungs-, Überschuldungs- und Liquidationsbilanz.

b) Für die **Gewinnermittlungs- oder Erfolgsbilanz** gelten die allgemeinen Ansatz- und Bewertungsregeln des HGB. Dagegen besteht für **Vermögens- oder Statusbilanzen** keine Bindung an die historischen Anschaffungs- oder Herstellungskosten.

322. Sonderbilanzen und HGB [S]

Gelten für die Sonderbilanzen auch die Vorschriften des Dritten Buchs des HGB? Wählen Sie zur Erläuterung die Auseinandersetzungsbilanz!

Inwieweit die Vorschriften des Dritten Buchs des HGB einschlägig sind, richtet sich nach dem jeweiligen Zweck der Sonderbilanz. Die Auseinandersetzungs- oder Abschichtungsbilanz dient dazu, den Abfindungsanspruch eines ausscheidenden Gesellschafters zu ermitteln. Sie soll den Verkehrswert des Unternehmens abbilden und ist daher keine Erfolgs-, sondern eine **Vermögensbilanz**. Mithin sind die handelsrechtlichen Ansatz-, Bewertungs- und Gliederungsvorschriften nicht zwingend anzuwenden: Stille Reserven müssen aufgelöst, ein etwaiger Geschäfts- oder Firmenwert angesetzt werden.

5. Bilanzpolitik und Bilanzanalyse

323. Begriff der Bilanzpolitik [V]

Christiane hat sich nun einen groben Überblick über das Bilanzrecht verschafft und versteht dessen Bedeutung für Unternehmen. Unklarheiten treten aber auf, als sie nunmehr über den Begriff „Bilanzpolitik" stolpert. Sie fragt sich, welche politische Relevanz einer Bilanz zukommt. Daher wendet sie sich an Profitlich, um zu verstehen was sich hinter dem Begriff Bilanzpolitik verbirgt. Was wird dieser antworten?

Bilanzpolitik hat nichts mit dem herkömmlichen Verständnis von Politik zu tun. Unter **Bilanzpolitik** versteht man die bewusste **Ausnutzung bilanzieller Gestaltungsspielräume**, um das ausgewiesene Ergebnis mindernd oder erhöhend zu beeinflussen. Etwas vereinfacht lassen sich dabei finanz- und publizitätspolitische Ziele unterscheiden. Zu den **finanzpolitischen Zielen** gehören (1) Sicherung der Kapitalerhaltung, (2) Verstetigung der Gewinn- und Dividendenzahlung, (3) Steuerlastminimierung und (4) Pflege der Kreditwürdigkeit. Die **publizitätspolitischen Ziele** lassen sich auf zwei diametral entgegengesetzte Grundfunktionen zurückführen: (1) eine auf Offenlegung und weitestgehende Information bedachte Bilanzpolitik *(aktive Publizität)* und (2) eine auf Verheimlichung und restriktive Auslegung von Rechnungslegungsvorschriften und GoB (s. dazu Frage 337) bedachte Bilanzpolitik *(passive Publizität)*. Siehe dazu *Wöhe/Mock*, Die Handels- und Steuerbilanz, S. 263 ff.

324. Bilanzpolitische Instrumente [S]

Welche bilanzpolitischen Instrumente stehen dem Bilanzierungspflichtigen zur Verfügung?

Die in Betracht kommenden Instrumente sind ganz verschiedenartig und werden teils erst im Zuge der Bilanzaufstellung, teils schon im laufenden Geschäftsjahr eingesetzt. Gestaffelt nach ihrer Bedeutung lassen sich vier größere Gruppen unterscheiden:

a) **Ausnutzung bilanzpolitischer Spielräume** zur Bildung oder Auflösung stiller Reserven. Solche Spielräume eröffnen sich durch gesetzliche Bilanzierungs- und Bewertungswahlrechte (Beispiele: §§ 253 Abs. 2 S. 2, Abs. 4 S. 4, 255 Abs. 2 S. 3, Abs. 3 S. 2 HGB) oder die Verwendung unbestimmter Rechtsbegriffe (Beispiel: § 253 Abs. 1 S. 2 HGB).

b) **Bilanzpolitisch motivierte Geschäftsvorgänge vor dem Bilanzstichtag**. Dazu gehört die zeitliche Verschiebung von Maßnahmen (Beispiele: Hinausschieben einer Kreditaufnahme, Vorziehen größerer Reparaturmaßnahmen) oder die Durchführung von Maßnahmen, die ohne bilanzpolitische Gründe nicht erfolgt wären (Beispiel: Veräußerung eines Grundstücks mit hohen stillen Reserven zur Erhöhung des Erfolgsausweises).

c) **Wahl des Bilanzstichtags** nach betriebsindividuellen Gesichtspunkten, was vor allem bei Saisonbetrieben von Vorteil sein kann.

d) **Steuerung des Bilanzvorlagetermins** in den Grenzen, die § 243 Abs. 3 HGB für alle Kaufleute und § 264 Abs. 1 S. 3, 4 HGB für Kapitalgesellschaften zieht.

325. Bilanzanalyse [V]

a) Was versteht man unter Bilanzanalyse?
b) Von wem und für wen wird sie betrieben?

a) Mit dem Begriff **Bilanzanalyse** verbindet man die Durchsicht und Auswertung von Jahresabschluss und Lagebericht zum Zwecke der Informationsgewinnung. Durch einen entsprechenden Einsatz analytischer Verfahren sollen die in der Bilanz enthaltenen Datenmengen in aussagekräftige Größen transformiert werden. Auf diese Weise kann man Auskunft über die gegenwärtige Ertragslage und finanzielle Stabilität eines Unternehmens erhalten und die zukünftige Ertragslage und Liquidität des Unternehmens prognostizieren.

b) Betrieben wird Bilanzanalyse vornehmlich von **spezialisierten Finanzfachleuten** im Interesse gegenwärtiger und zukünftiger Gesellschafter, der Unternehmensleitung, Gläubiger, Arbeitnehmer oder Informationsmittler und -händler (vgl. grundlegend *Küting* DStR 1991, 1294).

6. Bilanzierungszuständigkeiten

326. Verschiedene Phasen [G]

Welche verschiedenen Phasen umfasst der Jahreszyklus der Ergebnisverwendung bei Personen- und Kapitalgesellschaften?

Man unterscheidet vier „Jahreszeiten": (1) die Aufstellung des Jahresabschlusses, (2) die Feststellung des Jahresabschlusses, (3) den Ergebnisverwendungsbeschluss und (4) die Ergebnisverteilung.

Beachte: Zwischen die Auf- und Feststellung schiebt sich bei großen und mittelgroßen Kapitalgesellschaften gem. § 316 Abs. 1 S. 1 HGB noch die Abschlussprüfung (s. dazu Frage 382).

327. Aufstellung versus Feststellung [V]

Erläutern Sie den Unterschied zwischen Aufstellung und Feststellung des Jahresabschlusses!

a) Die **Aufstellung** des Jahresabschlusses gem. § 242 HGB erfolgt durch eine gegliederte Zusammenführung der Zahlen von Buchführung und Inventar sowie der ergänzenden Abschlussbuchungen. Sie schließt mit der Vorlage eines – rechtlich unverbindlichen – **Bilanzentwurfs** ab. Die Bilanzaufstellung ist eine Maßnahme der Geschäftsführung. Sie obliegt bei allen Personengesellschaften dem geschäftsführenden Gesellschafter, bei Kapitalgesellschaften dem Vorstand (§ 264 Abs. 1 S. 1 HGB, § 91 Abs. 1 AktG) bzw. den GmbH-Geschäftsführern (§ 264 Abs. 1 S. 1 HGB, § 41 GmbHG).

b) Mit der **Feststellung** des Jahresabschlusses wird die **Verbindlichkeit** des vorgelegten Bilanzentwurfs **anerkannt** (BGH NZG 2009, 659 [661]). Sie erfolgt bei Personengesellschaften (BGH NJW 1996,1678 [1678 f.]; 1981, 2563 [2563]) und der GmbH (§ 46 Nr. 1 GmbHG) durch die Gesellschafter, bei der AG gem. §§ 172 f. AktG durch den Aufsichtsrat bzw. die Hauptversammlung. Erst der festgestellte Jahresabschluss schafft die Grundlage für den nachfolgenden Gewinnverwendungsbeschluss und bildet nach dem Grundsatz der Bilanzkontinuität (vgl. Frage 354) zugleich den Ausgangspunkt für die Rechnungslegung des folgenden Geschäftsjahres.

328. Besonderheiten beim Einzelkaufmann [V]

Welche Besonderheiten bestehen für den Einzelkaufmann in Hinblick auf die Aufstellung und Feststellung seines Jahresabschlusses?

Eine Unterscheidung von Aufstellung und Feststellung ist bei einem Einzelkaufmann nicht vonnöten, denn bei ihm bedarf es keiner differenzierenden Kompetenzzuweisung: Er stellt den Jahresabschluss in eigener Verantwortung auf und bringt dies durch eine datierte Unterzeichnung zum Ausdruck, § 245 S. 1 HGB. Eine **Feststellung entfällt beim Einzelkaufmann** ebenso wie ein förmlicher Gewinnverwendungsbeschluss (vgl. *K. Schmidt*, HandelsR, § 15 Rn. 22). Unter den Voraussetzungen des § 242 Abs. 1 iVm § 241a HGB ist für einen Einzelkaufmann darüber hinaus sogar die Aufstellung eines Jahresabschlusses entbehrlich (vgl. Frage 330).

329. Feststellung bei der KG [V]

Welche Gesellschafter sind bei der KG an der Feststellung des Jahresabschlusses zu beteiligen?

Seit jeher ist gesichert, dass alle persönlich haftenden Gesellschafter an dem **Feststellungsbeschluss** zu beteiligen sind. Anlass zu Zweifeln gibt indes die Position des Kommanditisten. Einer älteren Ansicht zufolge, die sich auf die §§ 166 Abs. 1, 245 S. 2 HGB stützte, sollten in der KG allein die Komplementäre über die Verbindlicherklärung des Jahresabschlusses befinden. Dem ist der BGH indessen mit Überzeugungskraft entgegengetreten, indem er die Feststellung des Jahresabschlusses als ein sog **Grundlagengeschäft** einordnete, das in Ermangelung einer anderen gesellschaftsvertraglichen Regelung des **Einverständnisses aller Gesellschafter** bedarf (vgl. BGH NJW 1996, 1678). Denn der Feststellungsbeschluss bildet die Basis für die Gewinnverteilung und hat damit auch für den Kommanditisten Relevanz.

II. Vorschriften für alle Kaufleute

1. Grundbegriffe

330. Wen treffen welche Pflichten? [G]

Findig finanziert sein Informatikstudium mit eigens entwickelten *E-Commerce*-Softwareprogrammen für den Bereich *Business-to-Business*, die er über das Internet vertreibt. Weil sein Internetshop, bei dem es sich um ein einzel-

kaufmännisches Unternehmen handelt, mit Anlaufschwierigkeiten kämpft, nimmt er die Buchführung selbst in die Hand.
a) Welche handels- und steuerrechtlichen Pflichten treffen ihn?
b) Angenommen, Findigs Unternehmen erfordert nach Art oder Umfang keinen in kaufmännischer Weise eingerichteten Geschäftsbetrieb. Ist er dann aller Buchführungspflichten ledig?

a) Wie alle anderen Kaufleute ist Findig gem. **§ 238 Abs. 1 HGB** verpflichtet, **Bücher zu führen** und die Lage seines Vermögens nach den Grundsätzen ordnungsmäßiger Buchführung (s. hierzu Frage 337) ersichtlich zu machen. Die Buchführung muss so beschaffen sein, dass sie einem sachverständigen Dritten innerhalb angemessener Zeit einen Überblick über die Geschäftsvorfälle und die Lage des Unternehmens vermitteln kann. Die **steuerrechtliche Buchführungspflicht** lehnt sich an die handelsrechtliche an: **§ 140 AO** bestimmt, dass die nach anderen Gesetzen bestehende Buchführungspflicht auch für die Besteuerung maßgebend ist.

Der durch das BilMoG eingeführte **§ 241a HGB** befreit Findig als Einzelkaufmann von der handelsrechtlichen Bilanzierungspflicht, sofern er die dort genannten Schwellenwerte nicht überscheitet. Gemäß § 241a S. 1 HGB dürfte Findig an den Abschlussstichtagen von zwei aufeinanderfolgenden Geschäftsjahren nicht mehr als jeweils 500.000 EUR Umsatzerlöse und jeweils 50.000 EUR Jahresüberschuss aufweisen. Im Fall des neugegründeten Internetshops genügt gem. § 241a S. 2 HGB die Nichterreichung der Schwellenwerte am ersten Abschlussstichtag. Gleichwohl besteht damit im ersten Geschäftsjahr des Findig eine Bilanzierungspflicht (vgl. zB *Merkt* in: Baumbach/Hopt, HGB, § 241a). Eine Befreiung von der handelsrechtlichen Bilanzierungspflicht hat gem. **§ 140 AO** auch den **Wegfall der steuerrechtlichen Buchführungspflicht** zur Folge, es sei denn eine solche folgt aus **§ 141 AO**. Dafür müssen im Kalenderjahr mehr als 500.000 EUR Umsätze oder mehr als 50.000 EUR Gewinn aus Gewerbebetrieb im Wirtschaftsjahr erzielt werden. Die **Anlehnung an § 241a HGB** durch vergleichbare Schwellenwerte ist offensichtlich, allerdings besteht **kein vollkommener Gleichlauf** (BR-Drs. 344/08, 99 f.; *Rätke*, BBK 2010, 951; *Grefe*, SteuerStud 2010, 585).

b) Nicht in jedem Fall, da sich aus **§ 141 AO** eine – steuerliche – Buchführungspflicht ergeben kann. Außerdem sind die steuerrechtlichen Aufzeichnungspflichten der §§ 142 ff. AO zu beachten.

331. § 241a HGB und Gesellschaften [V]

Gilt der § 241a HGB auch für Personen- und Kapitalgesellschaften mit der Folge, dass auch diese sich bei Unterschreiten der Schwellenwerte von ihrer Buchführungspflicht befreien könnten?

Nein. Bereits der **Wortlaut** beschränkt den § 241a HGB auf Einzelkaufleute. Eine Erstreckung des § 241a HGB auf Personengesellschaften und Genossenschaften sah zwar der Referentenentwurf des BilMoG noch vor, sie ist aber nie Gesetz geworden. Vielmehr sollte zunächst ein wissenschaftlicher Diskurs zu § 241a HGB dessen

Reichweite abstecken und eine nachträgliche Erweiterung diskutieren. Insbesondere in Hinblick auf Kapitalgesellschaften wird auf das **besondere Gläubigerinteresse** an der Buchführung verwiesen sowie darauf, dass diese die **Basis der Gewinnausschüttung** bildet. Aus diesen Gesichtspunkten kann auch bei Personengesellschaften de lege ferenda nur schwerlich auf die Buchführungspflicht verzichtet werden (vgl. *Winkeljohann/Lawall* in: BeckBilKo, § 241a HGB Rn. 2).

332. Bestandteile des Jahresabschlusses [G]

Einem Leitfaden für Jungunternehmer entnimmt Findig, dass er auch zur Erstellung eines Jahresabschlusses verpflichtet ist. Aus welchen Teilen setzt sich dieser Jahresabschluss zusammen?

Nach der Legaldefinition des **§ 242 Abs. 3 HGB** besteht der Jahresabschluss aus der **Bilanz** und der **Gewinn- und Verlustrechnung**. Bei Kapitalgesellschaften kommt gem. § 264 Abs. 1 S. 1 HGB grundsätzlich noch der Anhang hinzu (vgl. Frage 364). Anderes gilt gem. § 264 Abs. 1 S. 5 HGB für Kleinstkapitalgesellschaften iSd § 267a HGB.

333. Grundaufbau einer Bilanz [G]

Findig blättert weiter in seiner Broschüre und sucht nach Erläuterungen zum Grundaufbau einer Bilanz. Welche Antwort wird er dort finden?

Die **Bilanz** (spätlateinisch *bilanx* = Waage) ist eine zu Beginn des Handelsgewerbes und für den Schluss eines jeden Geschäftsjahres aufgestellte **Übersicht über das Verhältnis des Vermögens und der Schulden**. In ihr sind gem. § 247 Abs. 1 HGB das Anlage- und das Umlaufvermögen, das Eigenkapital, die Schulden sowie die Rechnungsabgrenzungsposten gesondert auszuweisen und hinreichend aufzugliedern. Die Bilanz hat in der Regel Kontoform und weist dann folgenden **Formalaufbau** auf:

Aktiva	Passiva
Anlagevermögen	Eigenkapital
Umlaufvermögen	Fremdkapital
Rechnungsabgrenzungsposten	Rechnungsabgrenzungsposten

334. Gliederungsprinzipien [G]

Nach welchen Gliederungsprinzipien ist die Bilanz aufgebaut?

a) Die rechte oder **Passivseite** der Bilanz gibt Auskunft über die **Mittelherkunft** (Woher stammt das Kapital?), die linke oder **Aktivseite** über die **Mittelverwendung** (Wie ist das Kapital angelegt?).

b) Darüber hinaus dominiert auf der **Aktivseite** bei der Vermögensgliederung das **Liquiditätsprinzip**: Das Anlagevermögen, das dem Geschäftsbetrieb dauernd zu dienen bestimmt ist (§ 247 Abs. 2 HGB), steht vor dem Umlaufvermögen, das schneller wieder in Liquidität zurückverwandelt wird. Auf der **Passivseite** stehen demgegenüber die Rechtsverhältnisse und damit das **Fristigkeitsprinzip** im Vordergrund: Eigenkapital rührt grundsätzlich vom Inhaber her und ist als gebundenes Kapital einer freien Kreditkündigung entzogen; Fremdkapital muss dagegen nach Ablauf der vereinbarten Überlassungsdauer zurückgezahlt werden.

335. Grundlegende Begrifflichkeiten [G]

Im Stichwortverzeichnis seiner Broschüre stößt Findig auf die Begriffe Aktiv- und Passivposten, Bilanzierungsverbot und Bilanzierungswahlrecht. Für ihn ist das fachchinesisch. Können Sie ihm helfen?

a) Von **Aktivposten** spricht man, wenn ein Posten auf der linken Bilanzseite ausgewiesen (= aktiviert) wird, von **Passivposten**, wenn ein Posten auf der rechten Bilanzseite eingestellt (= passiviert) wird.

b) Ein **Bilanzierungsverbot** liegt vor, wenn ein bestimmter Posten nicht in der Bilanz ausgewiesen werden darf. So sieht § 248 Abs. 1 Nr. 1 HGB ein **Aktivierungsverbot** für Aufwendungen zur Gründung eines Unternehmens vor. Umgekehrt enthält § 249 Abs. 2 HGB ein **Passivierungsverbot** für andere als die in § 249 Abs. 1 HGB genannten Rückstellungsarten (s. näher Frage 348).

c) Bei einem **Bilanzierungswahlrecht** kann der Kaufmann entscheiden, ob er einen Posten in die Bilanz aufnimmt oder nicht. Ein **Aktivierungswahlrecht** findet man bei selbst geschaffenen immateriellen Vermögensgegenständen des Anlagevermögens (§ 248 Abs. 2 S. 1 HGB) und beim Disagio (§ 250 Abs. 3 S. 1 HGB), ein **Passivierungswahlrecht** etwa bei Pensionsverpflichtungen bei Altzusagen (Art. 28 EGHGB). Mit Hilfe der Bilanzierungswahlrechte lässt sich gezielt Bilanzpolitik betreiben (vgl. Frage 323).

336. Gewinn- und Verlustrechnung [G]

Neben der Bilanzerstellung verlangt das Gesetz eine Gewinn- und Verlustrechnung. Ist das nicht doppelte Arbeit ohne zusätzlichen Erkenntniswert für die Adressaten des Jahresabschlusses?

Nein. Im Gegensatz zur Bilanz ist die **Gewinn- und Verlustrechnung** keine Stichtags-, sondern eine **Zeitraumrechnung**. Ihre Hauptaufgabe besteht darin, die im Verlaufe einer Periode angefallenen Aufwendungen und Erträge aufzuschlüsseln und die **Ergebnis- und Erfolgsquellen offenzulegen**. Für die Aufstellung der Gewinn- und Verlustrechnung kann die Konto- oder Staffelform verwendet werden; für Kapitalgesellschaften ist die Staffelform wegen ihrer größeren Übersichtlichkeit zwingend vorgeschrieben (§ 275 Abs. 1 HGB).

337. Grundsätze ordnungsmäßiger Buchführung

Zahlreiche Vorschriften des HGB knüpfen begrifflich an die Grundsätze ordnungsmäßiger Buchführung (GoB) an: die Buchführungspflicht (§ 238 Abs. 1 HGB), die Pflicht zur Aufstellung des Jahresabschlusses (§ 243 Abs. 1 HGB) und das für Kapitalgesellschaften geltende Einblickgebot (§ 264 Abs. 2 S. 1 HGB).
a) Was versteht man unter den GoB? [G]
b) Aus welchen Quellen stammen sie? [V]
c) Wie lassen sie sich systematisieren? [S]

a) Die **GoB** (unbestimmter Rechtsbegriff) umfassen allgemein anerkannte Regeln, nach denen der Kaufmann zu verfahren hat, um eine dem gesetzlichen Zweck entsprechende Buchführung und Bilanzierung zu erzielen.

b) Ähnlich wie § 242 BGB im Bürgerlichen Recht dient die Vorschrift des **§ 243 Abs. 1 HGB als Generalnorm** zur Ableitung ordnungsmäßiger Bilanzierungsgrundsätze. Diese werden nach überwiegender Auffassung nicht aus der unternehmerischen Praxis, sondern **deduktiv** aus dem Text, dem Sinnzusammenhang und den Zwecken des Handelsbilanzrechts **gewonnen** (vgl. *Merkt* in: Baumbach/Hopt, HGB, § 238 Rn. 11). Zahlreiche GoB sind inzwischen in den §§ 238 ff. HGB kodifiziert.

c) Eine **Systematisierung der GoB** kann anhand verschiedener Gliederungsgesichtspunkte erfolgen (vgl. *Kleindiek* in: MüKoBilanzR, § 243 HGB Rn. 6 ff.):

(1) Ein Ordnungskriterium bietet die Kodifizierung. Zu den **kodifizierten GoB** des allgemeinen Handelsbilanzrechts gehören insbes. der Grundsatz der Klarheit und Übersichtlichkeit der Bilanz (§ 243 Abs. 2 HGB), das Stichtagsprinzip (§§ 242 Abs. 1 und 2, 252 Abs. 1 Nr. 3 HGB), der Grundsatz der wirtschaftlichen Zurechnung (§ 246 Abs. 1 S. 2 HGB), der Grundsatz der Einzelbewertung (§ 252 Abs. 1 Nr. 3 HGB), das Vollständigkeitsgebot (§ 246 Abs. 1 S. 1 HGB), der Grundsatz der Bilanzidentität (§ 252 Abs. 1 Nr. 1 HGB), der Grundsatz der Stetigkeit (§§ 246 Abs. 3, 252 Abs. 1 Nr. 6 HGB), das Verrechnungsverbot (§ 246 Abs. 2 HGB), der Grundsatz der Unternehmensfortführung (§ 252 Abs. 1 Nr. 2 HGB), der Grundsatz der Periodenabgrenzung (§ 252 Abs. 1 Nr. 5 HGB), der Grundsatz der Vorsicht (§ 252 Abs. 1 Nr. 4 HGB), das Anschaffungskostenprinzip (§ 253 Abs. 1 S. 1 HGB), das Niederstwertprinzip (§ 253 Abs. 3 S. 5, Abs. 4 HGB) sowie das Wertaufholungsprinzip (§ 253 Abs. 5 S. 1 HGB). Zu den **ungeschriebenen GoB** zählen der Grundsatz der Bilanzwahrheit und der Grundsatz der Wesentlichkeit.

(2) Nach der **Art der Abstraktionshöhe** unterscheidet man obere und untere GoB: Die **oberen GoB** umfassen systemtragende Grundgedanken des Bilanzrechts, zB die Prinzipien der Richtigkeit, Klarheit und Vollständigkeit sowie die in § 252 HGB angeführten Grundsätze (vgl. Frage 354). Sie stehen bisweilen in einem Spannungsverhältnis zueinander und gelten dann nicht ohne Einschränkungen. Als **untere GoB** werden konkrete Vorschriften zur Behandlung einzelner Geschäftsvorfälle in Buchhaltung, Inventar, Bilanz oder Gewinn- und Verlustrechnung bezeichnet.

(3) Nach ihrem **Inhalt** sondert man formelle und materielle GoB: **Formelle GoB** betreffen die Buchführungs- und Bilanzierungstechnik, **materielle GoB** allgemeine

Bilanzierungsgrundsätze und besondere Regeln zu Gliederung, Ansatz und Bewertung.

2. Ansatzvorschriften

338. Ansatz- versus Bewertungsvorschriften [G]

Das Dritte Buch des HGB trennt systematisch zwischen Ansatz- und Bewertungsvorschriften. Erläutern Sie den Unterschied!

a) **Ansatzvorschriften** geben Antwort auf die Frage, was in der Bilanz zu aktivieren und zu passivieren ist (**„Ob" der Bilanzierung**). Sie sind für alle Kaufleute in den §§ 246–251 HGB zusammengestellt und werden für Kapitalgesellschaften durch die §§ 266–277 HGB ergänzt und modifiziert.

b) **Bewertungsvorschriften** erläutern, wie ein Aktiv- oder Passivposten zu bewerten ist (**„Wie" der Bilanzierung**). Sie sind in den §§ 252–256a HGB für alle Kaufleute geregelt. Für Konzerne finden sich spezielle Bewertungsvorschriften in den §§ 308–309 HGB.

a) Aktivseite

339. Aktivierbarkeit [S]

Findigs Geduld mit dem unübersichtlichen Leitfaden für Jungunternehmer ist erschöpft. Er wendet sich stattdessen an den ihm bekannten Steuerberater Schlupfloch und fragt ihn, welche Posten auf der Aktivseite einer Bilanz erscheinen dürfen. Wie lautet Schlupflochs Antwort?

Voraussetzung für die Aktivierbarkeit ist zunächst, dass (1) ein **Vermögensgegenstand** vorliegt (= abstrakte Aktivierungsfähigkeit). Dieser muss schließlich (2) dem Vermögen des Bilanzierenden **zurechenbar** sein und es darf (3) **kein Aktivierungsverbot** entgegenstehen (= konkrete Aktivierungsfähigkeit).

340. Vermögensgegenstand I [S]

a) Was versteht man im Handelsbilanzrecht unter einem Vermögensgegenstand?
b) Wie lautet sein steuerrechtliches Gegenstück?

a) Das Gesetz verwendet den Begriff des **Vermögensgegenstands** in **§ 246 Abs. 1 HGB**, ohne ihn zu definieren. Nach hM umfasst er sowohl körperliche Gegenstände als auch immaterielle Güter. Einer verbreiteten Doppelformel zufolge setzt die Aktivierbarkeit aber stets **selbständige Bewertbarkeit** und **selbständige Veräußerlichkeit** bzw. Verkehrsfähigkeit voraus (vgl. *Merkt* in: Baumbach/Hopt, HGB, § 246 Rn. 3 ff.).

b) Im Steuerrecht spricht **§ 4 Abs. 1 EStG** von **Wirtschaftsgut** statt von Vermögensgegenstand. Beide Begriffe sind weitgehend, aber nicht vollständig deckungsgleich (vgl. *Hennrichs* in: MüKoBilanzR, § 246 HGB Rn. 17, 31; für eine weitgehende Gleichstellung *Merkt* in: Baumbach/Hopt, HGB, Vor § 238 Rn. 70). Nach Auffassung des **BFH** ist die **Einzelveräußerbarkeit nicht erforderlich**, wohl aber die Übertragbarkeit mit dem Unternehmen insgesamt. Als aktivierbare Wirtschaftsgüter angesehen werden danach auch bloße vermögenswerte Vorteile, tatsächliche Zustände und konkrete Möglichkeiten, wenn sie (1) derart sind, dass sich der Kaufmann ihre Erlangung etwas kosten lässt, (2) nach der Verkehrsauffassung einer selbständigen Bewertung zugänglich sind und (3) einen Nutzen für mehrere Wirtschaftsjahre erbringen (zu Belegen und Beispielen *Hennrichs* in: Tipke/Lang, Steuerrecht, § 9 Rn. 120 ff.).

---

341. Vermögensgegenstand II [S]

Findig schildert Schlupfloch, dass er zur Markteinführung seiner neuen Internet-Software einen kostspieligen Werbefeldzug durchgeführt habe, der seine Wirkung gewiss nicht verfehlen werde.
a) Kann er die entsprechenden Aufwendungen aktivieren?
b) Wie steht es mit der Möglichkeit zur unentgeltlichen Nutzung seiner Geschäftsräume, die ihm sein Onkel als „Starthilfe" für vier Jahre eingeräumt hat?

---

a) **Bloße Chancen oder tatsächliche Vorteile** infolge eines Rechtsreflexes (zB günstige Verkehrslage in der Fußgängerzone oder künftige Absatzchancen eines „revolutionären" Produkts) führen **nicht** zur Annahme eines **Vermögensgegenstands**, selbst wenn ihnen unmittelbare Aufwendungen zuzuordnen sind: Die Ertragshoffnung lässt sich nicht selbständig bewerten und veräußern (vgl. *Schubert/Krämer* in: BeckBilKo, § 247 HGB Rn. 10). Eine Aktivierung der Aufwendungen scheidet damit aus.

b) Bei Nutzungsvorteilen ist zu differenzieren (vgl. *Winnefeld*, Bilanz-Handbuch, Kap. D Rn. 565 ff.): **Rechtlich abgesicherte Nutzungsvorteile** stellen nach herrschender, wenngleich bestrittener Auffassung selbständige, immaterielle Vermögensgegenstände dar. Anders verhält es sich hingegen bei **rechtlich ungesicherten Nutzungsmöglichkeiten** in familiären oder freundschaftlichen Zusammenhängen. Hier liegt ein Aktivierungsgrund vor, weil die Nutzungsüberlassung an Findig rechtlich verfestigt und vor Ablauf der vier Jahre nicht kündbar ist.

---

342. Eigentumsvorbehalt [S]

Wie die meisten Jungunternehmer verfügt Findig nur über wenig Startkapital. Seine Büroausstattung hat er deshalb unter Eigentumsvorbehalt erworben. Besteht hierfür eine Bilanzierungspflicht?

Angesprochen ist die **persönliche Zurechnung von Vermögensgegenständen**. Das HGB stellt hierfür nicht einfach auf die sachenrechtliche Zuordnung nach BGB-Grundsätzen ab, vielmehr entscheidet gem. **§ 246 Abs. 1 S. 2 HGB** die **wirtschaftliche Inhaberschaft**. Vermögensgegenstände, die unter Eigentumsvorbehalt geliefert worden sind, gehören nach wirtschaftlicher Betrachtung zum Vermögen des Käufers, weil er die tatsächliche Herrschaft über sie ausübt und den Verkäufer und Nocheigentümer von einer Einwirkung dauernd ausschließen kann. Für die Büroausstattung besteht also eine Bilanzierungspflicht.

Beachte: Auch das Steuerrecht regelt die Zurechnung von Wirtschaftsgütern gem. § 39 Abs. 2 AO in bestimmten Fällen abweichend vom Zivilrecht.

343. Leasing [S]

Aufgrund der angesprochenen mangelnden Liquidität Findigs finanziert er seine Computer durch Leasing. Besteht insoweit eine Bilanzierungspflicht?

Schwieriger liegt die persönliche Zurechenbarkeit von Vermögensgegenständen bei den heute verbreiteten **Leasingverträgen**. Die hM unterscheidet hier wie folgt: Ist das Leasingverhältnis als eine Art Ratenkauf mit Eigentumsvorbehalt ausgestaltet **(sog Finanzierungs-Leasing)**, so wird der Leasingnehmer als wirtschaftlicher Eigentümer angesehen. Handelt es sich dagegen um eine gewöhnliche Gebrauchsüberlassung **(sog Operating-Leasing)**, bleibt es grundsätzlich bei einer Aktivierung beim Leasinggeber (in Hinblick auf die gestalterischen Feinheiten bei Leasingverträgen werden noch weitere Differenzierungen zur wirtschaftlichen Zurechenbarkeit des Leasingguts vorgenommen, vgl. *Hennrichs* in: MüKoBilanzR, § 246 HGB Rn. 204 ff.).

344. Gebäudenutzung [S]

Knauser ist Kommanditist der insolvent gewordenen Schönwetter KG. Deren Insolvenzverwalter nimmt ihn nach § 172 Abs. 4 iVm § 171 Abs. 2 HGB auf Zahlung von 1,4 Mio. EUR in Anspruch. Dazu trägt er vor, Knauser habe seine Kommanditeinlage in den Jahren vor Eröffnung des Insolvenzverfahrens in voller Höhe wieder entnommen. Bei richtiger Bilanzierung hätten nämlich Gebäude, die die Schönwetter KG auf eigene Kosten auf dem Grundstück des Knauser errichtet habe, nicht in der Jahresbilanz der KG mit einem Gesamtbetrag von 6,2 Mio. EUR ausgewiesen werden dürfen. Demnach habe Knauser noch Gewinnanteile entnommen, während sein Kapitalanteil längst durch Verluste aufgezehrt war. Knauser entgegnet, er habe der KG die bebauten Grundstücke mietweise mit sechsmonatiger Kündigungsfrist überlassen und ihr zudem formlos eine unentgeltliche Gebäudenutzung für die Dauer von zehn Jahren zugesichert. Infolgedessen habe die KG die Herstellungskosten für die Errichtung des Gebäudes in ihrer Bilanz aktivieren und über deren gesamte voraussichtliche Nutzungsdauer abschreiben dürfen. Wer hat Recht?

Auszugehen ist von § 242 Abs. 1 HGB, wonach Vermögensgegenstände in der Handelsbilanz eines Kaufmanns nur dann aktiviert werden dürfen, wenn sie **seinem Vermögen zurechenbar** sind (vgl. Frage 339). Darüber entscheidet zwar gem. § 246 Abs. 1 S. 2 HGB eine **wirtschaftliche Betrachtungsweise** (vgl. Frage 342). Doch bildet die Bilanzierung von Vermögensgegenständen, die zivilrechtlich einem anderen Rechtssubjekt gehören, unter dem Gesichtspunkt „wirtschaftlichen Eigentums" einen Ausnahmetatbestand, für den nur Raum ist, wenn das bilanzierende Unternehmen gegenüber dem bürgerlich-rechtlichen Eigentümer über eine **rechtlich abgesicherte Stellung** verfügt. Hierzu müssen ihm mindestens **Substanz und Ertrag** des Vermögensgegenstands, und sei es auch nur aufgrund schuldrechtlicher Berechtigungen, **vollständig und auf Dauer zuzuordnen** sein (vgl. BGH NJW 1996, 458 [459]). Darüber hinaus verlangen manche zusätzlich die Verwertungsbefugnis des Bilanzierenden für eigene Rechnung (offengelassen in BGH NJW 1996, 458 [459]). Vorliegend fehlt es der Schönwetter KG angesichts der kurzfristigen Kündbarkeit der Gebäude an einer dauerhaft abgesicherten Position. Daran ändert sich auch durch Knausers Zusage über eine unentgeltliche Nutzung für einen Zeitraum von zehn Jahren nichts, weil eine solche Absprache wegen Verstoßes gegen die Formvorschrift der §§ 578 Abs. 1, 550 BGB nach Ablauf eines Jahres unter Einhaltung der gesetzlichen Kündigungsfrist kündbar wäre. Der Insolvenzverwalter hat also Recht.

Beachte: Zur bilanzrechtlichen Behandlung von **Bauten auf fremdem Grund und Boden** gibt es auch eine reiche **steuerrechtliche Spruchpraxis**, die von der zivilrechtlichen in Nuancen abweicht (vgl. *Hennrichs* in: Tipke/Lang, Steuerrecht, § 9 Rn. 150 ff.).

345. Private Fahrten [S]

Von seinem ersten selbst verdienten Geld hat Findig einen gebrauchten Mercedes erworben, den er überwiegend geschäftlich, bisweilen aber auch für private Fahrten nutzt. Er ist im Zweifel, ob er hierfür handels- und steuerrechtlich einen Bilanzposten bilden muss.

a) In Rede steht die **Abgrenzung von Unternehmens- und Privatvermögen** des Kaufmanns. Vermögensgegenstände des Einzelkaufmanns, die ihrer Art nach beides sein können, sind **handelsrechtlich** entsprechend seinem Willen zuzuordnen. Dieser Wille (**„Widmung"**) muss aber äußerlich erkennbar bekundet worden sein.

b) **Steuerrechtlich** ist zwischen notwendigem Betriebsvermögen, gewillkürtem Betriebsvermögen und notwendigem Privatvermögen zu unterscheiden. Bei gemischter Nutzung wird das Wirtschaftsgut insgesamt dem notwendigen Betriebsvermögen zugeschlagen, wenn der Anteil der betrieblichen Nutzung – wie hier – 50 % übersteigt (vgl. *Hennrichs* in: Tipke/Lang, Steuerrecht, § 9 Rn. 210 ff.).

346. Software [S]

Findigs Geschäftserfolg wird durch ein selbst entwickeltes Software-Programm für die eigene Kalkulation weiter beflügelt.
a) Kann er dieses Kalkulationsprogramm in seiner Bilanz aktivieren?
b) Wie gestaltete sich insoweit die Rechtslage vor dem BilMoG?

a) Handelsrechtlich besteht gem. **§ 248 Abs. 2 S. 1 HGB** grundsätzlich ein **Bilanzierungswahlrecht** für **nicht entgeltlich erworbene immaterielle Vermögensgegenstände** des Anlagevermögens. Das von Findig erstellte Software-Programm ist verkehrsfähig und selbständig verwertbar, da davon auszugehen ist, dass es auch der Kalkulation in vergleichbaren Firmen dienlich ist. Es handelt sich damit um einen Vermögensgegenstand. Dieser ist immaterieller Art, schließlich macht das Programm den Wert aus und nicht sein Speichermedium. Findig hat es auch nicht entgeltlich erworben (s. hierzu *Hennrichs* in: MüKoBilanzR, § 246 HGB Rn. 62 ff.; § 248 HGB Rn. 26 ff.). Zuletzt lässt sich auch **keine Vergleichbarkeit mit den in § 248 Abs. 2 S. 2 HGB aufgeführten immateriellen Vermögensgegenständen** herstellen, was zu einem Bilanzierungsverbot führen würde. Denn anders als Software lassen sich diese Gegenstände allesamt nur schwerlich vom grundsätzlich nicht zu bilanzierenden Firmen- und Geschäftswert *(good will)* abgrenzen (vgl. *Hennrichs* in: MüKoBilanzR, § 248 HGB Rn. 32 ff.). Steuerrechtlich besteht im Umkehrschluss aus **§ 5 Abs. 2 EStG** nach wie vor ein **Aktivierungsverbot für selbst geschaffene immaterielle Vermögensgegenstände**, sodass je nach Ausübung des handelsrechtlichen Wahlrechts Handels- und Steuerbilanz an dieser Stelle auseinanderfallen können (vertiefend *Schülke* DStR 2010, 992; *Velte/Sepetauz* BC 2010, 349).

b) Nach der Rechtslage vor dem BilMoG bestand gem. **§ 248 Abs. 2 HGB aF** ein **Bilanzierungsverbot** für nicht entgeltlich erworbene immaterielle Vermögensgegenstände des Anlagevermögens. Die Vorschrift stellte eine **Ausprägung des Vorsichtsprinzips** dar: Immaterielle Vermögensgegenstände sind in Bestand und Verwertbarkeit oft unsicher und sollten daher außer Betracht bleiben, solange ihr Wert „am Markt" noch keine Bestätigung erfahren hat. Rechtspolitisch hatte sie jedoch an Überzeugungskraft verloren, da es neue Unternehmensformen gibt, deren alleiniger Wert in immateriellen Vermögensgegenständen liegt. Um deren Finanzlage realitätsgetreu abzubilden, bedarf es des Ansatzes ihrer immateriellen Vermögensgegenstände (vgl. BT-Drs. 16/10067, 49 f.; *Merkt* in: Baumbach/Hopt, HGB, § 248 Rn. 3).

b) Passivseite

347. Schulden [G]

Gemäß § 247 Abs. 1 HGB gehören zu den Passivposten, die gesondert auszuweisen und hinreichend aufzugliedern sind, vor allem die Schulden. Wie schlüsselt das Gesetz diesen Bilanzposten weiter auf?

Schulden ist der Oberbegriff für Verbindlichkeiten und Rückstellungen. Unter **Verbindlichkeiten** versteht man nach Grund und Höhe gewisse Verpflichtungen des Kaufmanns gegenüber einem Dritten. **Rückstellungen** sind dagegen dem Grund oder der Höhe nach unsicher (vgl. *Hennrichs* in: MüKoBilanzR, § 246 HGB Rn. 78 ff.).

348. Freie Rückstellungsbildung? [S]

Findig ist eine vorsichtige Natur. Steht es ihm frei, für alle denkbaren Wechselfälle des Geschäftslebens Rückstellungen zu bilden?

Gemäß **§ 249 Abs. 2 S. 1 HGB** gilt ein **numerus clausus der Rückstellungen**. Für andere als die in § 249 Abs. 1 HGB bezeichneten Zwecke dürfen Rückstellungen nicht gebildet werden.

349. Wesentliche Rückstellungsarten [S]

Welche wesentlichen Rückstellungsarten enthält der Katalog des § 249 HGB?

Man wird **drei große Gruppen** unterscheiden können: ungewisse Verbindlichkeiten (§ 249 Abs. 1 S. 1 Var. 1 HGB), drohende Verluste aus schwebenden Geschäften (§ 249 Abs. 1 S. 1 Var. 2 HGB) und Verpflichtungen des Kaufmanns „gegen sich selbst" wegen unterlassener oder demnächst anstehender Aufwendungen (§ 249 Abs. 1 S. 2 Nr. 1 und Nr. 2 HGB).

350. Rückstellung in verschiedenen Sachverhalten [S]

Findig bittet Schlupfloch wegen folgender Sachverhalte um bilanziellen Rat:
a) Er liegt mit einem Lieferanten im Rechtsstreit, der ihm durch den Transport leicht beschädigte Ware geliefert und dessen Rechnung Findig daraufhin noch nicht bezahlt hatte. Nach § 447 BGB ist abzusehen, dass Findig den Prozess verliert.
b) Findig hat erfahren, dass bei einem älteren Softwareprogramm nach längerer Benutzung Störungen auftreten können. Um keine Kunden zu verlieren, will er alle Programme kostenlos gegen eine neuere Version austauschen, obwohl die Garantiezeit schon abgelaufen ist.
c) Findig beschäftigt inzwischen drei Angestellte, denen er vertraglich eine Versorgungszusage bei Vollendung des 65. Lebensjahres gegeben hat.
d) Findigs Verkaufsräume sind dringend renovierungsbedürftig. Wegen der zeitraubenden Bilanzierungsaufgaben am Jahresende will er die Renovierungsarbeiten aber erst im März oder April des nächsten Geschäftsjahres vornehmen.

a) **Rückstellungen für Prozessrisiken** zählen zu den „Rückstellungen" für ungewisse Verbindlichkeiten gem. § 249 Abs. 1 S. 1 HGB; für sie besteht eine Passivierungspflicht.

b) Für ernsthaft erwartete **Kulanzleistungen** müssen **Rückstellungen** gebildet werden. Es handelt sich gem. § 249 Abs. 1 S. 2 Nr. 2 HGB um „Rückstellungen für Gewährleistungen, die ohne rechtliche Verpflichtung erbracht werden".

c) **Versorgungszusagen des Arbeitgebers** stellen Verbindlichkeiten dar, deren Fälligkeit und Höhe ungewiss ist. Für sie sind daher gem. § 249 Abs. 1 S. 1 Var. 1 HGB **Pensionsrückstellungen** zu bilden. Ein Passivierungswahlrecht gilt nach Art. 28 EGHGB nur für Altzusagen, die vor dem 1.1.1987 erteilt worden sind (vgl. BGH NJW 1998, 3276 [3277]).

d) Rückstellungen für im nächsten Geschäftsjahr nachzuholende Renovierungsarbeiten zählen zu den **Rückstellungen für im Geschäftsjahr unterlassene Aufwendungen für Instandhaltung.** Gemäß § 249 Abs. 1 S. 2 Nr. 1 HGB besteht eine Passivierungspflicht, wenn sie innerhalb der ersten drei Monate des folgenden Geschäftsjahres nachgeholt werden. Wenn Findig das Bilanzergebnis möglichst günstig ausfallen lassen möchte, wird er sich für eine Instandhaltung im April entscheiden, wofür er keine Rückstellung bilden muss – und dies auch nicht darf.

351. Rückstellung für Ausgleichsansprüche [S]

Handelsvertreter Heinze hat für Findig den Vertrieb von Softwareprogrammen im Rheinland übernommen. Muss Findig schon vor Vertragsende eine Rückstellung für allfällige Ausgleichsansprüche nach § 89b HGB (s. dazu Fragen 272–281) bilden?

Darüber gehen die Auffassungen auseinander (eingehend *Beiser* DB 2002, 2176): Der BGH hat in einem älteren Urteil eine **Rückstellungsbildung für Ausgleichsansprüche** bejaht, aber offen gelassen, ob nach damaligem Bilanzrecht eine Passivierungspflicht oder ein Passivierungswahlrecht anzunehmen sei (vgl. BGH NJW-RR 1989, 1198 [1199]). Dafür lässt sich anführen, dass die durch § 89b HGB abzugeltende Leistung des Handelsvertreters in der Schaffung eines Kundenstamms liegt, den der Unternehmer bereits vor Beendigung des Handelsvertretervertrags erworben hat. Demgegenüber urteilt der BFH in ständiger Rechtsprechung, dass der Kaufmann handelsrechtlich nicht verpflichtet und damit einkommensteuerrechtlich nicht befugt sei, für künftige Ausgleichsverpflichtungen nach § 89b HGB schon vor Beendigung des Vertragsverhältnisses Rückstellungen zu bilden (vgl. BFH BStBl. II 1983, 375; BFH DStR 2001, 1024 [1025]; BFH BStBl. II 2005, 465). Zur Begründung führt er aus, dass der Ausgleichsanspruch erst nach Vertragsbeendigung entstehe und außerdem voraussetze, dass der Unternehmer gerade zu diesem Zeitpunkt erhebliche Vorteile aus der Geschäftsverbindung mit den vom Handelsvertreter geworbenen Kunden ziehe.

352. Verortung des Eigenkapitals in der Bilanz [G]

Findig wundert sich, dass das Eigenkapital in der von Schlupfloch entworfenen Jahresbilanz auf der Passivseite auftaucht. Er hält das für einen groben Schnitzer, weil dort auch seine Schulden ausgewiesen sind. Wirklich?

Nein. Das **Eigenkapital** erscheint auf der Passivseite, weil es den **variablen Unterschiedsbetrag zwischen Vermögen und Schulden** darstellt: Steigt das Vermögen und bleiben die Schulden gleich, so wächst das Eigenkapital; bleibt das Vermögen gleich und steigen die Schulden, so schrumpft das Eigenkapital. Das führt zur sog **erweiterten Bilanzgleichung**: Vermögen = Eigenkapital+Fremdkapital.

c) Rechnungsabgrenzungsposten

353. Vorgezogene Überweisung [V]

Als sich für 2014 ein überaus erfolgreiches Geschäftsjahr abzeichnet, fürchtet Findig, einen ungewöhnlich hohen Gewinn ausweisen und versteuern zu müssen. Er kommt daher auf den Gedanken, die Löhne seiner Angestellten für Januar 2015 bereits Ende Dezember 2014 zu überweisen, um das Ergebnis durch zusätzlichen Personalaufwand noch ein wenig zu drücken. Was wird Schlupfloch dazu sagen, wenn das Geschäftsjahr des Findig dem Kalenderjahr entspricht?

Eine solche „Bilanzkosmetik" lässt das Handelsbilanzrecht ebenso wenig zu wie das Steuerbilanzrecht. Ausgaben vor dem Abschlussstichtag, die Aufwand für eine bestimmte Zeit nach diesem Tag darstellen, werden nicht als Aufwand verbucht, sondern auf der Aktivseite der Bilanz in einen sog **aktiven Rechnungsabgrenzungsposten** eingestellt (§ 250 Abs. 1 HGB). Dieser Abgrenzungsposten ist in dem Geschäftsjahr erfolgswirksam aufzulösen, in dem der Aufwand wirtschaftlich verursacht wird, im Fall des Findig also im Jahre 2015. Spiegelbildlich sind **passive Rechnungsabgrenzungsposten** für Einnahmen zu bilden, die Ertrag für eine bestimmte Zeit nach dem Abschlussstichtag darstellen (§ 250 Abs. 2 HGB). Aktive und passive Rechnungsabgrenzungsposten dienen einer **periodengerechten Erfolgsermittlung**.

3. Bewertungsvorschriften

354. Bewertungsgrundsätze [V]

Den einzelnen Bewertungsvorschriften der §§ 253–256a HGB hat der Gesetzgeber in § 252 HGB einen Katalog allgemeiner Bewertungsgrundsätze vorangestellt. Erläutern Sie diese Prinzipien nacheinander und skizzieren Sie ihre jeweilige Auswirkung und Zielrichtung!

a) Nach dem **Prinzip der Bilanzidentität** muss die Eröffnungsbilanz des neuen Jahres mit der Schlussbilanz des vorangegangenen Jahres übereinstimmen (**Nr. 1**). Das führt dazu, dass höhere oder niedrigere Wertansätze im alten Jahr sich im neuen Jahr entgegengesetzt auswirken (sog Zweischneidigkeit der Bilanz).

b) Nach dem **Fortführungsprinzip** ist bei der Bewertung grundsätzlich von der Unternehmensfortführung *(going concern)* auszugehen (**Nr. 2**). Nur wenn die Fortführungsprognose aus tatsächlichen oder rechtlichen Gründen negativ ausfällt, sind Zerschlagungswerte anzusetzen.

c) Nach dem **Prinzip der Einzelbewertung** ist jeder Vermögensgegenstand und jeder Schuldposten für sich zu bewerten (**Nr. 3**). Diese Einzelbewertung hat ihren Ur-

sprung im Vorsichtsprinzip und soll verhindern, dass Wertminderungen und Wert-
erhöhungen gegeneinander verrechnet werden (vgl. auch § 246 Abs. 2 S. 1 HGB).

d) Nach dem **Vorsichtsprinzip** ist vor allem aus Gründen des Gläubigerschutzes
vorsichtig zu bewerten **(Nr. 4)**. Das bedeutet insbes., dass Gewinne erst dann
ausgewiesen werden dürfen, wenn sie realisiert sind **(Realisationsprinzip)**, während
drohende Verluste berücksichtigt werden müssen **(Imparitätsprinzip)**.

e) Nach dem **Prinzip der Periodenabgrenzung** sind Aufwendungen und Erträge
unabhängig vom Zahlungszeitpunkt im Geschäftsjahr ihrer wirtschaftlichen Verursachung zu verrechnen **(Nr. 5)**. Dieser Grundsatz steht in engstem Zusammenhang
mit dem Imparitäts- und Realisationsprinzip.

f) Nach dem **Grundsatz der Bewertungsstetigkeit** müssen die in den vorangegangenen Bilanzen verwendeten Bewertungsgrundsätze zwingend beibehalten werden
(Nr. 6). Diese – durch das BilMoG verschärfte – Anforderung verbessert die Vergleichbarkeit der Jahresabschlüsse verschiedener Geschäftsjahre und erhöht die Aussagekraft der einzelnen Bilanz.

---

355. Anschaffungskosten [S]

Findigs Geschäftsumfang nimmt weiter zu. Infolgedessen benötigt er zehn
neue Computer, die er bei dem Computer-Hersteller Hartwehr zum Listenpreis von 5.000 EUR pro Stück kauft. Hartwehr gewährt Findig einen Men-
genrabatt von 10 % und zusätzlich 3 % Skonto, weil sich Findig bereit erklärt,
innerhalb einer Woche zu zahlen. Weiterhin kommen auf Findig Transport-
kosten in Höhe von 500 EUR zu. Schließlich lässt er zwei Wochen nach
Erhalt der Computer die Tastaturen gegen Spezialtastaturen mit größerer
Benutzerfreundlichkeit austauschen, was ihn pro Computer weitere 50 EUR
kostet. Mit welchem Betrag sind die Anschaffungskosten der Computer in der
Bilanz anzusetzen?

Anschaffungskosten sind gem. **§ 255 Abs. 1 S. 1 HGB** die Aufwendungen, die
geleistet werden, um einen Vermögensgegenstand zu erwerben und ihn in einen
betriebsbereiten Zustand zu versetzen. Dazu zählen der Anschaffungspreis zuzüglich
Nebenkosten sowie nachträglichen Anschaffungskosten gem. § 255 Abs. 1 S. 2
HGB und abzüglich der Anschaffungspreisminderungen. Somit ergibt sich für die
Computer folgender Bilanzansatz:

Anschaffungspreis (10 x 5.000)		50.000
Mengenrabatt 10 %	./.	5.000
		45.000
Skonto 3 %	./.	1.350
Summe		43.650
Anschaffungsnebenkosten	+	500
		44.150
nachträgliche Anschaffungskosten (10 x 50)	+	500
		44.650

Alle Bestandteile der Anschaffungskosten sind bilanzierungspflichtig, sodass Findig die Computer in der Bilanz mit 44.650 EUR auszuweisen hat (vgl. zu den einzelnen Vorgängen *Schubert/Gadeck* in: BeckBilKo, § 255 HGB Rn. 61, 63, 71, 75).

---

356. Herstellungskosten [S]

a) Wie beurteilen sich im Vergleich hierzu die Herstellungskosten des Hartwehr?
b) Hartwehr hat gehört, dass bei den Herstellungskosten zwischen Einzel- und Gemeinkosten zu unterscheiden sei. Wissen Sie Genaueres?

---

a) Die Ermittlung der **Herstellungskosten** ist insbes. in **§ 255 Abs. 2, 2a und 3 HGB** geregelt. Unter Herstellungskosten fasst das Gesetz sowohl die **Aufwendungen für eine Neuherstellung** des Vermögensgegenstands als auch die **Ausgaben für eine Erweiterung oder wesentliche Verbesserung**. Letztere bezeichnet man als nachträgliche Herstellungskosten. Die Ermittlung der Herstellungskosten ist weitaus komplexer als diejenige der Anschaffungskosten.

b) Das Gesetz differenziert zwischen **Einzelkosten**, die einem hergestellten Vermögensgegenstand unmittelbar zurechenbar sind, und **Gemeinkosten**, die sich einer unmittelbaren Zurechnung entziehen und über Schlüsselgrößen verteilt werden müssen. Zu den **Einzelkosten** gehören die Materialkosten, die Fertigungskosten und die Sonderkosten der Fertigung. Als **Gemeinkosten** nennt das Gesetz zunächst angemessene Teile der Materialgemeinkosten, der Fertigungsgemeinkosten und des Wertverzehrs des Anlagevermögens, soweit dieser durch die Fertigung veranlasst ist. Für all diese Kosten besteht eine **Einbeziehungspflicht gem. § 255 Abs. 2 S. 2 HGB**. Ein **Einbeziehungswahlrecht** sieht **§ 255 Abs. 2 S. 3 HGB** für folgende Gemeinkosten vor: **angemessene Teile der allgemeinen Verwaltungskosten sowie verschiedene Sozialkosten**. Dagegen dürfen Vertriebs- und Forschungskosten nicht in die Herstellungskosten einbezogen werden (§ 255 Abs. 2 S. 4 HGB). Dies gilt auch für selbst geschaffene immaterielle Vermögensgegenstände des Anlagevermögens, bei denen gem. § 255 Abs. 2a HGB (nur) die Aufwendungen für die Entwicklung Herstellungskosten sind. Für Fremdkapitalzinsen gilt die Sonderregelung des § 255 Abs. 3 HGB.

---

357. Abschreibung I [S]

a) Findig hat eine repräsentative Büroeinrichtung für 80.000 EUR erworben, die zehn Jahre halten soll.
Was muss er bei der Bilanzierung in den nächsten Jahren beachten?
b) Wie steht es mit seinem Geschäftsfahrzeug, das voraussichtlich 100.000 km läuft, wenn Findig im ersten Jahr nach der Anschaffung 15.000 km gefahren ist?

---

a) Bei der Büroeinrichtung handelt es sich um einen Vermögensgegenstand, dessen Nutzung zeitlich begrenzt ist. Deshalb muss Findig die Anschaffungskosten gem.

§ 253 Abs. 3 S. 1 HGB um **planmäßige Abschreibungen** vermindern. Die gängigste AfA(= Absetzung für Abnutzung)-Methode ist die **lineare Abschreibung**, bei der die Anschaffungskosten auf die voraussichtliche Nutzungsdauer verteilt werden. Da die voraussichtliche Nutzungsdauer hier zehn Jahre beträgt, führt dies zu alljährlichen Abschreibungen von 8.000 EUR.

b) Hier kommt eine **Abschreibung nach Maßgabe der Leistung** in Betracht. Sie führt für das erste Jahr zu einer Abschreibung von 15 % der Anschaffungskosten.

---

358. Abschreibung II [S]

a) Findig ist mit seinem Geschäftswagen nach einem rauschenden Betriebsfest von der Fahrbahn abgekommen. Er bleibt unverletzt, sein Fahrzeug hat aber nur noch Schrottwert. Die Kaskoversicherung verweigert die Zahlung, weil Findig mit 1,5 ‰ am Steuer saß. Hat dieser Vorfall bilanzielle Konsequenzen?
b) Weiter erfährt Findig, dass sein Kunde Gernegroß, der ihm aus dem vergangenen Jahr noch 45.000 EUR schuldet, zahlungsunfähig geworden ist. Besteht korrekturbedarf im nächsten Jahresabschluss?

a) Gemäß **§ 253 Abs. 3 S. 3 HGB** muss Findig eine **außerplanmäßige Abschreibung** vornehmen. Diese erfasst bei Anlagegegenständen, deren Nutzung zeitlich begrenzt ist, unerwartete Wertminderungen.

b) Uneinbringliche Forderungen sind gem. **§ 253 Abs. 4 S. 2 HGB** abzuschreiben. Darin spiegelt sich das sog Niederstwertprinzip als Ausprägung des Vorsichtsprinzips (s. Frage 354) wieder. Neben den **Einzelwertberichtigungen** zur Berücksichtigung individueller Kreditrisiken sind ggf. auch **Pauschalwertberichtigungen** für nicht einzeln erkennbare Ausfallrisiken zu bilden (ausführlich hierzu *Schubert/Roscher* in: BeckBilKo, § 253 HGB Rn. 558 ff.).

---

359. Veränderungen [S]

a) Findig, dessen Geschäftsjahr dem Kalenderjahr entspricht, hat dem Kundig im abgelaufenen Jahr ein Softwarepaket geliefert. Der Kaufpreis wurde bereits beglichen. Im Januar des Folgejahres macht Kundig von einem vertraglich vereinbarten Rücktrittsrecht Gebrauch. Findig fragt an, ob er die Rückabwicklung des Vertrags noch in die Bilanz des Vorjahres aufnehmen kann, da er diese noch nicht aufgestellt hat.
b) Wie liegt es, wenn Findig von Kundig im abgelaufenen Geschäftsjahr einen Lieferanspruch für 100 Computer erworben hat und nach dem Bilanzstichtag erfährt, dass die Computer schon im Dezember bei einem Brand zerstört worden sind, ohne dass ein Ersatzanspruch an die Stelle des Lieferanspruchs getreten ist?

a) Gemäß § 252 Abs. 1 Nr. 4 HGB ist der Kaufmann verpflichtet „alle vorhersehbaren Risiken und Verluste, die bis zum Bilanzstichtag entstanden sind, zu berücksichtigen, selbst wenn diese erst zwischen dem Abschlussstichtag und dem Tag der

Aufstellung der Bilanz bekanntgeworden sind", sog **Wertaufhellungsprinzip** (vgl. *Tiedchen* in: MüKoBilanzR, § 252 HGB Rn. 36 ff.). Stellte man allein auf die bis zur Aufstellung erlangte Kenntnis ab, wäre die Rückabwicklung des Vertrags berücksichtigungsfähig. Allerdings handelt es sich beim Rücktritt nicht um einen wertaufhellenden Gesichtspunkt, sondern um eine **ansatzbeeinflussende Tatsache**: Weil die Rückabwicklungsansprüche erst mit der Ausübung des Gestaltungsrechts entstehen, war am Bilanzstichtag noch keine Bilanzposition vorhanden, deren Wert durch den Rücktritt hätte beeinflusst werden können. Vielmehr hat sich erst nach dem Bilanzstichtag ein Vorgang ereignet, der einen eigenständigen Geschäftsvorfall des neuen Jahres darstellt und sich erst dann in der Bilanz niederschlägt (s. auch BFH DStR 2000, 1176 [1177 f.] zum Rücktritt aus Gewährleistungsrecht).

b) Dann liegt ein wertaufhellender Umstand vor, den Findig in der Bilanz berücksichtigen muss.

4. Stille Reserven

360. Begriff und Entstehung [G]

Zu den wichtigsten Begriffen des Bilanzrechts gehören die stillen Reserven. Was versteht man darunter und wie entstehen sie?

a) **Stille Reserven (= stille Rücklagen)** sind jene Teile des Eigenkapitals, die dem Bilanzleser verborgen bleiben. Sie bilden die **Differenz** zwischen dem **wahren Wert** des Unternehmens und seinem **niedrigeren Buchwert**.

b) Stille Reserven entstehen, wenn Aktivposten unterbewertet oder Passivposten überbewertet werden. Systematisch unterscheidet man **Zwangsreserven** (Beispiel: Anschaffungswertprinzip des § 253 Abs. 1 HGB), **Schätzungsreserven** (Beispiel: Bandbreite bei Schätzwerten) und **Ermessensreserven** (Beispiel: Ansatz- und Bewertungswahlrechte).

361. Vor- und Nachteile [V]

Sind die weitreichenden Möglichkeiten zur Bildung stiller Reserven, die das deutsche Bilanzrecht bietet, rechtspolitisch sinnvoll? Gehen Sie bei Ihrer Antwort auf die Vor- und Nachteile einer stillen Reservenbildung ein!

a) **Für stille Reserven** wird angeführt, sie dienten der Unternehmenssicherung (**Pufferfunktion**), beschränkten zu weit gehende Entnahmen (**Thesaurierungsfunktion**) und sorgten für eine Verstetigung der Dividendenpolitik (**Egalisierungsfunktion**).

b) Gewichtigere Gründe sprechen **gegen** eine breitflächige Zulassung **stiller Reserven** (so *Merkt* in: Baumbach/Hopt, HGB, § 253 Rn. 16):

(1) Sie beeinträchtigen den **Gläubigerschutz**, weil Verluste durch Auflösung stiller Reserven verschleiert, unfähige Verwaltungen nicht rechtzeitig abgelöst und Vertrauenskrisen nach Aufzehrung aller Reserven heraufbeschworen werden.

(2) Sie stören den Markt- und Allokationsmechanismus (**Funktionsschutz**), indem sie die Vergleichbarkeit verschiedener Investitionsobjekte erschweren.

(3) Sie berühren den **Gesellschafterschutz**, weil sie den ausschüttbaren Bilanzgewinn künstlich verringern und eine zutreffende Anteilsbewertung erschweren.

(4) Sie verfälschen den **Selbstschutz des Kaufmanns**, es sei denn, dieser führt Eigenbilanzen ohne stille Reserven und schreibt sie fort.

362. BilMoG [S]

Welche rechtspolitische Tendenz lässt sich in Hinblick auf die Bildung stiller Reserven durch das BilMoG erkennen?

Es lässt sich eine restriktive Tendenz erkennen: Das BilMoG hat die gesetzlichen Möglichkeiten zur Bildung stiller Reserven durch Streichung des § 253 Abs. 3 S. 3 HGB aF (Möglichkeit der Abschreibung auf den sog Zukunftswert) und des § 253 Abs. 4 HGB aF (Zulässigkeit von Abschreibungen nach vernünftiger kaufmännischer Beurteilung) erheblich beschränkt (vgl. *Merkt* in: Baumbach/Hopt, HGB, § 252 Rn. 17).

363. Auskunft in der AG [S]

Findig hat Aktien seines noch erfolgreicheren Konkurrenten Intershop erworben. In der Hauptversammlung fragt er nach dessen stillen Reserven. Wird er darauf eine Antwort erhalten?

Gemäß § 131 Abs. 1 S. 1 AktG ist jedem Aktionär auf Verlangen in der Hauptversammlung vom Vorstand Auskunft über Angelegenheiten der Gesellschaft zu geben, soweit sie zur sachgemäßen Beurteilung des Gegenstandes der Tagesordnung erforderlich ist. Nach **§ 131 Abs. 3 S. 1 Nr. 3 AktG** braucht der Vorstand jedoch **keine Angaben über stille Reserven** zu machen, wenn nicht ausnahmsweise die Hauptversammlung den Jahresabschluss feststellt. Hiergegen vorgebrachte Einwände verfassungsrechtlicher Natur unter Berufung auf das Anteilseigentum (Art. 14 GG) haben sich nicht durchsetzen können (vgl. BVerfG NJW 2000, 129, kritisch hierzu *Grüner* NZG 2000, 196).

III. Ergänzende Vorschriften für Kapitalgesellschaften

1. Jahresabschluss und Lagebericht

364. Vom Einzelkaufmann zur GmbH [V]

Auf Anraten seines Steuerberaters Schlupfloch bringt Findig sein einzelkaufmännisches Unternehmen in eine GmbH ein. Hat das Auswirkungen auf die Art der Rechnungslegung?

Ja, denn nunmehr gelten die strengen **§§ 264 ff. HGB**. Diese bauen zwar auf den für alle Kaufleute geltenden §§ 238 ff. HGB auf, ergänzen und modifizieren sie aber. Hervorhebung verdient vor allem der in § 264 Abs. 2 HGB verankerte **Grundsatz des *true-and-fair-view*,** wonach der Jahresabschluss der Kapitalgesellschaft ein den tatsächlichen Verhältnissen entsprechendes Bild ihrer Vermögens-, Finanz- und Ertragslage vermitteln muss. Formal kommt hinzu, dass der Jahresabschluss von Kapitalgesellschaften um einen Anhang zu erweitern (§ 264 Abs. 1 S. 1 HGB) und innerhalb einer kürzeren Frist aufzustellen ist (§ 264 Abs. 1 S. 3 HGB). Für die Bilanz (§ 266 HGB) und Gewinn- und Verlustrechnung (§ 275 HGB) sind zudem **verbindliche Gliederungsschemata** vorgesehen.

365. Gesetzgeberische Intention [S]

Welche gesetzgeberische Intention liegt der strengen Trennung der §§ 238 ff. HGB einerseits und der §§ 264 ff. HGB andererseits zugrunde?

Ausweislich der Gesetzesbegründung soll die Zweiteilung verhindern, dass die strengeren Rechnungslegungsvorschriften für Kapitalgesellschaften entsprechend auf Personengesellschaften und Einzelkaufleute übertragen werden, wie dies unter der Geltung des AktG 1965 zu beobachten war. Dies wird man als Grundentscheidung des Gesetzgebers respektieren müssen, doch ist damit nicht schlechthin jede Analogie ausgeschlossen.

366. GmbH & Co. KG [S]

Hätte Findig die strengeren Rechnungslegungsvorschriften der §§ 264 ff. HGB durch die Wahl einer GmbH & Co. KG vermeiden können?

Nein, seit Inkrafttreten der **§§ 264a–264c HGB idF des Kapitalgesellschaften- und Co-Richtlinie-Gesetzes vom 24.2.2000** nicht mehr. Gemäß § 264a Abs. 1 HGB sind die Vorschriften für Kapitalgesellschaften auf Offene Handelsgesellschaften und Kommanditgesellschaften anzuwenden, bei denen nicht mindestens ein persönlich haftender Gesellschafter eine natürliche Person (Nr. 1) oder eine Personengesellschaft mit einer natürlichen Person als persönlich haftendem Gesellschafter (Nr. 2) ist.

367. Delegation [S]

Darf Findig die Buchführung der inzwischen florierenden Internetshop GmbH seinem Steuerberater Schlupfloch überlassen, auch wenn dieser kein Geschäftsführer ist?

Die Buchführungspflicht ist zwar gem. **§ 41 GmbHG** eine höchstpersönliche Amtspflicht des Geschäftsführers, doch braucht dieser die Bücher nicht selbst zu führen, sondern **bloß für eine ordnungsmäßige Buchführung zu sorgen**. Möglich ist daher eine Delegation an einzelne Mitgeschäftsführer, nachgeordnete Angestellte oder außenstehende Dritte wie den Schlupfloch. Allerdings ist Schlupfloch gehalten, dem Findig regelmäßig über die Buchführung und ihre Erledigung zu berichten (vgl. *Fleischer* in: MüKoGmbHG, § 41 Rn. 1).

368. Eigenkapitalpositionen [S]

Mit Schlupflochs Hilfe hat Findig als Geschäftsführer (§ 264 Abs. 1 HGB, § 42a Abs. 1 GmbHG) den ersten Jahresabschluss der Internetshop GmbH aufgestellt. Die Aufschlüsselung der Eigenkapitalpositionen nach Maßgabe des § 266 Abs. 3 HGB ist Findig allerdings bis zuletzt ein Rätsel geblieben. Was wird Schlupfloch zur „Enträtselung" vortragen?

Schlupfloch wird auf die Vorschrift des **§ 272 HGB** verweisen, die Erläuterungen zu den verschiedenen Eigenkapitalschichten enthält:

a) **Gezeichnetes Kapital (Abs. 1)**: Gemäß § 272 Abs. 1 HGB ist das gezeichnete Kapital das Kapital, auf das die Haftung der Gesellschafter für die Verbindlichkeiten der Kapitalgesellschaft gegenüber den Gläubigern beschränkt ist. Der Ansatz des gezeichneten Kapitals hat zum Nennwert zu erfolgen. Das gezeichnete Kapital der AG wird als Grundkapital (§ 6 AktG) bezeichnet, das gezeichnete Kapital der GmbH als Stammkapital (§§ 3 Abs. 1 Nr. 3, 5 Abs. 1 GmbHG). Nicht eingeforderte ausstehende Einlagen sind vom Posten „Gezeichnetes Kapital" offen abzusetzen; der verbleibende Betrag ist auf der Passivseite als Posten „Eingefordertes Kapital" auszuweisen (§ 272 Abs. 1 S. 3 HGB). Eigene Anteile sind auf der Passivseite als Korrekturposten zum Eigenkapital auszuweisen (§ 272 Abs. 1a, 1b HGB).

b) **Kapitalrücklagen (Abs. 2)**: Sie zeigen an, wie viel Eigenkapital über das gezeichnete Kapital hinaus zugeführt wurde. Solche einlageähnlichen Beiträge können etwa aus einem Aufgeld (Agio) bei der Ausgabe von Anteilen oder aus freiwilligen Zuzahlungen der Gesellschafter herrühren.

c) **Gewinnrücklagen (Abs. 3)**: Sie werden der Kapitalgesellschaft nicht von außen zugeführt, sondern aus dem erwirtschafteten Ergebnis gebildet. Die Gewinnrücklagen umfassen gesetzliche Rücklagen (§ 150 Abs. 1 und 2 AktG), Rücklagen für Anteile an einem herrschenden oder mehrheitlich beteiligten Unternehmen (s. hierzu § 272 Abs. 4 HGB), satzungsmäßige Rücklagen sowie andere Gewinnrücklagen.

369. Lagebericht [S]

Findig versteht nicht, warum die Internetshop GmbH auch noch einen Lagebericht erstellen soll, wo der Jahresabschluss doch schon alle relevanten Zahlen enthalte. Können Sie ihm helfen?

Der in § 264 Abs. 1 S. 1 HGB vorgeschriebene **Lagebericht** enthält, wie sich den in den §§ 289, 289a HGB normierten, in den vergangenen Jahren immer weiter ausgedehnten Vorgaben zum Inhalt des Lageberichts entnehmen lässt, eine Vielzahl **zusätzlicher Informationen.** Der Lagebericht dient nicht nur der – vertieften – retrospektiven Berichterstattung, sondern hat im Gegensatz zum Jahresabschluss auch eine **prospektive Dimension.** Besonders klar zum Ausdruck kommt dieser Zukunftsbezug in § 289 Abs. 1 S. 4 HGB, demzufolge der Lagebericht die voraussichtliche Entwicklung mit ihren wesentlichen Chancen und Risiken zu erläutern hat.

2. Konzernabschluss und Konzernlagebericht

a) Grundlagen

370. Weiterentwicklung zum Konzern [S]

Das *E-Commerce*-Geschäft boomt weiter. Findig hat inzwischen durch Zukäufe einen weitverzweigten Konzern mit der Internetshop-GmbH als Konzernspitze aufgebaut.
a) Hat dies Auswirkungen auf die Rechnungslegungspflichten der Internetshop-GmbH?
b) Werden damit die Verpflichtungen aller anderen Konzernunternehmen zur Erstellung eines eigenen Jahresabschlusses hinfällig?

a) Ja. Gemäß **§ 290 Abs. 1 HGB** muss die Internet-GmbH als Mutterunternehmen in den ersten fünf Monaten des Konzerngeschäftsjahres für das vergangene Konzerngeschäftsjahr einen **Konzernabschluss** und einen **Konzernlagebericht** aufstellen.

b) Nein. Der Konzernabschluss ersetzt weder die Jahresabschlüsse der Tochterunternehmen noch den des Mutterunternehmens. Er tritt vielmehr als Abbild der größten Wirtschaftseinheit „Konzern" neben die Einzelabschlüsse der hierin vereinten Unternehmen.

371. Ratio legis [S]

a) Welchen Zwecken dient der Konzernabschluss?
b) Warum ist der Konzernabschluss neben den Einzelabschlüssen der Konzernunternehmen unerlässlich?

a) Dem **Konzernabschluss** kommt in allererster Linie eine **Informationsfunktion** zu: Er hat unter Beachtung der Grundsätze ordnungsmäßiger Buchführung ein den tatsächlichen Verhältnissen entsprechendes Bild der Vermögens-, Finanz- und Ertragslage des Konzerns zu vermitteln (**§ 297 Abs. 2 S. 2 HGB**). Darüber hinaus obliegt ihm eine **Führungsfunktion,** weil er die Konzernleitung in den Stand versetzt, den Erfolg des Gesamtkonzerns zu steuern und zu kontrollieren.

b) Der Konzernabschluss hat einen höheren Informationswert, da er anders als die Einzelabschlüsse nicht nur Einblicke in Teilbereiche eines Konzerns gestattet, sondern vielmehr einen **Gesamtüberblick** über das große Ganze gibt. Die Einzelabschlüsse gewährleisten keinen sicheren Einblick in die Vermögens- und Ertragslage. In ihnen bleiben unter anderem Risiken verborgen, die von anderen Teilen des Konzerns herrühren. Außerdem bestünde ohne einen Konzernabschluss die Gefahr, dass konzerninterne Binnengeschäfte als „Verschiebebahnhof" für Gewinnverlagerungen missbraucht und Gewinne im Einzelabschluss ausgewiesen würden, die noch keine Bestätigung am Markt gefunden haben.

b) Pflicht zur Aufstellung

372. Voraussetzungen [S]

Unter welchen Voraussetzungen besteht eine Pflicht zur Aufstellung eines Konzernabschlusses und Konzernlageberichts?

§ 290 Abs. 1 S. 1 HGB knüpft die Pflicht an folgende Voraussetzungen: das **Mutterunternehmen** ist eine **Kapitalgesellschaft** mit **Sitz im Inland**, das Tochterunternehmen erfüllt die **Unternehmenseigenschaft**, das Mutterunternehmen kann auf das Tochterunternehmen unmittel- oder mittelbar einen **beherrschenden Einfluss** ausüben. Wann im Einzelfall ein beherrschender Einfluss angenommen werden kann, ist in **§ 290 Abs. 2 HGB** geregelt.

373. Befreiungsmöglichkeiten [S]

Die Pflicht zur Konzernrechnungslegung wird vom Gesetz nicht ausnahmslos durchgehalten. Welche Befreiungsmöglichkeiten gibt es?

a) **Befreiung von der Aufstellung sog Stufenkonzernabschlüsse** (§§ 291, 292 HGB): An sich wäre in mehrstufigen Unterordnungskonzernen auf jeder Konzernstufe ein Konzernabschluss durch das jeweils herrschende Unternehmen zu erstellen (sog Tannenbaumprinzip). Einer solchen Vervielfältigung wenig informativer Teilkonzernabschlüsse will das HGB durch eine Freistellungsmöglichkeit vorbeugen (vgl. hierzu *Senger/Hoehne* in: MüKoBilanzR, § 291 HGB Rn. 1 ff.).

b) **Größenabhängige Befreiung** von der Konzernrechnungslegung (§ 293 HGB): Um kleinere Konzerne vor Aufwand und Kosten einer Konzernabschlusserstellung zu schützen, hat der Gesetzgeber einen größenabhängigen Dispens vorgesehen.

c) **Befreiungsvorschriften nach IFRS**: Die IFRS (s. zur IFRS-Rechnungslegung allgemein Fragen 392–397) enthalten eigenständige Befreiungsmöglichkeiten von der Pflicht zur Aufstellung eines Konzernabschlusses. Diese finden jedoch keine Anwendung auf Mutterunternehmen mit Sitz in Deutschland. Die Frage, ob ein Unternehmen zur Aufstellung eines Konzernabschlusses verpflichtet ist oder nicht, richtet sich auch bei Unternehmen, die nach § 315a HGB einen IFRS-Konzernabschluss aufzustellen haben, ausschließlich nach dem HGB (vgl. *Senger/Hoehne* in: MüKoBilanzR, § 290 HGB Rn. 13).

c) Konsolidierungskreis

374. Französische Tochtergesellschaft [S]

Zur Internetshop-Gruppe gehört eine französische Tochtergesellschaft. Muss diese in den Konzernabschluss einbezogen werden?

Die Antwort auf die hier aufgeworfene Frage des sog Konsolidierungskreises ergibt sich aus **§ 294 Abs. 1 HGB**. Hiernach sind in den Konzernabschluss das Mutterunternehmen und alle Tochterunternehmen ohne Rücksicht auf den Sitz und die Rechtsform der Tochterunternehmen einzubeziehen, sofern keine Ausnahme nach § 296 HGB vorliegt. Es gilt demnach das sog **Weltabschlussprinzip**. Die französische Tochtergesellschaft muss in den Konzernabschluss einbezogen werden.

d) Inhalt, Form und Bewertung

375. Bestandteile [S]

Welche Bestandteile umfasst der Konzernabschluss?

Gemäß **§ 297 Abs. 1 S. 1 HGB** umfasst der Konzernabschluss die Konzernbilanz, die Konzern-Gewinn- und Verlustrechnung, den Konzernanhang, die Kapitalflussrechnung und den Eigenkapitalspiegel. Zusätzlich kann der Konzernabschluss gem. § 297 Abs. 1 S. 2 HGB um eine Segmentberichterstattung ergänzt werden.

376. Anzuwendende Vorschriften [S]

Nach welchen Vorschriften ist der Konzernabschluss zu erstellen?

Vorgaben enthält zunächst **§ 297 HGB**. Überdies sind gem. **§ 298 Abs. 1 HGB** auf den Konzernabschluss grundsätzlich **die für Einzelabschlüsse geltenden Vorschriften entsprechend** anzuwenden. Die abschließende Aufzählung des § 298 Abs. 1 HGB umfasst die allgemeinen Vorschriften (§§ 244, 245 HGB), die Ansatzvorschriften (§§ 246–251 HGB), die Bewertungsvorschriften (§§ 252–256a HGB), die Sonderregelung für Personenhandelsgesellschaften (§ 264c HGB) sowie die Gliederungsvorschriften (§§ 265, 266, 268 Abs. 1–7, 270, 271, 272 Abs. 1–4, 274, 275 und 277 HGB). Allerdings ist stets zu prüfen, ob die Eigenart des Konzernabschlusses systembedingte oder konsolidierungstechnische Abweichungen erfordert.

377. Organisatorische Vorkehrungen [S]

Welche organisatorischen Vorkehrungen müssen innerhalb der Internetshop-Gruppe für die Erstellung eines Konzernabschlusses getroffen werden?

Die Zusammenfassung der Jahresabschlüsse von Mutter- und Tochterunternehmen verlangt bereits bei ihrer jeweiligen Erstellung ein **Mindestmaß an Homogenität**.

Das beginnt mit der Festlegung eines einheitlichen Abschlussstichtages (§ 299 Abs. 1 HGB) und setzt sich bei der Vereinheitlichung der einzubeziehenden Jahresabschlüsse fort: Als **zweckdienlich** erweisen sich hier oft **einheitliche Buchführungs-, Bilanzierungs- und Bewertungsregeln** sowie ein einheitliches Formularwesen, die in ihrer Gesamtheit dafür sorgen, dass gleiche Sachverhalte gleich behandelt werden. **Alternativ** kann die Vereinheitlichung auch durch eine **parallele Buchführung** und **Handelsbilanz** (sog Handelsbilanz II) erfolgen, die den Konzernrichtlinien entsprechen. In jedem Fall empfiehlt es sich, eine **zentrale Konsolidierungsstelle bei dem Mutterunternehmen** einzurichten, die für die Aufstellung des Konzernabschlusses verantwortlich ist (*Böcking/Gros/Schurbohm-Ebneth* in: EBJS, HGB, § 308 Rn. 4–10).

378. Bewertungsmaßstäbe [S]

Profitlich, der in der Konsolidierungsstelle der Internetshop GmbH ein Praktikum absolviert, möchte wissen, nach welchen Maßstäben er die Vermögensgegenstände und Schulden der in den Konzernabschluss einzubeziehenden Unternehmen bewerten soll.

Für die Bewertung im Konzernabschluss gilt der **Grundsatz einheitlicher Bewertung nach Maßgabe der Vorschriften für das Mutterunternehmen (§ 308 Abs. 1 S. 1 HGB)**. Soweit hiernach Bewertungswahlrechte bestehen, dürfen diese für den Konzernabschluss neu ausgeübt werden (§ 308 Abs. 1 S. 2 HGB). Durch die Neuausübung eröffnet sich der Konzernspitze ein beträchtlicher **Spielraum für bilanzpolitische Maßnahmen**. Die koordinierte Ausnutzung dieser Handlungsspielräume bildet den Gegenstand der **Konzernbilanzpolitik**.

e) Konsolidierungsmaßnahmen

379. Begriff [S]

Findig erkundigt sich bei Schlupfloch nach dem Fortgang der Konzernrechnungslegung. Dieser erklärt ihm, man habe gerade mit der Konsolidierung begonnen. Für Findig ist das „Fachchinesisch". Können Sie ihm helfen?

Der Begriff **Konsolidierung** kommt von „*consolidare*" (lateinisch: fest machen, verdichten) und steht für die **Zusammenfassung der Jahresabschlüsse von Mutter- und Tochterunternehmen** (§ 300 Abs. 1 S. 1 HGB). Wie die Überschrift des Vierten Titels verdeutlicht, gilt dabei der **Grundsatz der Vollkonsolidierung**: Danach gehen die Posten der Einzelabschlüsse auch dann in voller Höhe in den Konzernabschluss ein, wenn das Mutterunternehmen weniger als 100 % der Töchteranteile hält. Eine anteilmäßige Konsolidierung gibt es nur ausnahmsweise (§ 310 HGB).

380. Wesen [S]

Nachdem Findig von Schlupfloch ins Bild gesetzt worden ist, meint er, es könne doch nicht so schwierig sein, die Positionen der Einzelabschlüsse zu addieren. Hat er damit das Wesen der Konsolidierung zutreffend erfasst?

Nein. Für die Konsolidierung genügt es nicht, die Jahresabschlüsse mechanisch zusammenzufassen. Vielmehr soll der Konzern so dargestellt werden, als sei er ein einheitliches Unternehmen. Infolgedessen sind alle Positionen zu streichen, die im Jahresabschluss eines einheitlichen Unternehmens nicht vorkommen dürfen.

381. Erfasste Bereiche [S]

Neugierig geworden, lässt sich Findig von Schlupfloch erläutern, welche Posten der Einzelabschlüsse für den Konzernabschluss konsolidiert werden müssen. Was wird Schlupfloch antworten?

Die Konsolidierung erfasst vier Bereiche:

a) **Kapitalkonsolidierung**: Mit ihrer Hilfe will man „Doppelzählungen" vermeiden, die entstünden, wenn man sowohl die Beteiligungen des Mutterunternehmens als auch die Vermögensgegenstände der Tochterunternehmen in den Konzernabschluss aufnähme. Zu diesem Zweck ordnet **§ 301 Abs. 1 HGB** an, diese Beteiligungen mit dem entsprechenden Eigenkapital der Töchter zu verrechnen.

b) **Schuldenkonsolidierung**: Dem Einheitsgedanken des § 297 Abs. 3 S. 1 HGB zufolge sind Konzernunternehmen als rechtlich unselbständige Teile eines einzigen Unternehmens anzusehen. Folgerichtig dürfen konzerninterne Ausleihungen und Schulden gem. **§ 303 Abs. 1 HGB** keine Berücksichtigung finden, weil insoweit Geschäfte des als einheitliche Rechtsperson gedachten Konzerns „mit sich selbst" vorliegen.

c) **Zwischenergebniskonsolidierung**: Auch Gewinne und Verluste aus konzern-internen Lieferungen und Leistungen müssen gem. **§ 304 Abs. 1 HGB** außer Betracht bleiben, da sie nicht am Markt erzielt und daher aus Konzernsicht nicht realisiert sind (§ 252 Abs. 1 Nr. 4 Hs. 2 HGB).

d) **Aufwands- und Ertragskonsolidierung**: Schließlich sind in der Konzern-Ge-winn- und Verlustrechnung gem. **§ 305 Abs. 1 HGB** konzerninterne Aufwendun-gen und Erträge herauszurechnen. Als bloße Innenumsatzerlöse führen sie aus Konzernsicht im Gegensatz zu den Außenumsatzerlösen mit konzernfremden Drit-ten zu keinem Ertragszuwachs.

3. Prüfung

382. Allgemeines [V]

Gemäß § 316 Abs. 1 S. 1 HGB sind Jahresabschluss und Lagebericht großer und mittelgroßer Kapitalgesellschaften durch einen Abschlussprüfer zu prü-fen.
a) Welchen Zweck verfolgt eine solche Pflichtprüfung und wann wurde sie erstmals eingeführt?
b) Welche Rechtsfolgen zeitigt eine unterlassene Prüfung?

a) Eine Pflichtprüfung trägt der historisch erhärteten Erfahrung Rechnung, dass Publizität in der Regel nur so gut ist wie ihre Überwachung. Die §§ 316 ff. HGB sollen daher die **Aussagekraft von Jahresabschluss und Lagebericht** gegenüber den Rechnungslegungsadressaten innerhalb und außerhalb der Gesellschaft **sichern** helfen und über den Prüfungsbericht (vgl. § 321 HGB) zugleich die Selbstinformation der Geschäftsleiter verbessern. **Erstmals eingeführt** wurde eine obligatorische Abschlussprüfung im Zuge der Weltwirtschaftskrise durch eine Verordnung des Reichspräsidenten aus dem Jahre **1931**.

b) Gemäß **§ 316 Abs. 1 S. 2 HGB darf** ein **nicht geprüfter Jahresabschluss nicht festgestellt werden.** Ein gleichwohl festgestellter Jahresabschluss ist nach § 256 Abs. 1 Nr. 2 AktG, der entsprechend auf die GmbH Anwendung findet (vgl. *Bormann* in: MüKoBilanzR, § 316 HGB Rn. 29), nichtig. Das gilt folgerichtig auch für den auf Grundlage des Jahresabschlusses gefassten Gewinnverwendungsbeschluss, mit der Folge, dass die rechtsgrundlos ausgeschütteten Dividenden nach § 812 Abs. 1 S. 1 BGB zurückgefordert werden können.

383. Kleine Kapitalgesellschaften [S]

a) Kleine Kapitalgesellschaften sind von einer Prüfungspflicht gem. § 316 Abs. 1 S. 1 HGB ausdrücklich ausgenommen. Warum?
b) Ist es der Internetshop-GmbH, welche die Schwellenwerte des § 267 Abs. 1 HGB nicht überschreitet, damit verwehrt, Abschlussprüfer zur Erhöhung ihrer Kreditwürdigkeit zu bestellen?

a) Ausschlaggebend dafür sind **wirtschaftspolitische Gründe** (Mittelstandsschutz, Risikokapitalförderung, Vermeidung eines zu großen Verwaltungs- und Kostenaufwands).

b) Nein. Sie kann ihren Jahresabschluss und Lagebericht **freiwillig prüfen** lassen. Sieht der Gesellschaftsvertrag eine solche Abschlussprüfung durch einen Wirtschaftsprüfer vor, so ist er regelmäßig dahin auszulegen, dass für **Art und Umfang der Prüfung** grundsätzlich die **§§ 317 ff. HGB** gelten (vgl. BGH NJW 1992, 300).

384. Anforderungen an die Prüfer [S]

Eine effiziente Abschlussprüfung stellt hohe Anforderungen an die Fachkunde und Unabhängigkeit der Prüfer. Wie versucht der Gesetzgeber beides zu gewährleisten?

a) Dem **fachlichen Anforderungsprofil** trägt § 319 Abs. 1 HGB Rechnung. § 319 Abs. 1 S. 1 HGB spricht nur Wirtschaftsprüfern und Wirtschaftsprüfungsgesellschaften die uneingeschränkte Abschlussprüferfähigkeit zu. Vereidigten Buchprüfern und Buchprüfungsgesellschaften kommt gem. § 319 Abs. 1 S. 2 HGB eine beschränkte Abschlussprüferfähigkeit zu. Diese bezieht sich auf Einzelabschlüsse mittelgroßer GmbHs (§ 267 Abs. 2 HGB) sowie bestimmter Personenhandelsgesellschaften (§ 264a Abs. 1 HGB).

b) Die **persönliche Unabhängigkeit und Unbefangenheit** stellt das Gesetz in § 319 Abs. 2–4 HGB mittels **weitreichender Ausschlussgründe** sicher. Für Unternehmen von öffentlichem Interesse sind ferner die verschärften Ausschlussgründe des § 319a HGB zu beachten.

---

385. Gegenstände der Prüfung [S]

Nicht nur der Jahresabschluss unterliegt der Prüfung durch den Abschlussprüfer. Welche Gegenstände erfasst die Prüfung noch?

Gemäß §§ 316 Abs. 1 S. 1, 317 Abs. 1 und 2 HGB unterliegen neben dem Jahresabschluss auch die Buchführung, der Lagebericht sowie dessen Einklang mit dem Jahresabschluss der Prüfung. Ist ein Konzernabschluss zu prüfen, bilden gem. §§ 316 Abs. 2 S. 1, 317 Abs. 2 und 3 HGB der Konzernabschluss und der Konzernlagebericht sowie die zusammengefassten Jahresabschlüsse den Gegenstand der Prüfung (vgl. *K. Schmidt*, HandelsR, § 15 Rn. 90 f.).

---

386. Schadensersatz [V]

Findig hat im Zuge seines Expansionskurses von Hilflos sämtliche Anteile an der H-GmbH erworben. Vor Abschluss des Kaufvertrags hatte Wirtschaftsprüfer Wichtig dem Hilflos im Rahmen einer Pflichtprüfung nach den §§ 316 ff. HGB mitgeteilt, der vorliegende Jahresabschluss der H-GmbH könne uneingeschränkt bestätigt werden. Diese Auskunft leitete Hilflos, wie mit Wichtig besprochen, an Findig weiter, der darauf den Kaufvertrag unterzeichnete. Später stellten sich Unregelmäßigkeiten in der Buchhaltung der H-GmbH heraus, sodass der endgültige Jahresabschluss, für den Wichtig nach § 322 HGB nur einen eingeschränkten Bestätigungsvermerk erteilte, anstelle eines Überschusses von 2,6 Mio. EUR einen Fehlbetrag von 100 EUR aufwies. Kann Findig von Wichtig Schadensersatz wegen fehlerhafter Auskunft verlangen?

---

a) Gemäß **§ 323 Abs. 1 S. 3 HGB** muss der Abschlussprüfer Schadensersatz leisten, wenn er vorsätzlich oder fahrlässig gegen seine **Pflicht zu einer gewissenhaften und unparteiischen Prüfung iSd § 323 Abs. 1 S. 1 HGB** verstößt. Bei fahrlässigem Handeln beschränkt sich seine Ersatzpflicht gem. § 323 Abs. 2 S. 1 HGB auf 1 Mio. EUR. § 323 Abs. 1 S. 3 HGB gewährt den Schadensersatzanspruch allerdings nur der Kapitalgesellschaft, bei der die Abschlussprüfung durchgeführt wurde, sowie den mit ihr verbundenen Unternehmen. Ein Anspruch des Findig aus § 323 Abs. 1 S. 3 HGB scheidet folglich aus.

b) Auch eine **analoge Anwendung** des **§ 323 Abs. 1 S. 3 HGB** scheidet aus: Sie würde dem Ziel zuwiderlaufen, das Haftungsrisiko des Abschlussprüfers zu begrenzen, und ließe besorgen, dass die Kapitalgesellschaft ihre ohnehin beschränkten Ansprüche mit Dritten teilen muss (vgl. BGH NJW 1998, 1948 [1949]; *Ebke* JZ 1998, 931).

c) Ein Schadensersatzanspruch aus den §§ 280 Abs. 1, 675 BGB wegen Verletzung einer Pflicht aus einem Auskunftsvertrag (vgl. *Schmidt/Feldmüller* in: BeckBilKo, § 323 HGB Rn. 210 ff.) scheidet mangels Bestehen eines solchen Vertrags zwischen Findig und Wichtig aus.

d) Weiterhin könnte Findig gegen Wichtig einen Anspruch auf Schadensersatz aus den **§§ 280 Abs. 1, 311 Abs. 3 BGB** haben. Man könnte argumentieren, dass ein Abschlussprüfer bereits wegen seiner besonderen Sachkunde als Wirtschaftsprüfer besonderes Vertrauen in Anspruch nimmt, weil er sich als Experte geriert (sog Expertenhaftung). Eine so weitgehende Haftung würde aber einerseits die in § 323 HGB speziell geregelte begrenzte Haftung für Abschlussprüfer unterlaufen und andererseits nicht dem Umstand Rechnung tragen, dass diese zuallererst das Vertragsverhältnis gegenüber ihrem jeweiligen Auftraggeber (hier der H-GmbH) erfüllen möchten. Nur wenn sich der Abschlussprüfer in die Vertragsverhandlungen seines Auftraggebers mit Dritten einmischt und eine besondere, in seiner Person liegende Gewähr im Hinblick auf dieses zu begründende Vertragsverhältnis übernimmt, sodass er hierdurch bei dem Dritten einen eigenen Vertrauenstatbestand setzt, kann eine Haftung des Abschlussprüfers nach § 311 Abs. 3 BGB angenommen werden (vgl. *Schmidt/Feldmüller* in: BeckBilKo, § 323 HGB Rn. 222). So liegt es im vorliegenden Fall aber nicht. Daher scheidet auch eine Schadensersatzhaftung des Findig gegen Wichtig nach den §§ 280 Abs. 1, 311 Abs. 3 BGB aus.

e) Findig könnte gegen Wichtig einen Anspruch aus § 280 Abs. 1 BGB iVm den **Grundsätzen des Vertrags mit Schutzwirkung zugunsten Dritter** haben. Die Heranziehung dieser Grundsätze ist nicht durch § 323 HGB gesperrt (BGH NJW 1998, 1948 [1949]). Eine derartige Sperrwirkung gegenüber der Möglichkeit einer interessengerechten, auch dem Grundsatz der Privatautonomie Rechnung tragenden Gestaltung der Haftungsbedingungen ist der Norm nicht zu entnehmen. Eine Dritthaftung, die wesentlich darauf beruht, dass es Sache der Vertragsparteien ist zu bestimmen, gegenüber welchen Personen eine Schutzpflicht begründet werden soll, wird von ihrem unmittelbaren Anwendungsbereich nicht berührt. Der BGH nimmt eine Einbeziehung des Dritten (hier: Findig) in den Schutzbereich des Prüfvertrags zwischen der Kapitalgesellschaft (hier: H-GmbH) und dem Abschlussprüfer (hier: Wichtig) ausnahmsweise an, wenn sich für den Abschlussprüfer **hinreichend deutlich** ergibt, dass von ihm anlässlich der Pflichtprüfung eine besondere Leistung begehrt wird, von der gegenüber einem Dritten, der auf seine Sachkunde vertraut, Gebrauch gemacht werden soll (BGH NJW 1998, 1948 [1949 f.]). Vorliegend sind die H-GmbH und Wichtig übereinstimmend davon ausgegangen, dass das Ergebnis der Abschlussprüfung dem Findig als Entscheidungsgrundlage für einen Kauf der GmbH-Anteile dienen soll. Dass die H-GmbH und Findig im Einzelnen gegenläufige Interessen verfolgen (diese ist anders als jener an einem möglichst niedrigen Kaufpreis und einer entsprechenden Abschlussprüfung interessiert), schadet nicht, da dies dem Interesse der H-GmbH an der Einbeziehung des Findig in den Schutzbereich des Prüfvertrags nicht entgegensteht (vgl. *Schmidt/Feldmüller* in: BeckBilKo, § 323 HGB Rn. 195). Demnach ist eine Haftung des Wichtig gegenüber Findig gegeben. Zugunsten des Wichtig greift allerdings nach der **ratio des § 323 Abs. 2 HGB** eine Haftungsbegrenzung auf 1 Mio. EUR, wenn seine fehlerhafte Auskunft auf Fahrlässigkeit beruht (vgl. BGH NJW 1998, 1948 [1951]).

f) Ein Anspruch aus **§ 823 Abs. 1 BGB** scheidet mangels Verletzung eines durch diese Norm geschützten Rechtsguts aus.

g) **§ 823 Abs. 2 BGB** erfordert die Verletzung eines Gesetzes, welches zumindest auch den Schutz des Findig bezweckt (zur Haftung des Abschlussprüfers gegenüber Dritten aus § 823 Abs. 2 BGB eingehend *Schmidt/Feldmüller* in: BeckBilKo, § 323 HGB Rn. 174 ff.). § 323 kommt als taugliches Schutzgesetz nicht in Betracht, da anderenfalls die Grundwertung des Gesetzgebers, die Haftung des Abschlussprüfers auf Ansprüche der geprüften Gesellschaft und der in § 323 Abs. 1 S. 3 HGB genannten Personen zu begrenzen, unterlaufen würde. Gemäß § 332 HGB ergibt sich eine Strafbarkeit bei Unrichtigkeit des Prüfberichtes, welche alle Adressaten des Berichtes betrifft, sodass dies ein taugliches Schutzgesetz iSd § 823 Abs. 2 BGB darstellt. Da Wichtig aber den abschließenden Prüfbericht samt Bestätigungsvermerk richtig erstellt hat und nur eine vorangegangene Auskunft falsch war, hat er gegen dieses Schutzgesetz nicht verstoßen. Etwaige Berufspflichten der WPO bergründen grundsätzlich keinen Schutz für Findig.

h) Aufgrund der voreiligen Auskunft des Wichtig kann ihm auch keine vorsätzliche sittenwidrige Schädigung, wie sie **§ 826 BGB** voraussetzt, nachgewiesen werden.

4. Offenlegung

387. Regelungszweck [S]

Gemäß § 325 HGB müssen Kapitalgesellschaften den Jahresabschluss, den Lagebericht und den Bestätigungs- oder Versagungsvermerk, den Aufsichtsratsbericht und die nach § 161 AktG vorgeschriebene Erklärung zum Corporate Governance Kodex sowie den Ergebnisverwendungsbeschluss beim Betreiber des Bundesanzeigers einreichen und diese Unterlagen im Bundesanzeiger bekanntmachen lassen. Welchen Regelungszweck verfolgt diese Vorschrift?

Das Ziel der Offenlegungspflicht lässt sich vielleicht am besten mit einem berühmt gewordenen Ausspruch des großen amerikanischen Juristen *Louis Brandeis* veranschaulichen: „Publicity is justly commended as a remedy for social and industrial diseases. Sunlight is said to be the best of disinfectants; electric light the most efficient policeman" (*Brandeis*, Other People's Money – And How the Bankers Use It, 1914, S. 92). Eine derartige **vorbeugende Publizitätswirkung** macht sich der Gesetzgeber vor allem bei großen Kapitalgesellschaften zunutze. Für kleine, mittlere und bestimmte kapitalmarktorientierte Kapitalgesellschaften sehen die §§ 326, 327, 327a HGB gewisse Erleichterungen vor.

388. Folgen einer unterlassenen Offenlegung [S]

Welche Rechtsfolgen hat ein Unternehmen zu erwarten, wenn es die Offenlegung entgegen § 325 HGB unterlässt?

Eine unterlassene Offenlegung stellt weder einen Anfechtungsgrund noch einen Nichtigkeitsgrund des Jahresabschlusses dar. Hinsichtlich des Pflichtverstoßes droht

§ 335 Abs. 1 und 2 HGB lediglich ein Ordnungsgeld an. Darüber hinaus kommt eine deliktische Schadensersatzhaftung der Mitglieder des Vertretungsorgans gegenüber den Gläubigern nach § 823 Abs. 2 BGB iVm § 325 HGB in Betracht (vgl. *Grottel* in: BeckBilKo, § 325 HGB Rn. 108 ff.).

5. Kapitalmarktbezogene Publizität und Kontrolle

389. Gründe für verschärfte Publizitäts- und Kontrollanforderungen [S]

Wie kann man die erhöhten Publizitäts- und Kontrollanforderungen für kapitalmarktorientierte Unternehmen begründen?

Unternehmenspublizität lässt sich zuvörderst begreifen und verstehen als ein **Korrelat der Marktteilnahme**. Daraus folgt ohne Weiteres, dass kapitalmarktorientierte Unternehmen wegen ihrer intensiveren Marktbeanspruchung schärferen Publizitätsanforderungen unterliegen, während bei nicht kapitalmarktorientierten Unternehmen ein geringeres Publizitätsbedürfnis besteht. Die gesteigerten Publizitätspflichten führen auch zu einem höheren Schutzniveau der in diesem Rahmen dem Kapitalmarkt zur Verfügung gestellten Informationen. Folglich bedarf es auch einem an die erhöhte Unternehmenspublizität **angepassten Kontrollapparat**.

390. Finanzberichterstattung [S]

Findig hat sich entschlossen, die Internetshop-GmbH in eine Aktiengesellschaft umzuwandeln und sodann an die Börse zu bringen. Er hat in einer Broschüre unter dem Stichwort „Regelpublizität" einen Hinweis gefunden, dass eine börsennotierte AG zusätzlichen Pflichten zur Finanzberichterstattung unterliegt. Welche Pflichten sind dies?

Diese Pflichten entspringen dem Kapitalmarktrecht: § 37w WpHG statuiert die Pflicht zur Aufstellung eines **Halbjahresfinanzberichts**, zu dessen Mindestinhalt ein verkürzter Abschluss sowie ein Zwischenlagebericht gehören. § 37v WpHG verlangt zudem einen **Jahresfinanzbericht**; für Emittenten, die dem deutschen Handelsbilanzrecht unterliegen, verschärfen sich die Publizitätsanforderungen allerdings nur wenig. § 37x WpHG verlangt eine **Zwischenmitteilung der Geschäftsführung** in der ersten und zweiten Hälfte des Geschäftsjahres. In der Zwischenmitteilung sind die wesentlichen Ereignisse und Geschäfte des Mitteilungszeitraums im Unternehmen des Emittenten und ihre Auswirkungen auf die Finanzlage des Emittenten zu erläutern sowie die Finanzlage und das Geschäftsergebnis des Emittenten im Mitteilungszeitraum zu beschreiben (zur Finanzberichterstattung eingehend *Langenbucher*, Aktien- und Kapitalmarktrecht, 3. Aufl. 2015, § 17 Rn. 5 ff.; *Wöhe/Mock*, Die Handels- und Steuerbilanz, S. 259 ff.).

Beachte: Das Kapitalmarktrecht begründet darüber hinaus noch zahlreiche weitere Publizitätspflichten, zu nennen sind hier etwa die Prospektpflichten und die Ad-hoc-Publizität (eingehend zu den verschiedenen weiteren Pflichten *Langenbucher*, Aktien- und Kapitalmarktrecht, 3. Aufl. 2015, § 14, § 17 Rn. 18 ff.).

391. Kontrolle [S]

Die über die handelsrechtlichen Vorschriften hinausgehenden Publizitätspflichten erfordern auch eine erhöhte Kontrolle der Richtigkeit der zugrunde gelegten Informationen. Um eine vollständige und ordnungsgemäße Unterrichtung der Kapitalmärkte über die Vermögens-, Bilanz-, und Ertragslage der jeweiligen Gesellschaften zu gewährleisten, hat der Gesetzgeber für kapitalmarktorientierte Gesellschaften ein besonderes Kontrollverfahren geschaffen. Welches ist dies und wie sieht seine gesetzliche Ausgestaltung aus?

Es handelt sich um das sog kapitalmarktrechtliche **Enforcement-Verfahren**, welches die Unternehmensabschlüsse einer besonderen Prüfung im Rahmen eines **zweistufigen Verfahrens** gem. den §§ 342b ff. HGB, §§ 37n ff. WpHG unterzieht. Auf der **ersten Stufe** obliegt der **Deutschen Prüfstelle für Rechnungslegung** (privatrechtlicher Verein) die Überprüfung der Einhaltung der Rechnungslegungsvorschriften durch die Unternehmen. Ein Tätigwerden der Prüfstelle kommt (1) bei konkretem Anlass eines Verstoßes gegen gesetzliche Rechnungslegungsvorschriften gem. § 342b Abs. 2 S. 3 Nr. 1 HGB, (2) auf Verlangen der BaFin (= Bundesanstalt für Finanzdienstleistungsaufsicht) gem. § 342b Abs. 2 S. 3 Nr. 2 HGB und (3) zur stichprobenartigen Kontrolle gem. § 342b Abs. 2 S. 3 Nr. 3 HGB in Betracht. Gegenstand einer solchen Prüfung können der zuletzt festgestellte Jahresabschluss und der zugehörige Lagebericht, der zuletzt gebilligte Konzernabschluss und der zugehörige Konzernlagebericht oder der zuletzt veröffentlichte verkürzte Abschluss und der zugehörige Zwischenlagebericht sein, nicht aber die Zwischenmitteilung der Geschäftsführung. Bei Verstößen oder fehlender Mitwirkung des betroffenen Unternehmens setzt die **BaFin** auf der sog **zweiten Stufe** die Veröffentlichung von Bilanzfehlern (§ 37q Abs. 2 WpHG) bzw. die Prüfung (§ 37p Abs. 1 S. 2 Nr. 1 WpHG) gegebenenfalls mit hoheitlichen Mitteln durch. Dieses Recht besteht auch, wenn die BaFin erhebliche Zweifel an der Richtigkeit des Prüfungsergebnisses der Prüfstelle oder an der ordnungsgemäßen Durchführung der Prüfung hat (§ 37p Abs. 1 S. 2 Nr. 2 WpHG). Vgl. zum Ganzen *Grottel* in: BeckBilKo, § 342b HGB Rn. 1 ff.

IV. Internationalisierung der Rechnungslegung

392. Was sind IFRS, IAS und US-GAAP? [S]

Was verbirgt sich hinter den Begriffen IFRS, IAS und US-GAAP?

Hinter den Begriffen verbergen sich Abkürzungen für Rechnungslegungsstandards. **IFRS** bedeutet *„International Financial Reporting Standards"* und bildet mit seiner Vorgängerregel **IAS** *„International Accounting Standards"* ein internationales Rechnungslegungssystem. Entwickelt wurde dieses vom *International Accounting Standards Board* (IASB) – früher: *International Standards Committee* (IASC) –, welcher eine privatrechtliche Vereinigung darstellt und mit Mitgliedern aus 16 Staaten besetzt ist. Das **US-GAAP** (US-amerikanische *Generally Accepted Accounting Principles*) ist ein insbes. amerikanisch geprägtes Rechnungslegungssystem, welches maßgeblich für die Börsenzulassung US-amerikanischer Unternehmen ist.

393. Daimler und US-GAAP [S]

Die Notierung deutscher Aktien an amerikanischen Börsen setzte beim Gang der Daimler Benz AG an die New York Stock Exchange im Jahre 1993 eine Rechnungslegung nach US-GAAP voraus. Bei dieser Rechnungslegung ergab sich ein Gewinn in Höhe von 1,8 Mio. DM. Der deutsche Jahresabschluss nach HGB zeigte dagegen einen Verlust von 600 Mio. DM.
a) Wie ist dies zu erklären?
b) Müsste die Daimler Benz AG als deutsches Unternehmen für einen Börsengang in den USA immer noch nach US-GAAP bilanzieren?

a) Der Grund liegt in den unterschiedlichen Zielsetzungen beider Rechungslegungssysteme. Während bei der deutschen Bilanzierung nach HGB das Vorsichtsprinzip vorherrscht (vgl. Frage 354), geht es im Rahmen des US-GAAP um eine **Informationsvermittlung im Interesse der Investoren**. Dabei sollen gegenwärtige und zukünftige Anteilseigner möglichst umfassend unterrichtet werden, um ihnen auf diese Weise allfällige Anlageentscheidungen zu erleichtern. Dafür bedarf es eines möglichst sicheren Einblicks in die Vermögens-, Finanz- und Ertragslage des Unternehmens *(fair presentation)*. **Gläubigerschutz und Kapitalerhaltung** als Maximen des deutschen Rechungslegungsrechts treten hier gänzlich in den Hintergrund.

b) Mittlerweile müsste die Daimler Benz AG bei einem Börsengang in den USA nicht mehr zwingend einen Konzernabschluss nach US-GAAP vorlegen. Seit dem 4.3.2008 erkennt die SEC *(Securities and Exchange Commission)* für ausländische Emittenten auch die Rechnungslegungsregeln des IFRS an (vgl. *Baetge/Kirsch/Thiele*, Bilanzen, S. 75 f.).

394. Einfluss von IFRS/IAS [S]

Welchen Einfluss haben IFRS/IAS auf das deutsche Bilanzrecht?

IFRS/IAS gehen als Regelwerk zwar auf einen privatrechtlichen Verein zurück und haben damit grundsätzlich keine Gesetzeskraft. Mit der Verordnung EG Nr. 1606/2002 **(IAS-Verordnung)** vom 19.7.2002 hat die EU ab dem 1.1.2005 aber alle ansässigen Unternehmen, deren Wertpapiere auf einem geregelten Markt zugelassen sind, zu Konzernabschlüssen nach IFRS verpflichtet. Diese – unmittelbar geltenden – Regelungen hat der deutsche Gesetzgeber um **§ 315a HGB** ergänzt. So sieht zB § 315a Abs. 3 HGB auch für nicht kapitalmarktorientierte Unternehmen die Möglichkeit vor, ihren Konzernabschluss anstatt nach HGB nach IFRS aufzustellen. Es darf aber nicht unberücksichtigt bleiben, dass neben dem Konzernabschluss nach internationalen Rechnungslegungsstandards nach wie vor ein Jahresabschluss nach HGB stattfinden muss, welcher gesellschaftsrechtlichen und steuerrechtlichen Zwecken dient. In diesem Rahmen genügt aber wiederum ein nach IFRS aufgestellter Einzelabschluss gem. **§ 325 Abs. 2a HGB** zur Offenlegung.

395. Bestandteile eines IFRS-Abschlusses [S]

Welche Bestandteile hat ein IFRS-Abschluss?

Ein Konzernabschluss nach IFRS-Rechnungslegungsgrundsätzen besteht gem. IAS 1.10 (1) aus einer Bilanz, (2) einer Gesamtergebnisrechnung, (3) einer Eigenkapitalveränderungsrechnung, (4) einer Kapitalflussrechnung und (5) einem Anhang.

396. Fortentwicklung [S]

Die Fortentwicklung der IFRS/IAS-Rechnungslegungsstandards erfolgt nach wie vor durch die privatrechtliche Organisation IASB.
a) Wie bekommen die Neuregelungen Normwirkung?
b) Wie wirkt Deutschland auf diese Fortentwicklung der IFRS/IAS-Rechnungslegungsstandards ein?

a) Neue Standards erlangen nicht allein durch die Schaffung durch die IASB gesetzliche Gültigkeit; sie sind nicht per se durch die IAS-Verordnung gedeckt. Vielmehr sieht Art. 6 IAS-Verordnung ein Kontroll- und Anerkennungsverfahren durch die Kommission vor, das sog Komitologieverfahren. Mit Unterstützung des Regelungsausschusses für Rechnungslegung werden die neuen Standards auf Vereinbarkeit mit dem Prinzip des *true and fair view* und den europäischen öffentlichen Interessen überprüft. Ferner müssen sie den Kriterien der Verständlichkeit, Erheblichkeit, Verlässlichkeit und Vergleichbarkeit genügen, die Finanzinformationen erfüllen müssen, um wirtschaftliche Entscheidungen und die Bewertung der Leistung einer Unternehmensleitung zu ermöglichen (Art. 3 Abs. 2 IAS-Verordnung).

b) Der deutsche Einfluss auf die Fortentwicklung der IFRS/IAS erfolgt nicht allein auf europäischer Ebene im Rahmen des Komitologieverfahrens. Das *Deutsche Rechnungslegungsstandard Committee e. V.* (DRSC) ist als privates Rechungslegungsgremium mit Abschluss des sog Standardisierungsvertrags (zuletzt neuer Vertragsschluss nach Umstrukturierung im Dezember 2011) durch das BMJ anerkannt. Seine Aufgaben sind in § 342 Abs. 1 S. 1 HGB normiert. Insbesondere besitzt das DRSC auch die Kompetenz, Deutschland bei internationalen Standardisierungsgremien zu vertreten (Nr. 3). In diesem Rahmen hat das DRSC auch schon mit dem IASB zusammengearbeitet (vgl. *Kleindiek* in: MüKoBilanzR, § 342 HGB Rn. 16). Im Übrigen entwickelt das DRSC Empfehlungen zur Anwendung der Grundsätze über die Konzernrechnungslegung (Nr. 1), berät das BMJ bei Gesetzgebungsvorhaben zu Rechnungslegungsvorschriften (Nr. 2) und erarbeitet Interpretationen der internationalen Rechnungslegungsstandards iSd § 315a Abs. 1 HGB (Nr. 4), soweit hierzu noch keine europarechtlichen Vorgaben bestehen.

397. Gemeinsamkeiten und Unterschiede zwischen HGB, IFRS/IAS und US-GAAP [S]

Stellen Sie in einer tabellarischen Übersicht die Gemeinsamkeiten und Unterschiede einer Bilanzierung nach HGB, IFRS/IAS und US-GAAP unter folgenden Gesichtspunkten zusammen:
a) Umfang und Verbindlichkeit der Normen,
b) Rechnungslegungsphilosophie,
c) Generalnorm,
d) dominierender Grundsatz.

Nationale und Internationale Rechnungslegung im Vergleich

	HGB	IFRS/IAS	US-GAAP
Umfang und Verbindlichkeit der Normen	– kodifiziertes Bilanzrecht: HGB, AktG, GmbHG – Empfehlungen des DRSC, Vermutung nach § 342 Abs. 2 HGB	– Empfehlungen ohne Verbindlichkeit – aber: IAS-VO für konsolidierten Jahresabschluss	– keine einheitlich kodifizierte Rechtsquelle – Verbindlichkeit für börsennotierte Unternehmen über Regulation S-X
Rechnungslegungsphilosophie	Gläubigerschutz und Kapitalerhaltung	Informationsvermittlung vor allem im Investoreninteresse	Informationsvermittlung vor allem im Investoreninteresse
Generalnorm	*true and fair view*, § 264 Abs. 2 S. 1 HGB	*fair presentation* (= Ermöglichung eines sicheren Einblicks in Vermögens-, Finanz- und Ertragslage des Unternehmens)	*fair presentation* (= Ermöglichung eines sicheren Einblicks in Vermögens-, Finanz- und Ertragslage des Unternehmens)
dominierender Grundsatz	Vorsichtsprinzip, § 252 Abs. 1 Nr. 4 HGB	*accrual principle* (= periodengerechte Erfolgsermittlung)	*accrual principle* (= periodengerechte Erfolgsermittlung)

D. Handelsgeschäfte

I. Allgemeine Vorschriften

1. Grundlagen

a) Überblick

398. Gesetzlicher Grundriss [G]

Welcher gesetzliche Grundriss liegt dem Vierten Buch des HGB zugrunde?

Der Gesetzgeber folgt hier der schon aus dem BGB vertrauten Regelungstechnik, **eine Reihe von Vorschriften**, die für alle Handelsgeschäfte gelten, gleichsam „**vor die Klammer**" zu ziehen (**§§ 343–372 HGB**). Daran schließen sich **fünf Abschnitte über einzelne Handelsgeschäfte** an, die dogmatisch in den Besonderen Teil des Schuldrechts gehören (**§§ 373–475h HGB**).

399. Allgemeiner Teil [G]

Wie lässt sich der „Allgemeine Teil" der §§ 343–372 HGB weiter aufschlüsseln?

Im systematischen Zugriff lassen sich **fünf Kernthemen** ausmachen, die abermals die **enge Verzahnung von Handelsrecht und Bürgerlichem Recht** veranschaulichen (vgl. bereits Frage 23): (1) Begriff und Arten der Handelsgeschäfte, (2) Handelsgeschäfte und Vertragsschluss, (3) Handelsgeschäfte und Vertragsfreiheit, (4) Handelsgeschäfte und Allgemeines Schuldrecht, (5) Handelsgeschäfte und Sachenrecht.

b) Begriff und Arten der Handelsgeschäfte

400. Tatbestandsvoraussetzungen [G]

Das Gesetz knüpft den Begriff des Handelsgeschäfts in § 343 HGB an zwei Tatbestandsvoraussetzungen. Welche sind das?

Erforderlich ist (1) das Geschäft eines **Kaufmanns** und (2) die **Zugehörigkeit** dieses Geschäfts **zum Betrieb seines Handelsgewerbes**. Damit folgt das HGB im Ansatz dem subjektiven System (vgl. näher Frage 2).

Beachte: Das HGB benutzt den Begriff „Handelsgeschäft" in doppelter Bedeutung: In § 343 HGB bezeichnet er das einzelne vom Kaufmann vorgenommene Rechtsgeschäft, in den §§ 22–27 HGB das kaufmännische Unternehmen.

401. Betriebszugehörigkeit [G]

Welche Bedeutung hat das Merkmal der Betriebszugehörigkeit für
a) Einzelkaufleute?
b) Handelsgesellschaften?

a) Bei **Einzelkaufleuten grenzt** die Betriebszugehörigkeit Handelsgeschäfte **von Privatgeschäften ab.**

b) **Handelsgesellschaften** haben demgegenüber **kein „Privatleben"**, sodass ihre Geschäfte ausnahmslos als Handelsgeschäfte anzusehen sind. Das gilt auch für Geschäfte im nichtkaufmännischen Bereich.

---

402. Hoteleröffnung [G]

Hilton ist im Begriff, ein großes Hotel im Hamburger Stadtzentrum zu eröffnen. Sie schließt für das hoteleigene Restaurant einen längerfristigen Bierlieferungsvertrag mit dem im Handelsregister eingetragenen Brauereibetreiber Binding ab. Außerdem lässt sie den öffentlichen Vorplatz des Hotels durch den im Handelsregister eingetragenen Gärtner Grün bepflanzen. Als Hilton nicht pünktlich zahlt, verlangen Binding und Grün vom Tage der Fälligkeit an Fälligkeitszinsen. Zu Recht?

Gemäß § 353 HGB hängt die Antwort davon ab, ob die beiden Geschäfte sowohl für Binding und Grün als auch für Hilton **Handelsgeschäfte iSd § 343 HGB** sind. Hilton ist gem. § 1 HGB Kaufmann. Bei Binding und Grün ergibt sich die Kaufmannseigenschaft jedenfalls aus § 2 oder § 5 HGB. Bei diesen beiden bestehen keine Anhaltspunkte für eine Widerlegung der Vermutung der Betriebszugehörigkeit (§ 344 HGB). In Bezug auf die Betriebszugehörigkeit bei Hilton ist zu beachten, dass **in zeitlicher Hinsicht** auch Vorbereitungsgeschäfte dem Begriff des Handelsgeschäfts unterfallen (vgl. RG JW 1908, 148: Bierlieferungsvertrag für zu errichtendes Hotel; RG JW 1908, 206: Ladenmiete). **Sachlich** gehört ein Geschäft dann zum Betrieb eines Handelsgewerbes, wenn es seinem Interesse, der Erhaltung seiner Substanz oder der Erzielung von Gewinn dienen soll (vgl. BGH NJW 1960, 1852 [1853]), wobei bereits ein entfernter, lockerer Zusammenhang genügt (vgl. BGH NJW 1974, 1462 [1463]). So liegt es bei einer Verschönerung der Geschäftsumgebung. Es handelt sich somit für alle Beteiligte um Handelsgeschäfte iSd § 343 HGB. Binding und Grün sind demnach beide berechtigt, von Hilton Fälligkeitszinsen zu verlangen.

---

403. Bürgschaft I [G]

Donatella Douglas betreibt eine gut gehende Parfümeriekette. Als ihr erfolgloser Ehemann Erwin von einem Darlehensgläubiger bedrängt wird, erklärt sie diesem gegenüber mündlich, dass sie sich für die Darlehensschuld ihres Mannes verbürge.
a) Liegt eine wirksame Bürgschaftserklärung vor?
b) Hilft es Donatella, wenn sie beweisen kann, dass die Bürgschaftsübernahme objektiv ein Privatgeschäft war?

a) Die Übernahme der Bürgschaft war gem. § 350 HGB formfrei möglich, wenn sie für Donatella ein Handelsgeschäft iSd § 343 HGB darstellte. Sie ist gem. § 1 HGB

Kaufmann. Zu den Handelsgeschäften gehören nicht nur die für ihren Betrieb typischen, sondern auch ungewöhnliche Geschäfte. Möglichen Zweifeln über die Betriebszugehörigkeit begegnet die in **§ 344 Abs. 1 HGB** enthaltene **Vermutung**, wonach die von einem Kaufmann vorgenommenen Rechtsgeschäfte **im Zweifel als zum Betrieb seines Handelsgewerbes** gehörig gelten. Zur Widerlegung dieser Vermutung hat Donatella nichts vorgetragen. Der Umstand allein, dass die Bürgschaftsübernahme möglicherweise ihren geschäftlichen Interessen zuwiderlief, reicht nicht aus (vgl. BGH WM 1976, 424 [425]).

b) Nicht unbedingt. Nach hM ist die **Vermutung des § 344 Abs. 1 HGB erst widerlegt, wenn** feststeht, dass ein vom Kaufmann eingegangenes Geschäft **auch für den Geschäftsgegner erkennbar** nicht dem Betrieb des Handelsgeschäfts dienen sollte (vgl. OLG Köln MDR 1972, 865; BGH WM 1976, 424 [425]; differenzierend je nach Sondernorm *Weyer* WM 2005, 490 [501]).

---

404. Bürgschaft II [G]

Kaufmann Zack hat bei der B-Bank ein Bürgschaftsformular blanko unterschrieben. Auf Zahlung in Anspruch genommen, wendet er ein, er habe sich als Privatmann für die Schulden seines Schwiegersohnes und nicht als Kaufmann verbürgt. Dies sei der B-Bank auch bekannt gewesen. Die B-Bank beruft sich hingegen auf § 344 Abs. 2 HGB. Wer hat Recht?

a) Auf den ersten Blick hat die B-Bank bessere Aussichten. Der Begriff **Schuldschein iSd § 344 Abs. 2 HGB** umfasst nämlich jede vom Schuldner zum Zwecke des Beweises für das Bestehen einer Schuld unterzeichnete Urkunde, also zB auch einen Wechsel oder eine Bürgschaftsurkunde (vgl. BGH NJW 1997, 1779 [1780]). Zack müsste folglich den Gegenbeweis eines Privatgeschäfts **aus dem Inhalt der Bürgschaftsurkunde** führen, was ihm kaum gelingen dürfte, da sich aus ihr die fehlende Betriebszugehörigkeit nicht ergibt.

b) Allerdings soll die **Vermutung des § 344 Abs. 2 HGB** nach der Rechtsprechung **nicht gelten, wenn** der **Gläubiger wusste**, dass der Bürge den Schuldschein nicht im Betrieb seines Handelsgewerbes gezeichnet hat (vgl. BGH NJW 1997, 1779 [1780]). Jedenfalls dürfte dem Bürgen dann eine Arglisteinrede nach § 242 BGB zu Gebote stehen (vgl. *Hopt* in: Baumbach/Hopt, HGB, § 344 Rn. 4; *K. Schmidt*, HandelsR, § 18 Rn. 28 ff.). Demnach muss Zack im Ergebnis nicht zahlen, wenn er die Kenntnis der Bank beweisen kann.

---

405. Ein- und beiderseitige Handelsgeschäfte [G]

Erläutern Sie den Unterschied zwischen einseitigen und beiderseitigen Handelsgeschäften und seine Bedeutung für den Anwendungsbereich der §§ 346 ff. HGB!

a) Gemäß **§ 345 HGB** gelten die Vorschriften über Handelsgeschäfte grundsätzlich auch für ein Geschäft, das nur für einen der beiden Beteiligten ein Handelsgeschäft darstellt (**einseitiges Handelsgeschäft**). Hierin liegt eine gewisse Einschränkung des subjektiven Systems (vgl. bereits Frage 2).

b) Diese Grundregel wird indessen durch eine Reihe von Vorschriften durchbrochen, die nur dann eingreifen, wenn das Geschäft für beide Teile ein Handelsgeschäft ist. Ein solches **beiderseitiges Handelsgeschäft** wird zum Beispiel in den §§ 346, 353, 369, 377, 391 HGB vorausgesetzt.

c) Handelsbräuche

406. Grundlagen [G]

a) Was versteht man unter einem Handelsbrauch?
b) Stehen Handelsbräuche auf einer Stufe mit gewohnheitsrechtlichen Regeln?

a) Ein **Handelsbrauch** ist nichts anderes als eine **kaufmännische Verkehrssitte**. Er setzt eine gleichmäßige und einverständliche Übung durch einen Verkehrskreis über einen angemessenen Zeitraum voraus. Häufig sind Handelsbräuche branchenabhängig und unterliegen regionalen oder lokalen Beschränkungen. Nicht ausreichend ist eine einseitige, von der Marktgegenseite nicht anerkannte Übung.

b) Nein. Im Gegensatz zum Gewohnheitsrecht sind Handelsbräuche **keine Rechtsquelle**. Sie wirken nicht wie eine Norm des objektiven Rechts „von außen" auf ein Rechtsgeschäft ein, sondern gelten nur im Rahmen der erläuternden oder ergänzenden Vertragsauslegung (§ 157 BGB, § 346 HGB).

407. Hamburger Schiffsmakler [G]

Durch Vermittlung des Maklers Mittelbach schließen die Hamburger Kaufleute Blohm und Voss einen auflösend bedingten Kaufvertrag über ein Tankschiff. Nach Eintritt der Bedingung nimmt Mittelbach den Verkäufer Blohm auf Zahlung der Maklerprovision in Anspruch. Gemäß § 652 BGB sei der Anspruch auf Maklerlohn mit dem Zustandekommen des Vertrags entstanden und könne auch durch den Eintritt der auflösenden Bedingung nicht entfallen. Blohm beruft sich demgegenüber auf einen allgemeinen Handelsbrauch der Hamburger Schiffsmakler: Vom Verkäufer eines Schiffes werde keine Provision gefordert, wenn der Verkauf ohne sein Verschulden nicht durchgeführt werde.
a) Muss Blohm zahlen?
b) Ändert sich die Rechtslage, wenn Mittelbach einwendet, ihm sei der behauptete Handelsbrauch gänzlich unbekannt?
c) Kann Mittelbach seine Erklärung wegen eines Inhaltsirrtums anfechten?

a) Nach **§ 346 HGB** ist in Ansehung der Bedeutung und Wirkung von Handlungen und Unterlassungen auf Handelsbräuche Rücksicht zu nehmen. Das gilt vor allem – wie hier – bei der Vertragsauslegung. Besteht der von Blohm behauptete Handelsbrauch, so ist die Klage abzuweisen, weil ein **Handelsbrauch** nach hM **Vorrang vor**

dem dispositiven Gesetzesrecht hat und § 652 BGB abdingbares Recht darstellt (vgl. BGH NJW 1966, 502).

b) Nach ganz hM gelten Handelsbräuche normativ, also **auch ohne Kenntnis oder Unterwerfungswillen der Parteien** (vgl. RGZ 114, 9 [12]; *Hopt* in: Baumbach/Hopt, HGB, § 346 Rn. 8). Voraussetzung ist allerdings, dass beide Parteien – wie hier – sowohl in räumlicher als auch in persönlicher Hinsicht zu dem Kreis gehören, in dem der Handelsbrauch herrscht (näher *Canaris*, HandelsR, § 22 Rn. 39 ff.).

c) Eine **Irrtumsanfechtung wegen Unkenntnis eines Handelsbrauchs** ist nach heute hM **nicht möglich** (vgl. *K. Schmidt*, HandelsR, § 1 Rn. 49; *Roth* in: KKRM, HGB, § 346 Rn. 17). Zur Begründung kann man auf den gesteigerten Vertrauenstatbestand und die typisierende Kraft eines Handelsbrauchs verweisen, die beide auf eine Einschränkung der Anfechtungsregeln drängen.

408. Gerichtliche Feststellung [S]

Reisebüroinhaber Raiser hatte im Münchener Merkur-Hotel für eine größere Gruppe Zimmer reserviert, die Bestellung aber später wieder storniert. Der Hotelier verlangt den Übernachtungspreis abzüglich ersparter Eigenaufwendungen, weil ein vertragliches Rücktrittsrecht nicht vereinbart wurde. Raiser verweist demgegenüber auf einen Handelsbrauch, wonach ein Reiseveranstalter bis drei Wochen vor der vereinbarten Ankunft der Reisegruppe kostenfrei zurücktreten könne. Was wird das Gericht tun, wenn der Hotelier die Existenz eines solchen Handelsbrauchs bestreitet?

Das Gericht kann zur **Feststellung des Handelsbrauchs** auf Beweisantritt ein **Gutachten der Industrie- und Handelskammer** (IHK) einholen (vgl. Frage 25). Die IHK befragt dann gemäß den Richtlinien eines vom Deutschen Industrie- und Handelstag herausgegebenen Merkblatts einen repräsentativen Querschnitt der einschlägigen Handelskreise, ob eine diesbezügliche Übung besteht. Entbehrlich ist die Einholung eines Gutachtens gem. § 114 GVG, wenn die Kammer für Handelssachen aufgrund eigener Sachkunde über das Bestehen eines solchen Handelsbrauchs entscheiden kann.

409. Zwingendes Recht [G]

Die IATA, ein internationales Fluggesellschaftskartell, hatte den Reisebürounternehmer Raiser als Verkaufsagenten verpflichtet und ihm vertraglich auferlegt, bei Nichtbestehen der Probezeit auf sämtliche Provisionszahlungen zu verzichten. Eine solche Abrede ist wegen eines Verstoßes gegen § 20 Abs. 1 und 2 GWB kartellrechtlich unzulässig (vgl. BGH NJW 1972, 486). Von Raiser auf Provisionszahlung verklagt, beruft sich die IATA darauf, dass die Absprache einem internationalen Handelsbrauch entspreche. Wird sie damit Erfolg haben?

Der Fall veranschaulicht das **Verhältnis von Handelsbräuchen zum zwingenden Recht** und klärt verbindlich, dass letzteres insoweit immer Vorrang beansprucht (vgl. BGH NJW 1974, 852 [855]). Das gilt nicht nur in dessen unmittelbarem Anwendungsbereich, sondern auch bei allen Umgehungsversuchen (vgl. RGZ 114, 9 [13 f.]). Beides folgt ohne Weiteres aus der Wirkungsweise von Handelsbräuchen, die vor allem für die Vertragsauslegung und -ergänzung Bedeutung gewinnen (vgl. Frage 406 lit. b) und sich auf diesem rechtsgeschäftlichen Boden nicht gegenüber zwingenden Gesetzesvorgaben durchsetzen können (vgl. *Canaris*, HandelsR, § 22 Rn. 34).

2. Handelsgeschäfte und Vertragsschluss

a) Schweigen auf ein Angebot (§ 362 HGB)

410. Bedeutung im Handelsverkehr [G]

Welche Bedeutung hat das Schweigen auf ein Vertragsangebot im Handelsverkehr?

a) Ebenso wie im Bürgerlichen Recht ist das **Schweigen auf ein Vertragsangebot** auch im Handelsrecht **nicht als Annahme** anzusehen. Insbesondere besteht kein dahingehender Handelsbrauch (vgl. BGH NJW 1996, 919 [921]).

b) **Ausnahmen** von dieser Grundregel sind **eng begrenzt**. Vorstellbar ist eine stillschweigende Annahmeerklärung nach den §§ 133, 157 BGB im Einzelfall, etwa bei einem Angebot aufgrund abschlussreifer Vorverhandlungen (vgl. BGH NJW 1996, 919) oder innerhalb laufender Geschäftsverbindungen. Darüber hinaus messen Gesetzes- und Gewohnheitsrecht dem Schweigen in zwei typisierten Sonderfällen Erklärungswert bei: Beim **Abschluss von Geschäftsbesorgungsverträgen (§ 362 HGB)** und im Rahmen der **Lehre vom kaufmännischen Bestätigungsschreiben**.

411. Aktienerwerb [G]

a) Dachs erteilte seiner Hausbank den Auftrag, für ihn 200 Aktien der Sperantia AG zu erwerben. Die Bank führt weder den Verkaufsauftrag aus noch lässt sie sonst wie von sich hören. Dachs erfährt davon, als er die Aktien, die inzwischen über 200 Punkte gestiegen sind, drei Monate später wieder veräußern will. Wütend fordert er Schadensersatz. Die Bank erklärt, dafür fehle es an einem Vertrag zwischen ihr und Dachs. Wer hat Recht?
b) Ändert sich die Beurteilung, wenn ein Bankangestellter die Kauforder aus Rache hat verschwinden lassen, weil er sich bei einer Beförderung übergangen fühlte?

a) Ein Anspruch auf Schadensersatz statt der Leistung setzt einen wirksamen Vertrag zwischen Dachs und seiner Hausbank voraus. In Betracht kommt hier nur ein **Vertragsschluss durch Stillschweigen vermittels § 362 Abs. 1 HGB**. Dessen Voraussetzungen müssten vorliegen: (1) Bank- und Börsengeschäfte sind als Geschäftsbesorgungen für andere anzusehen (vgl. RGZ 114, 268 [270]); (2) der Hausbank ist ein Antrag über die Besorgung solcher Geschäfte von Dachs zugegangen; (3) Dachs stand mit seiner Hausbank in Geschäftsverbindung (keine Anwendung des § 362 Abs. 1 HGB bei *Begründung* einer Geschäftsbeziehung, vgl. OLG Jena v. 18.1.2006 BeckRS 2006, 07327); (4) eine unverzügliche Antwort der Hausbank auf sein Angebot ist ausgeblieben. Die Voraussetzungen des § 362 Abs. 1 BGB liegen also vor. Mithin gilt das Schweigen der Hausbank gem. § 362 Abs. 1 S. 1 Hs. 2 HGB als Annahme des Antrags, sodass die Nichtausführung der Kauforder einen vertraglichen Schadensersatzanspruch begründet.

b) Die fehlende Kenntnis vom Zugang des Antrags schließt die Rechtsfolge des § 362 HGB nicht aus, wenn die Ursache hierfür in der Organisation des kaufmännischen Geschäftsbetriebs zu suchen ist. Die **Vorschrift basiert** demnach nicht auf dem Verschuldens-, sondern **auf dem Risikoprinzip** (vgl. *Canaris*, HandelsR, § 23 Rn. 5; *Hopt* in: Baumbach/Hopt, HGB, § 362 Rn. 5).

412. Verwelkte Blumen [G]

a) Spediteur Sperber hatte sich dem Blumenexporteur Tulpe gegenüber in einem persönlich gehaltenen Werbebrief erboten, für die Versendung von Schnittblumen zu sorgen. Nach einem entsprechenden Antrag Tulpes rührt er sich aber nicht, sodass die Blumen verwelken. Stehen Tulpe vertragliche Ersatzansprüche gegen Sperber zu?
b) Kann sich Sperber der vertraglichen Haftung durch eine Anfechtung wegen eines Irrtums über die Rechtsfolgen seines Schweigens entziehen?

a) Eine Annahme des Angebots des Tulpe durch Sperber ist gem. § 362 Abs. 1 S. 2 HGB gegeben. Ausweislich der Gesetzesmaterialien genügt hierfür zwar kein öffentliches Anerbieten (vgl. Denkschrift, S. 201), doch weist ein persönlich gehaltener Werbebrief – anders als eine Postwurfsendung – das erforderliche Maß an Individualität auf. Tulpe stehen somit vertragliche Ersatzansprüche gegen Sperber zu.

b) Es handelt es sich um einen **unbeachtlichen Rechtsfolgenirrtum**, weil die gesetzliche Zustimmungsfiktion des § 362 HGB ansonsten weithin leerliefe.

Beachte: Unberührt bleibt nach hM aber die Anfechtung wegen sonstiger Willensmängel, weil der Kaufmann insofern nicht schlechter stehen darf, als wenn er das Vertragsangebot durch ausdrückliche Erklärung angenommen hätte (vgl. *K. Schmidt*, HandelsR, § 19 Rn. 63 f.). Streitig ist allerdings, ob dies auch für einen verschuldeten Irrtum (zB durch flüchtiges Lesen) gilt (vgl. hierzu Frage 420 lit. b).

413. Unterschiede zu BGB-Vorschriften [G]

§ 362 HGB weist gewisse Berührungspunkte sowohl mit § 663 BGB als auch mit § 151 BGB auf. Dennoch sind die Vorschriften sorgsam auseinanderzuhalten. Worin liegen die Unterschiede?

a) § 362 HGB und **§ 663 BGB** unterscheiden sich vor allem in der Rechtsfolge: Jener führt einen Vertragsschluss der Parteien herbei, dieser begründet **allein Scha-**

densersatzansprüche als gesetzliche Spezialregelung zu den §§ 280 Abs. 1, 241 Abs. 2, 311 Abs. 2 BGB.

b) Demgegenüber weichen § 362 HGB und **§ 151 BGB** vor allem hinsichtlich der tatbestandlichen Erleichterungen des Vertragsschlusses voneinander ab: Ersterer macht die Annahmeerklärung selbst entbehrlich, letzterer **verzichtet lediglich auf den Zugang der Annahmeerklärung** (vgl. BGH NJW 2004, 287 [288]).

b) Schweigen auf ein kaufmännisches Bestätigungsschreiben

414. Grundlagen [G]

a) Welchen wesentlichen Inhalt hat die Lehre vom kaufmännischen Bestätigungsschreiben?
b) Worin liegt ihr Normzweck?
c) Worauf beruht ihre Rechtsgeltung?

a) Sie besagt, dass der Empfänger eines **kaufmännischen Bestätigungsschreibens** unverzüglich widersprechen muss, wenn er den Inhalt des Schreibens nicht gegen sich gelten lassen will. Widerspricht er nicht, ist der Vertrag mit dem aus dem Bestätigungsschreiben ersichtlichen Inhalt rechtsverbindlich, es sei denn, der Bestätigende hat das Verhandlungsergebnis bewusst unrichtig wiedergegeben oder das Bestätigungsschreiben weicht inhaltlich so weit vom Verhandlungsergebnis ab, dass der Absender vernünftigerweise nicht mit dem Einverständnis des Empfängers rechnen konnte (vgl. RGZ 95, 48 [50]; BGH NJW 1952, 1369 [1369]; 1954, 105 [105]).

b) Nicht anders als § 362 HGB dient das kaufmännische Bestätigungsschreiben der **Rechtssicherheit**: Es soll den genauen Inhalt eines tatsächlich oder vermeintlich geschlossenen Vertrags festlegen und Irrtümer oder Missverständnisse, die sich möglicherweise bei den Vertragsverhandlungen eingeschlichen haben, ausräumen.

c) Die Lehre vom kaufmännischen Bestätigungsschreiben hat sich **ursprünglich** aus einem **Handelsbrauch** entwickelt (vgl. ROHGE 1, 76 [81]), darf aber heute in ihrem Kern als **gewohnheitsrechtlich verfestigt** angesehen werden. Eine positivrechtliche Stütze findet sie in dem Rechtsgedanken der §§ 75h, 91a, 362 HGB.

415. Tatbestandsvoraussetzungen [G]

Nennen Sie die Tatbestandsvoraussetzungen, unter denen einem kaufmännischen Bestätigungsschreiben konstitutive Wirkung zukommt!

a) **Bestätigungsgrund**

Das heißt zwischen den Parteien oder den für sie tätigen Hilfspersonen müssen Verhandlungen stattgefunden haben, die (1) **wirklich oder vermeintlich** in einen **Vertragsschluss** mündeten und (2) die so stattgefunden haben, dass ein **Bedürfnis für schriftliche Fixierung** besteht.

b) **echtes Bestätigungsschreiben**

Das Schreiben muss (1) **erkennbar von einem geschlossenen Vertrag ausgehen,** (2) den **wesentlichen Inhalt des Vertrags zusammenfassen** und darf **keine Bitte um Gegenbestätigung** enthalten, da Bestätigungsschreiben endgültig formuliert sein müssen, sowie (3) **unmittelbar im Anschluss an die Vertragsverhandlungen abgesendet** werden.

c) **alsbaldiger Zugang des Bestätigungsschreibens analog § 130 Abs. 1 BGB**

d) **personeller Geltungsbereich**

Empfänger und Absender (str.) müssen Kaufmann sein oder zumindest wie ein Kaufmann in größerem Umfang selbständig am Wirtschaftsleben teilnehmen.

e) **kein unverzüglicher Widerspruch des Empfängers**

f) **Schutzwürdigkeit des Absenders**

Dies ist nicht gegeben, wenn (1) das Schreiben **inhaltlich so stark vom Verhandelten abweicht, dass mit einer Billigung durch den Empfänger vernünftigerweise nicht mehr zu rechnen** ist oder (2) der **Absender unredlich** ist.

---

416. Vorbehalt der Selbstbelieferung [G]

Die Kaufleute Kramer und Vetter verhandeln am 1.8. telefonisch über einen in Aussicht genommenen Kaufvertrag, wobei sie sich über die wesentlichen Vertragspunkte einig werden. Am 2.8. schickt Vetter einen Brief, der die abgegebenen Erklärungen wiederholt und zusätzlich einen Vorbehalt der Selbstbelieferung enthält. Am 3.8. steckt der Postzusteller den Brief in Kramers Briefkasten. Kramer äußert sich zu dem Schreiben nicht.
a) Wird der Vorbehalt Vertragsinhalt?
b) Ein Angestellter des Kramer hatte das Schreiben vom 2.8. sofort zur Ablage gegeben, ohne dass der Chef davon Kenntnis erhielt. Kommt es darauf an?
c) Ändert sich etwas an dem Ergebnis, wenn der nicht vertretungsberechtigte Sohn des Kramer mit Vetter telefoniert hat?

---

a) Der Vorbehalt wird Vertragsinhalt, wenn die **Tatbestandsvoraussetzungen** erfüllt sind, unter denen einem kaufmännischen Bestätigungsschreiben konstitutive Wirkung zukommt: (1) Zwischen Kramer und Vetter haben am 1.8. Verhandlungen stattgefunden, die jedenfalls vermeintlich in einen Vertragsschluss mündeten (ob der Vertrag tatsächlich (wirksam) geschlossen wurde, ist irrelevant [vgl. BGH NJW 1952, 1369]), und bei denen aufgrund der bloßen Fernmündlichkeit ein Bedürfnis für Fixierung besteht. Ein **Bestätigungsgrund** ist damit gegeben. (2) Das Schreiben vom 2.8. stellt ein **echtes Bestätigungsschreiben** dar, da es **erkennbar von einem geschlossenen Vertrag ausgeht,** den **wesentlichen Inhalt des Vertrags zusammenfasst** und **keine Bitte um Gegenbestätigung** enthält sowie **unmittelbar im Anschluss an die Vertragsverhandlungen abgesendet** wurde. (3) Das Schreiben ist dem Kramer **alsbald zugegangen.** (4) Auf Empfänger- und Absenderseite sind Kaufleute beteiligt, sodass der **personelle Geltungsbereich** eröffnet ist. (5) Kramer hat dem Schreiben **nicht unverzüglich**, dh ohne schuldhaftes Zögern (§ 121 Abs. 1 S. 1 BGB), **widersprochen**. (6) Der Selbstbelieferungsvorbehalt stellt **keine so starke Abweichung** vom Verhandelten dar, **dass mit einer Billigung durch den Empfänger vernünftigerweise nicht mehr zu rechnen** ist, da eine solche zusätzliche Bestimmung zumutbar und nicht ungewöhnlich ist. Für eine **Unredlichkeit** des Vetter bestehen keine Anhaltspunkte. Vetter ist somit auch **schutzwürdig**.

b) Auf den **Zugang des Bestätigungsschreibens** finden die zu § 130 BGB entwickelten Grundsätze Anwendung: Sobald das Bestätigungsschreiben in den Machtbereich des Empfängers gelangt ist, muss dieser das Risiko seiner Unkenntnis tragen (vgl. BGH NJW 1956, 869; 1965, 965 [966]). Das trifft jedenfalls dann zu, wenn die Unkenntnis – wie hier – ihren Grund in den spezifischen Risiken eines kaufmännischen Betriebs hat und sich bei dessen „idealer" Organisation hätte vermeiden lassen.

c) Sofern Vetter nicht unredlich ist, dh von einem wirksamen Vertragsschluss ausgeht, ist irrelevant, dass ein Vertreter ohne Vertretungsmacht gehandelt hat. Durch das Schweigen auf das Bestätigungsschreiben wird auch dieser Abschlussmangel überwunden (vgl. BGH NJW 2007, 987 [988]).

---

417. Verschweißte Silos [G]

Kiesgrubenbesitzer Kiesel hatte sich mit Veiten fernmündlich über den Kauf mehrerer Sandentwässerungssilos geeinigt. Dabei legte er im Interesse leichterer Transportierbarkeit großen Wert darauf, dass die Silos nicht verschweißt, sondern verschraubt seien, was Veiten zusagte. Wie sich später herausstellte, waren die Silos aber doch verschweißt. Veiten verlangt gleichwohl Zahlung und verweist darauf, dass das einen Tag nach Vertragsschluss bei Kiesel eingegangene Bestätigungsschreiben einen Gewährleistungsausschluss enthält. Wird er damit durchdringen?

In Rede stehen die **Schutzgrenzen des kaufmännischen Bestätigungsschreibens**. Die Rechtsfolgen widerspruchsloser Entgegennahme eines Bestätigungsschreibens treten nicht ein, wenn dessen Inhalt von dem zuvor Vereinbarten so weit abweicht, dass der Absender vernünftigerweise mit einem Einverständnis des Empfängers nicht rechnen kann. So liegt es hier (vgl. BGH NJW 1985, 1333 [1333 f.]): Für Kiesel war die Verschraubung der Silos von entscheidender Bedeutung. Infolgedessen durfte Veiten aus Kiesels Schweigen auf das Bestätigungsschreiben redlicherweise nicht entnehmen, Kiesel sei mit einem Gewährleistungsausschluss einverstanden. Allein aufgrund dieser **objektiven Abweichung des Bestätigungsschreibens vom Inhalt des zuvor Vereinbarten** entfällt der regelmäßige Vertrauensschutz zugunsten des Absenders eines Bestätigungsschreibens, ohne dass es auf Veitens Unredlichkeit ankommt. Veiten wird mit seiner Argumentation somit nicht durchdringen.

418. Computerkauf [G]

Rechtsanwalt Reese hat mit dem nicht im Handelsregister eingetragenen Hartwehr, der ein kleines Computergeschäft betreibt, telefonisch über den Kauf eines Laptops verhandelt. Einen Tag später geht bei ihm ein Bestätigungsschreiben von Hartwehr ein, das einen telefonischen Auftrag bestätigt. Reese legt das Schreiben kommentarlos zu den Akten und verweigert später die Zahlung, weil ein Kaufvertrag nicht zustande gekommen sei. Zu Recht?

a) Reese ist als Freiberufler kein Kaufmann (vgl. Frage 42 lit. a), doch hat die Rechtsprechung den persönlichen Anwendungsbereich der Grundsätze über das Bestätigungsschreiben schon früh erweitert. Danach genügt es, dass der **Empfänger des Bestätigungsschreibens** ein Nichtkaufmann ist, der **ähnlich einem Kaufmann am Geschäftsleben teilnimmt** und von dem erwartet werden kann, dass er nach kaufmännischer Sitte verfährt (vgl. BGH NJW 1954, 105; 1963, 1922 [1922 f.]; 2011, 1965 [1966]; OLG Koblenz NJW 2007, 813 [814]). So liegt es zB bei einem Wirtschaftsprüfer (vgl. BGH DB 1967, 1362), einem Insolvenzverwalter (vgl. BGH NJW 1987, 1940 [1941]) und – wie hier – bei einem Rechtsanwalt (vgl. bereits RG JW 1931, 522).

b) Auch aufseiten des Absenders muss das „kaufmännische Bestätigungsschreiben" nicht notwendig von einem Kaufmann iSd §§ 1 ff. HGB stammen. Es genügt, wenn der **Absender** etwa als Kleingewerbetreibender **wie ein Kaufmann am Geschäftsleben teilnimmt** und deshalb erwarten kann, dass ihm gegenüber die Gepflogenheiten des Handelsverkehrs beachtet werden (vgl. BGH NJW 1963, 1922 [1922 f.]). Nach einer im Schrifttum vertretenen Auffassung genügt analog § 362 HGB als Absender sogar jede Person (vgl. *Hopt* in: Baumbach/Hopt, HGB, § 346 Rn. 19).

419. Auftragsbestätigung [G]

Kaufmann Tebbe bestellt bei dem Großhändler Käsbach mit Schreiben vom 10.2. 100 Eimer Fassadenfarbe. Käsbach sendet am 15.2. eine „Auftragsbestätigung" über die Lieferung von 100 Eimern Fassadenfarbe. Zusätzlich verweist er ausdrücklich auf seine Allgemeinen Lieferbedingungen. Tebbe widerspricht diesem Schreiben nicht. Ist ein Vertrag mit dem Inhalt der Allgemeinen Lieferbedingungen zustande gekommen?

Die Regeln des kaufmännischen Bestätigungsschreibens finden nur Anwendung, wenn ein **Bestätigungsgrund** gegeben ist. Zwischen den Parteien oder den für sie tätigen Hilfspersonen müssen Verhandlungen stattgefunden haben, die **wirklich oder vermeintlich** in einen **Vertragsschluss** mündeten. Tebbe hatte jedoch lediglich ein Angebot unterbreitet, das von Käsbach noch nicht angenommen wurde. Es fehlt folglich am Bestätigungsgrund. Darüber hinaus liegt auch kein echtes Bestätigungsschreiben vor, da das Schreiben nicht erkennbar von einem geschlossenen Vertrag ausgeht. Die Regeln des kaufmännischen Bestätigungsschreibens finden somit keine Anwendung. Käsbachs „**Auftragsbestätigung**" unter Beifügung der eigenen AGB gilt vielmehr gem. **§ 150 Abs. 2 BGB** als Ablehnung verbunden mit einem neuen Antrag.

Merke: Während dem **Bestätigungsschreiben** ein tatsächlicher oder vermeintlicher Vertragsschluss zugrunde liegt, soll die **Auftragsbestätigung** erst dem Vertragsschluss dienen.

---

420. Irrtum [G]

Das Möbelhaus Lenz schließt mit der Firma Hülsta GmbH fernmündlich einen Kaufvertrag über fünf Schlafzimmer des Programms Kingstyle, Farbe weiß. In der schriftlichen Bestätigung der Firma Hülsta heißt es: „Wir bestätigen den Auftrag zur Lieferung von fünf Schlafzimmern Best.-Nr. 0 050 708." Diese Bestellnummer bedeutet Programm Kingstyle, Farbe Eiche natur. Lenz widerspricht nicht. Bei Lieferung stellt sich das Missverständnis heraus.

a) Kann Lenz mit der Begründung anfechten, er habe sich über die Bedeutung der Bestellnummer geirrt?

b) Ändert sich die Rechtslage, wenn der Irrtum des Lenz auf flüchtigem Lesen beruht?

---

a) Unstreitig kann der Empfänger eines Bestätigungsschreibens das Geschäft nicht wegen Irrtums über die Bedeutung seines Schweigens anfechten, da die Rechtswirkungen des Schweigens unabhängig vom Willen des Empfängers eintreten (vgl. Frage 412 lit. b zu § 362 HGB). Hier beruft sich Lenz aber gerade darauf, das **Bestätigungsschreiben missverstanden** und deshalb nicht widersprochen zu haben. Nach hM ist eine **Anfechtung nach § 119 BGB** in einem solchen Fall statthaft, weil Lenz nicht schlechter stehen darf, als wenn er die Annahme oder Zustimmung ausdrücklich erklärt hätte (vgl. *K. Schmidt*, HandelsR, § 19 Rn. 136).

b) Nach hM ja (vgl. *Medicus/Petersen*, Bürgerliches Recht, 24. Aufl. 2013, Rn. 58 und 65). Zur Begründung stützt man sich auf die Rechtsregel der §§ 75h, 91a, 362 HGB, wonach der Kaufmann „unverzüglich", dh ohne schuldhaftes Zögern (§ 121 BGB), antworten muss, wenn sein Schweigen nicht als positive Erklärung gelten soll. Daran fehlt es, wenn der Empfänger das Bestätigungsschreiben wegen eines schuldhaften Irrtums anficht (vgl. LG Tübingen JZ 1997, 312 [313 f.]: Ausschluss der Irrtumsanfechtung, wenn der Irrtum des Kaufmanns auf eigener Unsorgfalt beruht). Eine Gegenauffassung verneint allerdings einen teleologischen Bezug zu der Problematik des Bestätigungsschreibens und hält auch bei flüchtigem Lesen an der Anfechtungsmöglichkeit fest (vgl. *Canaris*, HandelsR, § 23 Rn. 38).

3. Handelsgeschäfte und Vertragsfreiheit

a) Erweiterungen der Inhalts- und Formfreiheit

421. Zugrundeliegende Erwägungen [G]

Das Handelsgesetzbuch enthält in den §§ 348–350 Vorschriften, die den Spielraum der Privatautonomie für Kaufleute erweitern. Gleiches gilt für die

§§ 29 Abs. 2, 38 Abs. 1 ZPO. Welche Erwägungen liegen diesen Bestimmungen zugrunde?

In ihnen manifestieren sich stilprägende Merkmale des kaufmännischen Verkehrs: Zum einen sind **Kaufleute** wegen ihrer größeren Geschäftserfahrung und -gewandtheit **in geringerem Maße schutzbedürftig**; zum anderen verlangt das **Streben nach einfacher und schneller Abwicklung** des Handelsverkehrs einen Verzicht auf einzelne Schutzgedanken des allgemeinen Privatrechts.

422. Vertragsstrafe [G]

Wirtschaftsprüfer Hakelmacher hat sich der Hansa-Bank AG gegenüber zur Erstellung eines Sonderprüfungsgutachtens bis zum 31.7. verpflichtet. Als er mit der Ablieferung in Verzug gerät, verklagt ihn die Hansa-Bank auf Zahlung der vereinbarten Vertragsstrafe von 25.000 EUR. Hakelmacher beantragt eine gerichtliche Herabsetzung der Vertragsstrafe.
a) Mit Erfolg?
b) Ändert sich an diesem Ergebnis etwas, wenn Hakelmacher sich im Verkehr als Kaufmann geriert?

a) Gemäß **§ 348 HGB** kann eine Vertragsstrafe, die von einem Kaufmann im Betriebe seines Handelsgewerbes versprochen ist, nicht nach § 343 BGB herabgesetzt werden. Als Freiberufler fehlt Hakelmacher aber die Kaufmannseigenschaft (vgl. Frage 42 lit. a). Eine analoge Anwendung der Vorschrift auf kaufmannsähnliche Personen oder Unternehmen wird von der hL aus Gründen der Rechtssicherheit abgelehnt (vgl. *Canaris*, HandelsR, § 24 Rn. 2; abw. *Hopt* in: Baumbach/Hopt, HGB, § 348 Rn. 6).

b) Angesprochen ist damit die Frage, ob § 348 HGB auch auf den sog Scheinkaufmann (s. dazu Fragen 70–73) Anwendung findet. Dies wird überwiegend bejaht (vgl. OLG Stuttgart MDR 2005, 518 [519]; *Hopt* in: Baumbach/Hopt, HGB, § 348 Rn. 6; *Joost* in: EBJS, HGB, § 348 Rn. 24; einschränkend dagegen *Roth* in: KKRM, HGB, § 348 Rn. 3; offen gelassen in BGH NJW 1952, 623).

423. Gerichtsstandsvereinbarung [V]

Der Hamburger Möbelhändler Möbius klagt gegen den Göttinger Rechtsanwalt Reese vor dem LG Hamburg auf Zahlung von 20.000 EUR für eine gelieferte Büroausstattung. Zur örtlichen Zuständigkeit des Gerichts trägt er vor, er und Reese hätten im Kaufvertrag eine entsprechende Gerichtsstandsvereinbarung getroffen. Reese rügt demgegenüber die Unzuständigkeit des Gerichts. Zu Recht?

Die örtliche Zuständigkeit des LG Hamburg kann sich mangels eines gesetzlichen Gerichtsstands nur aus einer wirksamen **Gerichtsstandsvereinbarung** ergeben. Hierfür fehlt es aber gem. **§ 38 Abs. 1 ZPO** an der **Kaufmannseigenschaft** des Reese.

Trotz wertungsmäßig schwer erträglicher Ergebnisse lässt sich dies durch eine analoge Anwendung der Vorschrift auf kaufmannsähnliche Personen oder Unternehmer schwerlich ändern (*Heinrich* in: Musielak, ZPO, 11. Aufl. 2014, § 38 Rn. 10). Als Notbehelf bleibt allein der Einwand des Rechtsmissbrauchs (§ 242 BGB), der hier durchaus ein legitimes Anwendungsfeld findet.

424. Telefaxbürgschaft [V]

Gustav Gans ist Alleingesellschafter und Geschäftsführer der Comic-Buch GmbH. Er verbürgt sich mittels eines Telefaxes für einen der GmbH gewährten Geschäftskredit in Höhe von 50.000 EUR. Auf Zahlung in Anspruch genommen, beruft er sich auf die Formunwirksamkeit der Bürgschaft. Mit Erfolg?

Im gedanklichen Zugriff sind vier Argumentationsebenen zu unterscheiden:

a) Dem Formerfordernis des **§ 766 BGB**, der eine schriftliche Erteilung der Bürgschaft verlangt, ist durch eine **Telefaxbürgschaft** nach hM **nicht Genüge getan**, weil diese nicht in gleicher Weise den Übereilungs- und Authentizitätsschutz zu gewährleisten vermag (vgl. BGH NJW 1993, 1126 [1127]).

b) Mithin kommt es auf die Anwendbarkeit des **§ 350 HGB** an, der eine Kaufmannseigenschaft des Bürgen voraussetzt. Die **Spruchpraxis** (vgl. BGH NJW 2006, 431 [432]) sieht **GmbH-Gesellschafter nicht** als **Kaufleute** an, weil das betreffende Handelsgewerbe nicht von ihnen, sondern von der GmbH betrieben wird (vgl. Frage 48c). Demgegenüber tritt eine Schrifttumsauffassung für eine analoge Anwendung der Vorschrift ein, und zwar teils für jeden geschäftsführenden Gesellschafter (vgl. *K. Schmidt*, HandelsR, § 18 Rn. 35 ff.), teils nur für den geschäftsführenden Einmann- oder Mehrheitsgesellschafter (vgl. *Canaris*, HandelsR, § 24 Rn. 13).

c) Bejaht man die Kaufmannseigenschaft, bleibt das Erfordernis eines **„Handelsgeschäfts“**, das **bei unternehmensbezogenen Bürgschaften** teils als erfüllt angesehen (vgl. *Canaris*, HandelsR, § 24 Rn. 12), teils abgelehnt wird (vgl. *Roth* in: KKRM, HGB, § 350 Rn. 5).

d) Als *ultimum remedium* bleibt bei einem Formmangel ein Rückgriff auf den Grundsatz von Treu und Glauben (**§ 242 BGB**), der auch bei Handelsgeschäften zu beachten ist (berühmtes Beispiel: BGH NJW 1968, 39: „königlicher Kaufmann“).

b) Kontrolle Allgemeiner Geschäftsbedingungen

425. AGB im kaufmännischen Verkehr [G]

Kommen die §§ 305–310 BGB über die Gestaltung rechtsgeschäftlicher Schuldverhältnisse durch Allgemeine Geschäftsbedingungen auch im kaufmännischen Verkehr zur Anwendung?

Durchaus, allerdings mit **zwei** nicht unwesentlichen **Einschränkungen**:

a) Zum einen findet § 305 Abs. 2 und 3 BGB gem. § 310 Abs. 1 S. 1 BGB keine
Anwendung auf Kaufleute und andere Unternehmer (s. näher zur Ersetzung des
Kaufmanns- durch den Unternehmerbegriff Fragen 14 und 426 lit. b), sodass sich
die rechtsgeschäftliche Einbeziehung von AGB nach allgemeinen Regeln richtet. In
Betracht kommt eine **Einbeziehung durch schlüssiges Verhalten** (zB Abdruck in
Preislisten, Katalogen), bei ständiger Geschäftsverbindung auch durch wiederholte
Hinweise in Rechnungen (vgl. BGH NJW-RR 1991, 570 [571]) oder aufgrund ihrer
Branchenüblichkeit (vgl. BGH NJW 1985, 2411 [2412]: ADSp bei Transport- und
Speditionsgeschäften).

b) Zum anderen greifen die Klauselverbote der §§ 308 Nr. 1, 2–8 BGB, 309 BGB
gem. § 310 Abs. 1 S. 1 BGB nicht ein; die **Inhaltskontrolle** erfolgt **allein** auf der
Grundlage des § 307 Abs. 1 und 2 BGB, womit dieser Vorschrift im Handelsverkehr außerordentliche Bedeutung zuwächst. Allerdings haben die §§ 308, 309
BGB Indizwirkung im Rahmen der Prüfung einer unangemessenen Benachteiligung
nach § 307 Abs. 1 und 2 BGB (vgl. BGH NJW 2007, 3774 [3775]).

---

426. Inhaltskontrolle [G]

a) Die Havaria Hard- & Software AG hat dem Schreibservice Petra Schreiber
GmbH eine Computeranlage verkauft. In den wirksam einbezogenen AGB
heißt es unter der Überschrift „Gewährleistung und Haftung": „Dem Kunden
bleibt vorbehalten, bei fehlgeschlagener Nachbesserung unter den gesetzlichen
Voraussetzungen die Vergütung herabzusetzen. Weitergehende Ansprüche des
Kunden aus Gewährleistung sind ausgeschlossen." Kann die Petra Schreiber
GmbH bei einem nicht behebbaren Softwaremangel vom Vertrag zurücktreten?
b) Wie steht es, wenn Petra Schreiber als Rechtsanwältin tätig ist?

a) **§ 309 Nr. 8 lit. b aa BGB** greift wegen der Formkaufmannseigenschaft der
Schreibservice GmbH vorliegend nicht ein; doch **strahlt** dieses Klauselverbot **auf die
Handhabung des § 307 BGB aus**: Auch im kaufmännischen Rechtsverkehr ist
danach eine AGB-Klausel unwirksam, durch die das Rücktrittsrecht definitiv aus-
geschlossen wird (vgl. BGH NJW 1993, 2436; NJW 1981, 1501 [1502]). Die
GmbH kann folglich zurücktreten.

b) Auch dann kommt nur (aber immerhin) § 307 Abs. 1 und 2 BGB zum Zuge:
Seit der Handelsrechtsreform von 1998 erstreckt sich die **Bereichsausnahme des
§ 310 Abs. 1 BGB** nämlich nicht nur auf Kaufleute, sondern auf **alle „Unternehmer"** und bezieht damit auch Freiberufler und Kleingewerbetreibende ein.

4. Handelsgeschäfte und Allgemeines Schuldrecht

a) Ergänzungen und Abweichungen

427. Ausprägungen bürgerlich-rechtlicher Grundsätze [V]

Als „handelsrechtliches Urgestein" noch aus der Zeit des ADHGB enthalten die §§ 343 ff. HGB eine Reihe von Vorschriften, die sich als handelsrechtliche Ausprägungen bürgerlich-rechtlicher Grundsätze an sich von selbst verstehen. Nennen Sie einige Beispiele!

Altväterlich formuliert ist etwa der **Sorgfaltsmaßstab des § 347 HGB**, der neben § 276 Abs. 2 BGB keine eigene Daseinsberechtigung hat. Ähnlich liegt es bei den §§ 358, 359 HGB, die den Zeitpunkt der Leistungserbringung iSd § 271 BGB präzisieren, sowie bei § 360 HGB, der § 243 Abs. 1 BGB für handelsrechtliche Gattungsschulden paraphrasiert.

428. Grundsatz der Entgeltlichkeit [G]

Was versteht man im Handelsrecht unter dem Grundsatz der Entgeltlichkeit?

Gemäß **§ 354 Abs. 1 HGB** kann derjenige, der in Ausübung seines Handelsgewerbes einem anderen Geschäfte besorgt oder Dienste leistet, dafür auch ohne Verabredung Provision oder Lagergeld nach Ortsbrauch verlangen. Wirtschaftswissenschaftler pflegen diesen Grundsatz in dem geflügelten Satz zusammenzufassen: „There is no such thing as a free lunch."

429. Zinsen [G]

Die Enzo Ferrari Leasing GmbH hatte mit dem Kaufmann Vettel zum 1.5. einen Leasingvertrag über einen Ferrari Testa Rossa geschlossen. Als Vettels Anzahlung in Höhe von 30.000 EUR am 15.5. noch immer nicht eingetroffen ist, verlangt die Leasinggesellschaft rückwirkend Fälligkeitszinsen. Vettel wendet ein, die Ferrari Leasing GmbH habe das Auto bislang nicht angeliefert; zur Abholung sei er nicht verpflichtet. Besteht ein Zinsanspruch der Ferrari Leasing GmbH vom 1.5. an?

Kaufleute sind gem. **§ 353 HGB** untereinander berechtigt, für ihre Forderungen aus beiderseitigen Handelsgeschäften vom Tage der Fälligkeit an Zinsen zu fordern. Hier fehlt es an der Fälligkeit der Forderung, weil Vettel nach § 320 BGB nur Zug-um-Zug leisten muss und die Ferrari Leasing GmbH den Ferrari bislang nicht in Annahmeverzug begründender Weise angeboten hat (vgl. BGH NJW 1996, 923). Die Ferrari Leasing GmbH hat somit keinen Zinsanspruch gegen Vettel.

430. Abtretungsverbot

Bauunternehmer Schneider restauriert in Frankfurt ein altes, der Fachinger AG gehörendes Fachwerkhaus. Er tritt die Werklohnforderung sicherungshalber an seine Hausbank ab, obwohl die Fachinger AG mit ihm ein Abtretungsverbot vereinbart hat.
a) Ist die Hausbank Forderungsinhaber geworden? [G]
b) Wie steht es, wenn die Werklohnforderung kontokorrentgebunden ist? [V]
c) Ändert sich die Rechtslage, wenn nicht der Bauunternehmer Schneider, sondern der Architekt Aust Honorarforderungen abtritt? [G]
d) Kann sich die Fachinger AG gegenüber der Hausbank von der abgetretenen Forderung befreien, indem sie gegenüber Schneider die Aufrechnung mit einer anderen Forderung in gleicher Höhe erklärt, wenn die Fachinger AG von der Abtretung weiß? [G]
e) Kann sich die Fachinger AG gegenüber der Hausbank auch auf einen Vergleich berufen, den sie in Kenntnis der Abtretung mit Schneider geschlossen hat und nach dem die Werklohnforderung nur noch zu 50 % besteht? [V]

a) **Abtretungsverbote entfalten** nach § 399 BGB – im Gegensatz zu sonstigen rechtsgeschäftlichen Verfügungsverboten (§ 137 BGB) – grundsätzlich dingliche Wirkung, hindern also den Gläubiger an einer Forderungsverwertung durch Abtretung. Hiervon macht **§ 354a Abs. 1 S. 1 HGB** aber eine **Ausnahme**, wenn es sich um eine Geldforderung handelt, die aus einem beiderseitigen Handelsgeschäft stammt oder deren Schuldner eine juristische Person des öffentlichen Rechts ist. Auf diese Weise sollen vor allem die Finanzierungsmöglichkeiten für kleinere und mittlere Unternehmen verbessert werden, die ihre Forderungen als Kreditunterlage verwerten oder einem Factoringunternehmen abtreten wollen. Dies gilt nach § 354a Abs. 2 HGB wiederum nicht, wenn der Gläubiger ein Kreditinstitut iSd Kreditwesengesetzes ist (dies stellt eine „Ausnahme von der Ausnahme von der Ausnahme" dar, vgl. *K. Schmidt*, HandelsR, § 18 Rn. 67). Dadurch soll verhindert werden, dass Banken zum Nachteil des Kreditnehmers ihre Kreditforderungen an Finanzinvestoren abtreten, die dann durch Fälligstellung das Unternehmen gefährden (vgl. *Koch* ZBB 2008, 232 [237]). Hier greift § 354a Abs. 1 S. 1 HGB ein, sodass die Hausbank Forderungsinhaberin geworden ist.

b) Auf das kontokorrentrechtliche Abtretungsverbot (s. näher Frage 432 lit. c) findet § 354a HGB keine Anwendung (BGH NJW 2002, 2865 [2866]): Die „Lähmung" der Einzelforderung wohnt der **Rechtsfigur des Kontokorrents** von vornherein inne und ist deshalb **keine Abtretungsvereinbarung iSd § 354a HGB** (vgl. *Canaris*, HandelsR, § 26 Rn. 22). Weil die Werklohnforderung sich aus dem Saldo ergibt, also keine in das Kontokorrent eingestellte Einzelforderung ist, und des Weiteren für eine Normumgehung des § 354a HGB hier jeder Anhaltspunkt fehlt (allgemein dazu *K. Schmidt*, HandelsR, § 22 Rn. 33), ist die Hausbank mithin Forderungsinhaberin geworden.

c) Nach dem **Wortlaut des § 354a HGB** wird Aust nicht geschützt, weil ihm als Freiberufler die **Kaufmannseigenschaft** fehlt (vgl. Frage 42 lit. a). **Im Schrifttum** mehren sich indessen die Stimmen, die hierin einen Verstoß gegen den Gleichheitssatz des Art. 3 GG sehen und § 354a HGB im Wege **verfassungskonformer Rechtsfortbildung auch auf Freiberufler und Kleingewerbetreibende** erstrecken wollen (näher *Canaris*, HandelsR, § 26 Rn. 33 ff.). Der BGH hat sich jedoch unter Hinweis auf die **fehlende Regelungslücke** explizit gegen eine analoge Anwendung des § 354a HGB in solchen Fällen ausgesprochen (vgl. BGH NJW 2006, 3486 [3487]).

d) **Nach § 354a Abs. 1 S. 2 HGB kann der Schuldner** bei Abtretung der gegen ihn bestehenden und einem Abtretungsverbot nach § 399 BGB unterliegenden Forderung **mit befreiender Wirkung** an den bisherigen Gläubiger **leisten.** Eine Leistung in diesem Sinne ist auch die Aufrechnung als Erfüllungssurrogat. Die Fachinger AG kann sich dabei sowohl durch Erklärung der Aufrechnung gegenüber Schneider, als auch gegenüber der Hausbank befreien (BGH NJW-RR 2005, 624 [626]). Hat die Fachinger AG **Kenntnis** von der Abtretung, könnten der befreienden Wirkung einer Aufrechnung die **§§ 406, 407 BGB entgegenstehen.** Diese Bestimmungen sind allerdings **im Fall des § 354a S. 2 HGB** aufgrund dessen weitergehenden Schutzzwecks und uneingeschränkten Wortlauts **nicht anwendbar**, sodass die **Aufrechnung trotz Kenntnis schuldbefreiend** wirkt (BGH NJW-RR 2005, 624 [626]).

e) Nach § 407 Abs. 1 BGB könnte sich die Fachinger AG nicht auf den Vergleich berufen, da sie bei dessen Abschluss wusste, dass Schneider die Forderung an seine Hausbank abgetreten hatte. Eine Auffassung im **Schrifttum** will allerdings aus § 354a Abs. 1 S. 2 HGB einen über § 407 Abs. 1 BGB hinausgehenden Schutz des Schuldners herleiten, indem sie andere forderungsbezogene Rechtsgeschäfte einer Leistung gleichstellt (vgl. *Canaris*, HandelsR, § 26 Rn. 27). Die **hM** lehnt eine solche erweiternde Auslegung des § 354a Abs. 1 S. 2 HGB unter Hinweis auf den **klaren Wortlaut**, der nur von „leisten" spricht, ab (vgl. BGH NJW 2009, 438 [439 f.]; *Roth* in: KKRM, HGB, § 354a Rn. 3). Anders als in § 407 Abs. 1 HGB habe der Gesetzgeber in § 354a Abs. 1 S. 2 HGB bewusst **nur Erfüllungshandlungen** aufgenommen und andere Rechtsgeschäfte diesen nicht gleichgestellt. Ferner sei der Zedent nicht mehr Forderungsinhaber, sondern habe **nur noch eine Empfangszuständigkeit**, die nicht zur Vornahme forderungsbezogener Rechtsgeschäfte berechtige.

b) Kontokorrent

431. Allgemeines [V]

a) Was versteht man unter einem Kontokorrent?
b) Wo liegen seine Hauptanwendungsfelder?
c) Welchen wirtschaftlichen Funktionen dient es?

a) Der **Legaldefinition des § 355 Abs. 1 HGB** zufolge liegt ein **Kontokorrent** (= laufende Rechnung) vor, wenn „jemand mit einem Kaufmann derart in Geschäftsverbindung steht, dass die aus der Verbindung entspringenden beiderseitigen Ansprüche und Leistungen nebst Zinsen in Rechnung gestellt und in regelmäßigen Zeitabschnitten durch Verrechnung und Feststellung des für den einen oder anderen Teil sich ergebenden Überschusses ausgeglichen werden".

b) Der **Hauptfall** ist das **Bankkontokorrent**, das in den §§ 675c, 675f BGB für den Girovertrag eine gesetzliche Sonderregelung erfahren hat. Darüber hinaus sind **Kontokorrentverhältnisse zwischen Groß- und Einzelhändlern** oder im Konzernverbund verbreitet.

c) Man wird **zwei Hauptaufgaben** unterscheiden können: (1) die **Vereinfachungsfunktion**, die sich daraus ergibt, dass das Kontokorrent eine Mehrzahl wechselseitiger Ansprüche auf eine einzige Forderung reduziert; (2) die **Sicherungsfunktion**, die sich darin äußert, dass der eine Teil zur Befriedigung seiner Forderungen die Gegenforderungen des anderen Teils heranziehen kann.

---

432. Wirkungen [V]

Großhändler Groß hat am 5.2. einen Anspruch gegen den Einzelhändler Klein in das beiderseitige Kontokorrent aufgenommen. Abrechnungsdaten sind jeweils der 1.1. und der 1.7. des Jahres. Klein bestreitet den Rechnungsposten.
a) Groß klagt den Anspruch im April ein. Mit Erfolg?
b) Groß klagt auf Feststellung, dass der Anspruch besteht. Zulässig?
c) Groß tritt den Anspruch an Dreier ab. Wirksam?
d) Ein Gläubiger des Groß pfändet den Anspruch im Wege der Zwangsvollstreckung. Mit Erfolg?

---

a) Die **Kontokorrentabrede** schließt nach ihrem Sinn und Zweck eine selbständige Geltendmachung von Einzelansprüchen während der Rechnungsperiode aus (vgl. RGZ 105, 233 [234 ff.]). Anschaulich spricht man von einer **„Lähmung" der Einzelforderung**, die eine Leistungsklage – und auch eine Aufrechnung – hindert.

b) Eine **Feststellungsklage** bleibt **zulässig**; das nach § 256 Abs. 1 ZPO erforderliche Feststellungsinteresse besteht, weil Klein die Berechtigung des Rechnungspostens bestreitet (vgl. RGZ 125, 411 [416]).

c) Im Verhältnis zu Dritten hat die **Kontokorrentgebundenheit** die **Unabtretbarkeit** – und damit gem. § 1274 Abs. 2 BGB auch die **Unverpfändbarkeit der Einzelforderung** – zur Folge (vgl. BGH NJW 1978, 538 [539]; 2009, 2677 [2678]).

d) Wie sich aus § 357 HGB erschließt, ist die **Pfändung in das Kontokorrent fallender Einzelansprüche nicht möglich** (vgl. BGH NJW 1981, 1611 [1612]; 1985, 1218 [1219]). In Betracht kommt hingegen eine Pfändung des gegenwärtigen Saldos und zukünftiger Salden (s. näher Frage 437).

---

433. Vier verschiedene Verträge [V]

Das Kontokorrentrecht gehört zu jenen theorieverschlungenen Bereichen des Handelsrechts, die sich dem Zugang des Rechtsanwenders nur mühsam erschließen. Gedankliche Klarheit lässt sich am ehesten erreichen, wenn man vier verschiedene Verträge auseinanderhält, die § 355 Abs. 1 HGB ausdrücklich anspricht oder stillschweigend voraussetzt. Welche sind dies?

Es handelt sich um folgende vier Verträge (vgl. *Canaris*, HandelsR, § 25 Rn. 4).

(1) Der sog **Geschäftsvertrag**, der die schuldrechtliche Basis für das Kontokorrent-verhältnis bildet;

(2) die **Kontokorrentabrede**, aufgrund derer die beiderseitigen Ansprüche oder Leistungen in Rechnung gestellt werden;

(3) die **Verrechnung**, durch die Forderungen und Leistungen, soweit sie sich decken, ausgeglichen werden;

(4) die **Feststellung oder das Anerkenntnis des errechneten Saldos**.

---

434. Girokonto [V]

a) Adam eröffnet bei der Sparkasse Göttingen ein Girokonto. Was liegt recht-lich vor?
b) Er reicht eine Überweisung ein. Rechtliche Einordnung?
c) Darf Adam sein Konto überziehen?

a) In der **Eröffnung des Girokontos** sind enthalten:

(1) der **Girovertrag**, ein in § 675f Abs. 2 BGB gesondert geregelter Geschäftsbesor-gungsvertrag mit Dienstleistungscharakter, als schuldrechtliches Fundament und (2) eine **Kontokorrentabrede** zwischen Adam und der Sparkasse Göttingen, die als Teil des Girovertrags anzusehen ist (*Grundmann* WM 2009, 1109 [1113]).

b) Überweisungsaufträge sind als Zahlungsaufträge iSd § 675f Abs. 3 S. 2 BGB einseitige geschäftsbesorgungsrechtliche Weisungen (§§ 675 Abs. 1, 665 BGB) im Rahmen des Girovertrags und enthalten idR zugleich die Autorisierung des Zah-lungsvorgangs iSv § 675j Abs. 1 S. 1 BGB. Damit hat der Gesetzgeber die Aufspal-tung von Girovertrag (§ 676f BGB aF), Zahlungsvertrag (§ 676d BGB aF) und Überweisungsvertrag (§ 676a BGB aF) aufgegeben und ist zu der vor Inkrafttreten des Überweisungsgesetzes von 1999 geltenden Rechtslage zurückgekehrt. Der Giro-vertrag stellt demnach einen Rahmenvertrag mit Geschäftsbesorgungscharakter dar, der die Erbringung von Zahlungsdiensten zum Gegenstand hat (§ 675c BGB; vgl. *Hopt* in: Baumbach/Hopt, HGB, (7) BankGesch Rn. C/9 f., C/22 ff.).

c) Entgegen einer früher verbreiteten Lehre liegt in der **bloßen Kontokorrentabrede** als solcher **keine Kreditgewährung** (vgl. *Canaris*, HandelsR, § 25 Rn. 6). **Adam darf also sein Konto nicht überziehen**. In der Praxis wird allerdings häufig mit dem Girovertrag ein **selbständiger Kreditvertrag** verbunden. Dieser sog Kontokorrent-kredit der Banken und Sparkassen bildet die wichtigste Form des Betriebsmittel-kredits für Handel und Industrie.

---

435. Verrechnung [V]

a) Am Ende der Abrechnungsperiode stehen im Kontokorrent zugunsten des Groß zwei Kaufpreisforderungen von 30.000 und 20.000 EUR sowie eine

Darlehensforderung über 10.000 EUR. Zugunsten des Klein ist ein Erstattungsanspruch infolge Minderung in Höhe von 6.000 EUR verzeichnet. Welche Rechtswirkungen treten nun ein?
b) Aus welchen Einzelforderungen setzt sich der „kausale" Saldo zusammen, wenn die erste Kaufpreisforderung alsbald zu verjähren droht?

a) Nach Ablauf der Rechnungsperiode werden die beiderseitigen Forderungen auf die Überschuss- oder Saldoforderung eines Teils reduziert: Soweit die Posten ausgeglichen sind (hier: 6.000 EUR), erlöschen die Einzelforderungen; in Höhe des Überschusses (hier: 54.000 EUR) entsteht eine **„kausale" Saldoforderung**. Hierfür bedarf es nach **hL** keiner besonderen Parteierklärung; die **Verrechnungsabrede** ist vielmehr schon bei Eingehung des Kontokorrentverhältnisses konkludent für die Zukunft **vorweggenommen** worden (vgl. *Canaris*, HandelsR, § 25 Rn. 16; *K. Schmidt*, HandelsR, § 21 Rn. 25). Der **BGH** hat in einer vereinzelt gebliebenen Entscheidung eine automatische Verrechnung abgelehnt und auf einer **Verrechnungsabrede** bei Ablauf jeder Rechnungsperiode bestanden (vgl. BGH NJW 1985, 1706 [1708 f.]; anders aber BGH NJW 1985, 1218 [1219]; 1989, 2120 [2121]; 2009, 2677, wo – der hL entsprechend – eine automatische Verrechnung am Ende einer Rechnungsperiode befürwortet wird).

b) Das ist umstritten. Nach der von der **Rechtsprechung** vertretenen **Lehre der „verhältnismäßigen Gesamtaufrechnung"** (vgl. RGZ 56, 19 [24]; BGH NJW 1968, 33 [35]) wird Kleins Gegenforderung von 6.000 EUR anteilig auf alle drei Forderungen angerechnet. Der **Saldo** setzt sich mithin **„mosaikartig"** aus folgenden Posten zusammen: 27.000 EUR erste Kaufpreisforderung, 18.000 EUR zweite Kaufpreisforderung, 9.000 EUR Darlehensforderung. Die **hL** spricht sich demgegenüber für eine **analoge Anwendung der §§ 366 f., 396 BGB** aus (vgl. *Canaris*, HandelsR, § 25 Rn. 23), sodass die erste Kaufpreisforderung in Höhe der vollen 6.000 EUR getilgt wird, weil sie früher verjährt und dem Groß daher iSv § 366 Abs. 2 BGB die geringere Sicherheit bietet. Hierfür sprechen Gesichtspunkte der Praktikabilität und der größeren Sachgerechtigkeit. Der BGH hat sich allerdings ausdrücklich gegen eine Anwendbarkeit der §§ 366, 367 BGB im Rahmen des Kontokorrentverhältnisses ausgesprochen (vgl. BGH NJW 1980, 2131 [2132]).

436. Anerkenntnis [V]

a) Im vorangegangenen Fall übersendet Groß dem Klein einen Rechnungsauszug, der einen Saldo in Höhe von 54.000 EUR ausweist. Klein erkennt den Saldo schriftlich an. Was liegt rechtlich vor?
b) Was kann Groß tun, wenn sich Klein weigert, den Saldo anzuerkennen?
c) Klein entdeckt nach Abgabe seines Anerkenntnisses einen Fehler in dem Rechnungsauszug. Was kann er tun?

a) Auf die Verrechnung der beiderseitigen Forderungen folgt die Anerkennung des errechneten Saldos, die – wie hier – ausdrücklich, aber auch stillschweigend durch Fortsetzung des Kontokorrentverhältnisses erfolgen kann. Für eine stillschweigende Anerkennung ist aber erforderlich, dass es sich aus objektiver Sicht erkennbar um einen Rechnungsabschluss handelt (vgl. BGH NJW 2012, 306 [308]). Durch die **Saldoanerkennung oder -feststellung** wird eine neue abstrakte Forderung mit einheitlichem Erfüllungsort und Gerichtsstand sowie uniformer Verzinsung und Verjährung begründet. Rechtsprechung und hL deuten dies gleichermaßen als ein **abstraktes Schuldanerkenntnis iSv § 781 BGB**. Heftig **umstritten** ist allerdings, ob die neue (abstrakte) Saldoforderung die bisherige (kausale) Saldoforderung im Wege der **Novation** ersetzt (so RGZ 82, 400 [404]; BGH NJW 1985, 1706 [1708]) **oder** ob sie gem. § 364 Abs. 2 BGB **erfüllungshalber** neben die kausale Saldoforderung tritt (vgl. für die hL *Canaris*, HandelsR, § 27 Rn. 30). Die praktische Bedeutung dieses Theoriestreits wird dadurch abgeschwächt, dass **§ 356 HGB** das **Fortbestehen** der für die kontokorrentzugehörigen Forderungen bestellten **Sicherheiten** anordnet.

b) Er muss auf Anerkennung des Saldos klagen und ist für die Richtigkeit des Saldos beweispflichtig. Ein Anspruch auf die Anerkennungserklärung ergibt sich aus dem zugrunde liegenden Kontokorrentverhältnis. Gemäß § 894 ZPO gilt Kleins Saldoanerkenntnis mit Rechtskraft des Urteils als abgegeben.

c) Er kann nach **§ 812 Abs. 2 BGB** das **Saldoanerkenntnis kondizieren**. Das Anerkenntnis führt daher grundsätzlich nicht zu einer Änderung der Rechtslage im Sinne einer Genehmigung fehlerhafter Buchungen, sondern nur zu einer Umkehrung der Beweislast: Nunmehr muss Klein die Voraussetzungen seines (Bereicherungs-)Anspruchs beweisen (vgl. BGH NJW 1968, 591; 1978, 2149 [2150]; 2000, 2667 [2668]).

---

437. Pfändung [V]

Anders unterhält bei der Commerzbank AG ein Girokonto. Beinert, ein Gläubiger des Anders, möchte mittels eines Pfändungs- und Überweisungsbeschlusses (PfÜB) Zugriff auf das Girokonto nehmen. Er fragt, ob er folgende Positionen pfänden kann:
a) eine einzelne, in das Kontokorrent eingestellte Forderung?
b) den Saldo bei Zustellung des PfÜB?
c) den künftigen Schlusssaldo nach Ablauf der Rechnungsperiode?
d) den Anspruch auf Auszahlung künftiger Girotagesguthaben?
e) die „offene Kreditlinie" des Anders?

---

a) **Einzelne in das Kontokorrent eingestellte Forderungen** sind wegen ihrer Kontokorrentgebundenheit **nicht isoliert pfändbar** (vgl. BGH NJW 1981, 1611 [1612]).

b) Gemäß **§ 357 HGB** kann Beinert auf den gegenwärtigen Saldo im Zeitpunkt der Pfändung (**sog Zustellungssaldo**) zugreifen. Allerdings führt die Pfändung des gegenwärtigen Saldos nicht dazu, dass die Rechnungsperiode unterbrochen wird; vielmehr muss Beinert wie Anders den Abschluss der Kontokorrentperiode abwarten. Besteht kein aktiver Tagessaldo, geht die Pfändung ins Leere; sie erfasst nicht den künftigen Saldo (vgl. *K. Schmidt*, HandelsR, § 21 Rn. 60).

c) Die **künftige Saldoforderung** wird zwar nicht von § 357 HGB erfasst, kann aber, wie andere künftige Forderungen auch, **nach Maßgabe der §§ 829 ff. ZPO** gepfändet werden (vgl. BGH NJW 1981, 1611 [1613]). In der Regel wird sie mit der Pfändung des gegenwärtigen Saldos verbunden (sog Doppelpfändung).

d) **Girotagesguthaben** unterliegen ebenfalls dem **Vollstreckungszugriff**, weil der Bankkunde jederzeit einen Anspruch auf Auszahlung seines Tagesguthabens hat (vgl. BGH NJW 1982, 2192).

e) Nach Auffassung der Rechtsprechung jedenfalls dann, wenn Anders die „offene Kreditlinie" durch Abhebung, Überweisung oder Zustimmung zu Lastschriften in Anspruch nimmt (vgl. BGH NJW 2001, 1937 [1938]; 2012, 1081 [1082]). Danach ist ein allgemeiner bankgeschäftlicher Dispositionskredit weder zweckgebunden noch wegen der Höchstpersönlichkeit des „Abrufrechts" unpfändbar.

---

438. Handelsrechtliche Besonderheiten[V]

Worin liegt die handelsrechtliche Besonderheit des Kontokorrents, die sie von Kontokorrentverhältnissen unter Nichtkaufleuten unterscheidet?

---

§ 355 Abs. 1 HGB enthält eine **Ausnahme vom Zinseszinsverbot** (Anatozismus) **des § 248 Abs. 1 BGB**, die genuines Handelsrecht darstellt und auf das nichtkaufmännische Kontokorrent weder direkt noch analog angewendet werden kann (für eine analoge Anwendung auf nichtkaufmännische Unternehmer aber *K. Schmidt*, HandelsR, § 21 Rn. 11).

5. Handelsgeschäfte und Sachenrecht

a) Erweiterung des gutgläubigen Erwerbs

---

439. Besonderheit gegenüber §§ 932 ff. BGB [G]

a) Worin liegt die sachenrechtliche Besonderheit des § 366 HGB im Vergleich zum bürgerlich-rechtlichen Grundmuster der §§ 932 ff. BGB?
b) Wie lässt sich dieser erweiterte Erwerberschutz rechtfertigen?

---

a) Die §§ 932 ff. BGB schützen nur den guten Glauben an das Eigentum des Veräußerers; **§ 366 HGB** erstreckt den **Gutglaubensschutz** dagegen auch auf das **Bestehen der Verfügungsbefugnis**.

b) Er trägt der Tatsache Rechnung, dass Kaufleute besonders häufig im eigenen Namen über fremde Sachen verfügen. So liegt es beispielsweise beim Verkaufskommissionär (vgl. Frage 481) oder beim Vorbehaltskäufer, der als Zwischenhändler über den Warenbestand nach § 185 Abs. 1 BGB verfügt. Ein Vertragspartner, der um diese Zusammenhänge weiß, könnte kaum je nach § 932 BGB gutgläubig Eigentum erwerben; § 366 HGB hilft über diese Schutzlücke hinweg.

440. Angebliche Kommission [G]

a) Der im Handelsregister eingetragene Kürschnermeister Kürten veräußert einen wertvollen Nerzmantel, den ihm Eigen angeblich zur Kommission anvertraut hat, im eigenen Namen an Schick. Ist Schick Eigentümerin geworden, wenn Eigen den Nerz in Wahrheit nur zur Ausbesserung an Kürten übergeben hat?
b) Wie lägen die Dinge, wenn Kürten den Nerzmantel zu einem Schleuderpreis veräußert hätte?
c) Wie wäre es im Fall a), wenn Eigen der Nerzmantel gestohlen worden wäre?
d) Wie stünde es schließlich im Fall a), wenn Kürten als Kleingewerbetreibender nicht ins Handelsregister eingetragen wäre?

a) Schick könnte das Eigentum durch Übereignung des Kürten erworben haben gem. §§ 929 ff. BGB. Kürten war nicht zur Verfügung berechtigt, da er nicht Eigentümer war und ihm kraft Rechtsgeschäfts (§ 185 Abs. 1 BGB) auch keine Verfügungsbefugnis erteilt wurde. Schick könnte den Nerzmantel jedoch gutgläubig erworben haben. **§ 932 Abs. 1 S. 1 BGB** hilft nicht weiter, weil sie nicht an die Eigentümerstellung des angeblichen Kommissionärs Kürten glaubte. Als zielführend erweist sich aber **§ 366 Abs. 1 HGB iVm § 932 Abs. 1 S. 1 BGB**, der ihren guten Glauben an die Verfügungsbefugnis des Kaufmanns Kürten schützt. Schick ist folglich Eigentümerin geworden.

b) Wer von dem Charakter der Ware als Kommissionsgut ausgeht, muss zugleich auch um die Bindung des Verfügenden an die Eigentümerinteressen wissen und ist daher in der Regel **bösgläubig**, wenn und weil ihm das **Vorliegen eines Schleuderpreises** ins Auge springt (vgl. auch BGH NJW 1999, 425 [426], wonach erhöhte Anforderungen an den guten Glauben des Erwerbers zu stellen sind, wenn ein Kaufmann Waren außerhalb seines nicht auf Veräußerungsgeschäfte angelegten Geschäftsbetriebs veräußert; OLG München NJW 2003, 673: Erwerb einer Geige im Wert von 190.000 DM unter dubiosen Umständen am Münchener Hauptbahnhof). Für einen gutgläubigen Erwerb durch Schick ist in dieser Fallgestaltung also kein Raum.

c) Unter diesen Voraussetzungen greift die **Gutglaubenssperre des § 935 BGB** ein, die auch durch § 366 HGB nicht überwunden werden kann: Ein gutgläubiger Erwerb abhanden gekommener Sachen ist im Handelsrecht ebenso wenig möglich wie im BGB.

d) An sich setzt § 366 Abs. 1 HGB die **Kaufmannseigenschaft des Verfügenden** voraus. Hiervon macht **§ 383 Abs. 2 S. 2 HGB** für kleingewerbliche Kommissionäre eine **Ausnahme**. § 406 Abs. 1 S. 2 HGB erstreckt diese Ausnahmeregelung auf **Kaufleute** (auf die § 366 HGB freilich schon ohne den Umweg über § 383 Abs. 2 S. 2 HGB anwendbar ist), die nicht Kommissionäre sind, aber einen Kommissionsvertrag abschließen. Die Formulierung „Kaufmann" in § 406 Abs. 1 S. 2 HGB beruht auf einem Redaktionsversehen. Die Vorschrift ist daher analog auf alle Gewerbetreibenden, also auch auf Kürten anzuwenden (vgl. *Roth* in: KKRM, HGB, § 406 Rn. 2). Unabhängig davon bejaht eine vordringende **Schrifttumsauffassung** auch abseits des Kommissionsrechts eine **entsprechende Anwendung des § 366 Abs. 1 HGB auf alle kleingewerblichen Warenhändler** (vgl. *Canaris*, HandelsR, § 27 Rn. 7).

---

441. Freundschaftspreis [G]

Die Elektra AG liefert Tablet-Computer an Elektronikhändler Rudolf und ermächtigt ihn zur Weiterveräußerung im laufenden Geschäftsverkehr. Eines dieser Geräte veräußert Rudolf beim Kegelabend zum „Freundschaftspreis" an seinen Kegelbruder Konrad. Ist Konrad Eigentümer des Tablets geworden, wenn er mit dem Eigentumsvorbehalt der Elektra AG rechnete?

Konrad könnte das Eigentum durch Übereignug des Rudolf erworben haben gem. §§ 929 ff. BGB. Rudolf war nicht zur Verfügung berechtigt, da er nicht Eigentümer war und die Veräußerung außerhalb des normalen Geschäftsgangs erfolgte, sodass sie von der durch Elektra erteilten rechtsgeschäftlichen Verfügungsbefugnis (§ 185 Abs. 1 BGB) nicht mehr gedeckt war (vgl. BGH MDR 1970, 227: Notverkauf unter Einkaufspreis zur Abdeckung von Wechselschulden). § 932 Abs. 1 S. 1 BGB führt nicht weiter, da Konrad nicht an Rudolfs Eigentümerstellung glaubte. Endlich kommt auch **§ 366 Abs. 1 HGB** nicht in Betracht, weil die ungewöhnlichen Umstände der Veräußerung eine **erkennbar ordnungswidrige Verfügung** durch Rudolf nahelegten und damit Konrads guten Glauben an Rudolfs Veräußerungsbefugnis zerstörten (allgemein zurückhaltend aber *Canaris*, HandelsR, § 27 Rn. 23). Konrad ist also nicht Eigentümer geworden.

---

442. Geschäftsaufgabe [G]

Im vorangegangenen Fall hat Rudolf sein Elektronikgeschäft längst aufgegeben, ist aber noch immer im Handelsregister eingetragen. Er veräußert einen Tablet-Computer zum Listenpreis an seine entfernte Bekannte Berta, die an Rudolfs fortwährende Kaufmannseigenschaft glaubt. Ist Berta Eigentümerin des Geräts geworden, wenn sich an der Verpackung deutliche Hinweise auf das Vorbehaltseigentum der Elektra AG befanden und die Elektra AG ihre Veräußerungsermächtigung nach Rudolfs Geschäftsschließung widerrufen hatte?

Die Beantwortung dieser Frage bewegt sich zunächst in vertrauten Bahnen: Eine rechtsgeschäftliche Verfügungsbefugnis nach § 185 Abs. 1 BGB scheitert am Widerruf der Verfügungsermächtigung, ein gutgläubiger Erwerb gem. § 932 Abs. 1 S. 1 BGB an Bertas fehlendem Glauben an Rudolfs Eigentümerstellung. Somit verbleibt allein § 366 Abs. 1 HGB, der seinerseits aber an die Kaufmannseigenschaft des Veräußernden anknüpft. Vorliegend ist Rudolf mangels Betreibens eines Handelsgeschäfts kein Kaufmann nach § 1 Abs. 1 HGB mehr, und § 5 HGB hilft über dieses Defizit nicht hinweg (vgl. Frage 61 lit. b). Es spitzt sich mithin alles auf die **Anwendbarkeit des § 15 Abs. 1 HGB** zu. Sie wird von einer **verbreiteten Schrifttumsauffassung bejaht** (vgl. *Canaris*, HandelsR, § 27 Rn. 5). Die **Gegenansicht**

lehnt sie **ab**, weil § 15 Abs. 1 HGB nach seinem Wortlaut nur zulasten desjenigen wirkt, in dessen Angelegenheiten die Tatsache einzutragen war; ein Vertrauensschutz zulasten Dritter – etwa des wahren Eigentümers (hier: der Elektra AG) – sei nicht anzuerkennen (vgl. *Lettl* in: EBJS, HGB, § 366 Rn. 5; s. auch OLG Düsseldorf NJW-RR 1999, 615: keine Anwendung auf Scheinkaufmann).

---

443. Guter Glaube an die Vertretungsmacht [G]

a) Eigendorf lässt seinen Opel beim Gebrauchtwagenhändler Görges reparieren. Dieser veräußert das Fahrzeug in Eigendorfs Namen an Dreier und übergibt ihm auch den Kfz-Brief, den Eigendorf auf dem Beifahrersitz vergessen hatte und der ihn – Eigendorf – als Fahrzeughalter ausweist. Ist Dreier, der an Görges' Vertretungsmacht glaubt, Eigentümer des Opel geworden?
b) Angenommen, Sie sehen den guten Glauben an die Vertretungsmacht als durch § 366 Abs. 1 HGB geschützt an. Kann Dreier dann den Opel behalten oder steht Eigendorf womöglich ein bereicherungsrechtlicher Rückübertragungsanspruch zu?

---

a) Ein gutgläubiger Eigentumserwerb von Görges nach § 929 S. 1 BGB iVm § 366 Abs. 1 HGB, § 932 Abs. 1 S. 1 BGB scheidet aus, weil dieser den Opel nicht im eigenen Namen veräußert hat, sondern in Eigendorfs Namen aufgetreten ist. In Betracht kommt aber ein Eigentumserwerb unmittelbar von Eigendorf vermittels der §§ 929 S. 1, 164 Abs. 1 BGB. Allerdings fehlt Görges vorliegend die Vertretungsmacht, sodass es maßgeblich auf die **Frage** ankommt, **ob § 366 HGB den guten Glauben an die Vertretungsmacht schützt**. Eine verbreitete Schrifttumsauffassung nimmt dies an, weil Geschäftspraxis und Gesetzeswortlaut (vgl. §§ 49 Abs. 1, 54 Abs. 1 HGB, die von „Ermächtigung" sprechen, aber die Vertretungsmacht meinen) nicht immer trennscharf zwischen Verfügungs- und Vertretungsmacht unterscheiden (vgl. *K. Schmidt*, HandelsR, § 23 Rn. 33 ff.). Die Gegenansicht lehnt dies ab und stützt sich zur Begründung vor allem darauf, dass bei Veräußerungen in fremdem Namen ein vergleichbarer Rechtsscheintatbestand fehle (vgl. *Canaris*, HandelsR, § 27 Rn. 16; offen lassend BGH NJW 1992, 2570 [2575]; OLG Hamm NJOZ 2010, 2604 [2608]). Allenfalls in Einzelfällen will sie mit einer Anscheins- oder Duldungsvollmacht helfen, für die es hier aber keinen Anhalt gibt.

b) Dreiers Eigentumserwerb ist nur dann kondiktionsfest, wenn er im Verhältnis zu Eigendorf von einem Rechtsgrund getragen wird. Ein Kaufvertrag zwischen den beiden scheidet aus, da Görges den Eigendorf mangels Vertretungsmacht nicht wirksam verpflichten konnte. Infolgedessen kommt es darauf an, ob § 366 Abs. 1 HGB als bereicherungsrechtliche *causa* anzusehen ist. Im Schrifttum wird dies überwiegend verneint: Der **gute Glaube an die Vertretungsmacht** sei im Verkehrsinteresse **nur im Hinblick auf das dingliche Geschäft geschützt**; schuldrechtlich verbleibe es bei der allgemeinen Regel des § 177 BGB (vgl. *Hopt* in: Baumbach/Hopt, HGB, § 366 Rn. 5). Vereinzelt findet sich indessen auch die Auffassung, § 366 HGB regele ebenso das Behaltendürfen und schaffe damit einen eigenständigen gesetzlichen Rechtsgrund für einen kondiktionsfreien Eigentumserwerb (vgl. *K. Schmidt*, HandelsR, § 23 Rn 37).

444. § 366 Abs. 3 HGB [V]

Welche Bedeutung hat § 366 Abs. 3 HGB?

Nach **§ 366 Abs. 3 S. 1 HGB** stehen die **gesetzlichen Pfandrechte** des Kommissionärs, Spediteurs, Lagerhalters und Frachtführers bzw. Verfrachters hinsichtlich des Gutglaubensschutzes einem gem. § 366 Abs. 1 HGB durch Vertrag erworbenen Pfandrecht gleich, sodass sie **gutgläubig erworben** werden können. **Streitig** ist, ob dies auch **für die gesetzlichen Pfandrechte des BGB** gilt (zum Meinungsstand *Baur/Stürner*, Sachenrecht, 18. Aufl. 2009, § 55 Rn. 40). In diesem Streit wird § 366 Abs. 3 HGB als Argument von beiden Seiten herangezogen (zu den Auswirkungen der 2013 in Kraft getretenen „Gesetzesänderung in und um § 366 HGB" auf diese Diskussion vgl. *K. Schmidt*, NJW 2014, 1).

Beachte: Die Praxis behilft sich in vielen Fällen mit der vertraglichen Vereinbarung von Pfandrechten durch Allgemeine Geschäftsbedingungen, was nach Ansicht des BGH zulässig sein soll (vgl. BGH NJW 1977, 1240; 1981, 227 [228]; 1987, 2818 [2819]).

b) Kaufmännisches Zurückbehaltungsrecht

445. Besonderheiten [G]

Das Handelsrecht stellt Kaufleuten bei beiderseitigen Handelsgeschäften in den §§ 369 ff. HGB ein besonderes kaufmännisches Zurückbehaltungsrecht zur Verfügung. Worin unterscheidet sich dieses von dem bürgerlich-rechtlichen Zurückbehaltungsrecht des § 273 BGB?

Drei Unterschiede verdienen Hervorhebung:

a) § 369 Abs. 1 HGB verzichtet auf das Erfordernis der Konnexität: Der fällige Anspruch, auf den ein Vertragspartner sein Zurückbehaltungsrecht stützt, muss nicht aus demselben rechtlichen Verhältnis stammen.

b) § 369 Abs. 1 HGB beschränkt das Zurückbehaltungsrecht im Gegensatz zu dem insoweit weiteren § 273 Abs. 1 BGB auf bewegliche Sachen und Wertpapiere des Schuldners, die mit dessen Willen aufgrund von Handelsgeschäften in den Besitz des Gläubigers gelangt sind.

c) § 371 Abs. 1 HGB stattet das kaufmännische Zurückbehaltungsrecht mit einem Befriedigungsrecht aus, das den pfandrechtlichen Vorschriften angenähert ist und dem kaufmännischen Zurückbehaltungsrecht sachenrechtsähnliche Züge verleiht.

446. Befriedigungsrecht

a) Handelsvertreter Hannemann kauft von dem Antiquitätenhändler Möbius einen alten lothringischen Kirchenschrank unter Eigentumsvorbehalt, der sich als wurmstichig erweist. Da Hannemann keinen Sinn für das Antike hat, erklärt er den Rücktritt vom Kaufvertrag. Er selbst hat aus einem Gefälligkeits-

verkauf noch eine Forderung gegen Möbius, die trotz mehrfacher Mahnungen nicht beglichen wird. Hannemanns Sohn Stephan, der Jura studiert, rät ihm, sich doch an dem Kirchenschrank „schadlos" zu halten. Ist das ein beherzigenswerter Ratschlag? [G]
b) Welche Befriedigungsmöglichkeiten stehen Hannemann im Einzelnen zu Gebote? [V]

a) Der Inhaber eines Zurückbehaltungsrechts nach § 369 BGB ist **gem. § 371 Abs. 1 S. 1 HGB** befugt, sich aus dem zurückbehaltenen Gegenstand für seine Forderung **zu befriedigen**. Hannemann hat an dem Kirchenschrank ein **kaufmännisches Zurückbehaltungsrecht nach Maßgabe des § 369 Abs. 1 S. 1 HGB**, weil beide Parteien Kaufleute sind und sowohl der Schrankkauf von Hannemann als auch der Gefälligkeitsverkauf an Möbius Handelsgeschäfte sind. Ihm steht also das Befriedigungsrecht des § 371 Abs. 1 S. 1 HGB zu.

b) Ihm stehen prinzipiell zwei Wege offen:

(1) Er kann mit einer gewöhnlichen Zahlungsklage einen Titel gegen Möbius wegen der Kaufpreisforderung erwirken und aus diesem Titel auch in den zurückbehaltenen Kirchenschrank vollstrecken (§ 371 Abs. 3 HGB iVm § 809 ZPO: **Vollstreckungsbefriedigung**).

(2) Alternativ kann er nach § 371 Abs. 1 HGB auf Gestattung der Befriedigung aus dem Schrank klagen und diesen nach Titelerlangung entweder wie eine gepfändete Sache nach §§ 814 ff. ZPO versteigern (§ 371 Abs. 2 HGB iVm § 1233 Abs. 2 BGB) oder wie ein Vertragspfandgläubiger verkaufen lassen (§ 371 Abs. 2 HGB iVm §§ 1234 ff. BGB: **Verkaufsbefriedigung**).

II. Handelskauf

1. Überblick

447. Verhältnis zum BGB sowie Grundausrichtung [G]

a) Wie stellt sich das Verhältnis der §§ 373–381 HGB zu den allgemeinen bürgerlich-rechtlichen Kaufvorschriften dar?
b) Was lässt sich über ihre sachliche Grundausrichtung sagen?

a) Die **§§ 373 ff. HGB** sind **nicht** als **abschließende Sonderregelung** des Handelskaufs konzipiert, sondern treten **ergänzend** oder modifizierend neben **die allgemeinen Leistungsstörungs- und Mängelrechtsregeln**.

b) Sie sollen vor allem zur **Beschleunigung der Vertragsdurchführung** beitragen, indem sie die Verkäuferrechte bei Annahmeverzug (§§ 373, 374 HGB) und Bestimmungskauf (§ 375 HGB) stärken, dem Käufer eine unverzügliche Untersuchungs- und Rügepflicht (§ 377 HGB) aufbürden sowie die Käuferstellung beim Fixgeschäft (§ 376 HGB) verbessern. Sie **bevorzugen** damit **tendenziell** die **Verkäuferinteressen**.

448. Adressatenkreis [G]

An welchen Normadressatenkreis richten sich die Vorschriften über den Handelskauf?

Die §§ 373 ff. HGB folgen der Grundregel des § 345 HGB (vgl. Frage 405) und beziehen demnach **auch einseitige Handelsgeschäfte** ein. Eine **Ausnahme** gilt allein für die – praktisch freilich besonders wichtigen – Mängelhaftungsvorschriften der **§§ 377, 379 HGB**, die ein beiderseitiges Handelsgeschäft voraussetzen. Manche Autoren kritisieren wegen der Verschlechterung der Rechtsstellung des Käufers die Anwendbarkeit des § 376 HGB auf einseitige Handelsgeschäfte (vgl. *Grunewald* in: MüKoHGB, § 376 Rn. 4; *K. Schmidt*, HandelsR, § 29 Rn. 2; für eine teleologische Reduktion *Herresthal* ZIP 2006, 883).

449. Erfasste Vertragstypen [G]

Auf welche Vertragstypen findet das Recht des Handelskaufs Anwendung?

a) Anwendung findet es zunächst auf den **Kauf von Waren,** dh beweglichen Sachen, sowie von **Wertpapieren** (§ 381 Abs. 1 HGB).

b) Bürgerlich-rechtlich fundiert ist eine **sinngemäße Anwendung** auf den **Tausch (§ 480 BGB),** sofern er ein Handelsgeschäft darstellt.

c) Handelsrechtlich bezieht **§ 381 Abs. 2 HGB** ausdrücklich auch Verträge ein, welche die **Lieferung herzustellender oder zu erzeugender beweglicher Sachen** zum Gegenstand haben.

d) An ihre Grenzen stößt die Gleichstellung beim Werkvertrag (vgl. *Grunewald* in: MüKoHGB, § 381 Rn. 6) sowie (im Verhältnis zwischen Leasinggeber und Leasingnehmer) beim Finanzierungsleasing (vgl. BGH NJW 1990, 1290 [1293]; *K. Schmidt*, HandelsR, § 29 Rn. 6), die sich grundsätzlich einer Anwendung handelskaufrechtlicher Normen entziehen.

Beachte: Eine ganz andere Frage ist die Anwendung der Vorschriften über den Handelskauf im Verhältnis zwischen Leasinggeber und Lieferant (s. näher dazu Frage 467).

2. Annahmeverzug des Käufers

450. Zusätzliche Rechte [G]

Der Obsthändler Alois Maier in München bestellt bei dem Großhändler Hinterhuber 20 Kisten Apfelsinen. Als Hinterhuber liefert, weigert sich Maier, die Ware abzunehmen, da er sie für erfroren hält. Welche besonderen Möglichkeiten bietet das HGB dem Hinterhuber, wenn die Ware in einwandfreiem Zustand ist?

Beim Annahmeverzug des Käufers verleiht **§ 373 HGB** dem Verkäufer gegenüber den bürgerlich-rechtlichen Regeln **in zweierlei Richtung zusätzliche Rechte:**

a) Er kann über die §§ 372 ff. BGB hinaus die Ware auf Gefahr und Kosten des Käufers in einem öffentlichen Lagerhaus oder sonst in sicherer Weise **hinterlegen (Abs. 1).** Dieser Weg ist bei leicht verderblichen Waren wie Südfrüchten für Hinterhuber indes wenig ratsam.

b) Darüber hinaus ist er befugt, die Ware **unter gegenüber § 383 BGB erleichterten Voraussetzungen öffentlich versteigern** zu lassen (**Abs. 2**). Für diese zweite Möglichkeit wird sich Hinterhuber vorliegend entscheiden. Eine vorherige Androhung des Selbsthilfeverkaufs ist je nach Reifegrad der Früchte gem. § 373 Abs. 2 S. 2 Hs. 1 HGB entbehrlich.

451. Erfrorene Apfelsinen [G]

Hinterhuber lässt die 20 Kisten in einer Ecke seines Lagerschuppens stehen. Eines Abends vergisst ein Arbeiter, die Tür des Schuppens zu schließen; die Apfelsinen erfrieren. Hinterhuber lässt die Früchte versteigern. Sie bringen ein Viertel des Kaufpreises. Den Rest verlangt er von Maier. Dieser entgegnet, Hinterhuber hätte die Früchte nicht wieder an sich nehmen dürfen. Hat er Recht?

Die Rechte, die § 373 HGB dem Verkäufer bei Annahmeverzug des Käufers gibt, stehen ihm *neben* den Rechten zu, die das BGB bei Verzug des Gläubigers gewährt (**§ 374 HGB**). Hinterhuber brauchte daher die Apfelsinen nicht zu hinterlegen, öffentlich versteigern oder verkaufen zu lassen; er konnte sie auch zurücknehmen und zu Maiers Verfügung halten und sich vielleicht binnen angemessener Frist noch zum Selbsthilfeverkauf entschließen. Wenn seinen Erfüllungsgehilfen nur leichte Fahrlässigkeit traf, haftet der Verkäufer nach den §§ 278, 300 Abs. 1 BGB nicht. Davon ist hier auszugehen, da der Sachverhalt nichts anderes aussagt.

452. Versteigerung [G]

Hinterhuber hat die Apfelsinen versteigern lassen und dafür einen Erlös von 300 EUR abzüglich 50 EUR Versteigerungskosten erzielt.
a) Kann Maier nach wie vor Lieferung der Apfelsinen verlangen?
b) Wie ist die Rechtslage hinsichtlich des Veräußerungserlöses, wenn Hinterhuber und Maier einen vertraglichen Kaufpreis von 500 EUR vereinbart hatten?
c) Angenommen, Hinterhuber hat infolge einer plötzlichen Zufuhrverknappung bei der Versteigerung nach Abzug aller Kosten 550 EUR erlöst. Kann Maier diesen Mehrerlös von 50 EUR herausverlangen?

a) Nach **§ 373 Abs. 3 HGB** erfolgt der **Selbsthilfeverkauf „für Rechnung des säumigen Käufers"** und hat mithin Erfüllungswirkung. Maiers Anspruch aus § 433 Abs. 1 BGB ist folglich erloschen.

b) Das Gesetz behandelt den **Verkäufer wie einen Beauftragten des Käufers** (vgl. RGZ 110, 127 [129 f.]). Hinterhuber schuldet mithin gem. § 667 BGB Herausgabe des Erlöses (300 EUR), kann allerdings mit einem Aufwendungsersatzanspruch nach § 670 BGB in Höhe der Versteigerungskosten (50 EUR) und mit seiner noch unbeglichenen Kaufpreisforderung (500 EUR) aufrechnen. Unter dem Strich steht ihm daher noch eine Restkaufpreisforderung von 250 EUR gegen Maier zu.

c) Ein etwaiger Mehrerlös ist dem Käufer herauszugeben, so wie dieser umgekehrt für einen Mindererlös einstehen muss (vgl. RGZ 102, 388 [389]; *Hopt* in: Baumbach/Hopt, HGB, § 373 Rn. 24). Der fragliche Anspruch des Maier ist also zu bejahen.

453. Selbsthilfe- und Deckungsverkauf [V]

Wie unterscheiden sich Selbsthilfe- und Deckungsverkauf in ihren Voraussetzungen und Wirkungen?

a) Der **Selbsthilfeverkauf** setzt einen **Annahmeverzug des Käufers** voraus. Der **Verkauf** erfolgt dann **für Rechnung des Käufers**, dh er wird praktisch im Auftrag des Käufers durchgeführt. Entsprechend treffen den Verkäufer die Pflichten zur Rechenschaftslegung und zur Gewinnherausgabe nach den §§ 666, 667 BGB; er kann Aufwendungsersatz und Provision (str.) verlangen. Das Vertragsgefüge als solches mit den beiderseitigen Vertragspflichten bleibt bestehen (vgl. BGH LM Nr. 5 zu § 325 BGB).

b) Der **Deckungsverkauf** gibt dem Verkäufer eine schärfere Waffe in die Hand, ist aber auch an strengere Voraussetzungen gebunden: Ein Deckungsverkauf kann erst vorgenommen werden, wenn der **Käufer in Schuldnerverzug** gerät. Der Verkäufer ist dann berechtigt, einen **Verkauf auf eigene Rechnung** vorzunehmen, dh ein Mehrerlös verbleibt bei ihm; auf der anderen Seite ist ein Selbsteintritt begrifflich ausgeschlossen. Der Deckungsverkauf führt zu einer Liquidierung des Vertrags; die ursprünglichen Vertragspflichten werden umgewandelt (vgl. RGZ 110, 155 [158]; 109, 134 [136]).

3. Bestimmungs- und Fixhandelskauf

454. Bestimmungsrecht [G]

Vaillant importiert Gas-Heizkessel mit typenmäßig unterschiedlicher Leistungsstärke. Karcher ist vertraglich berechtigt und verpflichtet, im Rahmen eines Kontingents von 1.200 Stück den Lieferzeitpunkt und die gewünschten Ausführungen zu bestimmen.
a) Welche Art von Kauf liegt vor?
b) Von welcher anderen Kaufart ist der Bestimmungskauf abzugrenzen?
c) Welche Rechte hat Vaillant, wenn er wiederholt Abrufspezifikation verlangt, Karcher hierauf aber nicht reagiert?

a) Es handelt sich um einen sog **Bestimmungs- und Spezifikationskauf** gem. § 375 **Abs. 1 HGB**, bei welchem dem Käufer nach Maßgabe der §§ 315 ff. BGB die nähere Bestimmung über Form, Maß oder ähnliche Verhältnisse des Kaufgegenstands (nicht genügend: nähere Bestimmung über Leistungsmodalitäten, die nicht mit der Beschaffenheit des Kaufgegenstands zusammenhängen [zB Leistungsort oder -zeit], s. *K. Schmidt*, HandelsR, § 29 Rn. 13) vorbehalten ist.

b) Der Bestimmungskauf ist vom **Wahlkauf (§§ 262, 264 Abs. 2 BGB)** zu unterscheiden, bei dem verschiedene Kaufgegenstände zur Disposition stehen (zur schwierigen Abgrenzung *Jung*, Handelsrecht, 10. Aufl. 2014, § 37 Rn. 4; *K. Schmidt*, HandelsR, § 29 Rn. 14 ff.). Die Rechtsprechung neigt dazu, bei Verträgen über Waren unterschiedlicher Art einen Wahlkauf (vgl. BGH NJW 1960, 674: „Autoöle, Getriebeöle, Schmierfette, Grafitspüler"), bei solchen über einen einheitlichen Warentyp in bloß unterschiedlichen Ausführungen einen Bestimmungskauf anzunehmen (vgl. BGH WM 1976, 124: Gaskessel mit unterschiedlichen Leistungsstärken).

c) **§ 375 Abs. 2 S. 1 HGB** gewährt ihm aufgrund des Bestimmungsverzugs des Karcher ein **dreifaches Wahlrecht**: (1) Er kann die Spezifikation nach Maßgabe von § 375 Abs. 2 S. 2, 3 HGB selbst vornehmen, (2) gem. den §§ 280 Abs. 1 und 3, 281 BGB Schadensersatz statt der Leistung verlangen oder (3) gem. § 323 BGB vom Vertrag zurücktreten. Was die Möglichkeit (3) anbelangt, so scheint § 375 Abs. 2 S. 1 HGB das Rücktrittsrecht an den Verzug und damit gem. § 286 Abs. 4 BGB an ein Verschulden zu knüpfen. Nach wohl hM widerspricht ein derartiges Verschuldenserfordernis jedoch dem Konzept der Schuldrechtsreform von 2002, welches den Rücktritt vom Verschulden löst. Die Nichtbeseitigung des Verzugserfordernisses bei § 375 Abs. 2 HGB stellt demnach ein Redaktionsversehen dar, das im Wege der Rechtsfortbildung – mittels Verzicht auf dieses Erfordernis – zu bereinigen ist (vgl. *Canaris*, HandelsR, § 29 Rn. 20; *Grunewald* in: MüKoHGB, § 375 Rn. 25; *Hopt* in: Baumbach/Hopt, HGB, § 375 Rn. 10).

Beachte: § 375 Abs. 2 S. 1 Var. 2 und 3 HGB sind keine Rechtsfolgenverweisungen. Eine Fristsetzung bleibt vorbehaltlich der §§ 281 Abs. 2, 323 Abs. 2 BGB dementsprechend erforderlich.

---

455. Fix und prompt [G]

Die Krauss-Maffei AG, München, bestellt bei einer Importfirma 800t schwedisches Eisenerz für „Ende März fix und prompt" zum Abladehafen als Erfüllungsort. Da die Importfirma am 1.4. nichts geliefert hat, deckt sich Krauss-Maffei anderweitig zu einem um 10.000 EUR höheren Preis ein, ohne die Importfirma davon zu benachrichtigen.
a) Kann die Krauss-Maffei AG vom Kaufvertrag zurücktreten?
b) Ist die Krauss-Maffei AG berechtigt, 10.000 EUR Schadensersatz zu verlangen, obwohl die Lieferfirma unerwartet von ihrer Vertrags-Schifffahrtsgesellschaft im Stich gelassen wurde?
c) Kann die Krauss-Maffei AG auch zurücktreten und Schadensersatz verlangen?
d) Könnte die Krauss-Maffei AG, da sie weiter am preisgünstigen Eisenerz interessiert ist, am 10.4. „eilige" Lieferung verlangen?

a) Die Krauss-Maffei AG hat sich bei dem Abschluss des Kaufvertrags durch die Klausel „Ende März fix und prompt" ausbedungen, dass die Lieferung innerhalb einer bestimmten Frist bewirkt werden muss. Der Kaufvertrag ist hier ein sog **relatives oder eigentliches Fixgeschäft** (Gegensatz: absolutes Fixgeschäft, bei dem durch Nichteinhaltung der Leistungszeit Unmöglichkeit eintritt; §§ 275 Abs. 1, 280 Abs. 1 und 3, 283, 326 Abs. 5 BGB). Da die Lieferung nicht innerhalb der bestimmten Frist, nämlich bis zum 31.3., erfolgt ist, kann die Krauss-Maffei AG gem. **§ 376 Abs. 1 S. 1 Var. 1 HGB** ohne Fristsetzung vom Vertrag **zurücktreten**.

b) Bei Verzug (also bei Verschulden, § 286 Abs. 4 BGB) des Säumigen kann der andere Teil statt zurückzutreten gem. **§ 376 Abs. 1 S. 1 Var. 2 HGB Schadensersatz wegen Nichterfüllung** (lies: Schadensersatz statt der Leistung iSv §§ 280 Abs. 1 und 3, 281 BGB; eine Anpassung im Zuge der Schuldrechtsreform wurde versäumt) fordern. Hier muss sich die Importfirma das Verhalten des Reeders gem. § 278 BGB zurechnen lassen, wenn und weil die Verschaffung des Erzes Verkäuferpflicht und Erfüllungsort der Abladehafen war. Die **Schadensberechnung** durch die Krauss-Maffei AG kann – wie hier – **konkret** aufgrund eines Deckungskaufs **oder** bei einem Börsen- oder Marktpreis **abstrakt** durch den Unterschied zwischen Kaufpreis und Börsen- oder Marktpreis zur Zeit und am Ort der geschuldeten Leistung erfolgen (**§ 376 Abs. 2 HGB**). Der Krauss-Maffei AG steht also gegen die Importfirma ein Anspruch auf Schadensersatz iHv 10.000 EUR zu.

c) Der **Wortlaut des § 376 Abs. 1 S. 1 HGB** spricht eher dagegen. Jedoch ist zu berücksichtigen, dass **§ 325 BGB** eine Kumulation von Rücktritt und Schadensersatz ausdrücklich zulässt. Da § 376 Abs. 1 S. 1 HGB keine eigenständige Regelung der Rechtsbehelfe gegenüber dem BGB enthält, ist das „oder" demgemäß als „und" zu verstehen (vgl. *Hopt* in: Baumbach/Hopt, HGB, § 376 Rn. 10; *Roth* in: KKRM, HGB, § 376 Rn. 8).

d) Nachdem die Importfirma die fest bestimmte Lieferungspflicht versäumt hatte, bestand für die Krauss-Maffei AG zwar die Möglichkeit, statt vom Vertrag zurückzutreten oder Schadensersatz wegen Nichterfüllung zu verlangen, auf **Erfüllung** zu bestehen (**§ 376 Abs. 1 S. 2 HGB**). Wenn sie von der letzten Möglichkeit Gebrauch machen wollte, musste sie dies aber gem. § 376 Abs. 1 S. 2 HGB **sofort** ihrem Vertragsgegner **anzeigen**. Nach zehn Tagen ist es dafür zu spät, und die Krauss-Maffei AG kann nur noch Schadensersatz fordern oder zurücktreten.

Beachte: Die bloße Bestimmung eines kalendermäßigen Leistungstermins genügt anders als bei § 286 Abs. 2 Nr. 1 BGB gerade nicht, um von einem relativen Fixgeschäft auszugehen. Vielmehr ist erforderlich, dass beide Parteien die Leistungszeit als so wesentlich ansehen, dass der Vertrag mit ihrer Einhaltung **stehen oder fallen** soll (BGH NJW 2003, 1600; zu einzelnen Klauseln *K. Schmidt*, HandelsR, § 29 Rn. 22).

4. Rügeobliegenheit

a) Allgemeines

456. Normzweck [G]

Welchen Zweck verfolgt die kaufmännische Rügelast des § 377 HGB?

Die Rügelast des § 377 HGB dient nicht nur dem allgemeinen Interesse des Handelsverkehrs an einer raschen und endgültigen Abwicklung von Rechtsgeschäften, sondern **in erster Linie den Belangen des Verkäufers**: Er soll in die Lage versetzt werden, der Rüge des Käufers umgehend nachzugehen, etwa drohende Schäden noch rechtzeitig abzuwenden und sich gegen ein Nachschieben anderer Beanstandungen zu schützen (vgl. BGH NJW 1987, 2235 [2236]).

457. Praktische Bedeutung [G]

Worin liegt die außerordentlich große praktische Bedeutung der kaufmännischen Rügelast?

Sie hat zentrale **Bedeutung für die Erhaltung der kaufrechtlichen Mängelansprüche (§ 437 BGB)**: Versäumt der Käufer die Rügeanzeige, muss er gem. **§ 377 Abs. 2 bzw. Abs. 3 HGB** die Ware als vertragsmäßig anerkennen und kann aus ihrer Mangelhaftigkeit keinerlei Rechte mehr ableiten (s. näher Frage 474).

458. Rechtsnatur [G]

Handelt es sich bei der Rügelast um eine echte Schuldnerpflicht, deren Erfüllung im Klagewege erzwungen werden könnte?

Dogmatisch liegt keine Pflicht, sondern eine **Obliegenheit** vor, bei deren Verletzung der Käufer einen Rechtsnachteil erleidet. Anders gewendet, ist die Befolgung der Rügeobliegenheit für ihn ein **„Gebot des eigenen Interesses"**.

b) Voraussetzungen der Rügeobliegenheit

459. Tatbestandsmerkmale [G]

Geben Sie einen Überblick über die Tatbestandsmerkmale einer Genehmigungsfiktion nach § 377 Abs. 2 HGB bzw. § 377 Abs. 3 HGB!

a) Es muss ein **beiderseitiger Handelskauf vorliegen**, also ein beiderseitiges Handelsgeschäft (§§ 343 f. HGB, s. auch Frage 468) über den Kauf von Waren oder Wertpapieren (§§ 377, 381 Abs. 1 HGB), oder ein gleichgestelltes beiderseitiges Handelsgeschäft (zu den erfassten Vertragstypen s. oben Frage 449 und unten Frage 467).

b) Weiterhin muss ein **Sachmangel (§ 434 BGB)** gegeben sein (s. näher dazu Fragen 472 und 473).

c) Der Sachmangel muss bei **Ablieferung** vorliegen (§ 377 Abs. 1 HGB, s. näher dazu Fragen 463 und 464 lit. b).

d) Ferner muss der Sachmangel **bei tunlicher Untersuchung erkennbar** sein (offener Mangel, § 377 Abs. 1 HGB) bzw., wenn es an einer solchen Erkennbarkeit fehlt, sich nachträglich zeigen (versteckter Mangel, § 377 Abs. 3 HGB; s. dazu Fragen 460–462 und 470).

e) Der Käufer darf den Mangel **nicht unverzüglich** (§ 121 Abs. 1 BGB; zu Einzelheiten und Kasuistik *Grunewald* in: MüKoHGB, § 377 Rn. 60 ff.) nach Erkennbarkeit (§ 377 Abs. 1, 2 HGB) oder Entdeckung (§ 377 Abs. 3 HGB) **angezeigt** haben (§ 377 Abs. 1, 3 HGB).

f) Schließlich darf der Mangel **nicht arglistig vom Verkäufer verschwiegen** worden sein (§ 377 Abs. 5 HGB).

460. Bombierte Dosen [G]

Lebensmittelhändler Lebek erhält von der Großhandelskette Edeka eine Kiste Fruchtkonserven. Als er die Kiste einen Monat später öffnet, sieht er, dass die Konservenbüchsen alle bombiert (aufgebläht) sind, ihr Inhalt also verdorben ist. Er verlangt nun Lieferung mangelfreier Ware. Mit Recht?

Der Konservenverkauf ist ein beiderseitiges Handelsgeschäft. Daher hätte Lebek nach **§ 377 Abs. 1 HGB** die Ware unverzüglich nach der Ablieferung einer tunlichen Untersuchung unterziehen, dh die Kiste öffnen müssen, und den sich hierbei ohne Weiteres zeigenden Mangel, die Bombage der Dosen, dem Verkäufer unverzüglich anzeigen müssen. Da er dies unterließ, gilt die Ware gem. **§ 377 Abs. 2 HGB** als genehmigt. Lebek kann keine Mängelansprüche mehr geltend machen.

461. Verzuckerte Aprikosen [G]

Am 15.11. hat Lebek von der Edeka-Handelskette eine Kiste Hawaii-Ananas mit 24 Dosen erhalten, wie er sie schon früher bezogen hatte. Am 17.12. bringt ihm eine Kundin den Inhalt einer geöffneten Dose zurück und beschwert sich, dass die Ananasscheiben übermäßig gezuckert und damit praktisch ungenießbar seien. Lebek stellt fest, dass auch die restlichen fünf Dosen, die er noch auf Lager hat, unbrauchbar sind. Kann er Rückzahlung des Kaufpreises verlangen?

Die Verzuckerung ist bei Untersuchung durch Öffnen der Dosen und Verkostung erkennbar. Bei originalverpackter Ware, die nach dem Öffnen nicht mehr verkauft werden kann, ist es allerdings grundsätzlich **„untunlich"** (§ 377 Abs. 1 HGB), mehr als die äußere Unversehrtheit zu überprüfen. Bei sehr **großen Lieferungen** kann eine Obliegenheit zur Stichprobenentnahme hinzutreten (vgl. Frage 504). Hier wurden dem Lebek aber nur 24 Dosen geliefert. Zudem hatten sich bei früheren Lieferungen keine Beanstandungen ergeben. Es handelt sich also um keinen offenen Mangel iSd § 377 Abs. 2 HGB. Lebek muss nun allerdings die Handelskette unverzüglich über die Mängel informieren, um seine Mängelrechte nicht gem. § 377 Abs. 3 HGB zu verlieren.

462. Verdorbenes Fleisch [G]

Die Großschlachterei Hilgers hat der Frischfleisch GmbH tiefgefrorene Kotelettrippen zum Preis von 35.000 EUR verkauft. Diese hat das Fleisch bei seiner Anlieferung am 14.5. darauf überprüft, ob die Ware richtig eingelagert war und ob Zwischenfolien die Fleischstränge voneinander trennten. Dann verkaufte sie die Kotelettrippen weiter nach Großbritannien, wo sie beanstandet und zurückgeschickt wurden. Ein von der Frischfleisch GmbH beauftragter Sachverständiger stellte am 11.7. fest, dass die Ware bereits am 14.5. verdorben war. Hilgers beharrt dennoch auf Kaufpreiszahlung. Mit Recht?

Welche **Untersuchungshandlungen nach ordnungsmäßigem Geschäftsgang tunlich** iSv § 377 Abs. 1 HGB sind, bestimmt sich nach objektiven Gesichtspunkten. Dabei sind die Interessen beider Vertragspartner gegeneinander abzuwägen. Kann ein Mangel nur dadurch ermittelt werden, dass ein Teil der Ware umgestaltet oder sogar verbraucht wird, muss der Käufer gegebenenfalls auch diese Maßnahmen treffen. Die Verarbeitung kann namentlich dann geboten sein, wenn man nur hierdurch einen bestimmten Fehler aufdecken kann (vgl. RGZ 68, 368 [370]). Vorliegend wäre es erforderlich gewesen, einige der tiefgefrorenen Rippenstücke aufzutauen, um das Fleisch dann im gebrauchsfertigen Zustand zu untersuchen (vgl. OLG Oldenburg NJW 1998, 388): Ein Verderbnisgeruch lässt sich nur auf diese Weise wahrnehmen. Der Zeitaufwand wäre gering gewesen. Durch den Teilverbrauch wären nur geringe Verluste eingetreten, zumal das aufgetaute Fleisch nicht völlig wertlos geworden wäre. Die von der Frischfleisch GmbH am 14.5. vorgenommene Überprüfung reichte zur Erfüllung der sich aus § 377 Abs. 1 HGB ergebenden Untersuchungsobliegenheit folglich nicht aus. Etwaige Mängelansprüche der Frischfleisch GmbH scheitern somit an § 377 Abs. 2 HGB.

463. Korrosionsschäden [G]

Fabrikant Sandberger hat dem Bauunternehmer Kiesel im Februar Sandentwässerungssilos verkauft, die bis zur Abholung durch Kiesel vereinbarungsgemäß auf Sandbergers Grundstück verbleiben sollten. Als Kiesel die Silos Ende Mai abholte, entdeckte er schwere Korrosionsschäden, von denen er Sandberger sofort unterrichtete. Dieser lehnt unter Berufung auf § 377 Abs. 2 HGB jede Mängelhaftung ab. Zu Recht?

Die Rügeobliegenheit des § 377 Abs. 1 HGB beginnt erst mit der **„Ablieferung"** durch den Verkäufer. Sie ist erfolgt, wenn die Kaufsache dem Empfänger in der Weise zugänglich gemacht wird, dass er sie auf ihre Beschaffenheit prüfen kann. Entscheidend ist die tatsächliche Verfügungsmöglichkeit des Käufers anstelle des Verkäufers. Daran fehlt es, wenn der Käufer – wie hier – zunächst nur Gelegenheit zur Untersuchung erhält, ohne dass die Kaufsache den Verkäuferbereich verlässt. Die Ablehnung der Mängelhaftung ist demzufolge unberechtigt.

Beachte: Die Ablieferung muss am rechten Ort, zur rechten Zeit und im Wesentlichen vollständig erfolgen. Nach der Modernisierung des Schuldrechts ist der Begriff der Vollständigkeit nicht unumstritten. Da § 434 Abs. 3 BGB eine Minderlieferung dem Sachmangel gleichstellt, wird teilweise danach gefragt, ob der Verkäufer den Vertrag als erfüllt ansieht. Folglich soll eine Ablieferung zB auch dann vorliegen, wenn Bedienungshandbücher fehlen (vgl. *Grunewald* in: MüKoHGB, § 377 Rn. 28; *Roth* in: KKRM, HGB, § 377 Rn. 6a; aA *Hopt* in: Baumbach/Hopt, HGB, § 377 Rn. 6; *Müller* in: EBJS, HGB, § 377 Rn. 35). Die Rechtsprechung zum alten Recht war noch gegenteiliger Auffassung (vgl. BGH NJW 2000, 1415 [1416]; BGH NJOZ 2003, 867 [869] lässt diese Frage ausdrücklich offen). Jedenfalls müssen für die Ablieferung etwaig übernommene Zusatzpflichten (zB Installation, Montage oder Einweisung) erfüllt sein (vgl. *Müller* in: EBJS, HGB, § 377 Rn. 35).

---

464. Mangelhafte Software [G]

Die SAB-AG hat der Emsig-GmbH ein von ihr entwickeltes Standard-Software-Programm für die Lohnbuchhaltung zum Preis von 100.000 EUR geliefert. Die Datenträger wurden der Emsig-GmbH am 15.7. übergeben. Das Programm war nach anfänglichen Schwierigkeiten seit dem 22.10. – wenn auch eingeschränkt und mangelhaft – lauffähig.
a) Trifft die Emsig-GmbH zur Wahrung ihrer Rechte eine Rügeobliegenheit?
b) Wann ist die für § 377 Abs. 1 HGB maßgebliche Ablieferung erfolgt?
c) Angenommen, die SAB-Mitarbeiter haben nach dem 22.10. Nachbesserungsarbeiten durchgeführt und eine Woche später abgeschlossen. Mit Telefaxschreiben vom 11.12. beanstandet die Emsig-GmbH abermals mehrere Fehler des Lohnprogramms. Dringt sie damit noch durch?

a) Gegenstand des Vertrags ist die **Lieferung** einer **von** der SAB-AG fertig entwickelten **Standard-Software**. Auf einen derartigen Vertrag sind die **§§ 433 ff. BGB** zumindest entsprechend anwendbar (vgl. BGH NJW 2007, 2394 [407 f.]). Weil beide Vertragsparteien (Form-)Kaufleute (§ 6 Abs. 2 HGB, § 3 Abs. 1 AktG, § 13 Abs. 3 GmbHG) sind, handelt es sich auch um ein beiderseitiges Handelsgeschäft, sodass § 377 Abs. 1 HGB zum Zuge kommt.

b) Darüber gehen die Auffassungen beim Verkauf von Standard-Software auseinander. Nach einer verbreiteten Ansicht in der instanzgerichtlichen Spruchpraxis ist die verkaufte Software erst nach Durchführung eines im Wesentlichen ungestörten Probelaufs abgeliefert (vgl. OLG Köln NJW 1991, 2156). Zur Begründung wird angeführt, dass die Feststellung von Mängeln bei komplizierter Software schwierig und zeitaufwendig sei. Demgegenüber hält der Bundesgerichtshof auch beim Kauf von Standard-Software grundsätzlich daran fest, dass die Kaufsache **abgeliefert** ist, wenn sie in einer ihre Untersuchung ermöglichenden Weise **in den Machtbereich des Käufers gelangt** ist (vgl. BGH NJW 2000, 1415 [1416 f.]). Für eine Sonderregelung gebe es weder einen gesetzlichen Anhalt noch ein hinreichendes Bedürfnis. Den Schwierigkeiten bei der Entdeckung von Mängeln könne anstatt durch Hinausschieben des Zeitpunktes der Ablieferung durch eine großzügige Bemessung der Untersuchungsfrist des § 377 Abs. 1 HGB Rechnung getragen werden. Folgt man dem, so ist die Ablieferung hier schon am 15.7. erfolgt.

c) Der Käufer hat **nach Beendigung der Nachbesserungsarbeiten** zur Erhaltung seiner Rechte die Kaufsache unverzüglich **erneut** zu untersuchen und etwa verbliebene oder auch neue Mängel wiederum unverzüglich **zu rügen**. Die Mängelrüge der Emsig-GmbH vom 11.12. erfolgte hier zu spät, sodass die Lieferung der SAB-AG gem. § 377 Abs. 2 HGB als genehmigt gilt.

---

465. Verschiedene Mängel [V]

a) Der im Handelsregister eingetragene Textilhändler Michel bestellt bei der Schlaraffia GmbH Bett- und Kopfkissenbezüge in der Qualität 50 % Baumwolle/50 % Polyester. Am 30.11.2007 werden Bezüge in abweichender Qualität geliefert. Zudem lösen sich deren Nähte. Michel rügt umgehend die mangelhaften Nähte und verlangt Ersatzlieferung. Am 7.12.2007 erhält Michel neue Textilien, die jedoch ebenfalls nicht die vereinbarte Zusammensetzung aufweisen. Dies bemerkt er am nächsten Tag. Die Schlaraffia GmbH meint, eine Rüge komme nun zu spät. Sie hätte bereits nach der ersten Lieferung erhoben werden müssen. Richtig?
b) Angenommen Michel verlangt nicht Ersatzlieferung, sondern Nachbesserung. Könnte Michel anschließend noch ordnungsgemäß den anderen Mangel rügen?
c) Wie ist die Rechtslage, wenn die Schlaraffia GmbH und Michel „zur Vermeidung von Unstimmigkeiten jeder Art bezüglich der Qualität" vereinbaren, dass die GmbH Michel ein Musterstück übersendet, und Michel nach dessen Erhalt nicht reagiert? Kann er später seiner Rügeobliegenheit noch ordnungsgemäß nachkommen?

---

a) Verlangt der Käufer Ersatzlieferung, ist es ausreichend, wenn er einen Mangel der Sache ordnungsgemäß anzeigt (vgl. OLG Düsseldorf NJW-RR 2005, 832 [833]). Im Falle einer mangelhaften Ersatzlieferung muss er erneut rügen, da der Verkäufer sonst von einer ordnungsgemäßen Lieferung ausgehen kann. Hierbei können auch Mängel vorgebracht werden, die bereits bei der ersten Lieferung vorlagen und zuvor nicht gerügt wurden (vgl. *Mankowski* NJW 2006, 865 [866]). Denn beim Ersatzlieferungsanspruch handelt es sich um den originären Erfüllungsanspruch, welcher sich nicht nach Maßgabe der Erhebung oder Nichterhebung von Mängelrügen modifizieren kann.

b) Im Unterschied zum Ausgangsfall kann sich der Nachbesserungsanspruch modifizieren. Der Grund liegt darin, dass eine Nachbesserung sich nur auf einen bestimmten Mangel bezieht. Der Verkäufer kann also davon ausgehen, dass die Ware vom gerügten Mangel abgesehen ordnungsgemäß ist (vgl. *Mankowski* NJW 2006, 865 [868]).

c) Wird wie hier die Übersendung eines sog Ausfallmusters vereinbart, soll dessen Überprüfung in der Regel an die Stelle der Überprüfung der Ware treten. Mängel, die bereits dem Musterstück anhaften, können – soweit sie nicht ordnungsgemäß gerügt werden – bezüglich der eigentlichen Ware nicht mehr geltend gemacht werden (vgl. OLG Düsseldorf NJW-RR 2005, 832 [833]; *Grunewald* in: MüKoHGB, § 377 Rn. 124).

466. Lieferantenkette [G]

Fahrradgroßhändler Radlos bestellt im Frühjahr bei der Gigant GmbH eine Mountainbike-Sonderanfertigung. Das Rad wird am 30.5. geliefert und am 1.11. von Stefan Sturzflug erworben. Diesem bricht am 14.12. bei einer winterlichen Bergtour aufgrund einer fehlerhaften Schweißnaht der Rahmen. Da sich eine Reparatur als unmöglich erweist, tritt Sturzflug sofort vom Kaufvertrag zurück, händigt dem Radlos das Rad aus und erhält von ihm den Kaufpreis erstattet. Radlos, für den die fehlerhafte Schweißnaht bei einer äußerlichen Sichtprüfung gut zu erkennen gewesen wäre, wendet sich am 15.12. an die Gigant GmbH und verlangt nun seinerseits Kaufpreisrückzahlung. Die Gigant GmbH verweist auf § 377 Abs. 2 HGB. Mit Recht?

§ 478 Abs. 6 BGB stellt klar, dass die kaufmännische **Rügeobliegenheit auch im Rahmen einer Lieferantenkette** fortbesteht. Radlos hat versäumt, die Gigant GmbH unverzüglich auf den Sachmangel hinzuweisen, sodass die Kaufsache als genehmigt gilt und Mängelrechte des Radlos gem. § 377 Abs. 2 HGB ausgeschlossen sind.

467. Leasing [G]

Anton schließt mit der Leasing AG einen Finanzierungsleasingvertrag, in dessen Rahmen individualvertraglich vereinbart wird, dass die Leasing AG den von Anton ausgewählten Pkw beim Autohaus der Viktor GmbH kauft, wobei die Leasing AG die Viktor GmbH über die Leasingvereinbarung mit Anton informieren und mit ihr vereinbaren soll, dass A den Pkw direkt bei V abholt. Zudem wird vereinbart, dass die Leasing AG ihre Gewährleistungsansprüche gegen die Viktor GmbH an Anton abtritt. Erst nach dreimonatiger Benutzung des Pkw entschließt sich Anton, die elektronische Einparkhilfe zu nutzen, und stellt nun fest, dass diese nicht funktioniert. Anton wendet sich an die Viktor GmbH und verlangt eine Reparatur der Einparkhilfe. Die Viktor GmbH beruft sich auf § 377 Abs. 2 HGB. Mit Recht?

Grundsätzlich liegen alle Voraussetzungen des § 377 Abs. 2 HGB vor. Fraglich ist aber, ob dieses Ergebnis korrekturbedürftig ist, da die Viktor GmbH wusste, dass der Pkw für Anton bestimmt war, der kein Kaufmann ist. Für eine stillschweigende Abbedingung des § 377 HGB (zur Dispositivität dieser Norm Fragen s. 477 und 478) sind keine konkreten Anhaltspunkte ersichtlich; überdies wird die Viktor GmbH kein Interesse an einer Abbedingung gehabt haben. Allerdings könnte man in Konstellationen, in denen der Endabnehmer kein Kaufmann und dies dem Verkäufer bekannt ist, eine teleologische Reduktion des § 377 HGB erwägen (dafür *Canaris*, HandelsR, § 29 Rn. 49; *Tiedtke* JZ 1991, 907 [909 f.]): Wenn der Verkäufer wusste, dass der Endabnehmer kein Kaufmann ist und dies akzeptiert hat, dürfe er nicht besser stehen, als wenn er direkt mit dem Endabnehmer kontrahiert hätte. Dagegen ist jedoch einzuwenden, dass das schlichte Wissen über die Person des Endabnehmers nicht mit einem Akzeptieren gleichzusetzen ist. So liefern zB

Großhändler oftmals an Zwischenhändler in dem Wissen, dass die Endabnehmer keine Kaufleute sind. Diese Lieferketten erfasst auch § 478 BGB, nach dessen Abs. 6 die Vorschrift des § 377 HGB explizit anwendbar bleibt (s. hierzu Frage 466). Weiterhin sind weder Leasinggeber noch Leasingnehmer schutzbedürftig. So kann der Leasinggeber den Leasingnehmer vertraglich zur Untersuchung verpflichten, und für den Leasingnehmer ist der Rechtsverlust Ausdruck des Rechtsgrundsatzes, dass niemand Rechte (im konkreten Fall: die Mängelrechte) übertragen kann, die er selbst nicht hat (vgl. § 404 BGB). Demnach ist keine teleologische Reduktion vorzunehmen (BGH NJW 1990, 1290 [1292 f.]; *Grunewald* in: MüKoHGB, § 377 Rn. 14 f.). Die Berufung auf § 377 Abs. 2 HGB erfolgt zu Recht.

468. Nichtkaufmann [G]

Pirelli hat für seine kleingewerbliche, nicht ins Handelsregister eingetragene Reifenhandlung einen Münzautomaten für Getränke von der Durstig GmbH erworben. Auf Kaufpreiszahlung in Anspruch genommen, beruft er sich nach sechs Wochen auf einen Mangel des Münzeinwurfs. Die Durstig GmbH weist die Rüge als verspätet zurück. Mit Erfolg?

Dem Gesetzeswortlaut zufolge setzt **§ 377 Abs. 1 HGB** ein **beiderseitiges Handelsgeschäft** voraus. Eine Erstreckung der **Rügeobliegenheit** auf **nicht** ins Handelsregister eingetragene **Kleingewerbetreibende oder alle Unternehmer einschließlich der Angehörigen freier Berufe** lehnt die hM im Interesse der Rechtsklarheit und -sicherheit ab (*Canaris*, HandelsR, § 29 Rn. 46; abw. *K. Schmidt*, HandelsR, § 29 Rn. 43 ff.).

469. Hefebefallener Zucker [G]

Bei der Limonadenfabrik Artos AG geht eine Sendung hefebefallenen Zuckers der Südzucker GmbH ein. Die Sendung wird nicht untersucht, weshalb der Mangel erst nach Wochen bemerkt und sofort gerügt wird. Rechtsverlust der Artos AG nach § 377 Abs. 2 HGB?

Ja, doch ist sorgfältig auf die zutreffende Begründung zu achten: Der **Rechtsverlust knüpft** nicht an die unterlassene Untersuchung, sondern **allein an die versäumte Rügeobliegenheit an** (vgl. *K. Schmidt*, HandelsR, § 29 Rn. 74). Die Untersuchungslast hat nur Hilfsfunktion für die Rechtzeitigkeit der Rüge; plastisch spricht man von einer „Kettenobliegenheit" (*R. Schmidt*, Die Obliegenheiten, 1953, S. 187 ff.).

470. Champignons in Dosen [G]

Großhändler Pilz importiert Champignons in Dosen aus Formosa. Er veräußert 2.400 Dosen mit einem jeweiligen Nettogewicht von knapp zwei Kilogramm an die Fleiner Fleischwarenfabrik GmbH, die unter Zugabe derartiger Pilze Ragout fin herstellt. Nach Erhalt der Ware am 21.1. nimmt die Fleiner GmbH eine Prüfung von fünf bis sechs Dosen vor, die weder nach Aussehen noch nach Geruch und Geschmack Grund zur Beanstandung geben. Bei der späteren Verarbeitung stellt sich heraus, dass zahlreiche Dosen Jauche und Urin enthalten. Pilz will die Lieferung nicht mehr zurücknehmen, weil die Fleiner GmbH ihre Untersuchungsobliegenheit vernachlässigt habe. Stimmt das?

Wie bereits erörtert, genügen bei Lieferung einer größeren Warenmenge aussagekräftige Stichproben (s. dazu Fall 461). Führt deren Entnahme dazu, dass der geprüfte Warenteil wertlos wird, reichen in aller Regel schon wenige Stichproben aus. Die Möglichkeit, dass bei einer solchen Stichprobe die Mängel einer nur teilweise fehlerhaften Lieferung nicht zutage treten, muss der Verkäufer hinnehmen. Das Reichsgericht hatte in einem vergleichbaren Fall bei einer Lieferung von 5.000 Konservendosen mit Apfelmus die Prüfung von 10 Dosen für ausreichend erachtet (vgl. RGZ 106, 359 [362]). Berücksichtigt man vorliegend, dass jede Dose ein Nettogewicht von knapp zwei Kilogramm hatte, so erscheint bei einem Lieferungsumfang von 2.400 äußerlich gleichen Dosen mit vertragsmäßig gleichem Inhalt die Entnahme von fünf bis sechs Stichproben für eine Prüfung im ordnungsgemäßen Geschäftsgang ausreichend (vgl. BGH BB 1977, 1019).

471. Mängelrüge [G]

Die Bofrost AG hat von dem Wurstwarenhersteller Wurz größere Mengen Salami für die Pizzaherstellung erworben. Als sich die gelieferten Salamis als ranzig erweisen, schreibt sie an Wurz, sie stelle die Ware als „vertragswidrig" zur Verfügung.
a) Wirksame Mängelrüge nach § 377 Abs. 1 HGB?
b) Die Bofrost AG hat die mangelhafte Beschaffenheit der gelieferten Salamis rechtzeitig und detailliert gerügt, doch ist die Rügeanzeige bei Wurz nie angekommen. Liegt eine wirksame Mängelrüge vor?

a) Nach dem Sinn und Zweck des Rechtsinstituts entfaltet eine **generalklauselartige Rüge keine Rechtswirkungen**. Zwar braucht der Käufer nicht eine in alle Einzelheiten gehende, genaue und fachlich richtig bezeichnete Rüge zu erheben. Auf ein **Mindestmaß an Präzisierung** kann aber aus Gründen des Verkäuferschutzes nicht verzichtet werden. Ausreichend, aber auch erforderlich ist, dass der Verkäufer der Rüge entnehmen kann, in welcher Hinsicht und in welchem Umfang der Käufer mit der gelieferten Ware – als nicht vertragsgemäß – nicht einverstanden ist (vgl. BGH BB 1978, 1489: Rüge von Gewichtsabweichungen muss das ungefähre Ausmaß mitteilen; OLG Hamm BeckRS 2006, 04119). Dieser Substantiierungslast ist die Bofrost AG mit der blassen Bezeichnung als „vertragswidrig" hier nicht gerecht geworden.

b) Die **Rügeanzeige** ist bloße Wissensmitteilung, doch wendet die hM mit Rücksicht auf den drohenden Rechtsverlust nach § 377 Abs. 2 HGB die Regeln über Willenserklärungen entsprechend an. Demnach **bedarf** sie **analog § 130 BGB des**

Zugangs. Etwas anderes könnte sich allenfalls aus **§ 377 Abs. 4 HGB** ergeben, wonach zur Erhaltung der Käuferrechte die rechtzeitige Absendung der Rüge genügt. Nach Auffassung der Rechtsprechung (vgl. BGH NJW 1987, 2235) nimmt diese Vorschrift dem Käufer indes **allein das Verzögerungs- und nicht das Verlustrisiko** ab, sodass er für den Zugang der Rügeanzeige beweispflichtig bleibt (ebenso: *Grunewald* in: MüKoHGB, § 377 Rn. 71 ff.; *Roth* in: KKRM, HGB, § 377 Rn. 11, 18). Eine Gegenansicht will die „Gefahr der Ankunft" (vgl. Denkschrift, S. 227) dagegen dem Verkäufer aufbürden, weil dieser seine Pflicht zur Lieferung ordnungsgemäßer Ware nicht erfüllt und den Käufer damit zur Erstattung der Anzeige genötigt habe (vgl. *Hopt* in: Baumbach/Hopt, HGB, § 377 Rn. 41; *Müller* in: EBJS, HGB, § 377 Rn. 131 ff.).

c) Rügeobliegenheit und BGB-Kaufrecht

472. Mangelbegriff I [G]

Die handelsrechtliche Rügeobliegenheit trifft den Käufer nur bei Lieferung mangelhafter Ware. Wann liegt ein Mangel der Ware iSd § 377 Abs. 1 HGB vor?

Der Begriff des Mangels baut auf dem **bürgerlich-rechtlichen Mangelbegriff** auf, ohne dafür eigenständige Regeln zu entwickeln. Nach überwiegender Meinung nimmt § 377 Abs. 1 HGB nur auf den Sachmangel- und nicht auf den Rechtsmangelbegriff Bezug. Schließlich passe die Untersuchungsobliegenheit iSv Abs. 1 in der Regel nicht für Rechtsmängel (vgl. *Grunewald* in: MüKoHGB, § 377 Rn. 53; *G. Müller*, WM 2011, 1249 [1256]; *Roth* in: KKRM, HGB, § 377 Rn. 5; *K. Schmidt*, HandelsR, § 29 Rn. 63). Eine andere Ansicht sieht diese Einschränkung wegen der im Zuge der Schuldrechtsreform erfolgten Gleichstellung von Sach- und Rechtsmängeln (vgl. §§ 433 Abs. 1 S. 2, 437 BGB) als nicht gerechtfertigt an (vgl. *Canaris*, HandelsR, § 29 Rn. 52; *Hopt* in: Baumbach/Hopt, HGB, § 377 Rn. 12; *Jung*, Handelsrecht, 10. Aufl. 2014, § 37 Rn. 8).

473. Mangelbegriff II [G]

Fahrradgroßhändler Sorglos hat bei der Allrad AG einen Posten Kinderfahrräder bestellt.
a) Statt der georderten Fahrräder werden versehentlich gleichwertige Dreiräder geliefert.
b) Statt der Kinderräder werden wertvollere Damenräder geliefert.
c) Statt der georderten 100 erreichen nur 98 Kinderräder den Betrieb des Sorglos.
d) Statt der georderten 100 erreichen 105 Kinderräder den Betrieb des Sorglos.
Da Sorglos die Lieferungen in keinem Fall beanstandet, verlangt die Allrad AG jeweils Abnahme und Zahlung des vollen bzw. – in den Fallvarianten b) und d) – eines der tatsächlichen Lieferung entsprechenden (höheren) Kaufpreises. Zu Recht?

a) Die Rügeobliegenheit des § 377 Abs. 1 HGB erstreckt sich über die Gleichstellung in § 434 Abs. 3 Var. 1 BGB auch auf die **Lieferung einer anderen Sache** *(aliud)*. Anders als nach altem Recht (§ 378 HGB aF) kommt es auf eine Genehmigungsfähigkeit der Falschlieferung nicht mehr an. Die gelieferte Ware muss sich aber aus Sicht des Käufers (zB durch Hinweis des Verkäufers auf den konkreten Vertrag) zumindest als Erfüllungsversuch darstellen (vgl. BT-Drs. 14/6040, 216; *Roth* in: KKRM, HGB, § 377 Rn. 5a).

b) Ein Anspruch auf den höheren (wirklichen) Kaufpreis besteht nach überwiegender Ansicht nicht, weil die versäumte Rüge nach dem Zweck des § 377 Abs. 2 HGB nur zu einem Rechtsverlust des Käufers führen, nicht aber die Rechte des Verkäufers erweitern soll (vgl. *Roth* in: KKRM, HGB, § 377 Rn. 27a). Allenfalls könnte aufgrund einer konkludenten Vertragsänderung ein höherer Kaufpreis geschuldet sein. Fehlt es daran, wie regelmäßig, so hat der Verkäufer ein Wahlrecht: Er kann das höherwertige *aliud* nach § 812 Abs. 1 S. 1 Var. 1 BGB kondizieren oder die Rechtsfolgen der Genehmigungsfiktion eintreten lassen und den vertraglich vereinbarten Kaufpreis geltend machen (vgl. *Oetker*, Handelsrecht, 7. Aufl. 2015, § 8 Rn. 59 f.).

c) Nach § 434 Abs. 3 Var. 2 BGB steht es einem Sachmangel gleich, wenn der Verkäufer eine zu geringe Menge liefert. Rügt der Käufer diese **Minderlieferung** nicht, gilt die Lieferung gem. § 377 Abs. 2 HGB als genehmigt, und der Käufer muss den vollen Kaufpreis für die volle, vertraglich vereinbarte Menge zahlen. Eine Ausnahme soll nach einer verbreiteten Auffassung nur bei einer sog offenen Minderlieferung gelten, bei der Rechnung oder Lieferschein die Mengenabweichung ausweisen: Dann gilt der Verkäufer als nicht schutzwürdig, und der Kaufpreis reduziert sich auf die tatsächlich gelieferte Menge (vgl. *Oetker*, Handelsrecht, 7. Aufl. 2015, § 8 Rn. 61 f.).

d) Der Verkäufer kann Kaufpreiszahlung nach hM nur für die vertraglich vereinbarte Menge verlangen (100 Kinderräder); hinsichtlich der **Mehrlieferung** (fünf Kinderräder) steht ihm allerdings ein Bereicherungsanspruch zu. Die Begründungen dafür variieren: Teils verneint man bereits einen Sachmangel, weil die Zuviellieferung in § 434 Abs. 3 BGB gerade nicht geregelt ist (vgl. *Hopt* in: Baumbach/Hopt, HGB, § 377 Rn. 19); teils bejaht man zwar im Wege richtlinienkonformer Auslegung einen Sachmangel, verneint aber einen Anspruch auf den erhöhten Kaufpreis, weil § 377 HGB nur die Käuferrechte einschränken, nicht jedoch die Verkäuferrechte erweitern soll (vgl. *Canaris*, HandelsR, § 29 Rn. 56, 73 f.; *Roth* in: KKRM, HGB, § 377 Rn. 27b).

d) Rechtsfolgen des Rügeversäumnisses

474. (Un-)Gefüllte Batterien [G]

Bohlen hat von Fandel ungefüllte Batterien für sein Tonstudio bestellt. Fandel liefert jedoch versehentlich gefüllte Batterien, die wegen unzureichender Verpackung nach Ablieferung in Brand geraten und auch Bohlens Mischpult in Mitleidenschaft ziehen. In der Aufregung vergisst Bohlen, die vertragswidrige Lieferung zu rügen.

a) Stehen ihm hinsichtlich der Batterien gleichwohl noch Rechte zu?
b) Hat er hinsichtlich der Schäden am Mischpult vertragliche Schadensersatzansprüche gegen Fandel?

a) Die Verletzung der Rügeobliegenheit nimmt dem Käufer nicht bloß die Rechte aus § 437 BGB. Vielmehr kann der **Käufer aus dem Qualitätsmangel keinerlei Rechte mehr** herleiten, auch nicht aus § 119 Abs. 2 BGB, Unmöglichkeit, § 313 BGB oder §§ 280 Abs. 1, 241 Abs. 2, 311 Abs. 2 BGB (vgl. *Roth* in: KKRM, HGB, § 377 Rn. 24; *K. Schmidt*, HandelsR, § 29 Rn. 113).

b) § 377 Abs. 2 und 3 HGB schließt, wie soeben erläutert, grundsätzlich auch Ansprüche aus den §§ 280 Abs. 1, 241 Abs. 2 BGB aus. Doch soll dies nur hinsichtlich solcher Schäden gelten, die auf dem Sachmangel beruhen (vgl. BGH NJW 1976, 1353). Hier beruht die Schadensersatzpflicht indes nicht auf einer fehlerhaften Lieferung, sondern in erster Linie auf der **Verletzung weiterer Nebenpflichten**: der Pflicht zur Verpackung gefüllter Batterien und zur Anbringung warnender Hinweise. Insoweit sind **Ansprüche aus den §§ 280 Abs. 1, 241 Abs. 2 BGB** hier **nicht präkludiert** (zu deliktischen Ansprüchen s. näher Frage 476 lit. b).

475. Lange Geschäftsverbindung [V]

Die Salamander AG stellt Extremschuhe (Jagd-, Berg- und Wanderschuhe) her. Das hierfür benötigte Leder bezog sie im Rahmen einer seit zehn Jahren bestehenden Geschäftsverbindung von dem Kaufmann Gerber. Dessen Lieferungen wurden bei der Salamander AG jeweils auf Menge und Dicke des Leders, seine Farbechtheit sowie daraufhin überprüft, ob Wasser abtropfte. Im Herbst 2014 lieferte Gerber „Bernina Bergleder vollimprägniert". Diese Lieferungen waren infolge einer Änderung der Lederzurichtung, über die Gerber die Salamander AG nicht unterrichtet hatte, mangelhaft. Das Leder war zwar wasserdicht, nahm bei Berührung mit Wasser jedoch Feuchtigkeit auf, was innerhalb kurzer Zeit zu pockenartigen Aufwölbungen führte. Aufgrund dieses Mangels, der bei Anwendung des Wassertropfentests hätte entdeckt werden können, war das Material für Schuhe ungeeignet. Die Salamander AG verarbeitete das Leder zu Schuhen, die sie an ihre Kunden auslieferte. Erstmals am 7.1.2015 rügten Kunden der Salamander AG gegenüber das pockenartige Oberleder. Daraufhin rügte die Salamander AG ihrerseits den Mangel gegenüber Gerber am 11.1.2015. Dieser wies die Beanstandung als verspätet zurück. Mit Recht?

Der BGH (NJW 1996, 1537) würdigt den schwierigen Fall unter dem Gesichtspunkt einer **Nebenpflichtverletzung**: Zu den vertraglichen Nebenpflichten eines Verkäufers, der den Käufer in laufender Geschäftsbeziehung über einen längeren Zeitraum mit Ware bestimmter Beschaffenheit beliefert, gehöre es, diesem einen entsprechenden **Hinweis** zu geben, **wenn** er beabsichtige, eines der **Beschaffenheitsmerkmale der Ware** zu **ändern**; denn der Käufer dürfe bei derartiger Fallgestaltung darauf vertrauen, wie gewohnt mit Ware der gewünschten Beschaffenheit beliefert zu werden. Diese Nebenpflicht traf den Gerber. Er hatte die Salamander AG über zehn

Jahre hinweg mit Leder bestimmter Beschaffenheit beliefert. Daher musste er sie auf die geänderte Lederzurichtung aufmerksam machen. Das Unterlassen eines solchen Hinweises löst nach Auffassung des BGH einen Schadensersatzanspruch des Käufers aus den §§ 280 Abs. 1, 241 Abs. 2 BGB aus, wenn die Ware infolge der geänderten Beschaffenheit einen Mangel aufweist. Hinsichtlich der Rügeobliegenheit des Käufers tritt der BGH bei einer derartigen Sachlage für eine vermittelnde Lösung ein: Sie entfällt nicht, sondern entsteht in entsprechender Anwendung des § 377 Abs. 3 HGB, sobald der Käufer auch ohne Hinweis des Verkäufers die Beschaffenheitsänderung erkennt oder erkennen kann. Das ist dann der Fall, wenn deren Auswirkung deutlich wird. Hier war der Mangel frühestens mit der ersten Kundenreklamation am 7.1.2015 zutage getreten. Die Rüge der Salamander AG vom 11.1.2015 erfolgte daher noch rechtzeitig.

476. Weinkorken [G]

Riesling, der eine große Weinkellerei betreibt, bezieht am 13.10. von der Säuerlich GmbH aufgrund eines Rahmenvertrags 50.000 Weinflaschenkorken zum Preis von 9,50 EUR pro 1.000 Stück. Er verkorkt verschiedene Weinsorten mit den gelieferten Korken, verpackt sie in Kartons und liefert sie an seine Abnehmer aus. Kurze Zeit nach der Verkorkung weisen die Weine wegen der schlechten Qualität der Korken eine Trübung auf und schmecken bitter. Riesling rügt dies am 12.12. und verlangt von der Säuerlich GmbH Schadensersatz für die nicht mehr verwendungsfähigen Weine.
a) Gegenüber einem kaufvertraglichen Schadensersatzanspruch beruft sich die Säuerlich GmbH darauf, dass Riesling den Mangel der Korken nicht unverzüglich gerügt habe. Dieser erwidert, er habe zu einer Untersuchung keine Veranlassung gehabt, weil auch früher gelieferte Korken eine sehr schlechte Qualität aufgewiesen und gleichwohl nicht zu einer Trübung der Weine geführt hätten. Außerdem habe ein versteckter Mangel iSd § 377 Abs. 3 HGB vorgelegen. Findet Riesling damit Gehör?
b) Gegenüber einem deliktsrechtlichen Schadensersatzanspruch aus § 823 Abs. 1 BGB wendet die Säuerlich GmbH ein, dass § 377 Abs. 2 HGB auch Ansprüche aus unerlaubter Handlung ausschließe. Riesling repliziert, beide Ansprüche bestünden in echter Anspruchskonkurrenz nebeneinander und folgten ihren eigenen Regeln. Hat er Recht?

a) Riesling verkennt die an eine **Rügeobliegenheit** zu stellenden Anforderungen. Auch **bei Teil- und Sukzessivlieferungen** muss grundsätzlich jede einzelne Lieferung gerügt werden (vgl. BGH NJW 1988, 52 [53]; OLG Brandenburg BeckRS 2008, 09706). Die Rügeobliegenheit setzt mit dem Vorliegen eines Sachmangels und dessen Erkennbarkeit ein und erfordert nicht, dass der Käufer die Gefahr eines Mangelfolgeschadens erkannte oder erkennen konnte. Ebenso wenig liegt ein versteckter Mangel vor, weil die mangelhafte Qualität der Ware beim Durchschneiden einiger Korken unschwer feststellbar war.

b) BGH (NJW 1988, 52 [53 f.]) und hL stehen auf dem Standpunkt, dass die **Verletzung der Rügeobliegenheit** gem. § 377 Abs. 1 HGB **nicht** den **Verlust**

deliktischer Ansprüche wegen einer durch die Schlechtlieferung verursachten Verletzung eines der in § 823 Abs. 1 BGB genannten Rechtsgüter des Käufers zur Folge habe. Zur Begründung stützen sie sich auf die systematische Stellung der Vorschrift im Gesetz und ihre Entstehungsgeschichte, die keinerlei Hinweise darauf gebe, dass die Gesetzesverfasser an andere als vertragliche Ansprüche gedacht hätten. Dem Einwand, § 377 HGB solle nach seinem Sinn und Zweck Fragen der Mangelhaftigkeit baldmöglichst außer Streit stellen (vgl. *K. Schmidt*, HandelsR, § 29 Rn. 117), halten sie entgegen, dass eine Geltendmachung des allgemeinen Vermögensschadens ausgeschlossen und der Käufer auf Ansprüche beschränkt sei, die auf einer Verletzung der in § 823 Abs. 1 BGB genannten Rechtsgüter beruhen (vgl. *Roth* in: KKRM, HGB, § 377 Rn. 26). Außerdem führen sie an, dass die gegenteilige Auffassung zu schwer erträglichen Wertungswidersprüchen gelange: Wer unmittelbar vom Hersteller erwirbt, darf nicht schlechter stehen als derjenige, der mit dem Hersteller in keiner vertraglichen Beziehung steht, sondern die Ware über einen Zwischenhändler bezieht und seine deliktischen Ansprüche gegen den Hersteller auch dann behält, wenn er gegenüber dem Zwischenhändler nicht rechtzeitig rügt (vgl. *Canaris*, HandelsR, § 29 Rn. 81; *Hopt* in: Baumbach/Hopt, HGB, § 377 Rn. 50). Schließlich verweist der BGH zur Unterstützung seiner Rechtsauffassung – eine Rarität in der höchstrichterlichen Rechtsprechung – auf gleichsinnige Lösungen in der Schweiz und den Vereinigten Staaten. Demnach hat Riesling Recht.

e) Dispositivität des § 377 HGB

477. Grundlagen [G]

Können die Parteien von der Regelung des § 377 HGB abweichen?

§ 377 HGB ist **dispositiv**. Der Verkäufer kann somit auf die Rechtsfolgen des § 377 Abs. 2 HGB verzichten. Ein solcher Verzicht kann **sogar stillschweigend** erklärt werden. Allerdings genügt nicht die bloße Aufnahme von Verhandlungen über die vom Erwerber gerügten Mängel. Vielmehr bedarf es **eindeutiger Umstände**, die auf einen Verzicht auf die Genehmigungsfiktion des § 377 Abs. 2 HGB schließen lassen (BGHReport 2003, 285 [287]; BGH NJW 1991, 2633 [2634]; OLG Hamm NJW-RR 2012, 1444 [1445]). Auch ein bestehender Handelsbrauch kann nicht von jeglicher Untersuchungspflicht entbinden, sondern lediglich Art und Umfang der Rügepflicht beeinflussen. Gäbe es einen von jeglicher Untersuchung befreienden Handelsbrauch, so wäre dies ein unbeachtlicher Missbrauch (BGHReport 2003, 285, [286]; LG Gera MDR 2005, 101; *Hopt* in: Baumbach/Hopt, HGB, § 377 Rn. 56).

478. AGB [V]

Ist eine Regelung in Allgemeinen Geschäftsbedingungen zulässig, nach der dem Käufer Mängelhaftungsrechte auch dann zustehen, wenn er die Ware nicht unverzüglich nach Lieferung auf offene Mängel untersucht und diese gegebenenfalls gerügt hätte?

Eine solche **Regelung verstößt gegen § 307 Abs. 2 Nr. 1 BGB** (vgl. LG Gera MDR 2005, 101). Der Gesetzgeber hat mit der Vorschrift des § 377 HGB eine eindeutige Risikoverteilung für den kaufmännischen Verkehr getroffen. Das Abbedingen der unverzüglichen Untersuchungs- und Rügepflicht auch bei offenen Mängeln ist mit wesentlichen Grundgedanken der gesetzlichen Regelung nicht zu vereinbaren. Auch eine Klausel, nach der die Mangelhaftigkeit der Ware bei Gefahrübergang vermutet wird, ist ungültig. Von einem Käufer kann – auch im Hinblick auf § 377 HGB – erwartet werden, seine Wareneingangskontrolle so zu organisieren, dass Sachmängel nicht unbemerkt bleiben.

5. Internationales UN-Kaufrecht

479. Allgemeines [V]

a) Im internationalen Verkehr spielt das UN-Kaufrecht eine große Rolle. Was verbirgt sich dahinter?
b) Wann kommen seine Vorschriften zur Anwendung?
c) Können die Kaufvertragsparteien seine Anwendung ausschließen?

a) Das **Internationale UN-Kaufrecht** beruht auf einem am 11.4.1980 in Wien verabschiedeten Übereinkommen *(United Nations Convention on Contracts for the International Sale of Goods)*, das für die Bundesrepublik Deutschland am 1.1.1991 in Kraft getreten ist. Weitere **wichtige Unterzeichnerstaaten** sind ua Frankreich, Italien, Spanien, Österreich, die Schweiz, die Benelux-Länder, die USA, Kanada, China und Australien.

b) Das UN-Kaufrecht, auch CISG-Kaufrecht genannt, schafft ein **Sonderrecht für Warenkauf- und Werklieferungsverträge zwischen Vertragsparteien**, deren Niederlassungen **in verschiedenen Vertragsstaaten** liegen (Art. 1 und 3). Es findet keine Anwendung auf den Kauf von Ware für den persönlichen Gebrauch oder den Gebrauch in der Familie oder im Haushalt (Art. 2 lit. a). Seine Rechtssätze sind in den Unterzeichnerstaaten unmittelbar und gleichermaßen anwendbar und gehören damit zum Corpus des internationalen Einheitsrechts.

c) Gemäß **Art. 6 CISG** ist ein **vertraglicher Ausschluss möglich**. Ein bloßer Verweis auf deutsches Recht genügt hierfür allerdings nicht (vgl. BGH NJW-RR 2010, 1217 [1219]).

480. Leistungsstörungen [S]

Was zeichnet das System der Leistungsstörungen im UN-Kaufrecht aus?

Es erhebt die **Vertragsverletzung** *(breach of contract)* zum **Zentralbegriff seines Systems.** Hierunter fallen sämtliche Verletzungen des kaufvertraglichen Pflichtenprogramms, seien sie Nichterfüllung, Verzug, Sachmängelhaftung oder positive Vertragsverletzung. Bei den Sanktionen einer Vertragsverletzung wird in erster Linie danach unterschieden, ob sie wesentlich sind oder nicht.

III. Kommission

1. Überblick

481. Allgemeines [G]

a) Welches sind die wesensprägenden Merkmale des Kommissionsgeschäfts?
b) Wo liegen seine Hauptanwendungsbereiche im heutigen Wirtschaftsleben?

a) Ausweislich der **Legaldefinition des § 383 Abs. 1 HGB** ist Kommissionär, wer es gewerbsmäßig übernimmt, Waren oder Wertpapiere für Rechnung eines anderen im eigenen Namen zu kaufen oder zu verkaufen. Seiner **Funktion** nach steht der **Kommissionär** mithin **zwischen Eigenhändler** (Handeln im eigenen Namen für eigene Rechnung) **und Handelsvertreter** (Handeln im fremden Namen für fremde Rechnung).

b) **Verbreitet** anzutreffen ist das Kommissionsgeschäft vor allem **im Wertpapierhandel** (Effektenkommission), weiter **im Kunst-, Antiquitäten- und Briefmarkenhandel** sowie beim Verkauf von Gebrauchtwagen. An Bedeutung eingebüßt hat es dagegen im Überseehandel.

482. Drei Arten von Kommissionsgeschäften [V]

Der sachliche Anwendungs- und Einzugsbereich der §§ 383 ff. HGB erfasst drei verschiedene Arten von Kommissionsgeschäften. Welche sind dies?

a) Die sog **eigentliche Kommission**: An- und Verkauf von Waren oder Wertpapieren durch einen Kommissionär (§ 383 HGB mit gegenständlicher Erweiterung auf Werklieferungsverträge in § 406 Abs. 2 HGB);

b) die sog **uneigentliche Kommission** (= Geschäftsbesorgungskommission): Alle sonstigen kommissionsweise unternommenen Geschäfte eines Kommissionärs (§ 406 Abs. 1 S. 1 HGB), zB Inkassokommission oder Kreditbeschaffung;

c) die sog **Gelegenheitskommission**: Kommissionsgeschäfte eines Kaufmanns, der selbst nicht Kommissionär ist (§ 406 Abs. 1 S. 2 HGB, dazu Frage 440 lit. d).

483. Verschiedene Rechtsverhältnisse [G]

Der Bankier Nonnemacher muss zur Erfüllung fälliger Verbindlichkeiten sein Privatvermögen angreifen. Er beauftragt den Kunsthändler König, einen alten Meister kommissionsweise zu veräußern. König veräußert das Bild für 100.000 EUR an eine städtische Gemäldegalerie. Erläutern Sie anhand dieses Beispiels, welche verschiedenen Rechtsverhältnisse beim Kommissionsgeschäft auseinanderzuhalten sind!

Man unterscheidet **drei aufeinanderfolgende Rechtsbeziehungen**:

a) Das **Kommissionsgeschäft**, hier: die Abrede zwischen Nonnemacher (Kommittent) und König (Kommissionär);

b) das **Ausführungsgeschäft**, hier: der Abschluss und die Abwicklung des Kaufvertrags zwischen König (Kommissionär) und der städtischen Gemäldegalerie (Dritter);

c) das **Abwicklungsgeschäft**, hier: die Überführung des Geschäftsergebnisses von König (Kommissionär) auf Nonnemacher (Kommittent), dh die Herausgabe des erzielten Verkaufserlöses von 100.000 EUR (vgl. § 384 Abs. 2 Hs. 2 HGB).

2. Kommissionsgeschäft

484. Weisung [V]

a) Nonnemacher wollte für das Bild im vorangegangenen Fall ursprünglich mindestens 100.000 EUR erhalten. Nunmehr weist er den König an, das Bild nicht unter 150.000 EUR zu verkaufen. Muss König dieser Weisung nachkommen?
b) Wie ist es, wenn König gleichwohl für 100.000 EUR verkauft?
c) Welche Ansprüche hat König gegen Nonnemacher, wenn er das Geschäft ordnungsgemäß ausgeführt hat?

a) Gemäß § 384 Abs. 1 Hs. 2 HGB hat der Kommissionär jederzeit den Weisungen seines Auftraggebers, also des Kommittenten, Folge zu leisten.

b) Dann kann Nonnemacher gem. **§ 385 Abs. 1 Hs. 1 HGB** den **Ersatz des Schadens** verlangen, der ihm durch den Verkauf des Bildes erwachsen ist. Außerdem braucht er das **Ausführungsgeschäft nach § 385 Abs. 1 Hs. 2 HGB nicht für seine Rechnung gelten zu lassen**, sofern er dies dem König unverzüglich erklärt (§ 386 Abs. 1 Hs. 1 HGB). Kommt er dieser Rügelast nicht nach, so entfällt nicht nur sein Zurückweisungsrecht (§ 386 Abs. 1 Hs. 2 HGB), sondern es entfallen auch etwaige Ersatzansprüche, die auf die Abweichung von der gesetzten Preisgrenze gestützt würden (vgl. *Hopt* in: Baumbach/Hopt, HGB, § 386 Rn. 1).

c) Gemäß **§ 396 Abs. 1 S. 1 HGB** kann er die vereinbarte **Provision** verlangen. Außerdem steht ihm nach **§ 396 Abs. 2 HGB** iVm §§ 670, 675 BGB ein **Aufwendungsersatzanspruch** zu, der allerdings nur solche freiwilligen Vermögensopfer umfasst, die nicht schon durch die Provision abgegolten sind. Als abgedeckt anzusehen sind der Ersatz der eigenen Arbeitskraft und die allgemeinen Geschäftskosten mit Ausnahme des Entgelts für die Benutzung von Lagerräumen und Beförderungsmitteln des Kommissionärs (§ 396 Abs. 2 HGB).

485. Fürsorgender Bankdirektor [S]

Nemax ist seit Jahrzehnten treuer Kunde des Bankhauses Beiten. Eines Tages beauftragt er die Bank, für ihn Aktien der Sturzflug AG zu erwerben. Die Bank nimmt den Auftrag an, rät aber kurz darauf dringend vom Kauf ab, weil sie erfahren hat, dass die Aktien weit überbewertet sind und alsbald einbrechen werden. **Nemax** beharrt gleichwohl auf Ausführung des Auftrags. **Kann der fürsorgende Bankdirektor den Auftrag kündigen, um Schaden von Nemax abzuwenden?**

Die Antwort hängt von der rechtlichen Einordnung des Kommissonsgeschäfts ab, weil die §§ 383 ff. HGB keine Kündigungsregeln enthalten. Einvernehmen herrscht darüber, dass die **Kommission** einen **speziell geregelten Geschäftsbesorgungsvertrag iSd § 675 BGB** darstellt. **Umstritten** ist hingegen, ob diese Geschäftsbesorgung typologisch als **Werkvertrag** (Kündigungsrecht nach § 649 S. 1 BGB nur für den Kommittenten) **oder** als **Dienstvertrag** (Kündigungsrecht nach § 627 BGB auch für den Kommissionär) anzusehen ist. Für einen Werkvertrag spricht die Erfolgsbezogenheit der Vergütung (§ 396 Abs. 1 S. 1 HGB), dagegen, dass der Kommissionär keinen Erfolg schlechthin, sondern lediglich ein sorgfältiges Tätigwerden verspricht. Generell lässt sich die Frage wohl nicht entscheiden (*Krüger* in: EBJS, HGB, § 383 Rn. 15). Werden nur einzelne Geschäfte getätigt, wird man mehr zum Werkvertrag neigen (vgl. RGZ 71, 76 [78]); bei längerer Verbindung spricht vieles dafür, Dienstvertragsrecht anzuwenden (vgl. RGZ 110, 119 [123]; OLG Nürnberg WM 2007, 647 [648]). Demnach steht der Bank hier ein Kündigungsrecht zu.

486. Kaufmann [G]

Ist ein Kommissionär notwendig Kaufmann?

Seit der Handelsrechtsreform von 1998 ist ein **Kommissionär** nicht mehr *ipso iure*, sondern **nur nach Maßgabe des § 1 Abs. 1 HGB Kaufmann**. Erfordert sein Unternehmen keinen in kaufmännischer Weise eingerichteten Geschäftsbetrieb und ist die Firma des Unternehmens nicht nach § 2 HGB in das Handelsregister eingetragen, finden **allerdings** nach **§ 383 Abs. 2 HGB** die §§ 384 ff. HGB sowie die §§ 343 ff. HGB (mit Ausnahme der §§ 348–350 HGB) gleichwohl Anwendung (s. näher Frage 56).

3. Ausführungsgeschäft

a) Rechtszuordnung bei Verkaufs- und Einkaufskommission

487. Eigentumserwerb I [G]

a) Wie erwirbt die städtische Gemäldegalerie im Fall 483 Eigentum an dem alten Meister?
b) Wird die Galerie auch dann Eigentümerin, wenn das Bild nicht dem Nonnemacher gehört und König nach außen als Verkaufskommissionär auftritt?

a) Bei der **Verkaufskommission** bleibt der Kommittent (hier: Nonnemacher) zunächst Eigentümer des Kommissionsguts. Er ermächtigt den Kommissionär (hier: König) im Rahmen der Beauftragung lediglich, über sein Eigentum zu verfügen, sodass der **Eigentumserwerb** unmittelbar zwischen ihm und dem Dritten (hier:

Gemäldegalerie) gem. **§§ 929 S. 1, 185 Abs. 1 BGB** vonstatten geht. Sollten Gläubiger des König noch vor der Weiterveräußerung auf das Gemälde zugreifen, kann Nonnemacher mithin Drittwiderspruchsklage nach **§ 771 ZPO** erheben; bei einer Insolvenz des König bestünde ein Aussonderungsrecht nach **§ 47 InsO** (vgl. *Hopt* in: Baumbach/Hopt, HGB, § 383 Rn. 15).

b) Zwar scheidet ein gutgläubiger Erwerb nach §§ 929, 932 BGB aus, weil die Galerie unter diesen Umständen nicht auf die Eigentümerstellung des König vertraut, doch **schützt § 366 Abs. 1 HGB** auch den **guten Glauben an die Verfügungsbefugnis** (s. näher Frage 439; zu Bereicherungsansprüchen des wahren Eigentümers gegen den Kommissionär vgl. Frage 493), sodass die Galerie Eigentümerin wird.

---

488. Eigentumserwerb II [V]

a) Der Briefmarkenhändler Bernhard hat für den Philatelisten Philip auf einer Auktion kommissionsweise einen wertvollen Fehldruck erworben. Noch bevor er Philip die Briefmarke übergeben kann, wird sie von einem seiner Geschäftsgläubiger gepfändet. Kann Philip die Verwertung der Marke verhindern, wenn er seinerseits noch nichts an Bernhard gezahlt hat?

b) Wie hätte sich Philip gegen unliebsame Übergriffe von dritter Seite wirksam schützen können?

---

a) Eine erfolgreiche Drittwiderspruchsklage des Philip setzt voraus, dass ihm ein die Veräußerung hinderndes Recht iSd § 771 ZPO an der Briefmarke zusteht. Als ein solches Recht kommt hier das Eigentum in Betracht. Allerdings findet bei der **Einkaufskommission in der Regel** ein **Durchgangserwerb beim Kommissionär** statt, wenn und weil dieser auch beim Eigentumserwerb im eigenen Namen handelt (mittelbare Stellvertretung). Ein **Direkterwerb des Kommittenten** könnte sich **allenfalls** nach den **Regeln des Geschäfts für den, den es angeht** (dazu *Baur/Stürner*, Sachenrecht, 18. Aufl. 2009, § 51 Rn. 43), vollziehen, dessen Voraussetzungen hier allerdings nicht vorliegen: Mag es für den veräußernden Auktionator bei einer Barzahlung auch gleichgültig gewesen sein, an wen er die Briefmarke übereignete, so müsste Bernhard doch den Willen gehabt haben, unmittelbar für Philip Eigentum zu erwerben. Davon wird man angesichts fehlender Vorschussleistungen für Aufwands- und Provisionsansprüche nicht ausgehen können. Mithin hat Philips Drittwiderspruchsklage keine Aussicht auf Erfolg. Das gegenteilige Ergebnis ließe sich allenfalls mit einer analogen Anwendung des § 392 Abs. 2 HGB auf das Kommissionsgut als Surrogat der Forderung erreichen (in diesem Sinne *K. Schmidt*, HandelsR, § 31 Rn. 138 ff.). Die (noch) hM lehnt diese Analogie indes ab (zum Streitstand vgl. *Bergmann* in: Oetker, HGB, § 392 Rn. 6 f.).

b) Trotz eines dinglichen Zwischenerwerbs des Kommissionärs kann der Kommittent Philip bereits vor Herausgabe des Kommissionsguts auf zweierlei Art und Weise Eigentümer geworden sein (zu Folgendem *Baur/Stürner*, Sachenrecht, 18. Aufl. 2009, § 51 Rn. 30 f.):

(1) durch ein **Insichgeschäft** des Bernhard, der nach § 181 BGB seinen eigenen dinglichen Einigungsantrag und sein Angebot zur Begründung eines Besitzmittlungsverhältnisses als konkludent bevollmächtigter Vertreter Philips annimmt. Hierfür bedarf es allerdings einer nach außen erkennbaren Aussonderung und Kennzeichnung des Kommissionsguts.

(2) Durch ein **antizipiertes Besitzkonstitut**, indem sich Philip schon im Voraus unter Vereinbarung eines Verwahrungsverhältnisses mit Bernhard über den Eigentumsübergang einigt, sodass der Durchgangserwerb des Kommissionärs nur eine „logische Sekunde" dauert. Voraussetzung für das Wirksamwerden des antizipierten Besitzkonstituts ist, dass das Gut als Kommissionsgut eines bestimmten Kommittenten individualisiert werden kann. Einer besonderen Aussonderung bedarf es nur, wenn nicht schon beim Erwerb feststeht, dass dieses Gut für diesen Kommittenten erworben wird.

b) Kommittentenschutz (§ 392 Abs. 2 HGB)

---

489. Gepfändete Forderung [V]

Kunsthändler König hat im Fall 483 das Bild im eigenen Namen, aber für Rechnung des Nonnemacher an die städtische Gemäldegalerie verkauft, die binnen einer Woche zu zahlen verspricht. Als ein Geschäftsgläubiger des König hiervon erfährt, lässt er die Kaufpreisforderung in Höhe von 100.000 EUR pfänden. Rechte des Nonnemacher?

Bei der Verkaufskommission steht die Kaufpreisforderung zunächst dem Kommissionär als Vertragspartner des Erwerbers zu. An sich könnte Königs Gläubiger daher gem. §§ 829, 835 ZPO auf die Forderung zugreifen. **Aus Gründen des Kommittentenschutzes** sieht **§ 392 Abs. 2 HGB** indes vor, dass die Forderung aus dem Ausführungsgeschäft (vgl. Frage 483) schon vor ihrer Abtretung im Verhältnis zwischen dem Kommittenten (hier: Nonnemacher) und dem Kommissionär (hier: König) oder dessen Gläubigern als eine solche des Kommittenten gilt. Demnach kann Nonnemacher gegen die Forderungspfändung mit Erfolg Drittwiderspruchsklage nach § 771 ZPO erheben (vgl. BGH NJW 1988, 3203 [3204]).

---

490. Surrogat [V]

Angenommen, König hat im Fall 483 den Kaufpreis für das Gemälde eingezogen, aber noch nicht an Nonnemacher weitergeleitet. Hat Königs Geschäftsgläubiger nun mehr Erfolg, wenn er auf die 100.000 EUR zugreift?

Da die Kaufpreisforderung des Kommissionärs nunmehr erloschen ist (§ 362 Abs. 1 BGB), hängt alles von der **Frage** ab, **ob § 392 Abs. 2 HGB auf das Surrogat der Forderung entsprechend Anwendung findet**. Die Rechtsprechung und ein Teil der Lehre lehnen eine solche Analogie ab, weil die Vorschrift keine dingliche Surrogation anordne (vgl. BGH NJW 1981, 918 [919]; 1974, 456 [457]; *Krüger* in: EBJS, HGB, § 392 Rn. 7). Eine vordringende Gegenauffassung verlängert den Kommittentenschutz in zeitlicher und gegenständlicher Hinsicht, solange das Surrogat unterscheidbar im Vermögen des Kommissionärs vorhanden ist (vgl. *Hopt* in: Baumbach/ Hopt, HGB, § 392 Rn. 7; *K. Schmidt*, HandelsR, § 31 Rn. 138 ff.).

491. Aufrechnung [V]

Wie ist die Rechtslage im Fall 483, wenn König das Gemälde an den wohlhabenden Zahnarzt Zaster veräußert und dieser – hocherfreut über den günstigen Kauf und die unverhoffte Gelegenheit, Außenstände einzutreiben – dem erstaunten König gegenüber die Aufrechnung mit einer noch unbeglichenen Prothesenrechnung gegen König erklärt?

Angesprochen ist damit die **klassische Streitfrage, ob** der **Vertragspartner des Ausführungsgeschäfts** (hier: Zaster) ebenfalls **Gläubiger des Kommissionärs** (hier: König) **iSd § 392 Abs. 2 HGB ist.** Im Schrifttum wird dies zum Teil bejaht und eine Aufrechnung mit nicht konnexen Forderungen des Dritten abgelehnt, weil dessen Vertrauen auf eine zugriffsfähige Forderung des Kommissionärs keinen Schutz verdiene (vgl. *K. Schmidt*, HandelsR, § 31 Rn. 133 ff.). Rechtsprechung und hL wenden § 392 Abs. 2 HGB dagegen nicht im Verhältnis zum Vertragspartner des Ausführungsgeschäfts an: Dieser dürfe mit einer fälligen und gleichartigen Forderung gegen den Kommissionär jederzeit aufrechnen, es sei denn, er habe sich die Gegenforderung arglistig verschafft (vgl. BGH NJW 1969, 276 [276 f.]; *Bergmann* in: Oetker, HGB, § 392 Rn. 12). Dafür sprechen die methodische Maxime, Ausnahmevorschriften eng auszulegen, und die Schutzinteressen des Dritten, der hier in einer „Doppelrolle" als Gläubiger und Vertragspartner betroffen ist.

c) Schadensersatz und bereicherungsrechtliche Besonderheiten

492. Zerrissene Briefmarke [G]

Im Fall 488 hat Briefmarkenhändler Bernhard den Zuschlag für den begehrten Fehldruck erhalten und seinem Auftraggeber Philip sofort telefonisch Bericht erstattet. Als der Auktionator Aumann das wertvolle Stück mit einer Pinzette aus der Hülle nehmen will, reißt es entzwei. Ansprüche von Philip oder Bernhard gegen Aumann?

a) Philip steht in keinem Vertragsverhältnis zu Aumann und hat noch kein Eigentum an der Briefmarke erworben, sodass auch § 823 Abs. 1 BGB nicht weiterhilft. Philip steht also kein Anspruch auf Schadensersatz zu.

b) Demgegenüber hat Bernhard dem Grunde nach einen Ersatzanspruch aus §§ 280 Abs. 1, 241 Abs. 2 BGB und – sofern die Übereignung schon stattgefunden hat – auch aus § 823 Abs. 1 BGB. Problematisch ist allerdings, dass er (abgesehen vom Provisionsverlust) keinen Schaden erlitten hat, weil er Philip gegenüber nur für eigenes Verschulden haftet. Demnach hat es den Anschein, als müsse Aumann niemandem haften – ein untragbares Ergebnis, das man seit jeher durch die Figur der **Drittschadensliquidation** zu vermeiden weiß: Der Kommissionär (hier: Bernhard) erhält das Recht, den Schaden des Kommittenten (hier: Philip) gegen den Dritten geltend zu machen (vgl. BGH NJW 1957, 1838 [1839]; *Jung*, Handelsrecht, 10. Aufl. 2014, § 41 Rn. 12).

493. Erlösherausgabe [V]

Nonnemacher hat seinen alten Meister für die Dauer einer Weltreise seinem Bekannten Ehrlicher anvertraut. Ehrlicher spiegelt dem Kunsthändler König vor, das Bild sei sein Eigentum, und gibt es in Verkaufskommission. König veräußert es für 100.000 EUR an die städtische Gemäldegalerie. Nach Nonnemachers Rückkehr ist Ehrlicher verschwunden. Kann sich Nonnemacher wegen des erzielten Erlöses stattdessen an König halten?

Ein Anspruch gegen König auf Erlösherausgabe könnte sich aus § 816 Abs. 1 S. 1 BGB ergeben. Nonnemacher hat das Eigentum an dem Bild nach §§ 929, 932 BGB, § 366 Abs. 1 HGB an die Gemäldegalerie verloren. Fraglich ist, ob König als Kommissionär Verfügender iSd § 816 Abs. 1 S. 1 BGB ist. Das wird von einem Teil der Lehre abgelehnt, weil die Verfügung „wirtschaftlich" dem Kommittenten zuzurechnen sei (vgl. *Canaris*, HandelsR, § 30 Rn. 89 ff. unter Hinweis auf § 392 Abs. 2 HGB; offenlassend BGH NJW 1967, 1021 [1022]). Danach soll sich der Anspruch aus § 816 Abs. 1 S. 1 BGB gegen den Kommittenten (hier: Ehrlicher) und nur gegen diesen richten. Die Gegenauffassung macht geltend, dass der Kommissionär (hier: König) im Rechtsverkehr als Veräußerer auftrete und sich nicht unter Berufung auf sein fremdnütziges Handeln von den bereicherungsrechtlichen Folgen lossagen könne (vgl. *K. Schmidt*, HandelsR, § 31 Rn. 110). Allerdings soll ihm der Entreicherungseinwand des § 818 Abs. 3 BGB zur Seite stehen, wenn er das Geld gutgläubig an den Kommittenten weitergeleitet hat (vgl. BGH NJW 1967, 1021 [1022]).

d) Selbsteintritt

494. Südafrikanische Rohdiamanten [V]

Schürfgen hat bei dem Edelsteinhändler Funkel südafrikanische Rohdiamanten in Verkaufskommission gegeben. Funkel möchte bei dem attraktiven Preislimit am liebsten selbst zugreifen.
a) Kann er das?
b) Welche Wirkung hat die Ausübung des Selbsteintrittsrechts durch Funkel?
c) Steht Funkel unter diesen Umständen noch ein Provisionsanspruch zu?
d) Wie wird Schürfgen vor der Gefahr eines „Kursschnitts" durch Funkel geschützt?

a) Unter den Voraussetzungen des § 400 Abs. 1 HGB steht dem Kommissionär ein Selbsteintrittsrecht zu: Bei den Rohdiamanten handelt es sich um Waren, die einen Börsenpreis haben, und Schürfgen hat einen Selbsteintritt nicht ausgeschlossen. Ein Selbsteintritt des Funkel ist also möglich. Gemäß § 405 Abs. 1 HGB muss er zugleich mit der Ausführungsanzeige ausdrücklich erklären, dass er selbst eintreten wolle.

b) Durch die Erklärung des Selbsteintritts kommt zwischen Schürfgen und Funkel ein Kaufvertragsverhältnis zustande, das *neben* den Kommissionsvertrag tritt.

c) Gemäß § 403 HGB kann er im Fall des Selbsteintritts jene Provision fordern, die er bei Ausführung der Kommission durch ein Geschäft mit einem Dritten hätte verlangen können.

d) Das Gesetz schützt den Kommittenten, indem ihm von folgenden drei Werten der für ihn günstigste in Rechnung gestellt wird: (1) Der zur Zeit der Kommissions-ausführung bestehende Börsenpreis (§ 400 Abs. 3 HGB), (2) der bei Anwendung pflichtgemäßer Sorgfalt durch den Kommissionär erreichbare Preis (§ 401 Abs. 1 HGB), (3) der bei einem Deckungsgeschäft mit einem Dritten vereinbarte Preis (§ 401 Abs. 2 HGB). Diese Vorschriften sind gem. § 402 HGB zwingend.

IV. Transport- und Lagerrecht

1. Überblick

495. Struktur der gesetzlichen Regelung

a) Das Recht der Transport- und Lagergeschäfte litt lange unter starker Zer-splitterung. Hat sich das inzwischen geändert? [S]
b) Wie sind die einschlägigen §§ 407–475h HGB heute gegliedert? [G]

a) Das **Transportrechtsreformgesetz von 1998** hat die zuvor auf verstreute Einzel-gesetze verteilte Rechtsmaterie im Vierten Buch des HGB äußerlich zusammenge-führt und ihr dort auch zu größerer innerer Geschlossenheit verholfen.

b) Als Grundfigur des Transportrechts hat der Gesetzgeber den **Frachtvertrag** an die Spitze gerückt (§§ 407–452d HGB). Ihm folgen das Recht des Speditions- (§§ 453–466 HGB) und des Lagergeschäfts (§§ 467–475h HGB).

496. Internationales Transportrecht [S]

Sind damit sämtliche Rechtsquellen auch für grenzüberschreitende Beför-derungsgeschäfte genannt?

Nein. **Das internationale Transportrecht** folgt ganz eigenen Regeln, die Vorrang vor dem HGB beanspruchen. Hervorhebung verdienen vor allem **drei völkerrecht-liche Abkommen**:

a) Für den **grenzüberschreitenden Straßengüterverkehr** die *Convention relative au contrat de transport international de marchandises par route* (CMR);

b) für den **internationalen Luftfrachtverkehr** das Warschauer Abkommen zur Ver-einheitlichung von Regeln über die Beförderung im Luftverkehr (WA);

c) für den **grenzüberschreitenden Eisenbahnverkehr** die *Convention relative aux transports internationaux ferroviaires* (COTIF) mit ihrem Anhang (CIM).

2. Frachtgeschäft

a) Allgemeines

497. Rechtliche Charakteristika [G]

Erläutern Sie die dogmatische Einordnung und die typusprägenden Pflichten des Frachtvertrags!

Der in den §§ 407 ff. HGB näher ausgeformte **Frachtvertrag** ist wegen seiner Erfolgsbezogenheit als **Werkvertrag iSd § 631 BGB** anzusehen. Er verpflichtet den Frachtführer, das Gut zum Bestimmungsort zu befördern und dort an den Empfänger abzuliefern (§ 407 Abs. 1 HGB), und hält den Absender an, die vereinbarte Fracht zu zahlen (§ 407 Abs. 2 HGB). Zudem enthält der Frachtvertrag Elemente des Geschäftsbesorgungsvertrags iSd § 675 Abs. 1 BGB (zB Obhutspflichten, Weisungsgebundenheit; vgl. *Jung*, Handelsrecht, 10. Aufl. 2014, § 44 Rn. 4) und ist kraft Gesetzes als Vertrag zugunsten Dritter iSd § 328 Abs. 1 BGB ausgestaltet (vgl. *Reuschle* in: EBJS, HGB, § 407 Rn. 28).

Beachte: Entgegen dem landläufigen Sprachgebrauch bezeichnet „**Fracht" iSd § 407 HGB** das dem Frachtführer zustehende **Entgelt**.

498. Kaufmann [G]

Ist der Frachtführer stets Kaufmann?

Er ist nicht *ipso iure*, sondern nur dann Kaufmann, wenn sein gewerbliches Unternehmen einen in kaufmännischer Weise eingerichteten Geschäftsbetrieb erfordert (§ 1 HGB) oder er sich freiwillig ins Handelsregister hat eintragen lassen (§ 2 HGB). Allerdings gelten die frachtrechtlichen Vorschriften nach § 407 Abs. 3 S. 1 Nr. 2 HGB und die §§ 343–372 HGB mit Ausnahme der §§ 348–350 HGB nach **§ 407 Abs. 3 S. 2 HGB** auch für nicht eingetragene **Kleingewerbetreibende**.

499. Besonders geregelte Frachtgeschäfte [S]

Welche Arten von Frachtgeschäften haben im HGB wegen ihrer Eigentümlichkeiten eine Sonderregelung erfahren?

Es sind dies deren drei:

a) Die **Beförderung von Umzugsgut**, für die ergänzend die §§ 451–451h HGB gelten;

b) der **multimodale Transport**, dh die Beförderung des Guts aufgrund eines einheitlichen Frachtvertrags mit verschiedenartigen Beförderungsmitteln, auf den vorrangig die §§ 452–452d HGB Anwendung finden;

c) das **Seefrachtrecht**, das in der Aufzählung des § 407 Abs. 3 S. 1 Nr. 1 HGB fehlt und stattdessen in den §§ 476–619 HGB eingehend geregelt ist.

b) Schadensersatzhaftung

500. Zerstörter Laser I [S]

a) Die Jenoptik AG beauftragt den Frachtführer Franzen, einen Infrarotlaser an den Augsburger Augenarzt Dr. Augentaler zu liefern. Franzen kommt mit seinem Fahrzeug bei plötzlich auftretendem Glatteis von der Fahrbahn ab und landet im Straßengraben. Dabei wird das hoch empfindliche Lasergerät zerstört. Frachtrechtliche Schadensersatzansprüche der Jenoptik AG gegen Franzen?
b) Muss Franzen auch für den entgangenen Gewinn der Jenoptik AG einstehen?
c) Kann sich die Jenoptik AG deliktsrechtlich hinsichtlich jener Schadensposten schadlos halten, die nach den §§ 429 ff. HGB nicht ersatzfähig sind?

a) Den Eckpfeiler der frachtrechtlichen Haftungsordnung bildet die Vorschrift des **§ 425 Abs. 1 HGB**. Sie ist als **verschuldensunabhängige Haftung** (*Paschke* in: Oetker, HGB, § 426 Rn. 1; nach aA handelt es sich um eine „Verschuldenshaftung mit einem besonders scharfen Verschuldensmaßstab", vgl. *Herber* NJW 1998, 3297 [3302]) konzipiert, die nach § 426 HGB nur dann entfällt, wenn der Schadenseintritt auch bei größter Sorgfalt unvermeidbar gewesen wäre. Vergleichbar dem § 7 Abs. 2 StVG, ist insoweit der „ideale Frachtführer" als Maßstab heranzuziehen, der seine Fracht bei derartigen Wetterverhältnissen unterbrochen hätte. Demgemäß haftet Franzen hier dem Grunde nach § 425 Abs. 1 HGB.

b) **§ 429 HGB** beschränkt die Ersatzpflicht auf den Wert des Guts und stuft damit **Folgeschäden** (hier: entgangener Gewinn) entgegen den §§ 249 ff. BGB als **nicht ersatzfähig** ein. Darüber hinaus sieht **§ 431 HGB** einen **Haftungshöchstbetrag** vor, der an das Gewicht des transportierten Guts anknüpft und hier womöglich weit hinter dem tatsächlichen Wert des Lasergeräts zurückbleibt.

c) **§ 434 Abs. 1 HGB** erstreckt die **handelsrechtlichen Haftungsbeschränkungen** auch auf **außervertragliche Ansprüche des Absenders**. Das gilt insbes. für Schadensersatzansprüche aus § 823 Abs. 1 BGB. Hinter alledem steht die rechtspolitische Erwägung, dass die Beförderung von Gütern mit erheblichen Gefahren einhergeht und dem Frachtführer deshalb eine haftungsrechtliche Privilegierung gebührt.

501. Zerstörter Laser II [S]

a) Wie steht es im vorangegangenen Fall, wenn Franzens angestellter Fahrer Fahrig den Unfall verursacht hat?
b) Kann die Jenoptik AG auch direkt gegen Fahrig vorgehen?

a) Eine Einstandspflicht des Franzen lässt sich dann aus § 425 Abs. 1 HGB iVm der **frachtrechtlichen „Leutehaftung" des § 428 S. 1 HGB** herleiten, der als Zurechnungsnorm eine dem § 278 BGB vergleichbare Funktion wahrnimmt.

b) In Betracht kommt ein Anspruch aus § 823 Abs. 1 BGB. Allerdings sind gem. **§ 436 HGB** auch die Leute des Frachtführers in die Haftungsbefreiungen und -begrenzungen einbezogen, die in den §§ 407–450 HGB und im Frachtvertrag vorgesehen sind. Damit will der Gesetzgeber verhindern, dass diese strenger haften als der Frachtführer, weil anderenfalls über die arbeitsrechtliche Freistellungspflicht die Haftungsprivilegierung des Frachtführers ausgehöhlt würde.

c) Rechtsstellung des Empfängers und Zahlungsansprüche des Frachtführers

502. Anspruchsinhaber [S]

a) Salzmann beauftragt den Binnenschiffer Binder, 50t Salz rheinabwärts von Heilbronn nach Bonn zu befördern und sie dort an Konrad zu übergeben. Hat Konrad gegen Binder einen eigenen Anspruch auf Ablieferung des Salzes?
b) Wie steht es, wenn die Ware beschädigt in Bonn eintrifft?

a) Gemäß **§ 421 Abs. 1 S. 1 HGB** ist Konrad nach Ankunft des Guts an der Ablieferungsstelle berechtigt, das Salz gegen Erfüllung der Verpflichtungen aus dem Frachtvertrag von Binder herauszuverlangen. Dogmatisch ist der **Frachtvertrag** demnach **kraft Gesetzes als Vertrag zugunsten Dritter iSd § 328 Abs. 1 BGB ausgestaltet** (vgl. Frage 497). Allerdings muss Konrad bei Empfangnahme des Guts nach § 421 Abs. 2 S. 1 HGB die noch unbeglichene Fracht entrichten.

b) Bei Beschädigung, verspäteter Ablieferung und Verlust des Guts können nach **§ 421 Abs. 1 S. 2 HGB** sowohl Salzmann als auch Konrad die Ansprüche aus dem Frachtvertrag im eigenen Namen gegen Binder geltend machen. Wir haben damit einen **gesetzlich geregelten Fall der Drittschadensliquidation** vor uns (str., vgl. *Jung*, Handelsrecht, 10. Aufl. 2014, § 44 Rn. 10), der beim Versendungskauf einen Rückgriff auf die ungeschriebenen Regeln dieses Rechtsinstituts (vgl. Frage 492 zur Kommission) entbehrlich macht. Zwischen Empfänger und Absender besteht Gesamtgläubigerschaft iSv §§ 428 f. BGB.

503. Eigentumsverschaffung [S]

a) Kann Salzmann, die Existenz eines Ladescheins vorausgesetzt, dem Konrad schon Eigentum an dem Salz verschaffen, wenn die Ware noch rheinabwärts unterwegs ist?
b) Hat ein Eigentumswechsel stattgefunden, wenn Salzmann dem Konrad das Salz am 11.8. um 16 Uhr unter Einigung und Übergabe des Ladescheins übereignet hat, das Schiff aber bereits um 13 Uhr auf Grund gelaufen war?

a) Ja. Zu diesem Zweck muss er Konrad den von Binder nach **§ 443 HGB** ausgestellten **Ladeschein** zukommen lassen. Gemäß **§ 448 S. 1 HGB** entfaltet die **Begebung des Ladescheins** an den zum Empfang Legitimierten **dieselben Wir-**

kungen wie die Übergabe des Guts, sodass ein Eigentumserwerb nach § 929 BGB möglich wird (vgl. zur im Einzelnen streitigen Dogmatik *K. Schmidt*, HandelsR, § 24 Rn. 21 ff.). Eingeschliffener Begrifflichkeit zufolge bezeichnet man den **Ladeschein** deshalb auch als **Traditionspapier** (*traditio* = Übergabe). Gleiches gilt für den Lagerschein (§ 475g HGB) und das seerechtliche Konnossement (§ 650 HGB).

b) Nach der herrschenden **Repräsentationstheorie** (vgl. BGH NJW 1968, 591 [592]) vermag die Aushändigung des Ladescheins die Sachübergabe nicht zu ersetzen, wenn der Veräußerer zu diesem Zeitpunkt gar nicht mehr mittelbarer Besitzer ist: Ein mittelbarer Besitz, der nicht existiert, kann nicht mittels des Papiers übertragen werden (*K. Schmidt*, HandelsR, § 24 Rn. 28). Es hat somit kein Eigentumswechsel stattgefunden.

---

504. Anspruch auf Teilvergütung [S]

a) Binder muss seine Fahrt in Mainz wegen eines nicht behebbaren Motorschadens abbrechen. Steht ihm gleichwohl ein Anspruch auf Teilvergütung zu?
b) Wie liegt es, wenn Salzmann die Erfüllung seiner kaufvertraglichen Verbindlichkeit gegenüber Konrad wegen der zeitlichen Verzögerung rechtlich unmöglich wird?
c) Ändert sich die Rechtslage im Fall b), wenn Binder seine Fahrt wegen Rheinhochwassers vorzeitig beenden muss?

---

a) Der Anspruch auf Teilvergütung für die bis zum Eintritt des Hindernisses zurückgelegte Beförderung hängt gem. § 420 Abs. 2 S. 2 HGB davon ab, ob diese für Salzmann von Interesse ist. Diese Frage ist objektiv und insbes. unter dem Gesichtspunkt zu entscheiden, inwieweit der Teiltransport dem Salzmann anderweitige Aufwendungen erspart hat (vgl. *Paschke* in: Oetker, HGB, § 420 Rn. 5).

b) In diesem Fall hat Binder keinen Anspruch auf Teilvergütung, da der Teiltransport für Salzmann nicht von Interesse ist (vgl. § 420 Abs. 2 S. 2 HGB). Ein Eingreifen von § 420 Abs. 3 S. 1 HGB, der nicht danach differenziert, ob der Frachtführer mit der Beförderung noch nicht begonnen hat oder diese bereits teilweise ausgeführt hat (*Paschke* in: Oetker, HGB, § 420 Rn. 4), scheidet aus, da Mängel des Transportmittels nicht in den Risikobereich des Salzmann fallen.

c) Das hängt davon ab, wie man den Begriff des Risikobereichs des Absenders iSd § 420 Abs. 3 S. 1 HGB auslegt. Als Abweichung von der Grundregel des § 420 Abs. 2 HGB ist die Vorschrift mit § 326 Abs. 2 BGB vergleichbar, wobei der Gesetzgeber bewusst nicht auf ein Vertretenmüssen abstellt, sondern nach Risikosphären unterscheidet (vgl. *Merkt* in: Baumbach/Hopt, HGB, § 420 Rn. 3). Eine generelle Einstellung der Rheinschifffahrt wegen Hochwassers gehört zu jenen Hindernissen aus der neutralen Sphäre, die nicht dem Salzmann angelastet werden können. Da für diesen der Teiltransport nicht von Interesse ist, scheidet eine Teilvergütung gem. § 420 Abs. 2 S. 2 HGB auch in diesem Falle aus.

3. Speditionsgeschäft

505. Begriff [G]

Was versteht man im Rechtssinne unter einem Spediteur?

Entgegen dem allgemeinen Sprachgebrauch ist ein **Spediteur** im Rechtssinne gem. **§ 453 Abs. 1 HGB nur** zur **Besorgung** und **nicht** zur **Durchführung des Transports** verpflichtet. Darin unterscheidet er sich diametral vom Frachtführer, der die Beförderung nach § 407 Abs. 1 HGB selbst übernimmt.

Beachte: Ausnahmsweise findet auch auf den Spediteur Frachtführerrecht Anwendung, wenn er sein Selbsteintrittsrecht nach § 458 HGB ausübt.

506. Charakteristika [V]

a) Wie lassen sich Berufsbild und Aufgabenstellung des Spediteurs beschreiben?
b) Handeln Spediteure im eigenen oder im fremden Namen?

a) **Spediteure** sind im modernen Wirtschaftsleben **sachkundige Zwischenglieder bei der Transportorganisation**. Sie helfen, das Gut für die Beförderung vorzubereiten, nehmen die Zollabwicklung vor, wählen Reiseweg, Beförderungsart sowie einen Frachtführer aus und sichern Schadensersatzansprüche des Versenders (§ 454 Abs. 1 und 2 HGB).

b) **Klassischer Vorstellung zufolge** schließt der Spediteur die erforderlichen Verträge in **mittelbarer Stellvertretung** für Rechnung des Versenders ab. Der französische *Code de commerce* rückt ihn deshalb als „commissionaire pour le transport" auch begrifflich in die Nähe eines Kommissionärs, dem Musterbeispiel mittelbarer Stellvertretung (vgl. Frage 481). Seit dem Transportrechtsreformgesetz von 1998 eröffnet **§ 454 Abs. 3 HGB** aber ausdrücklich **auch die Möglichkeit unmittelbarer Stellvertretung.**

507. Regelungen

a) Welche gesetzlichen Vorschriften gelten für die Rechtsbeziehung zwischen Spediteur und Versender? [G]
b) Wie fügen sich die Allgemeinen Deutschen Spediteurbedingungen (ADSp) in dieses Normengeflecht ein? [S]

a) Einschlägig sind zunächst die **§§ 453–466 HGB**; ergänzend gelten über **§ 675 Abs. 1 BGB** Auftrags- und Werkvertragsrecht, weil es sich bei dem **Speditionsvertrag** um einen **Geschäftsbesorgungsvertrag mit Werkvertragscharakter** handelt.

b) Sie haben keine Gesetzeskraft (vgl. BGH NJW 1955, 1145; 1953, 541), sondern sind **Allgemeine Geschäftsbedingungen**, die auf der Grundlage der Transportrechtsreform von 1998 neu formuliert und mehrfach, zuletzt 2002/2003 geändert worden sind. Ihrer überragenden Bedeutung im Speditionswesen wegen werden sie häufig schon kraft Handelsbrauchs in den Vertrag einbezogen (vgl. Frage 425).

508. Haftung [V]

Bauer Vollkorn hat mit Sperber einen Speditionsvertrag über eine Ladung Weizen geschlossen. Auf den Vertrag finden (nur) die gesetzlichen Regelungen Anwendung; eine Einbeziehung der Allgemeinen Deutschen Spediteurbedingungen haben Vollkorn und Sperber ausgeschlossen. Sperber beauftragt den ihm als sorgfältig bekannten Friederich in mittelbarer Stellvertretung mit der Beförderung. Infolge unzureichender Abdeckung während des Transports verdirbt die Weizenladung.
a) Hat Vollkorn Schadensersatzansprüche gegen Sperber?
b) Kann er sich wenigstens an Friederich halten?

a) Ein Schadensersatzanspruch nach § 280 Abs. 1 BGB setzt Verschulden voraus. Da Sperber gem. § 454 Abs. 1 HGB die Organisation der Beförderung nur zu „besorgen" und nicht durchzuführen hat, haftet er in Bezug auf den Transport nur für eigenes Auswahlverschulden (vgl. *K. Schmidt*, HandelsR, § 33 Rn. 16), an dem es hier fehlt. Ein **Verschulden des Frachtführers** ist ihm weder nach **§ 278 BGB noch** im Rahmen der „**Leutehaftung"** des **§ 462 HGB** zuzurechnen (vgl. *Merkt* in: Baumbach/Hopt, HGB, § 462 Rn. 1). Ein Schadensersatzanspruch aus § 280 Abs. 1 BGB ist folglich nicht gegeben. Ein Anspruch aus § 831 BGB scheidet ebenfalls aus, da der Frachtführer auch nicht Sperbers Verrichtungsgehilfe ist.

b) Eigene vertragliche Ansprüche gegen Friederich stehen Vollkorn nicht zu; denkbar wäre allenfalls, den zwischen Sperber und Friederich geschlossenen Frachtvertrag als Vertrag mit Schutzwirkung zugunsten Dritter anzusehen. Die Rechtsprechung erlaubt es dem **Spediteur** in solchen Fällen allerdings, den Schaden des Versenders im Wege der **Drittschadensliquidation** geltend zu machen (vgl. RGZ 62, 331 [335]; BGH NJW 1974, 1614 [1616]; 1989, 3099). Allerdings gilt dies nur für vertragliche Ansprüche; deliktische Ansprüche als Eigentümer des Frachtguts gem. § 823 Abs. 1 BGB kann und muss Vollkorn selbst liquidieren (vgl. BGH NJW 1998, 3205 [3206]).

4. Lagergeschäft

509. Allgemeines [G]

Wie ist der Lagervertrag dogmatisch einzuordnen und welche Vorschriften finden auf ihn Anwendung?

Der **Lagervertrag** ist eine **spezielle Variante der entgeltlichen Verwahrung**, auf den die §§ 467 ff. HGB und ergänzend die §§ 688 ff. BGB anwendbar sind.

510. Verschwundene Flaschen [V]

Weinliebhaber Riesling hat fünf Kartons Chateau Neuf du Pape in die Obhut des Lagerhalters Lange gegeben. Als er sie anlässlich seines 50. Geburtstags für eine Feier herausverlangt, sind die Flaschen nicht mehr aufzufinden.
a) Vertragliche Ansprüche des Riesling gegen Lange, wenn die Ursache für das Verschwinden im Dunkeln bleibt?
b) Wie ist die Rechtslage, wenn der von Lange sorgfältig ausgewählte und überwachte Lagermeister Schluckspecht den Wein außerhalb seiner Dienstzeit mit Hilfe des ihm überlassenen Schlüssels entwendet hat?

a) Anders als den Frachtführer (§ 425 Abs. 1 HGB) und den Spediteur (§ 461 Abs. 1 HGB) trifft den **Lagerhalter** keine verschuldensunabhängige Obhutshaftung, sondern nach **§ 475 S. 1 HGB** nur eine **verschuldensabhängige Einstandspflicht**. Allerdings muss er sich nach der gesetzlichen **Beweislastverteilung des § 475 S. 1 Hs. 2 HGB** entlasten, wenn der Einlagerer darlegen und beweisen kann, dass die betreffenden Güter unversehrt in die Obhut des Lagerhalters gelangt sind (vgl. BGH NJW 1992, 367; NJW-RR 1986, 1361 [1362]). Diese Exkulpation wird Lange nach Lage der Dinge misslingen, sodass er dem Riesling zum Schadensersatz verpflichtet ist.

b) Eine allgemeine „Leutehaftung" nach dem Vorbild der §§ 428, 462 HGB ist im Lagerrecht nicht vorgesehen, sodass der Lagerhalter nach den **§§ 691 S. 3, 278 BGB** nur für das **Verschulden seiner Erfüllungsgehilfen** einstehen muss. Hier ist Schluckspecht in die dem Lange obliegenden Verwahrungspflichten eingeschaltet, doch bleibt zu erörtern, ob er **in Ausführung** der ihm übertragenen Verbindlichkeiten **oder nur „bei Gelegenheit"** gehandelt hat. Dabei handelt es sich um ein allgemeines zivilrechtliches Abgrenzungsproblem, das nach herrschender Auffassung jedenfalls dann zulasten des Schuldners gelöst wird, wenn die Pflichtverletzung durch die Stellung der Hilfsperson ermöglicht oder wesentlich erleichtert wird (vertiefend *Medicus/Lorenz*, Schuldrecht I, 20. Aufl. 2012, Rn. 390 f.). So liegen die Dinge hier (vgl. im Ergebnis RGZ 101, 348).

511. Lagerscheine [S]

Gemäß § 475c HGB kann über die Verpflichtung zur Auslieferung des Lagerguts vom Lagerhalter ein Lagerschein ausgestellt werden. Erläutern Sie am Beispiel des Lagerscheins die Einteilung der Wertpapiere!

Der Lagerschein begegnet in allen drei Varianten:

a) Er kann als **Rektalagerschein** (= Namenslagerschein) ausgestellt werden und berechtigt als solcher prinzipiell nur den namentlich Benannten.

b) Er ist als **Inhaberlagerschein** anzutreffen.

c) Er kann durch eine Orderklausel zum **Orderlagerschein** erklärt werden und gehört dann zu den kaufmännischen Orderpapieren des § 363 HGB.

512. Orderlagerschein [S]

Felderer hat 50t Weizen bei Langer eingelagert und dafür einen Orderlager-schein erhalten. Als er in finanzielle Schwierigkeiten gerät, übereignet er den Weizen zur Sicherheit mittels Einigung und Übergabe des indossierten Order-lagerscheins an die Bauern-Bank. Wenig später übereignet er die Ware aber-mals durch Einigung und Abtretung des Herausgabeanspruchs an Körner, dem Langer versichert, er wolle fortan für ihn – Körner – besitzen. Bald darauf fällt Felderer in Insolvenz. Körner fragt Sie mit bangem Blick, ob er Eigentü-mer des eingelagerten Weizens geworden ist.

Zu denken ist an einen Eigentumserwerb Körners nach den §§ 929, 931 BGB. Allerdings hat Felderer den Weizen zuvor schon an die Bauern-Bank übereignet, sodass mangels Berechtigung des Felderer nur ein gutgläubiger Erwerb gem. §§ 931, 934 BGB in Betracht kommt. Hier gewinnt nun Bedeutung, dass über den Weizen ein **Orderlagerschein gem. § 475g HGB** ausgestellt wurde. Dieser Orderlagerschein ist – wie der Ladeschein nach § 448 HGB (vgl. Frage 503) – ein **Traditionspapier**, was sich nach Auffassung der Rechtsprechung auf die allgemeinen bürgerlich-recht-lichen Übereignungsvorschriften auswirkt: Weil der Anspruch auf Herausgabe des Weizens in dem Traditionspapier verkörpert ist, bleibt er untrennbar mit der Urkunde verbunden und kann nicht gesondert abgetreten werden. In Leitsätze gekleidet: „**Lagergut**", über das ein **Orderlagerschein** ausgestellt ist, kann **nach § 931 BGB** durch Einigung und Abtretung des Herausgabeanspruchs **nur über-eignet** werden, **wenn gleichzeitig auch das Papier übergeben wird**. Dies gilt auch dann, wenn der Veräußerer nicht der Eigentümer ist und das Vorhandensein des Orderlagerscheins bei der Abtretungserklärung verschweigt. § 934 BGB schützt nicht den guten Glauben daran, dass der Herausgabeanspruch nicht in einem Order-lagerschein verbrieft ist (BGH NJW 1968, 591). Demnach ist Körner nicht Eigentü-mer geworden.

Stichwortverzeichnis

Die Zahlen bezeichnen die Nummern der Fälle.